MATTHES & SEITZ BERLIN

PAPER-BACK

Philip Mirowski

UNTOTE LEBEN LÄNGER

Aus dem Französischen
von Felix Kurz

Matthes & Seitz Berlin

Den Neoliberalen in allen Parteien

Inhalt

I

Alptraum auf Alptraum

Die Krise, die kaum etwas änderte

Zweitklassige Horrorfilme folgen häufig einer klassischen Dramaturgie: Der Protagonist blickt dem Untergang ins Auge, erwacht auf dem Höhepunkt der Katastrophe jedoch plötzlich in einer anderen Welt, die zunächst normal scheint, sich aber schließlich als ein zweiter, noch entsetzlicherer Alptraum entpuppt.[1] Seit dem Ausbruch der Wirtschaftskrise im Jahr 2007 ist in der Realität etwas ganz Ähnliches geschehen. Zunächst wurde man entsetzt Zeuge, wie infolge des Crashs die Immobilienpreise abstürzten, die verbliebene Industriebeschäftigung einbrach, sich ganze Stadtviertel in ausgebombte Ruinen verwandelten und Renten und Ersparnisse in Luft auflösten; die Hoffnung auf ein besseres Leben für unsere Kinder schwand dahin, Nachbarn deckten sich mit Schusswaffen ein, und mancher meinte, anstatt des Bankrotts nahe das Jüngste Gericht. Es war ein verstörendes Intermezzo, in dem die Statistiken über die Große Depression in den Dreißigern an Nietzsches Wiederkehr des Immergleichen denken ließen.

Spulen wir vor ins Jahr 2011. Ob zu Recht oder Unrecht, es regte sich gerade die Hoffnung auf den Beginn eines Umschwungs. In den großen Zeitungen hieß es, die Wirtschaftswissenschaft habe versagt und unsere klügsten Köpfe würden die Lehrmeinungen, die die Welt auf Abwege geführt hatten, gründlich überdenken. Doch gegen Jahresende dämmerte den meisten, dass die naheliegende Annahme, wir könnten uns aus dem Alptraum befreien und aus den Fehlern der Ära des neoliberalen Irrwitzes lernen, nur einer weiteren tückischen Sinnestäuschung geschuldet war. Ein dunkler Schlummer legte sich über das Land. Nicht nur dass sich das Bewusstsein der Krise wieder verflüchtigt hatte, ohne dass es irgendeinen ernsthaften Versuch zur Korrektur der Fehler gegeben hätte, die die Wirtschaft beinahe zum Stillstand gebracht hatten – seltsamerweise war die Rechte aus den Tumulten obendrein stärker, unverfrorener und mit einer noch größeren Raffgier und Glaubensfestigkeit als vor dem Crash hervorgegangen.

Im Jahr 2010 brach für die Linke eine traurige Ära der Verwirrung und Ratlosigkeit an. Es bedurfte außergewöhnlichen Stehvermögens, um angesichts des rasanten Wiederaufschwungs der Rechten unmittelbar nach der dramatischsten Weltwirtschaftskrise seit der Großen Depression nicht fassungslos nach Luft zu schnappen. »Missverhältnis« ist ein zu höflicher, »Widerspruch« ein zu altmodischer Begriff für den Gang der Ereignisse. In beinahe allen Ländern wurde Austerität die Losung der Stunde, und bei Unmut jeder Art – auch über die Austerität – wurde überall die Regierung verantwortlich gemacht. Im Namen der wirtschaftlichen Vernunft geriet die Arbeiterklasse von allen Seiten unter Beschuss, selbst von nominell »sozialistischen« Parteien, und die wenigen Versuche einer gewerkschaftlichen Gegenmobilisierung scheiterten. Linke Parteien, die sich noch wenige Jahre zuvor nach Dekaden eines neoliberalen Vormarschs endlich wieder im Aufwind wähnten, waren ratlos angesichts einer von Europa bis nach Nordamerika und Asien reichenden Dominanz neoliberalen Denkens und konservativer Parteien. Häufig wurden sie kurzerhand ungerührt abgewählt, weil sie mit Mühe versucht hatten, die schlimmsten Krisenfolgen einzudämmen. Den Finanzinstituten, die die Krise ausgelöst hatten und vom Staat gerettet worden waren, ging es dagegen gut, ja sie florierten wie vor der Krise, und mit offener Undankbarkeit finanzierten sie die wiedererstarkende Rechte – die beachtliche Erholung der Unternehmensgewinne bot die Gewähr dafür, dass konservative Denkfabriken nach der Krise eine aufwendige Verjüngungskur erhielten. Nationalistisch-protofaschistische Bewegungen sprossen an Orten, wo man es nie vermutet hätte, aus dem Boden und vertraten Positionen, die keinen Funken Verstand mehr enthielten. Das Ganze ließ sich ohne Übertreibung als »Alptraum« bezeichnen; eitle Hoffnungen platzten.

Der Winter unseres Stussvergnügens

Ich erinnere mich noch, wie ich das erste Mal mit Schaudern realisierte, dass der geistige Dämmerzustand nach der Krise noch weit schlimmer werden könnte als während der Rezession selbst. Im April 2011 nahm ich am zweiten Treffen des Institute for New Economic Thinking (INET) in Bretton Woods, New Hampshire, teil.[2] Es hätte vermutlich bessere Orte als die White Mountains gegeben, um den Zeitgeist nach der Krise einer Fiebermessung zu unterziehen und die politische Ökonomie in der Praxis zu beobachten, doch die kleinen Sünden der Wirtschaftswissenschaftler hatten mich schon lange fasziniert, und das erste INET-Treffen, 2010 an der Cambridge University abgehalten, schien mir ein gewisses Versprechen zu bergen – zum Beispiel als Protestierende in der Aula des King's College die IWF-Platitüden von Dominique Strauss-Kahn unterbrachen oder als Lord Adair Turner mutig erklärte, wir bräuchten einen deutlich kleineren Finanzsektor. Doch die Folgeveranstaltung fiel nicht nur aus klimatischen Gründen wesentlich unerfreulicher und frostiger aus. Das alptraumhafte Szenario begann mit einer Parade von Figuren, die niemand guten Gewissens als Vertreter eines »neuen ökonomischen Denkens« bezeichnen könnte: Kenneth Rogoff, Larry Summers, Barry Eichengreen, Niall Ferguson und Gordon Brown. Adair Turner wurde wie im Vorjahr für eine Rede auf die Bühne zitiert, wartete aber nur mit trüben Gemeinplätzen über »Glücksstudien« und Rationalität auf. Das Spektrum ökonomischer Positionen hatte sich deutlich verengt, und das Programm richtete sich offensichtlich vor allem an Journalisten, Blogger und Leute, die sich für komplexe, unkonventionelle Gedanken gar nicht interessierten, sondern Stars aus der Nähe sehen wollten – es zeugte von dem ungesunden Drang nach einem Denken, das um jeden Preis mit offiziösem Gütesiegel beglaubigt sein und nach etwas klingen sollte.

Viele Teilnehmer gaben ihre Ratlosigkeit offen zu: Die Krise war vorbei, nur was war eigentlich schiefgelaufen? Dass die in westlichen Ländern beschlossenen »Rettungspakete« ein politisches Debakel darstellten, erkannten alle an, wobei nähere Ausführungen darüber sicherlich weniger Konsens gefunden hätten. Manche meinten, der akute Handlungsdruck auf Seiten der Federal Reserve, des britischen Schatzamtes, der Europäischen Zentralbank und anderer Institutionen habe eine notwendige Phase der Reflexion und Reform blockiert. Was die Veranstaltung jedoch zu einem Alptraum machte, war eine ansteckende Lähmung, die an ein Reh im Scheinwerferlicht erinnerte: Die Konferenzteilnehmer gefielen sich zwar in der Rolle von Kritikern der neoliberalen Dekadenz, hatten jenseits vorgetäuschten Expertenwissens aber keine festen Ansichten darüber, worin das für die Krise verantwortliche intellektuelle Versagen überhaupt bestand – offenbar verband sie bloß ein vages Unbehagen am Zustand der Wirtschaftswissenschaft. Doch es kam noch schlimmer: Während die Autoritäten schwankten, hatten sich die Darsteller aus dem Gruselkabinett der Rechten wieder aufgerichtet, den Staub von den Kleidern geklopft und zu neuer Stärke gefunden. Ökonomen wie Kenneth Rogoff und Carmen Reinhart besaßen auf dem INET-Treffen die Unverfrorenheit, die jüngste Weltwirtschaftskrise als ganz normalen Konjunkturzyklus darzustellen: Von Skandalösem oder Beispiellosem könne keine Rede sein. So begannen die im American Enterprise Institute und Cato Institute ausgebrüteten Doktrinen wieder in den Bereich des Respektablen einzusickern. Die Konferenzteilnehmer versuchten sich unterdessen weiter zu lösen – nur von was? Von der neoklassischen Mikroökonomie, von der Theorie der rationalen Erwartungen, von der Effizienzmarkthypothese, von dem Coase-Theorem, von pseudokeynesianischer Makroökonomie, von dem Pareto-Optimum, von der Public-Choice-Theorie, vom Ende der Geschichte – also wovon jetzt genau? Wie sollte man wissen, ob etwas faul war oder nicht, wenn man nicht einmal sicher war, welche Theorie einem Orientierung bieten könnte?

Der Leser mag einwenden, ich hätte mir diesen Alptraum selbst eingehandelt, denn wie sollte auch ein von George Soros ausgerichteter und finanzierter Rummel ein wirklich »Neues Ökonomisches Denken« hervorbringen?[3] Wie zu erwarten, gab es in Bretton Woods kaum eine ernsthafte Debatte, ja nicht einmal einen flüchtigen Überblick über mögliche Alternativen in der Wirtschaftswissenschaft; stattdessen herrschte eine so drückende Nostalgie, dass die üppigen Desserts ranzig wurden. Eine bunte Riege von B-Promis – nach John Maynard Keynes sollte kein Ökonom je wieder die Bekanntheit eines Arnold Schwarzenegger, Bob Dylan oder auch nur Malcolm Gladwell erlangen – hoffte auf den erregenden Schauder einer gefahrlosen Grenzüberschreitung: Ihr Drang zur Dissidenz wurde durch die nüchterne Einsicht gezügelt, dass konkrete Abweichungen von der wirtschaftswissenschaftlichen Orthodoxie, der sie schließlich ihren bescheidenen Ruhm zu verdanken hatten, eher ungeschickt wären. An dem Dogma, dass in den letzten 75 Jahren schlechterdings nichts geschehen sei, was den Debattenraum über die vermeintlich durch Keynes und Hayek markierten Grenzlinien hinaus verschoben habe, zeigte niemand auch nur das leiseste Unbehagen. Viele Redner genossen es sichtlich, in den heiligen Hallen von Bretton Woods den Geist Keynes' heraufzubeschwören. Meine Hoffnung, das INET könnte alternativen Strömungen der Wirtschaftswissenschaft ein Forum bieten, war eindeutig albern gewesen, denn wären dort Postkeynesianer, Regulationstheoretiker, Institutionalisten, Anhänger

Hyman Minskys oder gar Marxisten chinesischer Couleur aufgetreten, dann hätte die intellektuelle Schickeria die Konferenz gemieden wie die Pest.[4] Doch das alptraumhafte Szenario beschränkte sich nicht auf das INET oder George Soros. Es erwies sich als viel umfassender.

Von den White Mountains nach Mont Pèlerin

Vom 5. bis 7. März 2009 hielt die Mont Pèlerin Society (MPS) in New York, dem Ground Zero der Weltwirtschaftskrise, ein Sondertreffen ab, um die Folgen der Erschütterungen für ihr politisches Projekt zu diskutieren. Rund hundert Mitglieder und ebenso viele Gäste versammelten sich unter dem Titel: »Das Ende des globalisierenden Kapitalismus? Klassisch liberale Antworten auf die globale Finanzkrise«. Zu dieser Zeit fürchteten viele Köpfe der neoliberalen Bewegung, die Krisenlawine könne sich für sie selbst zu einem furchtbaren Alptraum entwickeln. Schließlich war das entscheidende Ereignis, das ursprünglich zu dieser Organisation des Neoliberalen Denkkollektivs (NDK) geführt hatte, die Große Depression der Dreißigerjahre gewesen. Die anfangs bunt zusammengewürfelte Gruppe um Friedrich Hayek, Ludwig von Mises, Lionel Robbins und Milton Friedman musste damals die schmerzhafte Erfahrung machen, für ihre Antwort auf die schwere Krise verspottet, attackiert und an den Rand des Diskurses abgedrängt zu werden, denn »der wirtschaftliche Motor des Fortschritts«, der Markt, wollte partout nicht anspringen. 1947 versammelten sie sich am Mont Pèlerin, um über Wege zu ihrer intellektuellen Rehabilitierung zu beratschlagen. In vieler Hinsicht war die erste Generation der Neoliberalen den Rest ihres Lebens mit der Bewältigung der Schmach beschäftigt, dass Keynes, Franklin D. Roosevelt, Wissenschaftler wie J. D. Bernal, eine Phalanx von Marktsozialisten wie Oskar Lange und Jacob Marschak sowie etliche europäische politische Denker über sie triumphiert und sie ausgegrenzt hatten. Angesichts dessen war es im Jahr 2009 kein abwegiger Gedanke, dass die Neoliberalen der dritten Generation in mächtige Schwierigkeiten geraten könnten.

Früher einmal hätte das neoliberale Exekutivkomitee in einer solchen Notsitzung versucht, durch kreative Denkansätze die bestmögliche Antwort auf den drohenden Zusammenbruch seiner Weltanschauung zu finden. In einer Reprise der Vierzigerjahre hätten die Neoliberalen des Jahres 2009 zum Beispiel neue Denkmodelle über den Markt entwickeln können – eine Verbindung ursprünglich etatistischer Konzepte mit einer Neudefinition der »wahren Natur« von Marktbeteiligung hätte auch der Linken Wind aus den Segeln genommen. Für den Historiker ist es verblüffend, wie häufig die Neoliberalen in der zweiten Hälfte des 20. Jahrhunderts Ideen der Linken zweckentfremdet haben. Geht man jedoch die Beiträge zur New Yorker Konferenz durch, dann findet man vor allem vorhersehbare Plattitüden und fade Neuauflagen der Behauptung, die bösartige Regierung habe die Krise verursacht.[5]

Deepak Lal stellte in seiner Ansprache die interessante Frage, wie es zur Krise kommen konnte, wo doch so viele »Freunde der MPS« wie Alan Greenspan und Jean-Claude Trichet für das Weltfinanzsystem verantwortlich gewesen seien, und deutete an, möglicherweise hätten sie sich nicht ausreichend um »solides Geld« gekümmert. Niall Ferguson hob die Moral der Truppe mit dem Katechismus, die staatliche Regulierung – nicht etwa ein Versagen der Marktwirtschaft – müsse die Krise verursacht haben, und ging zudem seinem persönlichen Lieblingsthema einer möglichen Schuld Chinas nach. Gary Becker erklärte, anstatt in Reaktion auf die Krise mit allerlei staatlichen Heilmitteln herumzuhantieren, sollte man besser gar nichts tun. (Das vorliegende Buch zeigt, dass dies in Wirklichkeit gar nicht die Position der Neoliberalen ist.) Insgesamt herrschte auf der Konferenz die Stimmung vor, dass Neoliberale – wobei die eigentlich bemühte Bezeichnung »klassisch liberal« als eine in späteren Kapiteln zu erörternde Nebelkerze diente – trotz der etwas beängstigenden Krise im Grunde weitermachen sollten wie gehabt.

Nach der Blütezeit der MPS im Anschluss an den Krieg sahen manche Linke in all dem nun mitunter einen Beleg für ihren Niedergang; vielleicht waren die Konferenzteilnehmer, wie die meisten Ökonomen, aber auch einfach von den Ereignissen überrascht worden. Doch so oder so scheint es heute, dass die Neoliberalen unbeschadet durch die Krise gekommen sind. Sie hat dem NDK keineswegs wie in den Dreißigerjahren einen Ruck zur Erneuerung gegeben, sondern es in seiner Unnachgiebigkeit, Redundanz und Einfallslosigkeit noch bestärkt. Wie heute deutlich wird, lagen die Neoliberalen mit ihrer Beharrlichkeit durchaus richtig, denn entgegen allen Erwartungen hat die Krise kaum etwas verändert. Allerdings haben sie nicht kampflos gewonnen – das wäre eine armselige Interpretation der Ereignisse. Neoliberale lassen eine ernsthafte Krise nicht ungenutzt verstreichen: Um ihren Triumph sicherzustellen, haben sie bestimmte Schachzüge unternommen. Dieses Buch soll die Strategien der Neoliberalen dokumentieren und ihre Erfolge begutachten, zu denen häufig auch die Wirtschaftswissenschaftler beigetragen haben.

Dass die Ökonomen von den White Mountains bis nach Mont Pèlerin nur abgegriffene Antworten auf die Krise parat hatten, ist inzwischen gängige Meinung. Allerdings fällt die Bilanz für die zwei großen politischen Lager geradezu gegensätzlich aus: Während die Rechte die Krise mit monotonen Wiederholungen erstaunlich gut überstanden hat, büßte die bereits vor der Krise in schlechter Verfassung befindliche Linke durch sie noch weiter an Boden ein. Jenseits von Ausreden bleibt die Frage, inwieweit das unerwartete Erstarken der Rechten nach der Krise auf dem neoliberalen kulturellen Gefüge beruht, das in der Phase von 1980 bis 2008 aufgebaut wurde, und umgekehrt, inwieweit die Linke ihre Niederlage selbst herbeigeführt hat. Diese Frage verdient meines Erachtens eine gründlichere Untersuchung.

An der Struktur des globalen Finanzsystems hat sich seit der Krise nichts substanziell geändert.[6] Die politischen »Reformen« sind in Europa wie in den Vereinigten Staaten bestenfalls oberflächlich ausgefallen. Auch nach 2008 zeigten etwa der »Flash Crash« im Mai 2010, bei dem die Kurse an der Wallstreet innerhalb von Minuten extrem einbrachen, das Debakel des Börsengangs des US-Handelsplatzes BATS im März 2012 und die durch einen Softwarefehler ausgelöste Kernschmelze des Finanzdienstleisters Knight Capital im August 2012, dass die Fehlfunktionen des Marktes viel gravierender sind, als die übliche Fixierung auf Hypothekenverbriefungen und betrügerische Bankgeschäfte nahelegt, doch eine konzertierte Reaktion darauf blieb aus. Zum ersten Mal seit dreißig Jahren treten stagnierende Beschäftigung und anhaltende Inflation wieder gleichzeitig auf, auch wenn die zuständigen Behörden dies beharrlich zu vertuschen suchen. Bei der Spekulation mit Rohstoffen (besonders Öl) und bei Börsengängen (wie dem von LinkedIn und des Informatikkonzerns Fusion-io) haben sich erstaunlich schnell wieder Blasen gebildet. Der weitreichende Konsens, staatliche Ausgabenkürzungen seien die beste Medizin gegen die Krise, zeigt unterdessen, dass die öffentliche Debatte auf das analytische Niveau der frühen Dreißigerjahre herabgesunken ist. Die MPS ist einer schmachvollen Widerlegung ihrer wirtschaftspolitischen Vorstellungen offenbar entgangen – eine dramatische Niederlage haben vielmehr ihre Gegner auf der »moderaten« Linken erlebt. Da innovative neoliberale Analysen offenkundig fehlen, drängt sich der Verdacht auf, dass diese Schwäche der Linken nicht zuletzt in dem begründet liegt, was in der wirtschaftswissenschaftlichen Orthodoxie als staatsinterventionistische Lehre gilt. Aber die Ursachen könnten sogar noch tiefer reichen.

Wo Rauch ist, ist auch Toast

Es gibt eine Unmenge von Büchern und Artikeln über die Krise. Viele Leser, die 2009 und 2010 begierig zugriffen, fühlten sich nach der Lektüre jedoch weniger informiert als vorher, was schlimm genug ist. Hinzu kommt, dass man einen Alptraum nicht freiwillig ein zweites Mal durchlebt, sondern lieber wieder aufwacht. Zuletzt scheint solche Literatur deshalb nur noch Fans dramatischer Zusammenbruchsgeschichten angesprochen zu haben. Die große Mehrheit hatte sich dagegen schon 2012 aus ernsthaften Debatten ausgeschaltet und war vor dem Tsunami zu spät gekommener Weisheiten geflüchtet.

Eine kurze Zeit lang versuchten Karikaturisten und Fernsehkomiker, aus der ganzen Geschichte einen Witz zu machen. Darin klagten idiotische Banker, die sture Öffentlichkeit wolle einfach nicht verstehen, dass sie als Einzige den von ihnen angerichteten Saustall auch wieder ausmisten könnten, wobei sie sich ebenso mürrisch wie reuelos zeigten, als Uncle Sam ihnen genau zu diesem Zweck ganze Lkw-Ladungen Geld schickte. Wie so oft verblasste die Satire neben der Wirklichkeit, als Hank Greenberg, ehemals Chef des Versicherungsgiganten American International Group (AIG), die US-Regierung für mangelnde Großzügigkeit bei der Rettung seines Konzerns verklagte.[7]

Auch wenn bitterböser Humor urkomisch sein kann, ruft er in diesem Fall eine nagende Stimme auf den Plan: Sind Witze über die unsichtbare Hand nicht etwas billig? Ist Lachen wirklich die angemessene Reaktion auf den Alptraum der Krise? Haben sich deren Mitverursacher nicht vielleicht selbst (einiges) ausgeschüttet vor Lachen, während das Finanzsystem auf den Abgrund zusteuerte? Zumindest in den Sitzungen des Offenmarktausschusses der Federal Reserve herrschte offenbar große Heiterkeit, wie die grafische Darstellung der dort von 2001 bis 2006 protokollierten Lacher in Abbildung 1.1. zeigt. Der Appell an den

Sinn für Humor, auf dass wir es sind, die zuletzt lachen, ist nicht unbedingt das beste Mittel gegen Krisenmüdigkeit.

Abb. 1.1: Heiterkeit in der Federal Reserve

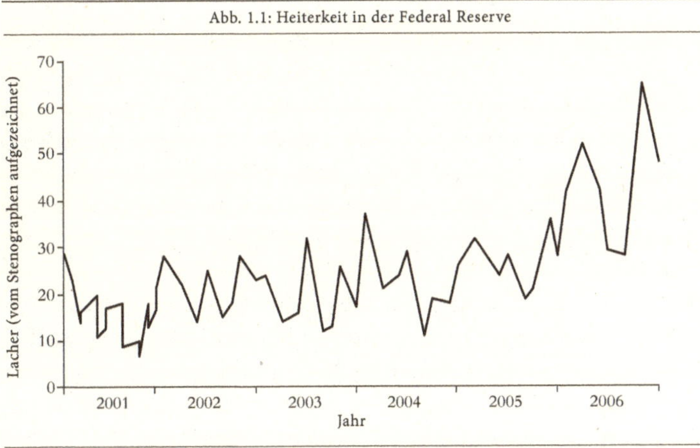

Quelle: Federal Reserve FOMC Transcripts, Grafik: Daily Stag Hunt

Der Filmemacher Adam Curtis empörte sich: »Trotz der Desaster sind wir [noch immer] in der Welt der Ökonomen gefangen.«[8] Wir müssen jedoch zwischen der Welt der Ökonomen und der der Neoliberalen differenzieren, die viele Linke fälschlicherweise gleichsetzen. Ein wesentlicher Unterschied besteht darin, dass die Neoliberalen an die von manchen Ökonomen verbreitete Bilderbuchversion des *Laissez-faire*-Prinzips zumeist gar nicht glauben. Auch wenn sie sich in der Öffentlichkeit oder selbst im Grundkurs Wirtschaftswissenschaft zu ihr bekennen, spielt sie in anspruchsvolleren internen Diskussionen keine Rolle und wird von der politischen Praxis des Neoliberalismus klar missachtet.

Das neoliberale Plädoyer für wirtschaftliche Ungleichheit kann auch zu einem Plädoyer für Ungleichheit im Bereich des Wissens führen, wie wir in Kapitel 2 eingehend untersuchen werden. Leser von Michel Foucault sind mit dem Gedanken vertraut, dass der Neoliberalismus die Ontologie des Subjekts in der modernen Gesellschaft transformiert; übersehen wurde in dieser Traditionslinie dagegen, wie er spiegelbildlich dazu auch der Bedeutung der Existenz eines »Marktes« als solchem eine neue ontologische Bedeutung gibt.

Was an der Fülle nachträglicher Krisenerklärungen irritiert, hat Maureen Tkacik beschrieben:

> »Dass an den letzten zehn Jahren etwas unhaltbar war, ließ sich leicht feststellen. Die Wahrheit jedoch – dass eine *gesamte Ideologie* unhaltbar geworden war – haben wir noch immer nicht begriffen. Und deshalb überbieten sich nun Journalisten, Ökonomen, Intellektuelle und Finanzmanager bei der Publikation von Büchern, die sich meist wie die Memoiren von Leuten lesen, die sich weniger dumm vorkommen wollen. Das heutige Finanzsystem wurde zu dem Zweck errichtet, dass wir uns alle dumm vorkommen, und im Zuge seiner Errichtung verdummten seine Architekten selbst.«[9]

Die Krise hat nicht nur eine massenhafte, weithin stumm erduldete Verarmung bewirkt, sondern auch unser Vertrauen in die eigene Fähigkeit zerstört, das System, in das wir heute eingezwungen sind, adäquat zu begreifen. Es gehört zum guten Ton, das groteske Schauspiel von Gruppierungen wie der Tea Party, der Goldenen Morgenröte, den Wahren Finnen und dem Front National aufs Schärfste zu kritisieren – aber kann die Linke wirklich behaupten, sie sei seit 2007 so viel nüchterner und intelligenter gewesen? Das Problem, dem ich mich in diesem Buch nähern will, lautet: Wie schaffen es diejenigen, die der unerwarteten Befestigung der neoliberalen Vorherrschaft mit Entsetzen ins Auge blicken, sich weniger dumm vorzukommen? Wie müsste eine erhellende Intellectual History der Krise und ihrer Folgen aussehen?

Wenn es um die Rolle des Nostradamus der Krise geht, hat offenbar jeder seinen Favoriten – das schwierige Thema der Prognostik werde ich in Kapitel 5 behandeln. Hier geht es mir zunächst um jene nominellen Linken, die sich schon vor langer Zeit von der marxistischen Eschatologie eines Zusammenbruchs des Kapitalismus, gefolgt vom Übergang zum Sozialismus, verabschiedet haben, nur um sich heute auf ein ungerührtes Bekenntnis zur Unwissenheit zurückzuziehen. Ein beliebiges Beispiel dafür aus den Reihen der Journalisten (zu den Ökonomen komme ich später) bietet Ezra Klein mit einer Besprechung des Krisen-Dokumentarfilms *Inside Job*:

> »*Inside Job* ist vielleicht dort am stärksten, wo er detailliert die Interessenkonflikte unterschiedlicher Akteure mit Blick auf den Finanzsektor schildert, wobei es sich um ›Konflikte‹ gerade deshalb handelte, weil die Akteure auch

> gewichtige Gründe dafür hatten, ihre Sache gut zu machen – etwa Reputation, Geld, Zuspruch und Arbeitsplatzerhalt.
>
> Gerade das macht die Finanzkrise letztlich so beängstigend. Die Komplexität des Systems überforderte Marktteilnehmer, Experten und Aufsichtsbehörden erheblich. Selbst nach dem Ausbruch der Krise waren die Geschehnisse teuflisch schwer zu begreifen. Manchen gelang es zwar, die richtigen Zusammenhänge in der richtigen Weise zum richtigen Zeitpunkt herzustellen, aber besonders viele waren es nicht, und ihre Methoden lassen sich nicht einfach reproduzieren, sodass wir ihren Erfolg zur Norm machen könnten. Klar ist dagegen, dass die Komplexität unserer zentralen Systeme weiter zunehmen wird, wir selbst aber nicht klüger werden.«[10]

Dass sich manche Vertreter der »moderaten Linken« zu Angriffen auf diesen populären Dokumentarfilm bemüßigt fühlten, zeugt an sich schon von einer düsteren Lage. Noch bezeichnender ist, wie unverblümt sie epistemologische und wissenssoziologische Grundannahmen der Neoliberalen übernehmen. Experten jeder Couleur warfen nach der Krise die Hände in die Luft und erklärten, die Wirtschaft sei einfach zu komplex, um sie zu verstehen – lieber betrachtete man die große Rezession als ein Naturereignis und ging wieder zur Tagesordnung über. Diese *kulturelle* Schwäche bestand schon vor der Krise, aber bei der Blockade von adäquaten Reaktionen auf das Debakel hat sie geradezu Wunder gewirkt. Wie in Kapitel 2 und 3 beschrieben und in Kapitel 6 genauer seziert, haben die Neoliberalen zum Problem von Wissen und Unwissen eine komplexe Position entwickelt. Nachvollziehen zu können, wie sie Unwissenheit als politisches Instrument einsetzen, hilft uns bei der Bewältigung der Tatsache, dass wir offenkundig für dumm verkauft wurden. Außerdem könnte sich dabei zeigen, dass es für die Linke an der Zeit ist, wieder selbst eine plausible Wissenssoziologie auszuarbeiten.

Der erste Schritt zu einer Wissenssoziologie und -geschichte der Krise besteht in der Erkenntnis, dass die Antworten auf sie auf unterschiedlichen Ebenen erfolgt sind, deren Botschaften sich in Inhalt und Zeitpunkt zwar nicht immer decken, aber schließlich so ineinandergreifen, dass sie jedwede nicht von den Banken und dem Finanzsektor kontrollierte politische Reaktion vereiteln. Die Steuerung dieser unterschiedlichen Ebenen erfordert Geschick. Es gibt zum einen die Ebene der allgemeinen Kultur, auf der die etablierten neoliberalen Bilder menschlicher Selbstentfaltung mit dem spürbar einsetzenden Zusammenbruch einer ganzen Lebensweise konfrontiert waren. Es gibt die Ebene öffentlich wirkender Wissenseliten wie der Mont Pèlerin Society, die kurzzeitig gelähmt waren und danach die Aufgabe hatten, das anhaltende akademische Geschwätz über die aus den Fugen geratene Welt aus dem Stegreif in eine neue Ordnung zu bringen. Es gibt (worauf ich in meiner Analyse großen Wert lege) ein allgemeines neoliberales Drehbuch für strategische Reaktionen auf schwere Krisen. Und schließlich gibt es die Wirtschaftswissenschaftler an den Universitäten. Sie waren zwar nicht der einzige Priesterorden, der sich im Besitz des ehrfurchtsvoll »die Ökonomie« genannten Schlüssels wähnte, aber ihr Wirken nach dem Einsetzen der Krise erwies sich als entscheidend, und zwar in einer meines Erachtens sowohl von Insidern wie der Öffentlichkeit kaum begriffenen Weise. Auch wenn sich die neoliberale und die neoklassische Tradition nicht aufeinander reduzieren lassen, verdankte sich das Wiedererstarken der Neoliberalen nach der Krise ganz wesentlich dem Zusammenspiel der Wirtschaftswissenschaft mit den Ebenen der Kultur und der Wissenseliten. Die neoklassische Wirtschaftslehre war in den anderthalb Jahrhunderten ihrer Geschichte nicht durchweg neoliberal orientiert; heute jedoch arbeiten beide Strömungen unübersehbar Hand in Hand. Deshalb widmen sich Kapitel 4 und 5 ausgiebig dem Wirken der Ökonomen nach 2007.

Wenn es um die Beziehung zwischen ökonomischem Wissen und Politik geht, zitieren Experten häufig ein Diktum von John Maynard Keynes aus seinem Hauptwerk *Allgemeine Theorie der Beschäftigung, des Zinses und des Geldes*: »Praktiker, die sich ganz frei von intellektuellen Einflüssen glauben, sind gewöhnlich die Sklaven irgendeines verblichenen Ökonomen. Wahnsinnige in hoher Stellung, die Stimmen in der Luft hören, zapfen ihren wilden Irrsinn aus dem, was irgendein akademischer Schreiber ein paar Jahre vorher verfasste.«[11] So elegant seine Prosa auch war, Keynes' rudimentäre Wissenssoziologie hat sich als falsch erwiesen. Ökonomische Ideen haben nicht etwa, wie in einer gepflegten Séance aus der Zeit der Jahrhundertwende, durch ektoplasmische Schreiben der Verblichenen Eingang in die alltägliche Politik gefunden, sondern durch einen Prozess, der zugleich konkreter und komplexer ist, als die leicht tendenziöse Selbstschmeichelei des Ökonomen Keynes unterstellt.

Wirtschaftslehren erringen die Vorherrschaft, weil sie auf starken geistigen Trends in anderen Bereichen der Kultur und oftmals anderen Disziplinen aufbauen, und sie benötigen ihrerseits Förderer und Finanziers, um Ökonomen und schließlich die breitere Gesellschaft für sich zu gewinnen. Ideen mögen ein Handelsgut sein, aber sie werden nicht einfach vermarktet, auch wenn die Neoliberalen anderes behaupten. So wie die Geschichte sind auch die Ideen von Menschen gemacht, aber nicht in ungebrochener, direkter Weise. Ideen haben die gemeine Angewohnheit, sich auf ihrem Weg durch den Diskursraum zu verwandeln; manchmal schaden ihnen ihre Anhänger mehr als ihre Gegner. Außerdem scheinen Menschen mitunter von Natur aus unfähig zu begreifen, was man ihnen vorsetzt, und kreative Missverständnisse führen das Denken auf ausgetretene Pfade zurück. Im Getümmel dubioser Signifikanten ist die große Lüge König; doch das schließt nicht aus, dass das sie umgebende Stimmengewirr in den Dienst politischer Zwecke gestellt werden kann. Werden bestimmte Grundvorstellungen als neutral und selbstverständlich dargestellt, dann können sie umso besser als politische Bastionen dienen, um die Geschichte in eine bestimmte Richtung zu lenken. Wenn sich bestimmte Lehrgebäude allen Widrigkeiten zum Trotz, etwa in einer Weltwirtschaftskrise, behaupten; wenn Wissen und Macht in einem Zustand der Erstarrung konvergieren, dann gibt es zweifellos etwas zu erklären.

Träumen Zombies von ewiger Ruhe?

Im gegenwärtigen Alptraum sieht es so aus, dass die ansonsten so zerstörerische Krise auch nicht nur ein einziges ökonomisches Scheinargument ins Jenseits befördern konnte. Das ist keine Neuigkeit: John Quiggin hat dieses Phänomen amüsant *Zombie Economics* getauft und damit verdienstvollerweise einen wichtigen Aspekt hervorgehoben.[12] So feiert zum Beispiel Friedrich Hayeks *Der Weg zur Knechtschaft* in den USA nach langer Pause ein eigenartiges Comeback als Bestseller, und selbst Ayn Rand wurde offenbar zu neuem (untoten) Leben erweckt. Wie Colin Crouch treffend bemerkt hat: »Was bleibt nach der Finanzkrise vom Neoliberalismus? Die Antwort: so gut wie alles.«[13] Unterdessen haben die Verlage eine wahre Flut von Krisenbüchern entfesselt, die zwar nicht als Totgeburten, aber doch als fade Klone aus der Druckerei kommen. Zynisch könnte man sagen: Sollen die Akademiker doch die soziale Katastrophe in eine weitere unnachhaltige Wachstumsindustrie verwandeln. Welchen Sinn sollte das x-te launige Wortspiel mit der Metapher der »unsichtbaren Hand« auf dem Umschlag irgendeines Buches haben, das uns weismachen will, eine Handvoll (meist eine Primzahl) Ereignisse oder Prinzipien sei der Stein der Weisen für das Verständnis der jüngsten Krise?

Es sei dem Leser versichert, dass dies nicht ein weiteres Buch »über die Krise« im Sinne einer ausführlichen Chronologie sein wird. Einige der detailliertesten Darstellungen der Rezession von 2007 bis 2009 finden sich kostenlos im Internet; das Problem scheint eher zu sein, dass niemand mehr genug Interesse daran hat, um sich die Mühe einer Lektüre zu machen.[14] Es gibt sogar einen hervorragenden Film, der die Chronologie des Zusammenbruchs mit beeindruckender Klarheit für ein breites Publikum schildert, nämlich den bereits erwähnten Dokumentarfilm *Inside Job* (2011) von Charles Ferguson, der daran anschließend auch noch das ebenso erhellende Buch *Predator Nation* vorlegte. Natürlich ist der Film schwach in der Darstellung struktureller Ursachen, er verengt den Blick auf das Finanzwesen, blendet internationale Entwicklungen weitgehend aus und folgt der amerikanischen Unsitte, holzschnittartige Bösewichter an den Pranger zu stellen. Außerdem sind solche Filme selbstverständlich kein Ersatz für gut dokumentierte Untersuchungen über die Veruntreuung von Geldern, die expansive Geldpolitik der Fed, rechtliche Sabotage und andere komplizierte Einzelheiten. Aber es gibt noch ein anderes Problem: Obwohl der Film eine beispiellose Anklage der Ökonomenzunft darstellt, macht er um ihr Gedankengut einen großen Bogen – er misstraut den Wirtschaftswissenschaftlern, ohne zur Wirtschafts*wissenschaft* Stellung zu beziehen. Das vorliegende Buch soll den Film um diese wesentliche Dimension ergänzen: Es untersucht die Krise als soziale Katastrophe, aber zugleich als geistige Konfusion. Sollte dabei deutlich werden, dass wir unsere Misere auf ein theoretisches Debakel zurückführen können, dann wird die Krise rückblickend betrachtet vielleicht nicht ganz umsonst gewesen sein.

Die Krise dient mir außerdem als Vorwand für eine Untersuchung darüber, wie neoliberale Gedanken ihre linken Gegner behindern und lähmen konnten. Die fortdauernde Krise ist ein politischer Wendepunkt; diese Erkenntnis stets ins Zentrum zu rücken, erweist sich als viel schwieriger, als man annehmen könnte. Mit »der Linken« meine ich nicht die wenigen Umnachteten, die sich als Jünger der Zusammenbruchstheorie gewiss waren, ein vollständiger Kollaps des Kapitalismus werde der politischen Herrschaft des Proletariats den Weg bahnen. Die Geschichte hat es nicht gut mit ihnen gemeint. Ich habe eine andere, breitere Öffentlichkeit vor Augen. Die große Rezession hat Leute, die man früher »Sozialisten« oder »Progressive« genannt hätte, vollkommen überrascht und jede Hoffnung auf Rehabilitierung ihres Wirtschaftsverständnisses zunichte gemacht. Sie hat eine hybride Ordnung hervorgebracht, die jene Linken so verdutzt und fassungslos machte, dass man sie oft laut darüber nachdenken hörte, ob es eine Linke überhaupt noch gibt. An diese Leute, deren Grundüberzeugung lautet, dass Marktstrukturen einer Politik im Interesse des allgemeinen menschlichen Fortschritts untergeordnet werden können und sollen, möchte ich mich hier wenden. Es sind gar nicht wenige, die so denken, doch ihr Verständnis von Märkten und Gesellschaften ist heute leider von theoretischer Verwahrlosung gekennzeichnet.

Nehmen wir ein Beispiel aus dem eben lobend erwähnten Film *Inside Job*. Dort heißt es, wie nach der Krise auch andernorts zu hören, die Neoliberalen seien vor allem deshalb für das Desaster verantwortlich, weil sie in kurzsichtiger Manier Märkte dereguliert oder bestehende Regulierungen umgangen hätten. Diese Behauptung habe ich zum Beispiel wiederholt auf der INET-Konferenz und von Leuten in Washington gehört. Gewiss hat es seit den Achtzigerjahren einschneidende Veränderungen der regulierenden Strukturen gegeben, und auf manche werde ich in diesem Buch hinweisen; doch mitnichten handelte es sich dabei um eine schlichte *Abschaffung* von Regeln, die man wieder einführen könnte oder sollte. Wer die Rede von einer »Deregulierung« akzeptiert, verfängt sich in einem Netz von Begriffen, das das politische Handeln paralysiert. Die Neoliberalen strafen die wohlfeilen Aufrufe ihrer Gegner zur »Reregulierung« mit offener Verachtung, und meines Erachtens ist es Zeit, sie darin wesentlich ernster zu nehmen.[15]

Der Gedanke eines Allheilmittels namens »Regulierung« zieht etliche ungeprüfte Annahmen über das Wesen von Märkten nach sich. Er befestigt die Dichotomie von Märkten und Gouvernementalität, führt zu Unklarheit über das Verhältnis von Absicht, Wille und spontanen Prozessen und stärkt so auf einer unbewussten Ebene das neoliberale Credo. Darin besteht ein deutliches Symptom der anhaltenden wirtschaftstheoretischen Schwäche der Linken. Wie Heerscharen politischer Theoretiker immer wieder gezeigt haben, zielt das neoliberale Projekt in erster Linie auf *Reregulierung* und ein neues institutionelles Arrangement – es macht in keinem Fall kurzerhand Tabula rasa zugunsten eines reinen *Laissez-faire.*[16] An diesem Garten Eden der rechten Mythologie, einem Paradies, das nie und nirgends existiert hat, fand der Neoliberalismus noch nie besonderen Gefallen. Doch obwohl dies in den letzten fünfzig Jahren unzählige Male betont worden ist, wird es in der umnebelt-verstreuten Kultur der Spätmoderne beharrlich ausgeblendet und bei jeder Zuspitzung der politischen Debatte dieselbe grundfalsche Dichotomie bemüht. Diese Gedächtnisstörung kommt der Rechten viel zu gelegen, als dass man sie auf eine allgemeine Alzheimerisierung oder inkompetente Journalisten zurückführen sollte. In der Rede von »freien Märkten« erscheinen Freiheit wie Märkte, vor allem durch ihre Legierung, als undefinierte Urbilder. Es erfordert erhebliches theoretisches Differenzierungsvermögen, diese Tatsache ins Zentrum der politischen Auseinandersetzungen zu rücken, und sowohl die neoklassische wie die marxistische Wirtschaftslehre haben sich dabei als wenig hilfreich erwiesen. Das vorliegende Buch soll uns daran erinnern, dass die heutige Wirtschaftswissenschaft das Vergessen fördert. Als Prophylaxe werden wir eine andere Herangehensweise an die Ökonomie verfolgen, die den neoliberalen Kerngedanken auf ontologischer Grundebene entgegengesetzt ist.

Noch in anderer Hinsicht kapituliert das Lager der Regulierungsbefürworter unwillentlich vor dem Lager der Gier. Sein Rezept wird oft mit einem knappen Satz begründet: Da es von den Vierziger- bis zur Mitte der Achtzigerjahre keine Finanzkrisen gegeben habe (oft ungesagt bleibt: *im Westen*), müssen wir nichts weiter tun, als alle Räder auf den Stand jenes Goldenen Zeitalters zurückzudrehen. Indem die Linke diese Vorstellung unterschreibt, akzeptiert sie unbewusst die entscheidende Behauptung der populistischen Rechten und der neoklassischen Orthodoxie: Zwischen damals und heute soll kein substanzieller Unterschied bestehen, Märkte gelten als zeitlose Wesen mit zeitlosen Gesetzen. Tatsächlich treffen sich einige der erfolgreichsten Bücher zur Krise, von Kenneth Rogoffs und Carmen Reinharts *Dieses Mal ist alles anders* bis zu David Graebers *Schulden: Die ersten 5000 Jahre*, in dieser Grundannahme.[17] Genau hier aber müsste der polemische Einspruch der Linken ansetzen: Wirtschaft, Gesellschaft und Weltpolitik unterscheiden sich heute markant von der Zeit des Kalten Krieges, und einige neoliberale Innovationen der jüngeren Vergangenheit machen die aktuelle Krise besonders bitter. Solche Unterschiede genau zu verstehen, ist ein notwendiger erster Schritt zum Entwurf einer besseren Welt. Die Neoliberalen haben schon lange jede Nostalgie für ein Goldenes Zeitalter abgelegt; es ist höchste Zeit, dass die Linke dies ebenfalls tut.[18]

In den letzten dreißig Jahre entspann sich eine fatale Dynamik, an der sich verdeutlichen lässt, wie der Ruf nach Regulierung die Linke aufs falsche Gleis geführt hat. Als zunächst in der Peripherie und dann immer häufiger auch in den Metropolen Finanzkrisen ausbrachen, erklärten technokratische Ökonomen im Chor mit den Neoliberalen, indem man durch Staatsverschuldung und Bürgschaften reicher Länder einen Bankrott von Privatunternehmen vermeide, könne man sie eindämmen und überwinden. Auf dieses Standardrezept wurde dann auch zurückgegriffen, als 2007/08 die große Krise anrollte. Das Mantra lautete stets, die Regierung solle kollabierende Sektoren »retten«, indem sie sich stärker verschuldet und deren Bilanzen stützt; strukturelle Probleme sollten angeblich später – vielleicht auch durch mehr Regulierung – angegangen werden, sobald das Schlimmste überstanden wäre. Rückendeckung für diese Praxis wurde wahllos bei Milton Friedman wie bei John Maynard Keynes gesucht. Doch wie ich in Kapitel 6 zeigen werde, erfolgte die jüngste »Rettung« in einer neuen, verhängnisvollen Weise, die jede Rückkehr zu früheren Strukturen verhinderte. Die vermeintlich kluge Maßnahme entpuppte sich als Hütchenspiel, dessen Handhabung weithin Privatfirmen überlassen wurde und bei dem die rasant wachsenden öffentlichen Schulden allmählich den Charakter des Staates als finanziellen Stabilitätsanker untergruben: Die Insolvenz der Privatwirtschaft bedrohte die Zahlungsfähigkeit der öffentlichen Hand. Mit anderen Worten: Die wiederkehrenden Bankenkrisen offenbarten das Unvermögen des keynesianischen Staates zur Eindämmung und Überwindung endemischer makroökonomische Krisen, sodass von der »Regulierung« nur eine verschwommene Erinnerung bleibt. Bereits 2012 geriet allmählich in Vergessenheit, dass die Krise im Kern eine Krise des Kapitalismus war und nur infolgedessen eine Finanzkrise des Staates. Die Verschuldung des Staates schien nun genauso prekär wie die der Privatbanken. Diese Dynamik war vermeidbar, weil gänzlich vorhersehbar.

Begreift man nicht, wie das Wirtschaftssystem versagt hat – und eine zentrale These dieses Buchs lautet, dass die meisten Ökonomen die eigentümliche Wirtschaftsentwicklung vor der Krise nicht verstanden und auch nach ihrem Ausbruch verwirrt blieben –, dann verfällt man auf die schimärische Pauschallösung einer rationalen Regulierung. Dieses katastrophale intellektuelle Versagen der Ökonomen sollte die Linke davor bewahren, sehnsüchtig eine »Regulierung« wie zur Zeit des Kalten Krieges heraufzubeschwören, und bildet auch den Hintergrund des Fehlschlags von Initiativen wie dem Dodd-Frank-Finanzmarktreformgesetz und Basel III.

Gegen den einfältigen Ruf nach Regulierung wenden sich die Neoliberalen seit langer Zeit. Heute predigen sie jedoch darüber hinaus, dass jedermann vor dem Naturzustand der Unwissenheit kapitulieren solle und auf Versuche zur Steuerung der Wirtschaft weitgehend verzicht werden müsse – allerdings, eine wichtige Einschränkung, nicht vollständig. Bezeichnenderweise folgen sie einer solchen Enthaltsamkeit selbst nicht. Als Teil des Projekts, eine mit sozialen Zielen vereinbare Wirtschaft zu schaffen, muss die Linke auch einen theoretischen Erklärungsrahmen für diese Tatsache entwickeln.

Kann man Zombies dazu überreden, in ihre Gräber zurückzukehren?

Mit John Quiggins bereits erwähntem Buch *Zombie Economics* verbindet die vorliegende Untersuchung eine ganze Reihe von Anliegen, und sie berührt auch mitunter dieselben Fachbegriffe. Beide vertreten die These, dass unsere Kultur von toten und verrotteten Vorstellungen über die Wirtschaftskrise beherrscht wird. Und obwohl es in einem nebligen Alptraum mitunter schwierig ist, die Zombies von bloßen Nebendarstellern zu unterscheiden, liegt Quiggin meines Erachtens auch damit richtig, dass die Ökonomen, nicht die Neoliberalen, die Zombies sind (ein weiterer zwingender Grund für die analytische Unterscheidung von Neoklassik und Neoliberalismus).

Allerdings werde ich Quiggins Buch auch als ein Beispiel für bestimmte Denkmuster behandeln, die die Linke in der gegenwärtigen Krise zu einem passiven, wirkungslosen Widerstand gegen den Neoliberalismus verurteilt haben. Um im Bild zu bleiben: Quiggin meint offenbar, ein Zombie lasse sich am besten durch Argumente zurück ins Grab drängen. Wäre es doch nur so einfach, alte Gräber wiederzuverwenden. Sein Verhältnis zur Wirtschaftswissenschaft hat er auf dem bekannten Blog *Crooked Timber* prägnant beschrieben:

»Auch wenn ich eindeutig links von den meisten Wirtschaftswissenschaftlern stehe (einschließlich vieler, die sich selbst als heterodox bezeichnen würden), bin ich gerne bereit, mich mit dem dominierenden Forschungsprogramm der Disziplin zu identifizieren. Der erste Grund dafür ist einer der persönlichen/politischen Strategie. Ausgehend von, grob gesagt, sozialdemokratischen Annahmen darüber, wie die Welt funktioniert, versuche ich Maßnahmen im Interesse der Gesellschaft im Allgemeinen und der Arbeiterklasse und den Benachteiligten im Besonderen zu bestimmten und fördern. Die etablierte Wirtschaftswissenschaft bietet eine Reihe von Werkzeugen für die Analyse (Theorie öffentlicher Güter, Externalität und Marktversagen, Steuerpolitik und Einkommensverteilung) und eine weithin verständliche Sprache für die Formulierung der Resultate. Keines der alternativen Gedankengebäude in der Wirtschaftswissenschaft kommt auch nur in die Nähe dessen.

Indem sie die logischen Grundlagen dieses einfachen Modells angreifen, mögen heterodoxe Ökonomen das Vertrauen in die daraus abgeleiteten politischen Maßnahmen untergraben. Aber das führt nicht besonders weit. Selbst wenn man die ökonomischen Argumente für *Laissez-faire* für wertlos hält, ergibt sich daraus noch keine positive Begründung einer anderen Politik.

Allgemein halte ich den gesamten Gedanken von Orthodoxie und Heterodoxie, oder die damit verbundene Vorstellung von Denkschulen, für wenig hilfreich. Er scheint mir eine Art intellektuellen Ahnenkult zu implizieren, mit dem niemandem gedient ist. Er führt weitgehend sinnlose Debatten darüber, was Keynes oder Commons oder Hayek wirklich gedacht haben. Waren ihre Gedanken wertvoll, dann werden sie in den meisten Fällen zumindest von manchen Vertretern der etablierten Lehre aufgegriffen worden sein, und die Rekonstruktion ihrer geistigen Abstammung ist bestenfalls von sekundärem Interesse.

Entsprechend meine ich, dass man die meisten üblichen Einwände gegen schlichte Varianten der Wirtschaftswissenschaft berücksichtigen kann, ohne gleich das ganze System zu verwerfen und bei null anzufangen. Wer an den vollkommen rationalen *Homo oeconomicus* nicht glaubt, der findet zahllose Arbeiten über Verhaltensökonomik, begrenzte Rationalität, Altruismus etc. Wem schlichte Wettbewerbsmodelle nicht zusagen, dem stehen ganze Regale voller Bücher über strategisches Verhalten und Spieltheorie zur Verfügung.«[19]

Wenn auch sicher unbeabsichtigt, kommt dies Margaret Thatchers »There is no alternative« gefährlich nahe. Die Behauptung, ernsthafte theoretische Arbeit jenseits der ausgetretenen, von den etablierten

Disziplinen sanktionierten Pfade sei im politischen Handgemenge oft wirkungslos geblieben, ist ein beträchtliches Hindernis, wenn wir das Versagen der Linken in der gegenwärtigen Krise begreifen wollen. Quiggins Buch illustriert das beunruhigende Problem, wie schwierig ihm, ja jedem Kritiker innerhalb der Orthodoxie, der Nachweis fällt, dass er nicht bereits selbst mit dem Zombie-Virus infiziert ist (ein klassisches Problem in Zombie-Filmen). Auch wenn er immer wieder signalisiert, dass ihm bewusst ist, wie die neoklassische Lehre die Befreiung aus dem Sumpf des Zombie-Denkens vereitelt, kann er den Gedanken, dass man sich zur Überwindung logischer Inkohärenz von ihr verabschieden muss, nicht wirklich gelten lassen. Infolgedessen widerspricht er sich allenthalben und betrachtet dies notgedrungen auch noch als Vorzug. Das ist selbst ein unschönes Symptom von Zombie-Denken, das sich quer durch das Spektrum der »seriösen Linken« in der Wirtschaftswissenschaft findet, von Paul Krugman über Joseph Stiglitz, Adair Turner und Amartya Sen bis zu Simon Johnson. Krugman fühlt sich seines Status sicher genug, um diesen Defekt offen zuzugeben:

> »Die Art von Wirtschaftswissenschaft, die ich in meiner täglichen Arbeit anwende – und die ich noch immer als den bei Weitem vernünftigsten Ansatz betrachte –, wurde maßgeblich von Paul Samuelson begründet, als er 1948 die erste Ausgabe seines klassischen Lehrbuchs veröffentlichte. Dieser Ansatz verbindet die große Tradition der Mikroökonomie, die betont, wie die unsichtbare Hand in der Regel wünschenswerte Ergebnisse zeitigt, mit keynesianischer Makroökonomie, die betont, dass die Wirtschaft Zündschwierigkeiten haben kann und politischer Eingriffe bedarf. Samuelsons Synthese zufolge muss man auf den Staat zählen, um weitgehende Vollbeschäftigung zu gewährleisten; erst sobald dies als gegeben betrachtet werden kann, treten die üblichen Vorzüge freier Märkte hervor.
>
> Dieser Ansatz ist sehr vernünftig – aber auch theoretisch prekär. Denn er erfordert eine gewisse strategische Inkonsistenz im Verständnis der Wirtschaft. Auf der Mikroebene unterstellt man rationale Individuen und sich schnell ausgleichende Märkte; auf der Makroebene sind Reibungen und verhaltenstheoretische Ad-hoc-Annahmen wesentlich. Na und? Inkonsistenz auf der Suche nach praktischer Orientierung ist keine Schande.«[20]

Ich behaupte nicht, dass man niemals zugleich A und Nicht-A annehmen darf. Krugmans Position enthält ein Körnchen Wahrheit: Die Quantenmechanik zum Beispiel galt im Lauf ihrer Geschichte als unvereinbar mit der klassischen Mechanik und mit Makrotheorien wie der der Relativität. Eine Wissenschaft wie die Physik kann eine Weile mit begrifflicher Schizophrenie funktionieren, die mitunter sogar eine notwendige Voraussetzung dafür ist, ihre verborgenen Widersprüche vollständig zu begreifen. Die Geschichte der Neoklassik unterscheidet sich davon allerdings insofern, als andere Disziplinen gewöhnlich nicht einen Bannfluch über Wissenschaftler verhängen, die auf solche Inkonsistenzen hinweisen und nach ihrer Bedeutung fragen, oder zwecks Wahrung der Reinheit der Lehre kurzerhand die Verfechter des einen Pols ausschließen, wie mit den Theoretikern der rationalen Erwartungen und ihren Epigonen geschehen.

Während des Kalten Krieges nahm die Pluralität in der Wirtschaftswissenschaft ab, doch zur Wahrung des ideologischen Scheins wurde konkurrierenden Lehren nicht mit völliger Intoleranz begegnet. Es finden sich zum Beispiel im Nachlass Paul Samuelsons Belege dafür, dass er tatsächlich Joan Robinson für den Nobelpreis der Schwedischen Reichsbank vorschlug.[21] Erst nach dem Fall der Berliner Mauer verschärfte sich, aus ebenso offenkundigen politischen Gründen, der Konformitätszwang erheblich, um in der Zeit der Immobilienblase schließlich seinen Höhepunkt zu erreichen. Nach der Jahrtausendwende kam eine höchst merkwürdige Literatur auf, der zufolge eine neoklassische Lehre insofern gar nicht mehr existierte, als die legitimen Vertreter der Orthodoxie jede nur denkbare analytische Abweichung vom strikten Walras-Gleichgewichtsmodell geprüft und irgendwer, irgendwo, irgendwann ein formales Modell zur Berücksichtigung der vormals heterodoxen Anliegen konstruiert habe.[22] *Rationalität? Wozu? Gleichgewicht? Brauchen wir gar nicht! Maximierung? Können wir umgehen! Persönliche Gier? Lesen Sie einfach Amartya Sen! Angebot und Nachfrage? Damit füttert man nur mathematisch ungebildete Leute, die die neueste Interpretation der Sonnenschein-Mantel-Debreu-Theoreme nicht verstehen! Blasen? Haben wir, heiß, schaumig und rational. Komplexität? Wie viel darf's sein? Nennen Sie etwas, das Ihnen nicht behagt, und wir bieten Ihnen ein nicht-ganz-so-neues Modell (und vielleicht eine theoretische Brücke) an.* Allein, die ganze vorgebliche Aufgeschlossenheit, Toleranz und Berücksichtigung sämtlicher Bedenken ging weltweit damit einher, dass die letzten Überreste heterodoxer Wirtschaftswissenschaft an den Spitzenuniversitäten offen angegriffen und exkommuniziert wurden und die führenden Fachzeitschriften noch mehr Linientreue verlangten. Theoriegeschichte wurde verbannt, die verstreuten Ghettos heterodoxen Denkens wurden kurzerhand eingeebnet. Auch in Europa bezwang man die Abweichler energisch. Die Betroffenen erlebten diesen Widerspruch aus qualvoller Nähe.

Dass durchaus tolerante, geistig bewegliche Menschen die Heterodoxie genau während der Blase im Vorfeld von 2007 zu einem endlich abgeschlossenen Kapitel erklärten, scheint mir kein Zufall zu sein. Rückblickend kann man darin einen Abkömmling der neoliberalen Botschaft vom »Ende der Geschichte« erkennen, ähnlich der von Ben Bernanke vor der Krise verkündeten ›Großen Mäßigung‹ der Konjunkturschwankungen, nur im Bereich der Theorie. Ausrichtung und Lehrinhalte der Disziplin waren drastisch homogenisiert worden – nicht zuletzt, weil Graduiertenkollegs nun auch Anfänger ohne abgeschlossenes Grundstudium der Wirtschaftswissenschaft aufnahmen –, was bei Anbruch der Krise bedeutsame Folgen zeitigte, als sich die Ökonomen in stümperhaften Reaktionen ergingen. Die Lehrinhalte und die Vorbildung der jüngeren Generation hatten sich derart verengt, dass sie Positionen außerhalb der eigenen Traditionslinie schon gar nicht mehr kannte und sich ihr Gefühl geistiger Freiheit somit schlichter Ignoranz verdankte. Die Lage wurde so bedenklich, dass heterodoxe Verweigerer sich mitunter als Opfer einer arglistigen Täuschung sahen: »Nichts ist für Kritiker der neoklassischen Lehre niederschmetternder als die Behauptung, die neoklassische Lehre existiere nur in ihrer Fantasie.«[23] Keine Säuberung ist heimtückischer als die, die im Schutz der glaubhaften Versicherung durchgeführt wird, sie finde gar nicht statt.

Wie es Big Brother gelang, sich den Ruf politischer Neutralität und Offenheit zu erwerben, lässt sich unterschiedlich deuten; das vorliegende Buch beleuchtet das Phänomen aus mehreren Perspektiven. Schwieriger zu verstehen ist, wie diese Einschätzung selbst im Gefolge der Krise (wenngleich unter ständiger Nötigung), als die Wirtschaftswissenschaft Prügel bezog, gewahrt werden konnte; auch darum wird es im Folgenden gehen. In jedem Fall führte die im neuen Jahrtausend als »Ende der neoklassischen Wirtschaftslehre« vorgetäuschte Toleranz dazu, dass die Reaktionen der Ökonomen auf die Krise noch konfuser ausfielen, als sie es wohl ohnehin gewesen wären.

Allerdings gibt es für diese Geschichte eine bündige Erklärung. Kein Doktorand der Wirtschaftswissenschaft würde sie ernsthaft in Betracht ziehen, doch wir wollen ihr in diesem Buch nachgehen. Sie lautet, dass

Quiggin nur zur Hälfte richtig lag: Nicht nur bestimmte wirtschaftswissenschaftliche Modelle sind zombifiziert, vielmehr ähnelt die gesamte neoklassische Tradition den Untoten und torkelt dergestalt schon eine Weile umher. Das würde offensichtlich erklären, warum noch so viel scharfsinnige heterodoxe Kritik ihren unerbittlichen Vormarsch nicht aufzuhalten vermag. Bevor der Leser diese Behauptung kurzerhand als zu hart verwirft, möge er das Folgende bedenken.

Nehmen wir das Selbstbild der Wirtschaftswissenschaftler, die eine Auflösung des neoklassischen Programms behaupten, vorläufig für bare Münze. Demnach scheinen wir erstens in eine historische Ära eingetreten zu sein, in der die akademische Neoklassik nicht länger »die Wirtschaft« zu erklären versucht, denn etwas Derartiges existiert für anspruchsvolle Ökonomen gar nicht. Kritiker, die über »die Wirtschaft der realen Welt« daherreden, ernten für solche Naivität nur die stumme Verachtung der Hüter des Expertentums. Ausgewiesene neoklassische Wirtschaftswissenschaftler wähnen sich am vermeintlichen Ende der Geschichte vielmehr im Besitz einer veritablen Universaltheorie, die sie folgerichtig auf schlechthin alles anwenden, was sich unter der Sonne findet: auf Leben und Tod, Sex, Neuronen, Nationen, Sprache, Wissen, die Wissenschaft selbst, persönliche Identität, Evolution, Ästhetik, globale Umweltkrisen und selbst auf menschliche Tugenden wie die Würde.[24] Durch einen Taschenspielertrick wurde eine Theorie des Handels zur »Theorie der rationalen Entscheidung« – und Entscheidungen werden überall getroffen. Genau so lautet die zentrale Botschaft von *Freakonomics*, dem Bestseller zur »Großen Mäßigung«: Krass-rebellische (aber durchaus orthodoxe) Ökonomen haben eine Erklärung für jedes Phänomen, egal ob es um Sumo-Ringer, männliche Teenager, Vornamen von Mädchen oder Kriminalitätsstatistiken geht.[25] Eine solche Hybris bringt allerdings ihre ganz eigene Tragik mit sich: Dass eine angeblich alles erklärende Lehre in Wirklichkeit gar nichts erklärt, ist eine philosophische Binsenweisheit. Neoklassische Wirtschaftswissenschaftler können potenziell alles als ordnungsgemäßes Produkt eines körperlosen »Eigeninteresses« darstellen, solange nur »Interesse« stets nachträglich definiert, Ordnung mit dem Status quo gleichgesetzt und die Ontologie des interessierten Subjekts in jedem einzelnen Fall anders gefasst wird. Wie bei allen guten Zombies klafft ein Hohlraum, wo sich ihr Gehirn befinden sollte. Die neoklassische Lehre ähnelt einem Katechismus für die Untoten, die kaum bis zehn zählen können.

Die unerträgliche Leichtigkeit der Ökonomie in der Neoklassik ist nur die Spitze des Eisbergs. Sehen wir uns zweitens näher an, wie der »wirtschaftswissenschaftliche Imperialismus« der zeitgenössischen Orthodoxie praktisch funktioniert. Beim munteren Vormarsch in die Interessengebiete anderer Disziplinen hat sie sich ihrerseits großzügig bei deren Formeln und Methoden bedient: Man denke an das Aufkommen der »experimentellen Ökonomik« oder den Einsatz von Magnetresonanztomographie zur Prognose wirtschaftlicher Entscheidungen. Wenn es in der Begriffsbildung der neoklassischen Theorie seit den Siebzigerjahren des 19. Jahrhunderts eine Konstante gegeben hat, dann waren es in der Tat ihre sklavischen Bemühungen, durch die Imitation halbverdauter physikalischer Modelle ihren Neid auf die Physik zu bewältigen. Eine Sozialwissenschaft, die in ihrem Eifer, die Werkzeuge und Methoden anderer Disziplinen nachzuahmen, so ungezügelt ist, verfügt für Argumentationen auf dem eigenen Gebiet über kein solides Gültigkeitskriterium mehr, und seit den Achtzigerjahren hat sich dieses Problem noch verschärft. Die scheinbar so mächtige, weil allgegenwärtige Wirtschaftswissenschaft steht schwankend an der Schwelle zum Zerfall in ein ungeordnetes Gemenge der jeweiligen Moden anderer Disziplinen, die immerhin den Vorzug einer theoretischen Agenda haben, aus der neue Praktiken und Methoden hervorgehen.

Drittens sollte sich die Integrität einer lebendigen Disziplin in einem Konsens über Grundlagentexte zeigen, um überhaupt definieren zu können, wer als ihr Vertreter gelten kann. Lehrbücher für das Grundstudium zählen dabei meines Erachtens nicht, da sie lediglich das blasse Gesicht der Disziplin für die Außenwelt sind. Betrachten wir die heutige Orthodoxie, dann fragt sich: Wo ist der John Stuart Mill, der Alfred Marshall, Paul Samuelson, Tjalling Koopmans oder David Kreps des frühen 21. Jahrhunderts? Die Antwort für die Makroökonomie lautet, dass es keinen gibt. In der Mikroökonomie heißt der vermeintliche Goldstandard *Microeconomic Theory* (1995) von Andreu Mas-Colell, Michael Whinston und Jerry Green, ein ausuferndes und inzwischen auch recht veraltetes Kompendium ohne klare Struktur. Die Ökonometrie wird zwar gezwungenermaßen oft zum Kernbestand der Lehre gerechnet, aber über ihre zentrale Bedeutung für den heutigen wirtschaftswissenschaftlichen Empirismus ist man sich längst nicht mehr einig. Jenseits der Universitätslehrbücher wird die Disziplin nicht von klaren intellektuellen Standards zusammengehalten, sondern von kaum mehr als ein paar Zeitschriften, die aufgrund eines zirkulären Bewertungssystems als unverzichtbar gelten, und der Dominanz einer Handvoll renommierter Fakultäten. Hochschulabsolventen werden sozialisiert und indoktriniert, indem man sie zur Lektüre dieser Zeitschriften nötigt, deren Aufsätze eine Halbwertzeit von fünf Jahren haben: Ohne Ziel und Vision verschiebt sich der Schwerpunkt der Disziplin allenthalben; während sie sich gegen äußere Herausforderer streng abschottet, weist die Orthodoxie im Inneren eine große Leere auf.

Viertens schließlich: Sollte in bestimmten Modellen doch einmal ein Paradigma der neoklassischen Lehre aufscheinen, steht man vor dem Problem, dass ihre einwandfreien formallogischen Beweise der scheinbaren Beliebigkeit der Lehrbücher zuwiderlaufen. Die neoklassische Theorie untergräbt sich selbst. Wer das kanonische Arrow-Debreu-Gleichgewichtsmodell anführt, kommt im Zusammenspiel mit den Sonnenschein-Mantel-Debreu-Theoremen zu der Aussage, dass für Funktionen wie etwa die Überschussnachfrage, die man für »elementare Wirtschaftswissenschaft« halten sollte, fast keinerlei Begrenzungen bestehen. Oder aber man stößt in der Spieltheorie auf das Nash-Gleichgewicht und nimmt das sogenannte Folk-Theorem hinzu, das besagt, dass unter gewöhnlichen Bedingungen beinahe alles als Nash-Gleichgewicht gelten kann. Um bei den wundervollen Paradoxien des »strategischen Verhaltens« zu bleiben: Laut dem »No-Trade«-Theorem von Milgrom/Stokey würde in einer neoklassischen Welt niemand irgendeine Transaktion tätigen, wenn alle Marktteilnehmer so misstrauisch wären wie in der Theorie von Nash unterstellt. Das Modigliani-Miller-Theorem besagt, dass der am Eigenkapital gemessene Verschuldungsgrad einer Bank auf dem Markt vollkommen unerheblich ist, obwohl es in der Finanztheorie ständig um Verschuldung geht. Arrows Unmöglichkeitstheorem drückt aus, dass demokratische Politik in einem nach dem neoklassischen Modell gebildeten Gemeinwesen im Grunde zu ohnmächtig wäre, um bestimmte Ziele zu erreichen. Märkte gelten heute als großartige Informationsprozessoren, doch Grossman und Stiglitz sind zu dem Ergebnis gelangt, dass niemand einen Investitionsanreiz für die Entwicklung und Verfeinerung von Informationen hat. Die Liste ließe sich endlos fortsetzen. Es ist das Los delphischer Orakel, obskure Botschaften zu verbreiten.

Um auf den Ausgangspunkt dieses Abschnitts zurückzukommen: Wenn wir den Alptraum der gegenwärtigen Krise begreifen wollen, müssen wir Neoklassik und Neoliberalismus unbedingt analytisch unterscheiden.[26] Die neoklassische Theorie ist wesentlich älter als das Neoliberale Denkkollektiv und weist erst neuerdings Anzeichen einer Infektion auf. Wie wir zeigen werden, hatten ihre Vertreter in der jüngsten Krise die Aufgabe, praktisch jeden seriösen Erklärungsversuch dafür, dass die Krise für die zuständigen Experten ein rätselhafter Schock gewesen ist, zu Fall zu bringen. Mit ihren unausgegorenen Analysen des schleichenden Grauens sind sie zu einem Alptraum geworden. Doch es waren die Neoliberalen, die den Zombie-Horden als Stoßtruppen gedient haben, als Spähtrupps, deren Schock-Strategien und -Therapien die wandelnden Toten nach sich ziehen.

Einmal wachgerufen, begannen die neoklassischen Ökonomen durchs Land zu taumeln und mit ihren schlechten Frisuren, ihrem toten, starren Blick und resolutem Geschrei die Bevölkerung zu verängstigen – und wurden ihrerseits zu den entscheidenden Wegbereitern des wiedererstarkenden Neoliberalismus. Wie Quiggin einräumte: »Ich habe unterschätzt, mit welcher Geschwindigkeit und Macht sich Zombie-Gedanken ausbreiten.«[27] Wir müssen die Gründe dafür herausfinden.

2

Die Schock-Block-Strategie

Neoliberalismus als Denkkollektiv und politisches Programm

Die Sozialwissenschaften funktionieren in vieler Hinsicht anders als naturwissenschaftliche Disziplinen. Besonders auffällig sind allerdings ihre großen Theoriedebatten, in denen die einen Koryphäen den »Tod von X« verkünden, während die anderen darauf beharren, X habe nie wirklich existiert. Physiker mögen erklären, die ptolemäische Astronomie, die Theorie des Äthers oder die kalte Fusion seien für die moderne Disziplin »tot«, aber sie würden nie so weit gehen zu behaupten, die Theorie oder den Begriff habe es historisch nur in der Fantasie von Leuten gegeben, die man niemals hätte ernst nehmen sollen. In den Sozialwissenschaften geschieht dies hingegen unentwegt: Sie praktizieren häufig den schmerzhaften Spagat, einem bestimmten verbreiteten Konzept schlechthin die Existenz abzustreiten, während sie zugleich seinem ektoplasmischen Leichnam die letzte Ölung verpassen. Kein Wunder, dass wir in Zombie-Alpträume geraten sind, wie im letzten Kapitel gesehen. Das mag symptomatisch für eine verbreitete Schwäche der ontologischen Auffassungsgabe, mangelnde Pietät gegenüber den Verstorbenen oder Schlimmeres sein, doch in jedem Fall ist es ein Defekt, der Debatten tückisch macht.

Im Lauf der aktuellen Krise betraf dieser Spagat das theoretische Gebilde »Neoliberalismus«: Während ein Chor von Think-Tanks den Begriff für gegenstandslos erklärte, stimmte eine kleinere Gruppe den Grabgesang an. Kommentatoren aller Art, darunter bezeichnenderweise nicht wenige Neoliberale, behaupteten beharrlich, jenseits der bloßen Bezeichnung habe nie wirklich eine Theorie existiert, oder taten den Begriff polemisch gestimmt als Schimpfwort umnachteter Linker ab.[1] Verwirrenderweise kursierten aber zugleich voreilige Gerüchte über ein Ableben des Neoliberalismus, dessen Schicksal die Wirtschaftskrise endlich besiegelt habe. Für manche war dieser Eindruck so eindringlich, dass sie praktisch hören konnten, wie die Würmer am Sarg der noch warmen Ideologie knabberten. Kapitel 1 sollte zeigen, wie die Erfahrungen der Jahre danach nahezu alle Beteiligten irritiert und verunsichert haben und dass eine Voraussetzung des politischen Fortschritts darin besteht, ein genaueres Verständnis dieses Debakels zu gewinnen. Das gesamte Thema Neoliberalismus muss möglicherweise selbst von denjenigen überdacht werden, die gute Kenntnisse der politischen Theorie für sich beanspruchen, und sei es nur um besser zu begreifen, warum die Neoliberalen nach der Krise seltsamerweise stärker sind als zu der Zeit, in der sie ihr den Weg bahnten. Die plakative Rede von einer bösartigen »Schock-Strategie« (Naomi Klein) ist das eine. Etwas anderes ist es, im Detail nachzuvollziehen, wie der Neoliberalismus dem Tag der Abrechnung entging: durch etwas, das man »Schock-Block-Strategie« nennen könnte. Der Neoliberalismus ist quicklebendig; die Leidtragenden sollten die Gründe dafür kennen.

Dieses Kapitel beschäftigt sich mit der Existenz, der Wirkungsmacht und Widerlegbarkeit des Neoliberalismus. Er dominiert weiterhin die Politik und wichtiger noch: Die meisten Menschen selbst betrachten ihre angespannten Lebensverhältnisse weiterhin durch eine Brille, die vom Neoliberalismus geprägt ist. Ist dies Verwirrung, Missgunst oder Naivität geschuldet? Oder liegt der Grund in einem Zusammenspiel je nach geografischer Lage unterschiedlicher, an sich unverbundener historischer Tendenzen wie der Verunsicherung durch die Arbeitsmigration, den schwachen Regierungsstrukturen der Europäischen Union oder der starken Abhängigkeit des Staates vom Finanzsektor? Auch wenn wir die vielen lokalen Besonderheiten berücksichtigen, sie erklären doch alle nicht das wirklich Entscheidende: Die Krise hat keine grundlegende Revision des bisherigen politischen Katechismus bewirkt. Ein bedeutender Grund für diese Verschonung des Neoliberalismus, des für das Debakel verantwortlichen Gedankengebäudes, dürfte lauten, dass er als Weltanschauung mittlerweile so tief im Alltagsleben verwurzelt ist, dass er als nahezu »ideologiefreie Ideologie« durchgehen kann.

Viele Menschen meinen sogar noch immer, er existiere gar nicht wirklich. Dass die heutige politische Ökonomie jenseits vager Annahmen über Angebot und Nachfrage eine Struktur aufweisen könnte, ist für solche Skeptiker unvorstellbar. Selbst von der Mont Pèlerin Society, eine Zeit lang der entscheidende Ort für seine Herausbildung, hat offenbar kaum jemand gehört. Teilweise ist dies den Neoliberalen selbst anzulasten: Wie ich dokumentieren werde, bezeichneten sich die Mitglieder der MPS zwar in den frühen Fünfzigerjahren als »neoliberal«, nur um davon bereits in den Sechzigerjahren wieder Abstand zu nehmen und stattdessen eine ungebrochene Kontinuitätslinie zu Adam Smith zu behaupten. Genauso viel Schuld sollte man allerdings ihren linken Gegnern geben, die »Neoliberalismus« in der Auseinandersetzung mit wichtigen, zumeist als »Globalisierung«, »Finanzmarktkapitalismus« und »Gouvernementalität« verhandelten Phänomenen häufig als pejorativen Allzweckbegriff zücken. Grobe Bezeichnungen für aktuelle politische Entwicklungen sollte man nicht mit der sorgfältigen Analyse politischer Doktrinen verwechseln, die zum Zwecke langfristiger Organisierung geschaffen wurden, sosehr sich beides auch berühren mag; abstrakte Kampfbegriffe haben der durchschnittlichen Person leider kaum Klarheit über das Wesen des Neoliberalismus verschafft. Obendrein wird manchmal noch behauptet, es gehe bei alldem ausschließlich um »Wirtschaftstheorie«, was bei den meisten Menschen garantiert den Wunsch auslöst, das Thema möglichst schnell hinter sich zu bringen.

Aufklärung über das neoliberale Programm erfordert in erster Linie eine historische Untersuchung seiner Herkunft und Entwicklung – eine Forschungsarbeit, die bereits weitgehend geleistet wurde.[2] Das vorliegende Kapitel rekapituliert diese Geschichte jedoch nicht einfach, sondern nähert sich der Rolle des Neoliberalismus in der Krise stärker analytisch. Wir werden zunächst dokumentieren, wie man durch die Krise eine Veränderung der geistigen Landschaft erwartete, danach gängige, seine Zählebigkeit fördernde Missverständnisse über die Kernlehren des Neoliberalismus zusammenfassen, uns der dringend gebotenen Darstellung seiner »doppelten Wahrheiten« widmen und mit dem Wissensverständnis der Neoliberalen schließlich einen der Hauptgründe dafür erörtern, dass sie unbeschadet durch die Krise gekommen sind. Mit diesem politischen Hintergrundwissen gerüstet, können wir uns im Rest des Buches dann direkt mit den Debatten im Gefolge der Krise befassen.

Schau' nicht zurück

Es bereitet gewiss kein Vergnügen, auf die völlige Fehleinschätzung der geistigen Folgen der Krise hinzuweisen. Ich erinnere mich, wie ich 2008 selbst meinte, vielleicht werde nun endlich manches von dem

Unfug verschwinden, der die orthodoxe Wirtschaftslehre zeit meines Lebens verschandelt hatte. Wer von uns dachte damals nicht, der Zusammenbruch von Bear Stearns, Lehman Brothers, AIG, Northern Rock, Lloyds Bank, Anglo Irish Bank, Kaupthing, Landsbanki, Glitnir und einiger kleinerer Institute werde zumindest die triefende Siegesgewissheit derer durchkreuzen, die sich eines umfassenden Verständnisses der globalisierten Ökonomie gerühmt hatten? Die Erwartung eines solchen weltweiten Kollapses des Finanzsektors und sodann der übrigen Wirtschaft war bis dato ein Markenzeichen von Verschwörungstheoretikern, Apokalyptikern und unverbesserlichen historischen Materialisten gewesen. Wer hätte bestreiten können, dass etwas furchtbar schiefgelaufen war? Der nächste Schritt des logischen Schlusses, der sich indes als falsch erwies, lautete, nun werde jedermann erkennen, dass die der Krise vorausgehende Blase eine direkte Folge bestimmter Doktrinen war, deren Widerruf folglich bevorstehe. Fasste man diese Doktrinen unter dem Sammelbegriff »Neoliberalismus« zusammen und gab eine Prise Falsifikationismus hinzu, dann gelangte man zu der verbreiteten Annahme, wir würden Zeuge des Niedergangs einer gesamten Denkweise:

> »Die erste intellektuelle Folge der Krise bestand darin, den Neoliberalismus – oder den Glauben, Märkte allein böten eine hinreichende Gewähr für das menschliche Wohl – als Grundideologie der Epoche zu unterminieren.«[3]

> »Das Projekt des freien Marktes steckt in der Klemme. Noch nie ist die Frage nach der politischen, wirtschaftlichen und sozialen Rolle – Schuld könnte ein treffenderes Wort sein – des Neoliberalismus mit einer solchen Dringlichkeit, derart global und öffentlich debattiert worden.«[4]

> »Der Neoliberalismus hat sich selbst zerstört. Der dreißig Jahre andauernde globale Vormarsch der Ideologie des freien Marktes ist an sein Ende gekommen.«[5]

> »Der Fall der Wall Street ist für den Neoliberalismus, was der Fall der Berliner Mauer für den Kommunismus war.«[6]

Um den Eindruck zu vermeiden, ich würde hier ungerechterweise die Neigung einer bestimmten Menschengruppe zu voreiligen Schlüssen ausnutzen, sei jemand zitiert, der der Orthodoxie in der amerikanischen Wirtschaftswissenschaft nähersteht. Joseph Stiglitz schrieb:

> »Der neoliberale Marktfundamentalismus war immer eine politische Doktrin, die gewissen Interessen diente. Die ökonomische Theorie war nie eine Grundlage. Auch sollte nun klar sein, dass Marktfundamentalismus ebenso wenig auf historischen Erfahrungen basierte. Diese Lektion zu lernen, könnte ein Hoffnungsschimmer hinter der dunklen Wolke sein, die momentan über der Weltwirtschaft hängt.«[7]

Alternativ können wir auch eine bekannte Vertreterin der Globalisierungsanalyse anführen – Saskia Sassen, die das »Ende des Finanzkapitalismus« prognostizierte: »Das Besondere der aktuellen Krise besteht eben darin, dass der finanzialisierte Kapitalismus an die Schranken seiner eigenen Logik gestoßen ist.«[8] David Harvey fragte etwas vorsichtiger, ob der Neoliberalismus »wirklich« am Ende sei.[9] Angehörige der Fakultäten von Cambridge und Birkbeck erklärten: »Der Zusammenbruch des Vertrauens in die Finanzmärkte und das Bankensystem […] untergräbt gegenwärtig die Auffassungen des Neoliberalismus.«[10] Auch Politiker ließen sich zeitweilig zu solchen Übertreibungen hinreißen: Der australische Premierminister Kevin Rudd verkündete den Tod des Neoliberalismus, nur um auf Betreiben der eigenen Partei selbst ein vorzeitiges politisches Ende zu finden. US-Senator Bernie Sanders prognostizierte, mit dem Kollaps der Wall Street sei auch das Vermächtnis Milton Friedmans erledigt; die Universität Chicago jedoch sammelte ungerührt 200 Millionen Dollar Spendengelder, um eben diesem ein Ehrenmal zu errichten und ein neues Milton Friedman Institute zu gründen. 2008/09 waren Grabgesänge auf den Neoliberalismus schier allgegenwärtig.

Linke Akademiker legten mit genaueren Analysen des Krisenverlaufs nach. John Campbell zum Beispiel erkannte in der finanziellen Kernschmelze insofern eine Krise des Neoliberalismus, als die Deregulierung der Finanzmärkte und andere politische Maßnahmen zur Umverteilung von unten nach oben die Folge eines mangelhaften Marktverständnisses gewesen seien – theoretische Annahmen hatten demnach genauso zum Crash beitragen wie die natürliche Trägheit von Institutionen.[11] Freilich dämpfte Campbell seine Analyse mit einer Mahnung: »Auch wenn der Moment der Krise in theoretischen Debatten als Auslöser radikaler

Veränderung gilt, erkennen heute viele Wissenschaftler an, dass sich institutioneller Wandel selbst in historischen Augenblicken wie diesem meist sehr langsam vollzieht.« Andere Krisendiagnostiker äußerten sich weniger vorsichtig, doch ob nüchtern oder überschwänglich gestimmt, alle folgten demselben logischen Schluss: Menschen können aus ihren Fehlern lernen; der Zusammenbruch der Finanzmärkte und die tiefe Rezession sind der klare Beweis dafür, dass der Neoliberalismus falsch ist; folglich muss er praktisch erledigt sein. Dieses Credo befeuerte die Maschine, die 2008/09 Unmengen von Kommentaren zur Krise ausstieß, und gab den bekannten Litaneien über Finanzmarktreformen eine neue Eindringlichkeit. Mahnende Worte über den Tod des Neoliberalismus fanden sich in ganz unterschiedlichen Abhandlungen zur Krise, ja selbst bei Autoren, die in gehobener Gesellschaft den Begriff »Neoliberalismus« niemals verwenden würden.[12]

In einem Buch über die Krise in das Dickicht der formalen Erkenntnistheorie einzutauchen wäre eine Abschweifung, doch alle diese Prognosen hatten mindestens einen gravierenden Mangel, den wir berücksichtigen müssen: Die Sozialpsychologie, die Wissenschaftsgeschichte und -philosophie sowie die Wissenssoziologie haben übereinstimmend gezeigt, dass sich Menschen gewöhnlich nicht in der hier angenommenen Weise verhalten. Nur der seichteste Popperianer, der an die durchschlagende Wirkung einer punktuellen Widerlegung glaubt, könnte meinen, aufgrund einer bestimmten Beobachtung werde jemand seine tiefsten Überzeugungen, die er seit Langem hegt und die grundlegend für sein Weltbild sind, kurzerhand in Zweifel ziehen. Solche Bekehrungen kommen zwar vor, allerdings nur sehr selten. Viel häufiger sorgen langjährige Schulbildung, Sozialisierung und Erfahrungen für eine enorme Trägheit kognitiver Prozesse. Droht eine starke Überzeugung widerlegt zu werden, dann wird ihre Auslegung gewöhnlich so modifiziert, dass sie mit den zunächst gegenteiligen Befunden vereinbar wird; in der sozialpsychologischen Literatur ist dies als Theorie der kognitiven Dissonanz, in der Philosophie als Duhem-These diskutiert worden. Erkenntnisprozesse haben zudem zwangsläufig eine gesellschaftliche Dimension: Da man das Wissen, das man als gültig akzeptiert, größtenteils kaum überprüfen kann, ist man stark von anderen wie beispielsweise Lehrern, Experten und Kollegen als Bürgen seiner Überzeugungen abhängig.[13] Eine zweite mit Blick auf unser Rätsel sehr relevante Frage lautet, ob die faktischen Anhänger des Neoliberalismus ihn mehrheitlich überhaupt als kohärente, mit einem klaren Programm verbundene Lehre verstehen oder stattdessen ihre eigenen neoliberalen Ansichten für zusammenhangslose Implikationen anderer Überzeugungen halten. Wie bereits angedeutet, haben die meisten Menschen weiterhin keine Vorstellung davon, was Neoliberalismus ist, geschweige denn davon, wie er ihr eigenes Denken prägen könnte. Anders gesagt: Wie sollten sie etwas ablehnen, das für sie gar keine räumlich-zeitliche Konsistenz besitzt, oder auch nur ihre eigenen Ansichten als Teil einer kohärenten geistigen Tradition begreifen?

Dieses Buch geht der Frage nach, warum die Krise bislang kein Beispiel dafür gewesen ist, wie bestimmte Auffassungen falsifiziert werden, und untersucht die Abwehrmechanismen maßgeblicher Gruppen wie der orthodoxen Ökonomen und der Mitglieder des Neoliberalen Denkkollektivs. Es dient letztlich dem Zweck, einen Ausweg aus dieser Situation zu finden, doch dazu müssen wir uns zunächst an den Gedanken gewöhnen, dass Dogmen zumeist nicht aufgrund einer plötzlichen Flut schlechter Nachrichten von selbst zusammenbrechen. Das erfordert weit mehr, weshalb das vorliegende Kapitel bei Erwartungen an Erkenntnisprozesse zur Vorsicht mahnt. Im Folgenden skizzieren wir zunächst die ernüchternden Lektionen der Sozialpsychologie, was die voreilige Annahme eines bevorstehenden Ablebens des Neoliberalismus betrifft. Im Abschnitt danach widmen wir uns der schwierigen Frage, ob dieser in den vergangenen Jahrzehnten überhaupt genügend Kohärenz und Beständigkeit aufgewiesen hat, um einer Widerlegung feste Anhaltspunkte zu bieten.

Was geschieht, wenn eine verführerische, umfassende Weltanschauung in die Brüche geht? Es wäre eigenartig, gäbe es nicht zahlreiche Studien zu dieser Frage, schließlich berührt sie direkt das Bild, das wir von uns selbst und anderen haben. Tatsächlich wurde ihr auch in vielfältiger Weise nachgegangen, doch der Kürze halber beschränken wir uns auf die von dem Sozialpsychologen Leon Festinger begründete Theorie der kognitiven Dissonanz. Die klassische Problemlage, die auch die heutige Wirtschaftswissenschaft kennzeichnet, beschreibt Festinger in seinem hervorragenden Werk zum Thema wie folgt:

> »Angenommen, ein Individuum glaubt an etwas aus ganzem Herzen […], angenommen, ihm werden sodann eindeutige und unbestreitbare Beweise dafür vorgelegt, dass seine Überzeugung falsch ist: Was wird geschehen?

> Das Individuum wird danach häufig nicht nur unerschüttert, sondern stärker denn je von der Wahrheit seiner Ansichten überzeugt sein. In der Tat kann es sogar einen neuen Eifer bei der Überzeugung und Bekehrung anderer zeigen.«[14]

Diesen bemerkenswerten Befund führte Festinger darauf zurück, dass das Individuum dergestalt auf die von der Widerlegung tiefer Überzeugungen bewirkte kognitive Dissonanz reagiere. Es gibt umfangreiche Literatur zu der These, dass Menschen eher rationalisierend als rational sind, doch in der Wirtschaftswissenschaft wird sie kaum beachtet.[15] Die Theorie der kognitiven Dissonanz geht dabei insofern deutlich über die der Duhem-These folgende wissenschaftsphilosophische Literatur hinaus, als sie Reaktionsmechanismen auf eine emotionale Enttäuschung untersucht, während Erstere darstellt, wie eine drohende Widerlegung durch unendlich viele *zulässige* Hilfshypothesen abgewehrt werden kann: Sie dienen als Erklärung dafür, warum ein bestimmtes empirisches Ereignis die zu überprüfende Lehre nicht wirklich anficht, sondern auf unberücksichtigte Faktoren zurückzuführen ist. Die Wissenschaftsphilosophie weidet sich daran, dass es rational sein kann, Gegenbeweise abzutun; die Sozialpsychologie der kognitiven Dissonanz zeigt dagegen, als wie überaus dehnbar sich der Begriff der Rationalität im gesellschaftlichen Leben darstellt.

Festinger illustrierte diese Erkenntnisse gemeinsam mit Kollegen in seinem ersten Buch *When Prophecy Fails* anhand der »Seeker«, einer Gruppe im Mittleren Westen der Vereinigten Staaten, die den Glauben ausgebildet hatte, fliegende Untertassen würden sie an einem bestimmten Tag im Jahr 1954 vor einer großen Flut retten, die Lake City (ein Pseudonym) verschlingen werde. Er dokumentierte Stunde für Stunde sehr detailliert, wie die Seeker reagierten, als der Tag ihrer Rettung kam und schließlich verstrich, ohne dass irgendwelche Raumschiffe landeten oder eine Flut losbrandete und Lake City auslöschte. Während sie anfangs Journalisten mieden, um sich nicht ihre falschen Prophezeiungen vorhalten lassen zu müssen, änderten sie ihre Haltung bald und nutzten jede Gelegenheit zur Verbreitung ihres (modifizierten und erweiterten) Glaubens. Eine Minderheit löste sich zwar von der Gruppe, doch diese bestand laut Festinger aus Personen, die schon vor der Krise eher halbherzige und randständige Mitglieder gewesen waren. Die große Mehrheit der Seeker gab ihre infrage gestellten Lehren nie auf, und die

Anführer verfolgten ihre Missionierungsbemühungen mit noch mehr Nachdruck, zumindest so lange, wie sie mit einem Kreis von Glaubensgenossen verkehren konnten.

In gewissem Sinn hatte die Verbannung von Philosophie und Methodologie aus den akademischen Lehrplänen zur Folge, dass sich große Teile der orthodoxen Wirtschaftswissenschaft und viele Vertreter neoliberaler Think-Tanks und Medien von 2008 an ähnlich wie die Seeker verhielten. Schien die Krise auf den ersten Blick nahezu alles widerlegt zu haben, wofür das NDK und die Orthodoxie standen, so erklärten im Laufe der Zeit sowohl Linke wie Rechte, die Krise habe ihre Verbundenheit mit der neoklassischen Lehre respektive der neoliberalen Tradition noch gestärkt.

Allerdings haben sich die Ökonomen dabei anders verhalten als die Neoliberalen – die im ersten Kapitel getroffene Unterscheidung beginnt nun zu greifen. Die Ökonomen geben bereitwillig zu, dass sie bestimmte Lehrmeinungen und geistige Orientierungen teilen. Ihr an einer renommierten Universität erworbener Doktortitel ist zugleich eine Art Mitgliedsausweis; kaum ein Ökonom würde in Zweifel ziehen, dass ein Theoriegebäude namens Wirtschaftswissenschaft existiert. Entsprechend einfach wird sich nachweisen lassen, dass sie ihre Positionen nach der Krise nicht revidiert haben. Think-Tank-Vertreter, Publizisten und Politiker hingegen bekennen sich in derart schwierigen Zeiten weniger gern zu einer klar definierten Reihe von Positionen. (In Kapitel 6 werde ich die These vertreten, dass der Neoliberalismus auf Krisen mit einer mehrgleisigen, unterschiedliche Positionen umfassenden Strategie reagiert.) Die Grundannahme der Theorie der kognitiven Dissonanz, dass Menschen trotz schmerzhafter Widerlegung an ihren Überzeugungen festhalten, wird sich anhand der Neoliberalen folglich weniger leicht belegen lassen. Insofern wird das Gebot, beide Gruppen separat zu behandeln, auch hier der Aufklärung dienen.

Existiert der Neoliberalismus überhaupt?

Die wirklich faszinierenden Schlachten der Geistesgeschichte finden zumeist dann statt, wenn jemand in die Offensive geht und behauptet, ein bedeutender Gegenstand existiere in Wirklichkeit gar nicht. Auf einer kurzen Liste solcher Streitobjekte fänden sich das geozentrische

Weltbild, Gott, der Stein der Weisen, Atome, das Vakuum, das göttliche Recht der Könige, das Perpetuum mobile, die Evolution, ein formal vollständiges axiomatisches System, der Äther, der Klimawandel, die Gesellschaft und das menschliche Bewusstsein. Wie in Kapitel 1 bemerkt, liegt gerade eine Phase hinter uns, in der gewichtige Stimmen beharrlich die Existenz einer orthodoxen neoklassischen Lehre bestritten haben. Nichts bringt die Gemüter so in Wallung wie die Behauptung, man habe sich um nichts und wieder nichts gestritten. Was immer schlussendlich das Ergebnis ist, solche Einsprüche markieren meist kritische Momente, die das Denken aus selbstzufriedenem Trott aufscheuchen und eine theoretisch wie empirisch fruchtbare Phase eröffnen. Nach Möglichkeit gelingt diese auch bei unserer Annäherung an den Begriff »Neoliberalismus«. Das erfordert allerdings ein Minimum an Intellectual History.

Beginnen wir mit dem offenkundigen Phänomen, dass die meisten als Neoliberale bezeichneten Personen dieses Etikett von sich weisen und darüber hinaus bestreiten, dass der Neoliberalismus als einheitliche Lehre überhaupt existiert. Für sie ist »Neoliberalismus« ähnlich wie »Faschismus« oder »Gleichheit« nur ein Kampfbegriff, mit dem ihre Gegner gerne um sich werfen. Manche gehen noch weiter und beziehen eine nominalistische Position: Wenn »wir« es ablehnen, uns neoliberal zu nennen, dann hat auch niemand anders das Recht dazu. Neuerdings erklären zudem linke Autoren, das neoliberale Denken sei derart unbeständig und diffus, dass es sich einer Analyse entziehe.

Die nominalistische Position lässt sich rasch abhandeln. Wie gezeigt wurde, nannten sich die betreffenden Personen während eines kurzen Zeitraums von den Dreißiger- bis zu den früher Fünfzigerjahren sehr wohl »Neoliberale«, nahmen davon jedoch plötzlich Abstand.[16] Anfangs wetteiferten mehrere Figuren wie etwa Alexander Rüstow sogar um den Ruhm der Urheberschaft an dem Begriff.[17] Andere erkannten ihn schlicht als gebräuchlich an. Milton Friedman, um eines von vielen einschlägigen Beispielen zu nennen, schrieb 1951 in der norwegischen Zeitschrift *Farmand*:

> »Eine neue Ideologie [...] muss vordringlich auf eine wirksame Begrenzung der Macht des Staates zielen, bis ins Kleinste in die Unternehmungen des Individuums einzugreifen. Gleichzeitig ist vollkommen klar, dass dem Staat positive Funktionen zufallen. Die Lehre, die mitunter als Neoliberalismus bezeichnet worden ist und die sich mehr oder weniger gleichzeitig in vielen

> Teilen der Welt entwickelt hat […] ist genau eine solche Lehre. […] Doch während man im 19. Jahrhundert das geeignete Mittel zu diesem Zweck im *Laissez-faire* sah, betrachtet der Neoliberalismus den *Wettbewerb* als wegweisend.«[18]

Noch 1961, in einer Vorarbeit zu *Kapitalismus und Freiheit*, liebäugelte Friedman mit einer Variante des Terminus:

> »Dass dem Begriff Liberalismus diese zwei ganz unterschiedlichen Bedeutungen beigelegt werden, erschwert die passende Bezeichnung der Prinzipien, über die ich sprechen werde. Um diese Schwierigkeit zu lösen, werde ich das Wort Liberalismus im ursprünglichen Sinn verwenden. Der Liberalismus des 20. Jahrhunderts, wie ich ihn genannt habe, ist mittlerweile orthodox, ja reaktionär geworden. Folglich können wir die Auffassungen, die ich darlegen werde, heute ebenso gut den ›neuen Liberalismus‹ nennen, was eine attraktivere Bezeichnung ist als ›Liberalismus des 19. Jahrhunderts‹«.[19]

Die Unhaltbarkeit der nominalistischen Position dürfte auf der Hand liegen: Der Begriff wurde und wird bisweilen auch heute von Linken wie Rechten sinnvoll gebraucht, und er bezeichnet auch weitgehend dieselben Personen und Institutionen – die Mitglieder der Mont Pèlerin Society und ihre engen Verbündeten. In einer ersten Annäherung wird uns die MPS als Kriterium dienen: Jede ihr näher verbundene Idee oder Person nennen wir neoliberal. Im Lauf der Untersuchung können wir den Blickwinkel dann auf die äußeren Umlaufbahnen des NDK erweitern.

Die heillose Verwirrung über die Existenz des Neoliberalismus rührt daher, dass Außenstehende ihn häufig mit libertären Auffassungen oder dem klassischen Liberalismus verwechseln, was wiederum zumindest teilweise der Tatsache geschuldet ist, dass seine Wortführer ihn vielfach selbst mit anderen Positionen vermengt haben. Friedrich Hayek behauptete zum Beispiel notorisch, seine Auffassungen ließen sich in einer geraden Linie bis zu klassischen Liberalen wie David Hume und Adam Smith zurückverfolgen.[20] Bedenkt man außerdem, dass Hayek in Mont Pèlerin »die Herausgabe jedweden öffentlichen Manifestes«[21] ablehnte, dann wird ein koordinierter Versuch erkennbar, im Zuge einer Art Détentepolitik die Grenzen zwischen politischen Strömungen zu verwischen. Deutlich zeigt sich dies zum Beispiel in einem Gespräch, das die konservative Zeitschrift *Reason* mit Friedman führte:

REASON: Sie greifen Ihrem Selbstverständnis nach auf den Liberalismus des 19. Jahrhunderts zurück, aber Sie wurden dabei nie zum Begründer eines Systems wie Rand oder Rothbard …

FRIEDMAN: Genau, ich verwende lieber den Begriff *liberal* als *libertär*.

REASON: Gelegentlich verwenden Sie aber das Wort *libertär*.

FRIEDMAN: Ja, das tue ich.

REASON: Als Zugeständnis an den allgemeinen Sprachgebrauch?

FRIEDMAN: Richtig. Denn *liberal* wird heute oft ganz falsch verstanden […] Meine Philosophie ist eindeutig libertär. Doch *libertär* ist kein klar definierter Begriff. Es gibt viele Varianten: eine anarchistische, die jedwede Regierung ablehnt. Eine andere, die die Regierung einschränken will. […] Ich wäre gern ein Libertärer, der jede Regierung ablehnt.

REASON: Warum sind Sie es dann nicht?

FRIEDMAN: Weil ich das nicht für eine praktikable Gesellschaftsstruktur halte.[22]

Kein Wunder, dass Nichteingeweihte so verwirrt sind, wenn man von vielen Neoliberalen selbst als bekennender Sympathisant nur mit großer Mühe eine klare Antwort bekommt. Und je mehr man ihre Schriften studiert, umso schlimmer wird es häufig noch. Es wäre zum Beispiel eine langwierige und undankbare Aufgabe, in Friedmans Werk tatsächlich libertäre politische Vorschläge zu finden – was wirkliche Libertäre mitunter auch beklagen. Sie müssen über Aussagen wie die folgende hinweglesen: »Man kann ein hohes Maß an gesellschaftlicher wie auch wirtschaftlicher Freiheit ohne jegliche politische Freiheit haben.«[23] Die lautstarke Dämonisierung eines Popanzes namens »die Regierung« ist mitnichten dasselbe wie die Ablehnung »des Staates« schlechthin.[24] Der reife Neoliberalismus findet am minimalistischen Nachtwächterstaat der klassisch liberalen Tradition kein Gefallen: Sein Hauptmerkmal sind vielmehr Vorschläge und Programme für die Beeinflussung, Übernahme und Transformation eines starken Staates, der die vollkommene, dem eigentümlichen neoliberalen Idealbild der reinen Freiheit verpflichtete Gesellschaft durchsetzen soll. Der Neoliberalismus wurde ein »konstruktivistisches« Projekt, so vehement Hayek diesen Begriff auch ablehnte.[25] Dass er beinahe das genaue Gegenteil des libertären Anarchismus darstellt, wurde lange Zeit übersehen, wird heute jedoch in Kreisen, die sich mit politischer Ökonomie befassen, zunehmend anerkannt.[26] Insofern ist »Neoliberalismus« nicht nur der historisch korrekte Name für eine bestimmte Strömung in der politischen Theorie, sondern auch der Sache nach treffend: Die frühen Neoliberalen distanzierten sich zumeist ausdrücklich vom klassisch liberalen Gedanken des *Laissez-faire*, der ihnen überholt schien.[27] Sie suchten nach einer neuen, weniger kontemplativen Orientierung. Spätere MPS-Mitglieder wie James M. Buchanan gaben zumindest in den geschlossenen Veranstaltungen der Organisation noch freimütiger zu, dass der Staat Anziehungskraft auf die Neoliberalen ausübte:

> »Manche unserer Mitglieder können sich eine lebensfähige Gesellschaft ohne Staat vorstellen. [...] Für die meisten von uns jedoch ist eine gesellschaftliche Ordnung ohne Staat nicht ohne Weiteres denkbar, zumindest in keinerlei normativ erstrebenswertem Sinne. [...] Wir kommen nicht darum herum, auf unser Verhältnis zum Staat durch ein anderes Fenster zu blicken, um eine bekannte Metapher Nietzsches zu bemühen. [...] Der Mensch ist ein Sklave des Staates und er muss dies auch bleiben. Doch es ist von allergrößter Bedeutung, zu begreifen, dass zehn Prozent Sklaverei etwas anderes sind als fünfzig Prozent Sklaverei.«[28]

Wer den Neoliberalismus genauer begreifen will, stößt auf mindestens zwei große Hindernisse: den Nebel, in den die Neoliberalen den Begriff und verwandte Gedankengebäude zugunsten eines Zusammengehens mit anderen konservativen Strömungen tauchen, und die Tatsache, dass sich seine Grundsätze in der Zeit nach dem Zweiten Weltkrieg gewandelt haben. Die rund zehn Gebote des Neoliberalismus wurden nicht vollständig und makellos 1947 am Mont Pèlerin empfangen, wo sich die MPS erstmals versammelte, und sie sind auch nicht aus einigen »Hayek'schen Enzykliken«, wie Jamie Peck so treffend formulierte, herzuleiten. Selbst wenn wir uns auf die MPS beschränken würden – was zu eng gefasst wäre –, müssten wir mindestens drei Sekten oder Unterfraktionen berücksichtigen, die sich in ihr rasch herausbildeten: eine an der österreichisch geprägten Rechtstheorie Hayeks orientierte, die Chicago School der neoklassischen Wirtschaftstheorie und den deutschen Ordoliberalismus.[29] Hayek räumte dies Mitte der Achtzigerjahre selbst ein, als er vor der »dauernde[n] Gefahr, daß die ›Mont Pèlerin Society‹ in einen Friedman'schen und einen Hayek'schen Flügel gespalten werden könnte«, warnte.[30] Dem neutralen Beobachter bot sich ein Bild anhaltender Spannungen, aber auch gegenseitiger Befruchtung. Man braucht schon ein dickes Nachschlagewerk, um den Überblick zu behalten; auch dies dürfte den bloß neugierigen Außenstehenden abschrecken.

Was den Neoliberalismus angesichts dieser die Gefahr einer Spaltung bergenden Zentrifugalkräfte zusammengehalten hat, ist eine begründete Frage. David Harvey vertritt die marxistische Position, er sei schlicht ein Klassenprojekt, das sich hinter diversen Spielarten einer Rhetorik des »freien Marktes« verberge. Die Ideen an sich sind ihm zufolge deutlich weniger wichtig als die simple Funktion, dem Interesse des Finanzkapitals und globaler Eliten an einer Umverteilung des Reichtums von unten nach oben zu dienen. Ähnlich wie Harvey vertreten auch Michael Howard und John King eine historisch-materialistische Lesart, die die »Bedeutung der Widersprüche in den maßgeblichen Institutionen der Nachkriegsära sowie die daraus resultierenden Krisen der Siebzigerjahre betont«.[31] Daniel Stedman Jones unterteilt den Neoliberalismus anhand der jeweils vorherrschenden Politik in drei Phasen: die Vorgeschichte bis zum ersten Treffen in Mont Pèlerin, eine zweite, von der monetaristischen Kritik am Neokeynesianismus bestimmte Phase bis zum Machtantritt Reagans und Thatchers und eine dritte Phase seit den Achtzigerjahren.[32] Jamie Peck misst den Ideen als solchen mehr Gewicht bei: Die Fragmentierung des Neoliberalismus sei zwar real, werde aber durch die gemeinsame Verpflichtung auf ein unrealistisch-utopisches Freiheitsverständnis kompensiert. Allerdings ließ die erfolgreiche Infiltration des Staates laut Peck eine Bandbreite divergierender Theoriebausteine deutlich werden: »Erst mit der Übernahme der Staatsmacht konnte immanente Kritik zu einer scharfen Selbstkritik werden.«[33] Peter-Wim Zuidhof deutet die Fragmentierung als Teil eines bewussten rhetorischen Programms, das dem Begriff »Markt« jede klare Bedeutung nehmen soll.[34] Ohne die Stärken dieser Erklärungen zu bestreiten, lassen sich allerdings auch einige schlichte Beobachtungen über die Struktur der MPS und ihrer Satellitenorganisationen anstellen.

Die MPS entwickelte sich meiner Ansicht nach in der zweiten Hälfte des 20. Jahrhunderts zu einem ungemein erfolgreichen Gebilde, das die Ausarbeitung einer handlungsorientierten politischen Theorie jenseits der herkömmlichen Strukturen von Parteien und akademischen Institutionen ermöglichte. Vielleicht wird man sie eines Tages als ein neues Phänomen in der Wissenssoziologie des 20. Jahrhunderts studieren. Zumindest bot sie einen neuartigen Rahmen, der die theoretischen Auflösungstendenzen bremste und die drei Fraktionen in produktiver

Spannung zueinander hielt. Hayek vertrat 1946 eine Vision der MPS als »Mittelweg zwischen wissenschaftlicher Vereinigung und politischer Gesellschaft«[35], doch sie wurde weit mehr als das. Wir verfolgen den Neoliberalismus hier vor allem deshalb anhand der MPS, weil sie Teil einer eigentümlichen, in den Vierzigerjahren vielleicht beispiellosen Struktur des intellektuellen Diskurses ist, in der Forschung und Praxis nach dem Vorbild einer russischen Schachtelpuppe ineinanderstecken. Ziel war es, eine funktionale hierarchische Elite straff organisierter politischer Intellektueller hervorzubringen; wie Hayek an Bertrand de Jouvenel schrieb: »Manchmal frage ich mich, ob es anstatt des Kapitalismus nicht vielmehr der (als Demokratie bezeichnete) starke egalitäre Zug in Amerika ist, der die Entwicklung einer kulturellen Elite derart behindert.«[36] In der MPS erkannten die Neoliberalen ein effektives, von lokalen Bedingungen unabhängiges Mittel zur Neuerrichtung einer Hierarchie. Dieser auf mehreren Ebenen, Phasen und Sektoren aufbauende Versuch, die politische Fähigkeit zur Entwicklung, Kritik und Verbreitung von Ideen zu erlangen, wird im Folgenden als »Denkkollektiv« bezeichnet.

Das Neoliberale Denkkollektiv unterschied sich in seiner Struktur deutlich von den anderen in der zweiten Hälfte des 20. Jahrhunderts um geistigen Einfluss ringenden »unsichtbaren Akademien«. Anders als die meisten Intellektuellen der Fünfzigerjahre erkannte die MPS den entscheidenden Hebel für ihre Bestrebungen nicht in den Universitäten, den akademischen Berufen oder der Mobilisierung von Interessengruppen – alle drei waren aus ihrer Sicht zu staatshörig. Die ersten Neoliberalen fühlten sich mit einer gewissen Berechtigung von den geistigen Schaltstellen im Westen weitgehend abgeschnitten. So entstand die MPS als ein geschlossener, privater Debattierclub, dessen Mitglieder sorgfältig ausgewählt wurden (zunächst vor allem von Hayek, später durch ein nichtöffentliches Ernennungsverfahren) und der sich bewusst abseits der Öffentlichkeit hielt. Es ging um die Schaffung eines besonderen Raums, in dem politisch ähnlich Gesinnte über die Konturen einer zukünftigen, vom klassischen Liberalismus abweichenden Bewegung debattieren konnten, ohne für ihre oftmals utopischen Vorschläge Spott zu ernten oder in den Ruf einer fünften Kolonne machtvoller dubioser Interessengruppen der Nachkriegsgesellschaft zu geraten. Selbst der Name der Gesellschaft wurde gewählt, weil er relativ nichtssagend war – er verriet Außenstehenden wenig über substanzielle

Inhalte.[37] Viele Mitglieder gehörten diversen Fakultäten an, aber da dies keine Voraussetzung für die Mitgliedschaft war, konnten der MPS auch einflussreiche Kapitalisten beitreten, sodass sie nicht nur aus Intellektuellen bestand.

Als nächstgrößere Puppe, die dem Denkkollektiv als ein öffentliches Gesicht diente – aber ihre Verbindungen zur MPS nur selten öffentlich zugab –, lassen sich bestimmte, bereits vor 1980 von den Neoliberalen eroberte akademische Einrichtungen betrachten: die wirtschaftswissenschaftliche und die juristische Fakultät der University of Chicago, die London School of Economics, das Institut universitaire des hautes études internationales (Genf), die University of St. Andrews (Schottland), wirtschaftswissenschaftliche Institute in Freiburg, die Virginia School und die George Mason University. Eine weitere Puppe bildeten die für Bildungsarbeit und die Verbreitung neoliberaler Doktrinen zuständigen Stiftungen; anfangs zählten dazu etwa der Volker Fund, die Earhart Foundation, die Relm Foundation, das Lilly Endowment, die John M. Olin Foundation, die Bradley Foundation und die Foundation for Economic Education. Schon aus steuerlichen Gründen und zur Wahrung eines Anscheins von Neutralität wurden sie oft als gemeinnützige oder karitative Einrichtungen gegründet.[38] Mitunter versorgten sie nicht nur treue Anhänger mit gutdotierten Jobs, sondern erfüllten auch wichtige organisatorische Funktionen: Der Volker Fund führte beispielsweise ein umfangreiches »Adressbuch« sympathisierender neoliberaler Intellektueller, das bis 1956 auf 1841 Namen angewachsen war.[39] Die nächste Ebene bestand aus breit ausgerichteten Denkfabriken (Institute for Economic Affairs, American Enterprise Institute, Schweizerisches Institut für Auslandforschung, Hoover Institution an der Stanford University) und Satellitenorganisationen wie der Federalist Society, in denen Neoliberale wirkten, die teilweise zugleich angesehene Akademiker aus unterschiedlichen Disziplinen waren. Die Denkfabriken wiederum versteckten sich häufig hinter spezialisierten Ablegern, die bei Bedarf zügig Positionspapiere für sympathisierende Politiker ausarbeiten konnten und in Nachrichten- wie Meinungsmedien präsent waren.[40]

Um ihre Botschaften rund um den Globus effektiv zu verbreiten, schufen die Neoliberalen sogar eine Art »Mutter aller Think-Tanks«: Die 1981 von Antony Fisher gegründete Atlas Economic Research Foundation sollte MPS-nahe Gruppen in diversen Ländern beim Aufbau von

Denkfabriken unterstützen. Laut eigenen Angaben war sie an der Gründung eines Drittels aller »marktorientierten« Think-Tanks auf der Welt beteiligt, darunter das Fraser Institute (Kanada), das venezolanische Centro de Divulgación del Conocimiento Económico para la Libertad (CEDICE), das Centar za slobodno tržište (Belgrad), das Liberty Institute (Rumänien) und Unirule (Peking).[41] Die Stiftung diente unter anderem als Geldwaschanlage, die Spenden von Konzernen wie Philip Morris und Exxon an stärker spezialisierte Think-Tanks weiterleitete. Zur effektiveren Verbreitung der Arbeitsergebnisse der inneren Puppen schuf das Denkkollektiv später außerdem eine journalistische Ebene, mit der etwa Rupert Murdochs News Corporation,[42] die Bertelsmann AG und ein breites Spektrum an Blogs und Social-Networking-Webseiten verbunden sind.

Gegenüber Sponsoren haben die Betreiber der russischen Schachtelpuppe offen zugegeben, dass es sich bei diesen Institutionen um ein integriertes System zur Produktion politischer Ideen handelt. Richard Fink zum Beispiel, der maßgeblich daran beteiligt war, die George Mason University durch direkte Beziehungen zur Koch Foundation (deren Präsident er später wurde) zu einem neoliberalen Vorposten auszubauen, teilte potenziellen Förderern mit,

> »die Umsetzung von Ideen in Taten erfordere die Entwicklung geistiger Rohstoffe, ihre Verwandlung in spezifische politische Handelsartikel und die Vermarktung und Distribution dieser Produkte an die Bürger resp. Verbraucher. Förderern empfahl Fink, entlang der gesamten Produktionskette in den Wandel zu investieren: in Wissenschaftler und Universitätsprogramme, die den geistigen Rahmen für gesellschaftliche Transformationen entwickeln, in Think-Tanks, die wissenschaftliche Ideen in politische Vorschläge übersetzen, und in Implementierungsgruppen, die diese Vorschläge auf den politischen Markt und schließlich an die Verbraucher bringen.«[43]

Ungeachtet der Rhetorik von Märkten und Verbrauchern handelte es sich in Wirklichkeit um eine vertikal integrierte Reihe von Operationen, deren Konturen schließlich in den Achtzigerjahren deutlich wurden. Die Ebene der Think-Tanks wuchs Hand in Hand mit der internationalen Präsenz der MPS, wie Abb. 2.1 zeigt. Solche Indikatoren lassen erahnen, wie viel Vorarbeit das NDK leistete, bevor seinem von Fink beschriebenen Projekt in den Achtzigerjahren der Durchbruch gelang.

Abb. 2.1: Zunahme von MPS-nahen Think-Tanks

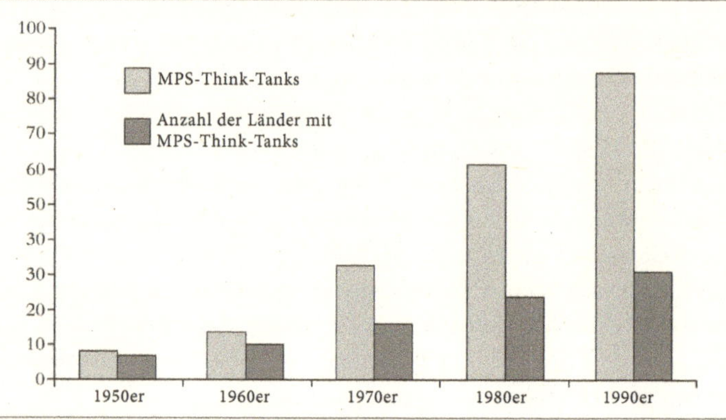

Quelle: Walpen, Die offenen Feinde und ihre Gesellschaft

Je weiter wir in die Gegenwart vorrücken, umso mehr äußere Schichten weist die Schachtelpuppe auf. So stehen etwa hinter vermeintlichen Graswurzelbewegungen, die punktuelle – oftmals religiös ausgerichtete – Kampagnen durchführen, mitunter in Wirklichkeit sogenannte *Astroturf*-Organisationen (dt. »Kunstrasen«).[44] Der Anschein spontaner Organisation ist dabei oft genauso wichtig wie die konkrete politische Aufgabe der jeweiligen *Astroturf*-Kampagne. Dass die einer bestimmten Ebene zugeordneten Akteure mehrere Rollen gleichzeitig spielen und zwischen den verschiedenen Ebenen vielfältige starke Verbindungen existieren, blieb Außenstehenden meist verborgen, da ihr Blick nur selten über die einzelne Puppe hinausreichte, die sie gerade vor sich hatten. Dies förderte zugleich den Eindruck einer »spontanen Ordnung«, die Neoliberale so schätzen, auch wenn es sich oftmals um nichts dergleichen handelte. Am informellen Charakter der Beziehungen zwischen den unterschiedlichen Ebenen scheiterten überdies gewöhnlich die Versuche, das neoliberale Denkkollektiv als veritable Verschwörung darzustellen. Als Denkschule, die auf eine politische Massenbewegung hinarbeitete, ging es auch über eine solche hinaus, und zudem wurde es im Lauf der Zeit durch *trial and error* aufgebaut. Sein Erfolg ließ das Denkkollektiv bald auf eine Größe anwachsen, bei der es gar nicht mehr zu überblicken war.

Abb. 2.2: Gründungstreffen der MPS (1947)

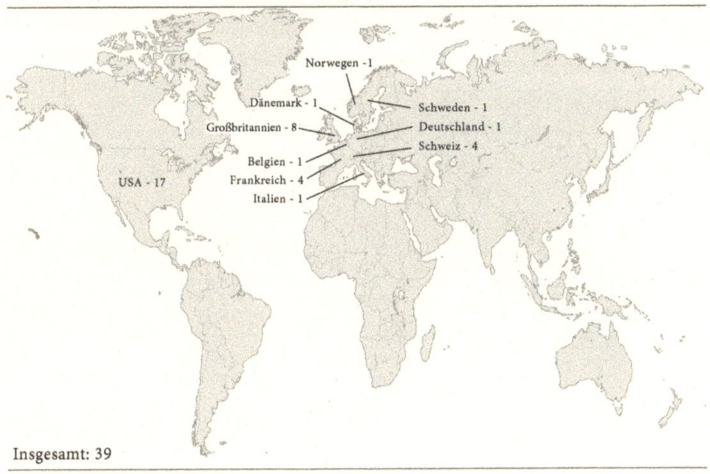

Das neoliberale Gebäude der MPS beruhte auf einigen hauptsächlich europäischen und amerikanischen Grundpfeilern, umschloss allmählich eine Vielfalt wirtschaftlicher, politischer und gesellschaftlicher Denkschulen und bot eine transnationale Agora, auf der Lösungen für mutmaßliche Probleme debattiert werden konnten; sein bewegliches Dach konnte etablierte Machtbeziehungen in Universitäten, Politik und Gesellschaft überspannen. Die MPS war nie provinziell, sondern bereits global orientiert, bevor »Globalisierung« ein Modewort wurde. Dies machte Max Thurn (-Valsassina) in seiner Eröffnungsrede auf dem MPS-Treffen 1964 in Semmering deutlich: »Als Mitglieder der Mont Pèlerin Society *interessieren wir uns nicht für die Probleme einzelner Länder* oder selbst Ländergruppen. Was uns bewegt, sind allgemeine Themen wie Freiheit und Privatinitiative.«[45] Die Arbeitsteilung zwischen globaler Denkschule und lokalem politischem Handeln erwies sich rasch als Erfolg, während die auf 500 Personen begrenzte Mitgliedschaft in der MPS ein exklusives Distinktionsmerkmal für namhafte Konservative wurde. Wie sich die geografische Reichweite der Organisation entwickelte, zeigen Weltkarten für das Gründungsjahr und für 1991 (Abb. 2.2 und 2.3).

Abb. 2.3: MPS-Mitglieder (1991)

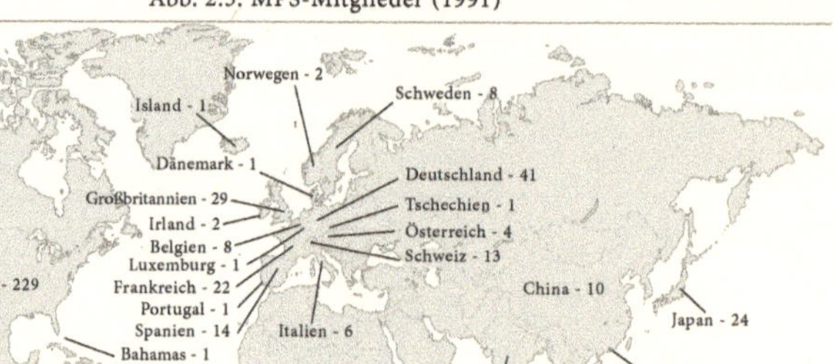

Die ungewöhnliche Struktur des Denkkollektivs erklärt teilweise, warum sich der Neoliberalismus nicht in einer Handvoll Merksätze zusammenfassen lässt. Er ist vielmehr ein (innerhalb gewisser Grenzen) pluralistisches Unternehmen, das sich von drei Hauptgegnern abzugrenzen sucht: vom klassischen *Laissez-faire*-Liberalismus, Sozialliberalismus und Sozialismus. Während sich der um die Errichtung von Schutzwällen zwischen Ökonomie und Politik bemühte klassische Liberalismus durch Dichotomien und Unbeweglichkeit auszeichnete, muss der Neoliberalismus als eine flexible und pragmatische Antwort auf die vorhergehende Krise des Kapitalismus, die Große Depression, verstanden werden, geleitet von äußerster Klarheit darüber, was es mit allen Mitteln zu verhindern gilt: Planwirtschaft und starke Sozialstaaten. Entgegen den bornierten Interessen einiger Industriekapitäne (auch innerhalb der MPS) begriffen neoliberale Intellektuelle, dass dieses allgemeine Ziel umfassende und langfristige Reformbemühungen erforderte, die das gesamte soziale Gewebe einschließlich der Unternehmenswelt betreffen. Anstatt lediglich als passive Sprachrohre der Kapitalisten aufzutreten, zielten die Neoliberalen auf eine gründliche Umerziehung aller Parteien, um den Tenor und Sinn von Politik zu verändern – nicht mehr und nicht weniger.[46] Ihren direkten Adressaten erkannten neoliberale Intellektuelle in der zivilgesellschaftlichen Elite:

Es galt vor allem, andere Intellektuelle und Meinungsführer zukünftiger Generationen für sich zu gewinnen, und das primäre Mittel dazu bestand in einer Neudefinition des gesellschaftlichen Stellenwerts von Wissen, eine Operation, die zum Leitmotiv ihrer theoretischen Tradition avancierte. Wie Hayek in seiner Adresse an das erste Treffen der MPS erklärte:

> »Doch die für die Politiker unverrückbaren, von der öffentlichen Meinung diktierten Schranken der Machbarkeit dürfen für uns nicht als solche gelten. Die öffentliche Meinung zu solchen Fragen ist das Werk von Männern wie uns [...], die das politische Klima geschaffen haben, in dem sich die Politiker unserer Zeit bewegen müssen [...]. Ich bin mir sicher, dass die Macht etablierter Interessen gewaltig übertrieben wird, vergleicht man sie mit dem allmählichen Vordringen von Ideen.«[47]

Die Struktur der Schachtelpuppe wirkte wie ein Verstärker, der die Stimme jedes beliebigen Mitglieds des Denkkollektivs durch eine Reihe scheinbar eigenständiger Organisationen, Personen und Übertragungskanäle verbreiten konnte, ihr dadurch zu Widerhall und Gewicht verhalf und den Ideen zum gewünschten Zeitpunkt einen Resonanzraum bot. Man muss mit Bewunderung anerkennen, dass neoliberale Intellektuelle den politischen und organisatorischen Charakter von Wissen und Wissenschaft in der Moderne genauer begriffen haben als ihre linken Gegenspieler und dass sie somit für jeden, der sich für die Archäologie des Wissens interessiert, eine würdige zeitgenössische Herausforderung darstellen.

Natürlich sollte man den damaligen wie heutigen Neoliberalismus nicht auf die MPS und die ihr angeschlossenen Denkfabriken reduzieren – das wäre eine Karikatur der Geschichte. Meine Hervorhebung der MPS und der russischen Schachtelpuppe richtet sich gegen die Tendenz unter Linken, ihn als eine hoffnungslos diffuse, konturlose Bewegung zu betrachten. In den folgenden Kapiteln blicken wir über den begrenzten Wirkungsradius der MPS hinaus, indem wir untersuchen, wie neoliberale Vorstellungen in der Wirtschaftswissenschaft und in vielen Facetten des Alltagslebens Fuß fassen konnten. Ein weiteres Moment sind die Folgen des Wandels rechter wie linker Parteien, die in der Literatur meist deutlich mehr Berücksichtigung finden. Doch zumindest für den Zeitraum bis zu den Achtzigerjahren – als der Vormarsch neoliberaler

Ansichten und somit der Erfolg der ursprünglichen Netzwerke die Zahl der selbsternannten Stammväter des Neoliberalismus rapide steigen ließ – lässt sich das MPS-Netzwerk als hinreichend präzise Chiffre für das neoliberale Denken in seiner Entstehungsphase verwenden.

In der gegenwärtigen Wirtschaftskrise ist die Bedeutung der MPS weniger klar. Auch wenn detaillierte Untersuchungen noch ausstehen, erscheint sie von außen betrachtet nicht mehr wie in den Fünfziger- und Sechzigerjahren als ein Treibhaus utopischer Entwürfe und rigoroser Debatten, die in einem nächsten Schritt an die äußeren Schichten der russischen Puppe übermittelt werden. Ein Teil des Problems besteht offenbar darin, dass die Mitgliedschaft in der MPS mit dem politischen Erfolg der Neoliberalen zu einer Art Prestigeobjekt geworden ist, das namentlich von reichen Müßiggängern mit intellektuellen Ambitionen geschätzt wird. Während sich ihre Zusammensetzung zugunsten von gewöhnlich eher in Davos oder einem exklusiven Club von Reichen anzutreffenden Personen verschob, büßte die MPS tendenziell ihre Rolle als hochdynamischer Debattierclub ein. Diese Funktion übernehmen heute offenbar eher äußere Schichten der Puppe wie bestimmte akademische Zentren und die großen etablierten Denkfabriken. Bei Einsetzen der Krise bestand zwar zunächst die Tendenz, zum alten Modell der MPS als einer Kardinalsversammlung zurückzukehren, doch wie im ersten Kapitel gezeigt, wurden dabei bestenfalls ein halbes Jahrhundert alte Lehrsätze wiedergekäut. Allerdings werden wir im sechsten Kapitel die Möglichkeit erörtern, dass die äußeren Schichten selbst ein umfassendes politisches Reaktionsmuster für schwere Krisen entwickelt haben. Trifft dies zu, dann wäre der Neoliberalismus im Angesicht der Krise nicht etwa, wie von manchen Autoren behauptet, diffuser, sondern *kohärenter* geworden.

Kurzer Abriss der neoliberalen Wirtschaftslehre

In der zweiten Hälfte des 20. Jahrhunderts hat sich das neoliberale Projekt von anderen konservativen Denkströmungen dadurch unterschieden, dass es bewusst als ein vielschichtiges *soziologisches* Unternehmen der kontinuierlichen transnationalen Entwicklung, Verbreitung und Popularisierung von Lehren angelegt war, die sich mit der Zeit in Reaktion auf theoretische Einwände und äußere Ereignisse wandeln sollten. Es glich nie einem im Konzil von Trient festgelegten Katechismus, sondern bewies durchweg Flexibilität.[48] Der Lackmustest für Neoliberale waren in der Regel bestimmte politische Ziele, die man ihnen in ihren Lehrjahren im Denkkollektiv eingeimpft hatte, doch selbst diese konnten Thema heikler Debatten sein. Gleichwohl brachte der Neoliberalismus als soziologisches Denkkollektiv schließlich eine relativ verbindliche Weltanschauung hervor, die mehr oder weniger verbindliche Auffassungen über Märkte und politische Ökonomie einschließt. In einem Buch über das Verhältnis der Neoliberalen zur Krise müssen diese Auffassungen natürlich ein zentrales Thema sein. Gewisse Kenntnisse darüber sind allein schon deshalb wichtig, weil sie uns vor der naiven Annahme bewahren, das neoliberale Krisenverständnis sei eine Art bibeltreuer »Marktfundamentalismus«.

Auch wenn geistige Gebrauchtwarenhändler auf der Rechten gerne lauthals bekunden, die »freie Marktwirtschaft« komme ihren religiösen Auffassungen entgegen (oder sogar umgekehrt), behindert es ein adäquates Verständnis, beides als »Fundamentalismus« gleichzusetzen – ein in der Linken leider zunehmend übliches Schimpfwort. Der Neoliberalismus weist keine Spur einer altertümlichen Religion auf; nicht nur, dass er über keinen Urtext verfügt, die Neoliberalen ziehen sich auch nicht auf einen Obskurantismus zurück, sosehr manche ihrer Sympathisanten dies offenbar auch getan haben mögen. Man wird sie nicht oft bei der Frage »Was würde Hayek tun?« ertappen. Vielmehr haben sie im Lauf der Zeit eine Reihe komplex verbundener und sich teilweise überschneidender Modelle hervorgebracht – etwa Ludwig Erhards »soziale Marktwirtschaft« und Herbert Gierschs kosmopolitischen Individualismus, Milton Friedmans »Monetarismus« und die Theorie der rationalen Erwartungen, Hayeks »spontane Ordnung« und James M. Buchanans konstitutionelle Ordnung, Gary Beckers »Humankapital« und Steven Levitts »Freakonomics«, den Klimaskeptizismus des Heartland Institute und das Geoengineering des American Enterprise Institute, oder – ein besonders passendes Paar – Hayeks »Wirtschaftsrechnung im Sozialismus« und die Chicagoer Effizienzmarkthypothese. Etliche klassischliberale Lehren wurden im Zuge dessen über Bord geworfen, ohne dies klar zu benennen – so etwa die Ablehnung der politisch bedenklichen Macht von Monopolen, die Skepsis gegenüber starken geistigen Eigentumsrechten oder die Kritik am Finanzsektor als einer Quelle makroökonomischer Störungen.[49]

Wer kein Historiker ist, bekommt das Phänomen Neoliberalismus angesichts dieser Wandlungsfähigkeit nur schwer zu fassen, und wer eine bündige Definition sucht, wird kurzerhand kapitulieren. Skeptiker spotten oft, wenn sie von einer neoliberalen Doktrin hören, die sich gerade durch Veränderbarkeit auszeichnen soll, doch sie sollten wenigstens zur Kenntnis nehmen, dass die Wissenschaftsforschung keine Bedenken dagegen hat, auch in solchem Wandel eine funktionale Identität auszumachen, indem sie Institutionen und wechselnde – aber der Zahl nach begrenzte – Akteure untersucht und dies mit altmodischer Ideengeschichte kombiniert. Was bedeutete es zum Beispiel, sich in den Sechziger- und Siebzigerjahren des 20. Jahrhunderts mit Quantenphysik zu befassen? Das Feld war nicht auf einige an schweren Apparaten arbeitende Forschungsteams und eine Handvoll Genies auf der Suche nach der Großen vereinheitlichten Theorie beschränkt, sondern reichte bis zu Hippie-Kommunen und der New-Age-Szene.[50] Solange wir ebenfalls über mehrere Einschlusskriterien verfügen und die Akteure und Lehren des Neoliberalen Denkkollektivs so definieren, dass sie zugleich exklusive Organisationen wie die MPS und bestimmte Think-Tanks, allgemeinverständliche Grundlagentexte und Archivbestände der Vordenker umfasst, steht einer vorläufigen Charakterisierung des Neoliberalismus nichts im Wege.

Kluge Historiker haben eingewandt, ein derart vielgestaltiges Wesen könnte sich einer seriösen Analyse entziehen. Festzuhalten ist jedoch, dass die neoliberalen Bodentruppen offenbar durchaus in der Lage sind, Gleichgesinnte zu erkennen, den intellektuellen Austausch mit Verbündeten zu fördern und – wichtiger noch – selbst inmitten der Weltwirtschaftskrise politische Bewegungen mit klaren Zielen und Argumenten zu organisieren und zu finanzieren. Deutlich wird dies etwa an Phänomenen wie der Dämonisierung der Hypothekenbanken Freddie Mac und Fannie Mae, der Blockade von Finanzmarktreformen auf nationaler wie internationaler Ebene, den Aufrufen »populistischer« rechter Politiker zum Klassenkampf von oben im öffentlichen Sektor, an der umfassenden neoliberalen Definitionsmacht über das Problem des Klimawandels, dem Bestsellerstatus von Hayeks *Weg zur Knechtschaft*, den *Astroturfing*-Kampagnen der Tea Party und vor allem an einer klaren Verschiebung im öffentlichen Bewusstsein: Nicht mehr Banken und Hedge-Fonds gelten als Ursache der Krise, sondern eine unverantwortliche Finanzpolitik des Staates. All das zeugt von einem Maß an

Kohärenz und Beständigkeit, das sowohl der Kontinuität der intellektuellen Tradition als auch beharrlichen Abgrenzungen der Neoliberalen entspringt und durchaus analytische Verallgemeinerungen zulässt.

Sicherlich verfügen die Neoliberalen nicht über eine fixe Utopie, die ihnen bei sämtlichen politischen Schritten als Kompass dient. Das ist schon deshalb nicht möglich, weil sie sich nicht einmal über Grundbegriffe wie »Markt« und »Freiheit« völlig einig sind, wie wir später sehen werden. Man kann sogar Neil Brenner et al. und Naomi Klein zustimmen, dass ihr bevorzugtes Handlungsfeld die Krise ist, da sie mehr Spielraum für kühne »Reform«-Experimente bietet, die später nur weitere Krisen verursachen.[51] Dennoch löst sich der Neoliberalismus nicht in stupiden Empirismus oder pragmatische Beliebigkeit auf. Sein Umgang mit Krisen offenbart eine gewisse beharrliche Logik, die von direkter Bedeutung ist, um seine unerwartete Stärke in der gegenwärtigen Wirtschaftskrise zu begreifen.

Von dieser Annahme ausgehend versuchen wir das circa bis zu den Achtzigerjahren entstandene neoliberale Gedankengebäude telegrammartig darzustellen, wobei ein Anspruch auf Letztgültigkeit naturgemäß nicht erhoben werden kann. Wie die Neoliberalen selbst werden wir dabei disziplinäre Grenzen überschreiten. Die folgenden dreizehn Gebote wurden auch deshalb ausgewählt, weil sie für die Entwicklungen während der 2007 einsetzenden Krisenperiode unmittelbare Relevanz besitzen. Die Frage, wer – inner- wie außerhalb der MPS – wann welchen Gedanken vertreten hat, umgehen wir zugunsten knapper Kernaussagen, bei denen wir von Details und vollständigen Nachweisen zudem absehen.[52]

[1] Entgegen der klassisch-liberalen Lehre geht der Neoliberalismus von dem Eingeständnis aus, dass sich seine Vision der guten Gesellschaft nur durch die *Konstruktion* ihrer Voraussetzungen verwirklichen lässt – sie ergeben sich nicht einfach so ohne konzertierte politische Anstrengungen und Organisation. Wie Foucault 1978 hellsichtig bemerkte: »Der Neoliberalismus stellt sich [...] nicht unter das Zeichen des Laissez-faire, sondern im Gegenteil unter das Zeichen einer Wachsamkeit, einer Aktivität, einer permanenten Intervention.«[53] Die Aufforderung, im Angesicht mangelnder epistemischer Sicherheit *zu handeln*, bildet den Kern des »Konstruktivismus« wie auch des Neoliberalen Denkkollektivs. Der klassische Liberalismus lehnte dies ab: Ihm stellte sich, wie Sheldon Wo-

lin einmal schrieb, »das Problem als eines der Versöhnung von Freiheit und Autorität dar, und er löste es, indem er Autorität im Namen persönlicher Freiheit zerstörte und durch Gesellschaft ersetzte«.[54] Die Neoliberalen weisen ›Gesellschaft‹ als Lösung zurück und errichten stattdessen neue Formen von Autorität. Weiter unten werden wir sehen, wie sich dies in verschiedene Argumente für einen starken Staat übersetzt, der eine stabile Marktgesellschaft hervorbringen und schützen soll.

[2] Diese konstruktivistische Orientierung wirft die diffizile Frage nach der ontologischen Beschaffenheit des neoliberalen Marktes auf. Welche Art von »Markt« wollen Neoliberale fördern und schützen? Während die Chicago School mit dem Versuch Karriere machte, eine Variante der neoklassischen Wirtschaftstheorie mit neoliberalen Prinzipien zu verbinden, haben unterschiedliche Fraktionen der MPS den Markt ganz anders gefasst. So erkannte etwa der »radikal-subjektivistische« Flügel der Österreichischen Schule seine Grundlage in der Dynamik erfinderischer Entrepreneure, von deren Produkten die Konsumenten noch gar nicht wissen, dass sie sie brauchen, da die Zukunft prinzipiell unerkennbar ist.[55] Die in der MPS vielleicht vorherrschende (und später kulturell dominierende) Version geht auf Hayek selbst zurück: Er bediente sich wesentlich der Metaphern von Gehirn und Computer, um den »Markt« als einen jedem menschlichen Kopf überlegenen Informationsprozessor darzustellen.[56] Diese Version beruht stark auf modernen erkenntnistheoretischen Annahmen, die zu der am engsten mit der neoliberalen Weltanschauung verbundenen philosophischen Position geworden sind.

Hier stoßen wir auf eine erste direkte Beziehung zum Narrativ über die globale Krise. Denn aus dieser Perspektive betrachtet enthalten Preise auf einem effizienten Markt alle relevanten Informationen und entziehen sich jeder Vorhersage. Der Markt sprengt demnach grundsätzlich die Fähigkeit des Staates zur Informationsverarbeitung, und dies ist die wesentliche Begründung dafür, dass der Sozialismus nicht funktionieren kann. Alle Versuche zur Überlistung des Marktes müssen scheitern – selbst wenn er sich in der Krise im freien Fall befindet. Allerdings ist dies mitnichten eine rein negative Lehre: Viele der Theorien und Algorithmen, mit deren Hilfe die obskuren, zur Krise führenden Finanzinstrumente und -praktiken entwickelt wurden, beruhen auf einer Fassung der Effizienzmarkthypothese.

Eine weitere, damit teilweise konkurrierende Marktdefinition entstammt dem deutschen Ordoliberalismus. Demnach muss ein funktionierender Marktwettbewerb direkt vom Staat organisiert, d.h. in unterschiedliche soziale Institutionen eingebettet werden.[57] Anders als in der Literatur häufig behauptet wird, sind sich unsere Protagonisten in der entscheidenden Frage nach dem Wesen des Marktes somit gar nicht einig. Gewiss schwören sie nicht allesamt auf die neoklassische Lehre oder das kybernetische Marktverständnis. (Dies verweist erneut auf die im ersten Kapitel getroffene analytische Unterscheidung.)

Es mag unglaublich klingen, doch sowohl die neoklassische Tradition als auch das NDK sind in der analytischen Bestimmung von Struktur und Charakter der von beiden als »Markt« bezeichneten Erscheinung äußerst vage geblieben. Beide rücken ins Zentrum, was er angeblich *tut*, und kümmern sich kaum darum, was er tatsächlich *ist*. Den Neoliberalen ermöglicht dies ein Ausweichen vor dem fundamentalen Widerspruch zwischen ihren konstruktivistischen Tendenzen und der durchgängigen Berufung auf einen monolithischen Markt, der während der gesamten Geschichte und überall auf der Welt existiert habe – denn wie sollte »gemacht« sein, was ewig und unwandelbar ist? Sie lösen dieses Problem durch die zunehmende Verwischung aller Unterschiede zwischen Staat, Gesellschaft und Markt, während sie zugleich behaupten, ihr politisches Projekt ziele auf die Erneuerung der Gesellschaft durch Unterordnung unter den Markt.

[3] Auch ohne umfassenden Konsens über das »wirkliche« Wesen des Marktes konnten sich die Neoliberalen darauf einigen, die von ihnen angestrebte Marktgesellschaft in der öffentlichen Auseinandersetzung als einen »natürlichen« und unentrinnbaren Zustand darzustellen. Das neoliberale Denken bringt folglich ein eigentümliches Hybrid aus »Konstruiertem« und »Natürlichem« hervor, das den Markt vielfältige Gestalten annehmen lässt. Praktisch erforderte dies eine Integration naturwissenschaftlicher Metaphern in das neoliberale Narrativ. (Dies wird in Kapitel 6 eingehender untersucht.) Bemerkenswert ist dabei, dass MPS-Mitglieder den Markt als ein evolutionäres Phänomen zu zeichnen begannen, schon lange bevor die Biologie die Physik als die für das moderne Weltbild wichtigste Wissenschaft ablöste.[58] Wenn der Markt nur ein ausgefeilter Informationsprozessor war, dann das Gen in seiner biologischen Nische ebenso. Selbst unschuldige, ahnungslose Tiere waren demnach wie neoklassische Wirtschaftssubjekte auf die

Maximierung alles nur Erdenklichen aus, und in den kognitionswissenschaftlichen Modellen der »Neuroökonomie« traten sogar Neuronen als Marktteilnehmer auf. »Biomacht« wird dazu eingesetzt, die Natur und unsere Körper für Marktsignale empfänglicher zu machen.[59] Durch einen frühzeitigen Dialog gewann der Neoliberalismus beträchtlichen Einfluss auf Gebiete wie die »evolutionäre Psychologie«, die Soziologie der Netzwerke, Ökologie, Tierethologie, Linguistik, Kybernetik und selbst auf die Wissenschaftsforschung. Weit über eine ökonomische Lehrmeinung hinaus wurde er so zu einer umfassenden Weltanschauung.[60]

Mit Blick auf die Krise hat ein Flügel der Neoliberalen naturwissenschaftliche Konzepte der »Komplexität« in den Dienst der Behauptung gestellt, dass sich Märkte einer Steuerung systemischer Risiken generell entziehen.[61] Allerdings fasst der Neoliberalismus das Verhältnis von Markt und Natur grundsätzlich anders als die neoklassische Standardtheorie. Kurz gesagt vertritt die Neoklassik eine deutlich statischere Konzeption des Marktes; vielen ihrer Darstellungen zufolge kann der Markt »unvollkommen« sein und »versagen«. Als Grund dafür gelten zumeist unerklärte natürliche Eigenschaften der gehandelten Waren, die unter anderem als »Externalitäten« verbucht werden. Neoliberale lehnen solche Verweise auf Defekte oder Störungen gewöhnlich ab und vertreten stattdessen ein Narrativ, demzufolge Evolution und/oder »spontane Ordnung« den Markt in immer komplexere, menschlicher Erkenntnis mitunter nicht zugängliche Zustände der Selbstentfaltung befördern. Neoklassischen Erklärungen der Krise durch ein »Marktversagen« hat das Neoliberale Denkkollektiv folgerichtig rundweg eine Absage erteilt.

[4] Ein primäres Ziel des neoliberalen Projekts besteht in der Neudefinition von Gestalt und Funktionen des Staates, *keineswegs in seiner Zerstörung*. Entsprechend schwierig gestaltet sich das gelegentliche Bündnis der Neoliberalen mit den Anarchisten. Der Widerspruch, mit dem sie ständig zu kämpfen haben, besteht darin, dass ein starker Staat ihr Programm gleichermaßen vereiteln wie implementieren kann; daher das Interesse an neuen Formen technokratischer Steuerung, die den idealen Markt vor unbotmäßiger politischer Einmischung schützen sollen. In ihrer Rhetorik und Praxis haben Neoliberale die in der Theorie durchaus anerkannte Bedeutung eines starken Staates mit beträchtlichem Aufwand zu verdecken versucht. Insofern ist die Durchsetzung neo-

liberaler Politik »eine sich selbst widersprechende Form verleugneter Regulierung«.[62] Daraus folgt unter anderem, dass die Demokratie, von Neoliberalen mit einer gewissen Ambivalenz als geeigneter staatlicher Rahmen für den idealen Markt gutgeheißen, zugleich relativ ohnmächtig bleiben muss, sodass die Bürger kaum etwas ändern können.[63]

Eine Möglichkeit, Demokratie zu Zwecken der Machtausübung einzuschränken, bietet die Unterwerfung des Staates unter eine Marktlogik, die vorgibt, man könne »Bürger« durch »Kunden« ersetzen (vgl. Punkt 5). So versuchen die Neoliberalen den Staat im Namen von Transparenz und Verantwortlichkeit durch diverse Evaluationstechniken umzustrukturieren, ihn durch ein neues Management zu rationalisieren oder – besser noch – staatliche Aufgaben auf Vertragsbasis an Privatunternehmen zu übertragen.[64] Auch dies betrifft direkt die Krise: Der Finanzsektor war einer der Hauptschauplätze der Auslagerung staatlicher Aufsichtsfunktionen in quasi-private Institutionen wie etwa die Ratingagenturen Moody's, Fitch und Standard & Poor's. Auch die »Privatisierung« der in den Sechzigerjahren zunächst vom Staat betriebenen Hypothekenverbriefung gilt inzwischen als wichtiger Grund dafür, dass der Finanzsektor auf Abwege geriet.

Eines der großen Täuschungsmanöver, mit dem die Neoliberalen ihre Rolle an der Macht verschleiern, ist die Darstellung einer solchen »Vermarktung« staatlicher Funktionen als Verkleinerung des Staates – wenn überhaupt, werden die Staatsapparate unter neoliberalen Regimes noch ausgreifender.[65] Ein anderes Manöver besteht in der Erfindung zahlloser Methoden zur »Fesselung« des Staates, die jegliche Veränderung durch Verfassungsmodifikationen verbieten (wie in der »Public-Choice«-Theorie von James M. Buchanan). In der Praxis läuft die »Deregulierung« stets auf eine lediglich anderen Direktiven folgende »Reregulierung« hinaus.

[5] Die Skepsis angesichts der mangelnden Steuerbarkeit der Demokratie tritt immer wieder hinter der Erkenntnis zurück, dass der neoliberale marktförmige Staat der Legitimation durch die Bevölkerung bedarf. Darin liegt ein heikles Problem für Neoliberale: Wie lässt sich der Anschein von Freiheit als Zwanglosigkeit aufrechterhalten, wenn es in Wirklichkeit unwahrscheinlich ist, dass die Mehrheit freiwillig die neoliberale Version des Staates wählt? Wie Hayek einmal schrieb: »Es wäre unmöglich zu behaupten, daß eine freie Gesellschaft immer und

notwendigerweise Werte entwickelt, die wir billigen würden, oder auch nur, wie wir sehen werden, daß sie Werte erhält, die mit der Erhaltung der Freiheit vereinbar sind.«[66] In gewissem Sinn bietet das NDK selbst eine praktische Lösung für das Problem: Die russische Schachtelpuppe beinhaltet auch einen bewussten Eingriff, der die Kultur durch Entwaffnung des politischen Gegners in eine für die Neoliberalen günstige Richtung verschieben soll. Da eben dies aber als Verstoß gegen den Grundsatz der Unverletzbarkeit des individuellen Willens gewertet werden könnte, haben die Neoliberalen auch eine theoretische »Lösung« für das Problem entwickelt.

Den nicht zu duldenden Widerspruch einer demokratischen Ablehnung ihres idealen Staates versuchen Neoliberale dadurch zu überwinden, dass sie Politik so behandeln, *als ob* sie ein Markt wäre, und eine wirtschaftliche Theorie der »Demokratie« vertreten. Im Extremfall bezeichnet der Begriff des Bürgers dann nicht mehr als einen Kunden staatlicher Dienstleistungen.[67] Das erleichtert die Anwendung neoklassischer wirtschaftlicher Modelle auf vormals politische Themen, erklärt aber auch, warum die neoliberale Bewegung ihre politische Macht durch ein Agieren innerhalb des Staates zu konsolidieren versuchen muss. Dabei wird die abstrakte »Herrschaft des Gesetzes« häufig mit der neoliberalen Vision eines idealen Marktes gleichgesetzt oder ihr untergeordnet. Die Form des Nachtwächterstaates erfährt eine vollständige Zurückweisung: Es gibt keine separate Sphäre des Marktes, die wie ehedem von der der Zivilgesellschaft abgetrennt wäre. Alles gilt als Freiwild, das vermarktet werden kann.

Dass das Recht in ihrem idealen Staat ein System von Macht und Herrschaft ist, bestreiten Neoliberale unter größten Verrenkungen. Es soll vielmehr ein System neutraler allgemeiner Regeln darstellen, die für jeden gleichermaßen gelten und keineswegs auf den politischen Zielen einer bestimmten Gruppe (nämlich der Neoliberalen) beruhen: Anarchisten wie Rothbard gründen es auf eine Art Naturrecht, die Anhänger einer Public-Choice-Theorie à la Buchanan auf die Vertragstheorie, die Chicago School auf eine Welt, in der die Ökonomie mit der Gesamtheit der menschlichen Existenz zusammenfällt, und Hayek auf seine höchst eigentümliche Vorstellung von kultureller Evolution.[68] Im alltäglichen Neoliberalismus scheint die Chicagoer Version das Rennen zu machen. In der jüngsten Krise wurde allerdings auch Hayeks Theorie wieder ausgemottet, wie wir in Kapitel 6 sehen werden.

[6] Der Neoliberalismus unterwirft die Seinsweise des menschlichen Subjektes einer tiefgreifenden Veränderung. Viele Autoren haben eine hellsichtige Bemerkung zitiert, die Foucault vor drei Jahrzehnten machte: »Der *Homo oeconomicus* ist [im Neoliberalismus] ein Unternehmer, und zwar ein Unternehmer seiner selbst.«[69] Übersehen haben sie allerdings, wie drastisch dies von der klassisch liberalen Lehre abweicht.

Der klassische Liberalismus sah in der »Arbeit« die wesentliche ursprüngliche menschliche Leistung, die das Privateigentum hervorbringt und rechtfertigt. Wie Foucault richtig erkannte, erfolgte die entscheidende neoliberale Abkehr von diesem Gedanken mit dem vom MPS-Mitglied Gary Becker geprägten Begriff des »Humankapitals«, der eine jahrhundertealte politische Denktradition untergräbt, mit der der Humanismus in Theorien des Naturrechts überführt wurde. Nicht nur dekonstruiert der Neoliberalismus jeglichen besonderen Status der menschlichen Arbeit, er löscht auch ältere auf der Arbeitswerttheorie beruhende Unterscheidungen zwischen Produktion und Konsumtion aus und reduziert den Menschen auf ein zufälliges Bündel von »Investitionen«, Qualifikationen, zeitweiligen Zugehörigkeiten (Familie, Geschlecht, »Rasse«) und fungiblen Körperteilen. Die »Regierung des Selbst« wird zur Grundlage jedweder gesellschaftlichen Ordnung, auch wenn sich seine Identität unter dem Druck ständiger prothetischer Eingriffe auflöst; dies ist eine mögliche Lesart des Begriffs der »Biomacht«. Eine Kontinuität des Individuums von einer »Entscheidung« zur nächsten braucht es unter diesem Regime nicht länger. Der Manager des Selbst wird zum neuen Geist in der Maschine.[70]

Die Ausbreitung des Internets ist für die Neoliberalen selbstredend ein Segen gewesen. Chatrooms, Online-Spiele, virtuelle soziale Netzwerke und elektronische Finanzgeschäfte haben selbst geistig Minderbemittelte zum Experimentieren mit der neuen neoliberalen Subjektivität ermuntert. Eine Welt, die es dem Subjekt ermöglicht, virtuell das Geschlecht zu wechseln, beliebige Eigenschaften anzunehmen, sein Sozialleben auf die Statistiken auf einer Social-Networking-Website zu reduzieren oder zu meinen, es könne sein Wesen abgetrennt vom Körper im Netz hochladen, ist ein neoliberaler Spielplatz. Die in den Massenmedien so beliebten Geschichten über IT-Milliardäre lehren unterdessen, dass man keine materiellen Gegenstände herstellen muss, um am globalen Markt der Köpfe teilzunehmen. Das ist Thema des dritten Kapitels.

Dieses Verschwinden des Subjekts hat für die neoliberale politische Theorie vielfältige Implikationen. Es bedeutet erstens, dass die altbekannte Klage über den sturen methodischen Individualismus der Wirtschaftswissenschaft das neoliberale Programm gar nicht anficht. »Individuen« sind aus neoliberaler Sicht nichts weiter als flüchtige Projekte. Dadurch konnte sich der Neoliberalismus zu einer lückenlosen Universaltheorie entwickeln: Seitdem das Individuum seine ontologische Privilegierung eingebüßt hat, kennzeichnet das strategische Vorteilsstreben des Unternehmers etwas so Winziges wie ein Gen und etwas so Großes wie den Nationalstaat gleichermaßen. Zweitens gibt es keine Klassen mehr wie in der älteren politischen Ökonomie, denn jedes Individuum ist zugleich Arbeitgeber wie -nehmer und sollte nach Möglichkeit sein eigenes Unternehmen sein; dies hat sich als ein sehr effektives Mittel zur Neutralisierung großer Teile des älteren linken Diskurses bewährt. Dabei wird eine Eigentümlichkeit der amerikanischen Rechtstradition – der Status des Unternehmens als eine juristische Person – angeführt und zu einem ontologischen Prinzip aufgeblasen. Der Regierung wird ein solcher Status hingegen abgesprochen: »Die Regierung hat keine wirtschaftliche Verantwortung. Nur Menschen haben Verantwortung, und die Regierung ist kein Mensch.«[71] Drittens können Eigentumsrechte, da Eigentum nicht mehr wie in der Locke'schen Tradition auf Arbeit beruht, ohne Weiteres zugunsten bestimmter *politischer* Ziele geändert werden. Beobachten lässt sich dies etwa auf dem Gebiet des »geistigen Eigentums« anhand des Eigentums an den – krisenträchtigen – Algorithmen für die Konstruktion und den Handel mit obskuren Derivaten oder deutlicher noch daran, dass die Infrastruktur des Marktes selbst auf eine Ware reduziert wird: Die in der jüngeren Vergangenheit erfolgte Umwandlung von Börsen in gewinnorientierte Aktiengesellschaften war eine entscheidende neoliberale Innovation auf dem Weg zur Krise. Klassische Liberale verstanden das Eigentum als sakrosanktes Bollwerk gegen den Staat; nicht so die Neoliberalen. Viertens wird die gesamte Tradition von Theorien zerstört, die »Interessen« eine empirische Grundlage im politischen Denken zuerkannten.[72]

Den klassischen Liberalismus haben wir damit eindeutig hinter uns gelassen.

[7] Neoliberale preisen »Freiheit« als höchsten Wert, unterziehen den Begriff jedoch einer umfassenden Neudefinition. Da die Freiheit eines

Wesens ohne jede Beständigkeit schwer zu bestimmen ist, lösen sie sich von älteren Konzeptionen des Individualismus.

Während manche Neoliberale wie Friedman jede Definition von Freiheit (über ihre Unterscheidung von Demokratie hinaus) ablehnen, haben andere wie Hayek einen Bogen zum zweiten Gebot geschlagen, indem sie sie als epistemische Tugend fassen: »der Hauptzweck der Freiheit ist, sowohl die Gelegenheit als auch den Anreiz zu bieten, um die höchstmögliche Nützung der Kenntnisse zu sichern, die ein Einzelner erreichen kann«. Wie diese seltsame Definition illustriert, hängt das Freiheitsverständnis eines Neoliberalen offenbar von seinem Marktbegriff ab. Der Teufel wird in den Details versteckt: Hayek sieht sich sogleich zu einer Unterscheidung zwischen persönlichen Freiheiten und subjektiver Freiheit genötigt, nach der erstere keine politische Freiheit umfassen. Friedman unterschied gegen Lebensende drei Arten von Freiheit – die wirtschaftliche, gesellschaftliche und politische –, doch von Belang war offenbar nur die wirtschaftliche. Zeitgenössische Theoretiker wie Amartya Sen versuchen bei der Bestimmung von Freiheit zu berücksichtigen, welche Wahlmöglichkeiten einer Person überhaupt gegeben sind, doch das lassen Neoliberale nicht gelten. Auch wenn sie jeglichen »Zwang« als ein Übel darstellen, blenden sie die im Hintergrund wirkenden Determinanten menschlicher Intentionen aus. Sie betrachten jeden Menschen so, als wäre er gestern erst in einer Einzelzelle geboren worden: Darin besteht das verborgene Erbe der Theorie des unternehmerischen Selbst. Praktisch besagt dieses Gebot: Kein Markt kann jemals Zwang ausüben.[73]

Wofür auch immer Freiheit im neoliberalen Pantheon sonst noch stehen mag, als Axiom gilt, dass sie nur »negativ« (im Sinne Isaiah Berlins) sein kann, und zwar aus einem bedeutenden Grund: Sie darf nicht vom Gebrauch des Wissens *in* der Gesellschaft zum Gebrauch des Wissens *über* die Gesellschaft erweitert werden, denn jede Reflexion darüber, warum wir eigentlich ein punktuelles, lückenhaftes Wissen passiv hinnehmen sollten, würde zu der Erkenntnis führen, wie Marktsignale bestimmte Formen von Wissen hervorbringen und andere unterdrücken. Jedes Nachdenken über solche Beschränkungen hätte eine Untersuchung der Funktionsweise von Märkten und Metareflexionen unserer Stellung in größeren Ordnungen zur Folge – wozu wir gar nicht befähigt sind, wie Neoliberale warnen. Ein derartiges Wissen würde an umfassenden, institutionellen Fragen rühren und so die Kerndoktrin vom Markt als einem überlegenen Informationsprozessor untergraben. Mit »Freiheit« lässt sich der neoliberale Coup nicht grundsätzlich ablehnen. Widerstand gegen ihr Programm ist zwecklos, erklären die Neoliberalen, denn das ihm zugrunde liegende Verständnis von Freiheit wäre höchst zweifelhaft.

[8] Das Kapital besitzt für Neoliberale ein Naturrecht auf ungehinderten grenzüberschreitenden Verkehr. (Der Arbeit bleibt ein solches Recht verwehrt.)[74] Da dies in einer Welt, die nicht aus autarken Volkswirtschaften besteht, beständig Zahlungsbilanzprobleme hervorruft, haben sich Neoliberale federführend an der Entwicklung unterschiedlichster transnationaler Instrumente zur wirtschaftlichen und politischen Disziplinierung von Nationalstaaten beteiligt.[75] Versuchten sie während der Auflösung des Systems von Bretton Woods zunächst, durch flexible Wechselkurse und die Abschaffung von Kapitalverkehrskontrollen zu einer reinen Marktdisziplin zurückzukehren, so erkannten sie mit der Zeit, dass internationale Institutionen wie die Welthandelsorganisation, die Weltbank und der IWF – von den richtigen Leuten geführt – besser geeignet sind, widerspenstigen Staaten eine neoliberale Politik aufzuzwingen. Die von frühen Neoliberalen wie Friedman und Mitarbeitern des Cato Institute vehement vertretene Forderung nach der Abschaffung globaler Institutionen nicht nur im Finanzbereich wurde folglich von anderen Neoliberalen wie Anne Krueger, Stanley Fischer und Kenneth Rogoff später abgeschwächt. Als sie selbst in diese Institutionen einzogen, nutzten sie ihren Einfluss auf Personalentscheidungen und politische Programme, um andere, auf weltweite Umstrukturierung zielende Entwürfe zu verdrängen. Die Rolle solcher transnationalen Einrichtungen bestand nunmehr in der Zementierung neoliberaler Programme und der damit verbundenen Einschränkung des politischen Handlungsspielraums nationaler Regierungen; mitunter dienten sie auch der Verdrängung einheimischer Vetternwirtschaft durch einen stärker kosmopolitischen Nepotismus. Dass zwischen Phänomenen wie dem Washington Consensus und der Ausbreitung neoliberaler Hegemonie ein organischer Zusammenhang besteht, wie Dieter Plehwe argumentiert, ist somit richtig.[76] Dies betrifft auch das unter Punkt 4 angesprochene Rätsel, wie die Neoliberalen es schaffen, den starken Staat zu begrenzen und gleichzeitig zu verschleiern, dass er fortbesteht.

Der Anteil des neoliberalen globalisierten Finanzregimes an der Krise ist für das Denkkollektiv und Personen wie Ben Bernanke, die die Verantwortung für den Crash auf andere abladen wollen, ein heikles Thema. Weil es nicht durch ein entscheidendes Ereignis wie die Konferenz von Bretton Woods entstand, das den Zusammenhang von Theorie und Politik offensichtlich machen würde, sondern sich nach 1980 schrittweise entwickelte, rückt die Beziehung zwischen der neoliberalen Lehre und dem Wachstum von Schatten- und Offshore-Banking erst heute ins öffentliche Interesse. Beweise dafür sind naturgemäß oftmals nicht zugänglich. Der Drang in entwickelten Ländern zu Produktionsverlagerungen, der sich wechselseitig mit der Aushöhlung von Kapitalverkehrskontrollen verstärkte, folgte allerdings eindeutig der neoliberalen Doktrin, die im internationalen Freihandel nur unbegrenzte Vorteile sehen kann, sowie dem neoliberalen Projekt, das Unternehmen vom Hort der Produktionsexpertise zu einem zufälligen Bündel von Vertragsverpflichtungen umzubauen. Die Kombination der Gedanken von MPS-Mitglied Anne Krueger und MPS-Mitglied Ronald Coase brachte eine Kapitalflucht in Länder wie China, Indien und die Cayman Islands hervor. Die Rolle Chinas, das vom neoliberalen globalisierten Finanzsystem profitiert und es zugleich partiell ablehnt, bereitet dabei allen Betroffenen Kopfschmerzen.

Unbehinderte Kapitalströme sind von Neoliberalen gewöhnlich nicht als eine klare Ursache der Krise hervorgehoben worden. Kapitalverkehrskontrollen als Reaktion auf die Krise lehnen sie geschlossen ab.

[9] Neoliberale betrachten wirtschaftliche und politische Ungleichheit nicht als ein bedauerliches Nebenprodukt des Kapitalismus, sondern als notwendige und funktionale Eigenschaft ihres idealen Marktsystems. Ungleichheit gilt ihnen nicht nur als der natürliche Zustand der Marktwirtschaft, sondern auch als einer der stärksten Fortschrittsmotoren. Die Reichen sind folglich keine Parasiten, sondern ein Segen für die Menschheit – die Bevölkerung soll sie beneiden und ihnen nacheifern. Forderungen nach Gleichheit entspringen nur der Missgunst der Verlierer, oder wohlwollender formuliert: Sie sind atavistische Reste eines Gerechtigkeitsverständnisses, das aus dem modernen Denken ausgemerzt werden muss. Wie Hayek schrieb: »Es sollte freimütig zugegeben werden, daß die Marktordnung keinen engen Zusammenhang zwischen subjektivem Verdienst oder individuellen Bedürfnissen und Belohnungen zustande bringt.«[77] Diese mangelnde Korrelation von

Mühe und Lohn ist einer der Hauptgründe für die (fehlgeleitete) Forderung des gemeinen Volkes nach Gerechtigkeit und für das unter Punkt 5 erörterte Versäumnis demokratischer Systeme, den neoliberalen Staat gutzuheißen. »Soziale Gerechtigkeit« ist blind, weil von der Weisheit des Marktes abgeschnitten. Der weltweit massive Trend zur Einkommens- und Vermögenskonzentration seit den Neunzigerjahren folgt somit dem neoliberalen Drehbuch für einen effizienteren und dynamischeren Kapitalismus.

Auch dieses Gebot betrifft die jüngste Krise: Aus ihm folgt, dass die weithin konstatierte Verschärfung der Einkommensungleichheit in den Vereinigten Staaten seit 1980 unmöglich einen Anteil an der Krise haben kann.[78] Für Neoliberale sind im Gegenteil die staatlichen Bemühungen zur Abschwächung dieses Trends, besonders die Förderung von Wohneigentum und Verbraucherkrediten, eine wesentliche Krisenursache.[79] Daraus ergibt sich schließlich die bevorzugte neoliberale Erzählung über die Krise, die den US-Demokraten die Schuld gibt, indem sie die Hypothekenverbriefung durch Fannie Mae und Freddie Mac zur Ursache der Immobilienblase erklärt (vgl. Kapitel 5).

[10] Konzerne können nichts Falsches tun, und falls doch, sollte man es ihnen nicht vorwerfen. Dies ist eines der Gebiete, auf denen eine stärkere Abweichung vom klassischen Liberalismus besteht, der von Adam Smith bis Henry Simons ein tiefes Misstrauen gegenüber der Machtkonzentration bei Aktiengesellschaften und Monopolen hegte. Auch die MPS teilte dieses Misstrauen in den Fünfzigerjahren zunächst, wobei insbesondere die Ordoliberalen dem Staat starke kartellrechtliche Kompetenzen zuerkennen wollten. Die Chicagoer Vertreter der ökonomischen Analyse des Rechts entwickelten jedoch die später auch Abhandlungen über Unternehmer und »Innovationsmärkte« zunehmend prägende Argumentation, Monopole erzeugten keine Beeinträchtigung des Marktes, sondern seien nur ein auf das fehlgeleitete Wirken des Staates und mächtiger Interessengruppen zurückzuführendes Epiphänomen.[80] Die von Sozialisten im 20. Jahrhundert vertretene Behauptung, der Kapitalismus trage den Keim seiner Verknöcherung (wenn nicht gar Selbstzerstörung) in sich, wurde entschieden zurückgewiesen. Als Neoliberale in den Siebzigerjahren die seltsame Anomalie des amerikanischen Rechts, Unternehmen als Rechtspersonen zu behandeln, zu einem philosophischen Axiom überhöhten, wurden die Antitrust-

Gesetze in den Vereinigten Staaten weitgehend zurückgenommen.[81] Wenn überhaupt etwas Negatives über das Großunternehmen gesagt wurde, dann dass die Trennung von Eigentum und Leitung ein Problem darstellen könnte – das durch die richtigen »Anreize« für Topmanager (umfangreiche Aktienoptionen, hohe Abfindungen, Entscheidungsfreiheit jenseits jeder Aufsicht) sowie durch marktähnliche Evaluationssysteme in der Unternehmensverwaltung mühelos zu beheben sei.[82] Die moderne »Umstrukturierung des Unternehmens« (geringere vertikale Integration, Auslagerung von Versorgungsketten, sagenhafte Entlohnung von Topmanagern) ist somit selbst ein Produkt seiner neoliberalen Neudefinition.

Die entsprechende Literatur hatte insofern einen Einfluss auf die Krise, als sie Argumente gegen die unerhörte Behauptung lieferte, viele Finanzunternehmen seien *Too Big to Bail* (»Zu groß für eine Rettung«) und versorgten ihr höheres Management mit bedenklich üppigen Vergütungspaketen. Markterfolg spricht für sich, und jede ihn behindernde Macht muss zermalmt werden.

[11] Der – sachgerecht umgestaltete und geförderte – Markt hält stets eine Lösung für Probleme bereit, die er selbst erst hervorgebracht hat: Luftverschmutzung wird durch den Handel mit »Emissionsrechten« bekämpft; »Bildungsgutscheine« helfen gegen ein mangelhaftes öffentliches Bildungswesen; Versteigerungen sichern den Wettbewerb auf dem Markt für Mobilfunkfrequenzen;[83] einkommensschwache Kranke ohne Zugang zur Krankenversicherung bekommen Anreize, der Pharmaindustrie als Versuchskaninchen für Arzneimitteltests zu dienen; die Armut in Entwicklungsländern lässt sich durch »Mikrokredite« lindern; Terrorakte entrechteter und entfremdeter Ausländer können durch eine Börse, an der auf zukünftige Anschläge spekuliert wird, genauer vorhergesagt werden.[84] Richtig gestaltete Märkte wurden als besseres Verfahren propagiert, um bislang dem Staat zugedachte Aufgaben aller Art zu erledigen – von der Terminplanung in der Raumfahrt bis zur Verkehrslenkung auf Flughäfen und in Nationalparks. Bei der Gestaltung solcher neuen Märkte eröffnete sich eine Verdienstquelle für Ökonomen, die ihre Rolle als bloße Mittelsmänner, die Zwischenschritte auf dem Weg zur vollständigen Privatisierung des jeweiligen Bereichs einführten, selten offenlegten.

Faszinierend daran ist, wie dieser Grundsatz selbst im scheinbar ungünstigsten Moment verfochten wurde – nach dem Versagen der Finanzmärkte in der Weltwirtschaftskrise. Doch man muss sich vergegenwärtigen, dass der Markt im gängigen Hayek'schen Verständnis als überlegener Informationsprozessor gilt und somit jegliches Wissen nur mit Eigentümer und Preis versehen seinen maximalen Nutzen entfalten kann. Damit wurden etliche Vorschläge begründet, die zunächst vollkommen widersinnig scheinen: Einige Neoliberale behaupteten zum Beispiel tatsächlich, wenn Derivate und Verbriefungen Probleme verursachten, dann bestehe die Lösung nicht etwa in ihrer Eindämmung, sondern in umso mehr derartigen »Innovationen«.[85] Eine andere Variante des Hayek'schen Credos lautete, niemand könne die Krise besser beheben als eben die Banker und Finanzmanager, die sie überhaupt erst verursacht hatten, schließlich kannten sie sich ohne Zweifel am besten mit ihr aus. Die Drehtür zwischen dem US-Finanzministerium und Goldman Sachs galt als Beweis für das Funktionieren der Marktwirtschaft, nicht für tiefverwurzelte Korruption und Interessenkonflikte.

[12] Im Namen der Befreiung vom Zugriff des Staates führt das neoliberale Programm im Ergebnis zu einer drastischen Ausweitung des Gefängnissystems. In der Mont Pèlerin Society wurde gerne ein geflügeltes Wort von Benjamin Constant zitiert: »Jenseits seiner eigentlichen Sphäre darf der Staat keine, in ihr kann er gar nicht genug Macht haben.« Mehr staatliche Macht in Gestalt der Polizei und eine starke Zunahme der Inhaftiertenzahlen sind mit dem neoliberalen Freiheitsbegriff somit bestens vereinbar. Wie das MPS-Mitglied Richard Posner erklärte: »Die Funktion strafrechtlicher Sanktionen in einer kapitalistischen Marktwirtschaft besteht darin, Menschen an der Umgehung des effizienten Markts zu hindern.«[86]

Dieses Gebot drückt sich auch im Unwillen zur strafrechtlichen Verfolgung vieler Hauptakteure der Krise aus. Denn im neoliberalen Verständnis existiert eine natürliche Abstufung von Rechtsarten für unterschiedliche Gesetzesbrecher: »das Strafrecht gilt primär für die Armen; die Wohlhabenden werden überwiegend durch das Deliktsrecht zur Ordnung angehalten«.[87] Mit anderen Worten: Der wirtschaftliche Wettbewerb zwingt den Reichen eine natürliche Ordnung auf, weil sie viel zu verlieren haben; die Armen müssen durch einen starken Staat in Schach gehalten werden, weil sie wenig zu verlieren haben. Das Schauspiel der polizeilichen Zwangsräumung Tausender Familien, die bei der Hypothekentilgung in Verzug geraten sind, während auf der anderen Seite außer Bernard Madoff und Raj Rajaratnam (bislang) keine hohen Finanzmanager wegen der Krise ins Gefängnis gehen mussten, folgt unmittelbar aus diesem Gebot.

[13] Die Neoliberalen hatten von Anfang an mit der Schwierigkeit zu kämpfen, ihre politisch-ökonomischen Theorien zugleich als Moralkodex zur Geltung zu bringen. Auf den ersten Blick schien das Denkkollektiv vor dem Altar einer unumschränkten Gottheit niederzuknien: der »individuelle[n] Freiheit, die am angemessensten als ein Moralprinzip des politischen Handelns aufgefaßt wird. Wie alle Prinzipien der Moral muß sie als ein Wert an sich genommen werden.« Allerdings bekannte Hayek schon in seiner Ansprache an die erste Versammlung der MPS: »Ich bin der Überzeugung, dass keine Hoffnung auf ein Wiedererstarken liberaler Kräfte besteht, wenn nicht der Bruch zwischen wahrhaft liberalen und religiösen Anschauungen behoben werden kann.« Die Zusammenkunft entsprach seinem Wunsch mit einer Veranstaltung über »Liberalismus und Christentum«, auf der jedoch nur die unter der Oberfläche brodelnden Gegensätze offen hervortraten. Infolgedessen waren die Neoliberalen oftmals unempfänglich für das Transzendente, das sie mit ihren erkenntnistheoretischen Lehren über die Unzulänglichkeit des Menschen vermischten – Hayek meinte, dass wir »jenen unentbehrlichen Rahmen des [...] Nicht-rationalen erhalten müssen, das die einzige Umgebung ist, in der die Vernunft sich entwickeln und erfolgreich wirken kann«.[88]

Klügeren Neoliberalen war bewusst, dass dies vielen ihrer konservativen Verbündeten zu dürftig schien. Wenn auch nur mit gedämpfter Stimme und in internen Publikationen versuchten sie den Neoliberalismus deshalb gelegentlich mit einer bestimmten Religion zu verbinden:

> »Alles, was wir sagen können, ist, daß die Werte, die wir haben, das Ergebnis von Freiheit sind, daß insbesondere die christlichen Werte sich in Gestalt von Menschen durchsetzen mußten, die staatlichem Zwang erfolgreich Widerstand leisteten, und daß wir dem Wunsch, nach unseren eigenen moralischen Überzeugungen leben zu können, die modernen Sicherungen individueller Freiheit verdanken. Vielleicht können wir noch hinzufügen, daß nur Gesell-

schaften, die moralische Werte ähnlich unseren eigenen haben, als freie Gesellschaften überlebt haben, während in anderen die Freiheit untergegangen ist.«[89]

Andere MPS-Mitglieder wie Buchanan meinten, eine bestimmte Art von moralischer Ordnung könne einem neoliberalen Staat zugutekommen und durch moralische Prinzipien ließe sich die kostspielige Rentenökonomie eindämmen, mit der nichtsnutzige Versager ein reibungsloses Funktionieren des Staates behinderten.[90] Die geistige Aussöhnung mit der religiösen Rechten und den »Theocons« war überaus mühsam – und erforderte große Vorsicht, denn jedes Kokettieren mit einer bestimmten Glaubensrichtung konnte die (oftmals in anderen Teilen der Welt lebenden) Anhänger anderer Religionen verprellen –, doch obwohl mit Widersprüchen befrachtet, die den Liberalismus seit der Aufklärung verfolgen, wurde das Projekt von der MPS weiterverfolgt.[91]

Diese dreizehn Gebote definieren in groben Zügen das Programm, zu dem das Neoliberale Denkkollektiv mit der Zeit gelangt ist. Deutlich werden sollte die starke Abweichung vom klassischen Liberalismus wie auch vom libertären Denken. Die einzelnen Gebote werden uns in den folgenden Kapiteln auch als Prüfsteine für unsere Intellectual History der Weltwirtschaftskrise dienen. Doch nach diesem Versuch, im scheinbaren Wirrwarr eine Einheit zu erkennen, sollten wir uns zunächst mit der Gegenthese befassen – dass der Neoliberalismus, was seine grundlegenden Konzepte betrifft, in der realen Praxis auseinanderfällt.

Der Neoliberalismus, die Krise und die Doktrin der doppelten Wahrheit

Unabhängig von ihrer Ausrichtung sind alle politischen Bewegungen häufig gezwungen, etwas zu bestreiten, was sie in der Vergangenheit selbst behauptet haben. Wäre Politik das Reich der völligen Konsequenz, jener »Plage der Kleingeister« (Ralph Waldo Emerson), dann würden Fanatiker die Welt regieren. Dennoch scheint im Neoliberalen Denkkollektiv etwas sehr Merkwürdiges vor sich zu gehen, das meines Erachtens mit Blick auf die Doktrin der »doppelten Wahrheit« erklärbar, wenn nicht sogar gänzlich nachvollziehbar wird.

Um Missverständnisse zu vermeiden: Es geht hier nicht um die platonische Lehre von der »edlen Lüge« oder um die Reflexionen des lateinischen Averroismus über die Spannung zwischen philosophischer Vernunft und Glauben. Gemeint ist auch nicht das Orwell'sche »Doppeldenk«, das eher eine Verdrehung von Wortbedeutungen durch den Staat bezeichnet. Es könnte ein gewisser Zusammenhang zum Denken von Leo Strauss bestehen – dem zufolge »alle Philosophen [...] die politische Situation der Philosophie berücksichtigen müssen, also die Frage, was gesagt werden kann und was unter Verschluss gehalten werden muss«, wie es im *Cambridge Companion to Leo Strauss* heißt –, doch Ermittlungen zu einer möglichen *Chicago Connection* zwischen seinen Schriften und den Neoliberalen würden angesichts der vielen noch zu behandelnden Themen zu weit führen.[92] Worum es hier geht, ist die These, dass ein Denkkollektiv der aus seinem Politikverständnis folgenden Notwendigkeit nachgibt, eine exoterische Version seiner Lehre für die breite Masse zu pflegen – da dies sicherer ist und der Gesellschaft letztlich zugutekommt –, aber zugleich an einer esoterischen Version für eine kleine geschlossene Elite festzuhalten, die es als Fackelträger seines Wissens betrachtet. Beide behandeln ähnliche Themen, doch auf den ersten Blick scheint die exoterische der esoterischen Version in etlichen Punkten zu widersprechen. Es wird zu prüfen sein, ob diese scheinbaren Widersprüche weniger einem Zynismus entspringen, wie er häufig den politischen Karrieristen kennzeichnet, sondern sich organisch aus den Grundpositionen des Denkkollektivs ergeben.

Dass das NDK, höflich formuliert, etliche Paradoxien aufweist, ist nicht unbemerkt geblieben. Das beginnt bei dem merkwürdigen Verhalten, auf das wir bereits hingewiesen haben: Von den Dreißiger- bis zu den Fünfzigerjahren akzeptierten seine Vertreter das Präfix »neo« für ihr Unternehmen, nur um danach, allen gegenteiligen Beweisen zum Trotz, jede Abweichung von einem altehrwürdigen »Liberalismus« zu bestreiten. Die Kontinuitätsbehauptung wurde zur exoterischen Erzählung, während das »neo« eine esoterische Charakterisierung blieb. Doch der Gegensatz zum Liberalismus kehrte darüber hinaus in einer Vielzahl scheinbar unvereinbarer Positionen wieder: Anstatt sich wechselseitig zu bedingen, soll sich Demokratie nur einseitig durch Marktwettbewerb sichern lassen; anstatt einer moralischen Ordnung zu entspringen, soll ungehinderte Wirtschaftstätigkeit die politische Freiheit gewährleisten. Wobei die MPS selbst seltsamerweise noch einmal einen ganz anderen Umgang mit Demokratie und Freiheit pflegte.[93]

Viele der im vorliegenden Buch dokumentierten Widersprüche in seiner Konzeption der »guten Gesellschaft« hat das Neoliberale Denkkollektiv dadurch zu bändigen versucht, dass es einfach beides zugleich vertritt: Es warnt eindringlich vor den Gefahren einer Ausweitung der Staatstätigkeit – und hält gleichzeitig den von ihm selbst angestrebten starken Staat dank irgendeiner »natürlichen« Regulierung für unbedenklich. Es präsentiert den »freien Markt« als bequemen Informationsgenerator und -vermittler – und führt gleichzeitig in der Realität einen hartnäckigen und gnadenlosen »Krieg der Ideen«. Es behauptet, sein Programm werde zu ungebremstem Wirtschaftswachstum und allgemeiner Wohlfahrt führen – und erklärt gleichzeitig, kein Mensch könne so etwas wirklich wissen, weshalb man das Programm nicht durch die zu erwartenden Ergebnisse rechtfertigen dürfe. Es stellt den Markt als etwas Natürliches dar – das gleichzeitig durch beflissene Sorge beständig neu hergestellt werden muss. Es zeichnet den neoliberalen Markt als die Krönung aller menschlichen Institutionen – und erklärt gleichzeitig, er sei für sich genommen unzureichend, um transökonomische Werte politischer, sozialer, religiöser und kultureller Art hervorzubringen und zu bewahren. »Neoliberale Schriften über Allokation wechseln beständig zwischen einem libertären und einem utilitaristischen Vokabular, die mitunter in ein- und demselben Text oder Absatz als austauschbar erscheinen.«[94] Diese Fähigkeit zur schwindelerregenden Kehrtwende von einem Absatz zum nächsten sollte als eine politische Technik des NDK betrachtet werden.

Ein solches Wuchern von Widersprüchen lässt sich nicht einfach auf Pluralismus, ungenügende Kritik oder Gedankenlosigkeit zurückführen. Wenige politische Lehren sind einer so anhaltenden internen Kritik unterzogen worden wie der Neoliberalismus in der Mont Pèlerin Society. Auch wenn alle Systeme im Zuge ihres Alterns gewisse innere Widersprüche zeigen, verweisen die genannten Ungereimtheiten offenbar auf strukturelle Probleme innerhalb des neoliberalen Programms, denen in der jüngeren Vergangenheit mit dem Prinzip der doppelten Wahrheit begegnet wurde. Drei solcher Widersprüche, die für ein Verständnis der Krise zentral sein dürften, sollen hier untersucht werden: erstens, dass eine liberalen Idealen verpflichtete Organisation sich zum Rückgriff auf illiberale Verfahren und Praktiken genötigt sah; zweitens, dass eine Organisation, die spontane Ordnungen für das *non plus ultra* der menschlichen Zivilisation hält, sich selbst strenger Reglementierung und Kontrolle unterwerfen musste; und drittens, dass eine Organisation, die sich dem rationalen Diskurs über einen als überlegenen Informationsprozessor verstandenen Markt verschrieben hat, schließlich zur Befürwortung und Förderung von Unwissenheit gelangte. Das sind derart widersprüchliche Positionen, derart eklatante Verstöße gegen die intellektuellen Anstandsregeln, dass man unmöglich annehmen kann, dass sie den Protagonisten selbst entgangen sein könnten. Es lässt sich auch historisch belegen, dass dies nicht der Fall war.

1. Der Illiberalismus und die hierarchische Kontrolle der MPS

Kann ein liberales politisches Programm durch offene Diskussion mit allen Interessierten entwickelt und verfolgt werden? Hayek, von einem komplexen Verständnis der Wissenssoziologie geleitet, lehnte dies in der MPS von Anfang an ab. Als er 1946 durch die Vereinigten Staaten tourte, um Unterstützung für seine neue Gesellschaft zusammenzutrommeln, erklärte er ausdrücklich, er verwende »die Bezeichnung Akademie im ursprünglichen Sinne einer *geschlossenen Gesellschaft*, deren Mitglieder durch gemeinsame Überzeugungen verbunden sind und versuchen, diese gemeinsame Philosophie auszuarbeiten und zu verbreiten«.[95] Der Verweis auf Platons Akademie war nicht unbedenklich, wie Hayek zweifellos wusste; andere Mitglieder haben sich ebenfalls auf sie berufen, wann immer der Charakter der MPS als einer geschlossenen Geheimgesellschaft angesprochen wurde. Hayek konnte sich durchsetzen: Anwerbung, Teilnahme und Mitgliedschaft wurden von Anfang an streng überwacht. Damit stellt sich allerdings in drastischer Weise die Frage, ob die MPS selbst praktizierte, was sie offiziell predigte. Dieses Problem wurde gleich 1947 von einem ihrer berühmten Mitglieder angeschnitten: von Karl Popper.

Popper hatte gerade *Die offene Gesellschaft und ihre Feinde* (1945), eine Abrechnung mit Platon, Hegel und Marx, veröffentlicht, und war bereits ein enger Verbündeter Hayeks, der sich für seine Einstellung an der London School of Economics verwendete. Bekanntlich sah Popper, in Übereinstimmung mit seiner einflussreichen Definition von Wissenschaft als eines ständigen Prozesses von Hypothesen und Widerlegung, den einzig richtigen Weg zu politischem Fortschritt in einer Ordnung der offenen Kritik und Debatte. Es ist bemerkenswert, dass er dies gegenüber Hayek beinahe sofort, nachdem er dessen Exposé für die neue Organisation erhalten hatte, geltend machte:

> »Für eine solche Akademie wäre es meines Erachtens vorteilhaft, ja notwendig, die Beteiligung einiger Personen sicherzustellen, die als Sozialisten bekannt sind oder dem Sozialismus nahestehen [...]. Wie Sie sich erinnern werden, bin ich immer für eine Versöhnung von Liberalen und Sozialisten eingetreten [...]. Das heißt selbstverständlich nicht, dass man die Hervorhebung der Gefahren des Sozialismus (Gefahren für die Freiheit) unterbinden oder abschwächen sollte. Im Gegenteil [...]. Mir kam der Gedanke, Sie könnten mich vielleicht nach Namen von Sozialisten fragen, die man einladen könnte; und ich muss gestehen, dass mir keine einfallen.«[96]

Ob mangels »geeigneter« Kandidaten oder aufgrund von Hayeks Unnachgiebigkeit, eine solche Meinungsvielfalt wurde auf den MPS-Treffen nie zugelassen. Sämtliche Diskussionen wurden auf einen kleinen Kreis politisch Getreuer beschränkt, die häufig weniger eine gemeinsame Utopie verband als das, was sie ablehnten. Popper wandte sich auf den ersten MPS-Versammlungen weiterhin gegen die Vorstellung, eine fruchtbare politische Diskussion erfordere die Vorauswahl der Beteiligten nach Maßgabe ideologischer Homogenität – oder »gemeinsamer Grundannahmen«, wie es vornehmer hieß –, wurde aber letztlich ignoriert.[97] Die MPS entwickelte sich folglich schnell zu einer geschlossenen Gesellschaft mit relativ strengen ideologischen Aufnahmekriterien.

Das wirft die heikle Frage auf, ob die »offene Gesellschaft« tatsächlich so funktioniert, wie von Popper geschildert und vom NDK in feierlichen Momenten bis heute beschworen. Viele Autoren haben detailliert gezeigt, wie sich Poppers Vision als unvereinbar mit der von Hayek erwies; viele Wissenschaftsphilosophen haben sein Verständnis der Funktionsweise von Wissenschaft zurückgewiesen.[98] Doch Popper ahnte zumindest selbst, dass seine jugendliche Begeisterung für grenzenlose Toleranz gegenüber Kritik in vielen Konstellationen wie denen, die die MPS laut Gründungsauftrag bekämpfen sollte, zu nichts führte. Zum Beispiel erkannte er in einer langen Fußnote in *Die offene Gesellschaft* die Paradoxien von Toleranz und Demokratie an (»Uneingeschränkte Toleranz führt mit Notwendigkeit zum Verschwinden der Toleranz«; es kann sich »die Mehrheit zur Herrschaft eines Tyrannen entschließen«), zu deren Lösung er wenig anzubieten hatte. Zu dieser Zeit liebäugelte er allerdings bereits mit Hayeks »Lösung«: Die Mitglieder der Offenen Gesellschaft mussten auf ihre Zustimmung zu einem »Mindestmaß an gemeinsamer Philosophie« überprüft werden, auch wenn er die daraus folgenden Auswahlkriterien nie so explizit darlegte wie Hayek.[99]

Hier sehen wir, wie eine für den Neoliberalismus der MPS charakteristische »doppelte Wahrheit« Gestalt annimmt. Nach außen stellten sich Neoliberale als Fortführer des klassischen Liberalismus dar und priesen eine tolerante, offene Gesellschaft, in der jede Position unvoreingenommen angehört und empirisch geprüft wird. Hayeks *Weg zur Knechtschaft*, den »Sozialisten in allen Parteien« gewidmet, folgt diesem Register. Zwischen unterschiedlichen Ansichten sollten Wettstreit und wechselseitiges Kritisieren herrschen. Jeder, so hieß es, sei zur Teilnahme daran eingeladen. Daneben existierte jedoch ein kleiner Kreis von MPS-Insidern, denen die Tragweite der Paradoxien von Toleranz und Demokratie bewusst war. Folglich betrieben sie ihr Denkkollektiv als eine exklusive hierarchische Organisation, bestehend aus ideologisch handverlesenen Mitgliedern, die konkurrierende Weltbilder nur aus den völlig karikaturhaften Darstellungen ihrer Glaubensgenossen kannten. Das esoterische Wissen verstieß gegen die eigenen Regeln: Ein Liberalismus für das 21. Jahrhundert konnte nur von einer hoffnungslos illiberalen Organisation ausgebrütet und verfochten werden. Der Preis der Aufnahme bestand auch in der Initiation in die doppelte Wahrheit des »Mindestmaßes an gemeinsamer Philosophie«: Nach langen Lehrjahren konnten Eingeweihte mit dieser esoterischen Doktrin leben. Außenstehende mussten davon nichts wissen und sollten stattdessen an der behaglichen Vorstellung festhalten, Liberalismus bedeute toleranten Dialog in der offenen Gesellschaft – um Mitgliedschaft in der MPS brauchten sie sich natürlich gar nicht erst zu bewerben.

2. Die MPS als eine reglementierte und gesteuerte Gesellschaft, die der Lehre von der »spontanen Ordnung« verpflichtet ist

Wie im vorherigen Fall wurde auch dieser Widerspruch zuerst von MPS-Mitgliedern selbst angesprochen. Das Problem lag auf der Hand: Wenn die Marktwirtschaft eine so überlegene Ordnung war wie von den

Neoliberalen behauptet, warum hatte sie dann nicht alle anderen Wirtschaftsformen längst auf natürlichem Wege bezwungen? Weshalb hatte sie nicht den Geist des Liberalismus heraufbeschworen, der ihr Aufblühen garantiert hätte? Wozu brauchte es eigentlich die Stoßtruppen des Neoliberalen Denkkollektivs? Klassische Liberale hatten eine konsistente Position vertreten: Ihre Ordnung existierte bereits oder würde zwangsläufig kommen, also konnten sie sich zurücklehnen und den unausweichlichen Lauf der Geschichte genießen. Neoliberale lehnten dies zugunsten einer aktivistischen Haltung ab, handelten sich eben damit aber einen lästigen theoretischen Widerspruch ein: Sie verspotteten den unverfrorenen Willen zur Planung, hielten ihren eigenen Willen zur Macht aber für zutiefst ehrenwert.

Die erste Antwort auf das Problem stammte von Milton Friedman und James M. Buchanan. Der moderne Staat, so ihre Erzählung, sei ein Irrweg in der Geschichte der Zivilisation, da unablässig bestrebt, seine beträchtliche Macht als Hebel für einen weiteren Machtzuwachs einzusetzen, weshalb er sich wie ein Krebsgeschwür im gesunden Organismus der Marktgesellschaft ausbreite. Besonders Friedman meinte, wenn es ihm nur gelinge, dies der Öffentlichkeit einfach und plausibel, durch kurze Sätze, griffige Vorschläge und prägnante Losungen klarzumachen, könne er sie von seinem Bild der natürlichen Ordnung überzeugen und für die politischen Vorschläge des NDK gewinnen.[100] Alles, was es zur Korrektur der historischen Fehlentwicklung brauche, seien mediale Bilder eines kleinen tapferen David, der dem Goliath namens Staat die Stirn bietet. Friedman war ein Meister der gespielten Gemeinsamkeit: *Ich will dasselbe wie ihr, aber vom Staat werden wir es nie bekommen. Ich dagegen kann es verwirklichen.*[101] An diesem Rezept hielt er unbeirrbar fest. Mit immenser Energie arbeitete er an Büchern für die breite Masse, einer Fernsehsendung, seiner *Newsweek*-Kolumne und lieferte sich mit unterschiedlichsten Gegnern in aller Welt unermüdlich Debatten. Friedman stiftete sogar sein Erbe für den Zweck, das öffentliche Grundschulwesen zu schwächen, durch das der Staat ungezählte zarte Geister einer Gehirnwäsche unterzogen hätte. Das Volk war ein gestaltloser Klumpen Lehm, den der charismatische Experte formen musste. Von den Sechziger- bis zu den Neunzigerjahren trat Friedman de facto als das öffentliche Gesicht des NDK in Amerika auf, doch für den Geschmack der härter gesottenen MPS-Mitglieder war er zu sehr unverbesserlicher Optimist und machte zu viele Zugeständnisse an die »Demokratie«.

Die zweite, komplexere Antwort stammte von Hayek. Wie erst recht spät in seiner Karriere deutlich wurde, versuchte er dem Gedanken eines natürlichen, dem Neoliberalismus günstigen Telos der Geschichte treu zu bleiben, dessen Realisierung jedoch durch einen Verrat der Intellektuellen durchkreuzt werde. Diese »berufsmäßigen Ideenvermittler »attackierte er unerbittlich und berief die MPS als eine Gegenbewegung ein, die sie langfristig politisch neutralisieren sollte. Andere MPS-Mitglieder, von Bertrand de Jouvenel bis zu Raymond Aron, teilten diese Feindseligkeit. Dies setzte allerdings eine Dynamik in Gang, die Hayek schließlich zur Unterscheidung von legitimen und künstlichen Organisationen, von »Kosmos« und »Taxis«, nötigte. Die Taxis oder gemachte Ordnung war demnach »einfach« und bewusst mit Blick auf bestimmte Zwecke geschaffen. Der Kosmos, die spontane Ordnung, entstand organisch und ohne festgelegte Ziele, auch wenn er sein Fortbestehen der Fähigkeit verdankte, bestimmte gar nicht antizipierte Funktionen besser zu erfüllen. In einem Kosmos konnten die Beteiligten auch ohne Kenntnis oder Einsicht in die Regeln mit dem Strom schwimmen, in der Taxis dagegen musste man sie zu ihrer Einhaltung zumeist zwingen. In einer wie üblich subtilen Manier versah Hayek den Begriff der Taxis mit negativen Konnotationen und setzte ihn schließlich mit den staatlichen Institutionen gleich, während der Kosmos allerhand positive Konnotationen erhielt und sich unmerklich in Hayeks eigene neoliberale Konzeption des Marktes verwandelte.[102]

So weit bereiteten diese Definitionen keine Schwierigkeiten, doch die Frage, die Hayek wirklich umtrieb, auch wenn er sie nie wirklich direkt stellte, lautete: Was für eine »Ordnung« war die MPS, und was für eine Ordnung wollte das Neoliberale Denkkollektiv schaffen? Seine vorläufige Antwort verwischte zunächst die gerade getroffene scharfe Unterscheidung: Er erklärte, dass »zwar die Regeln, auf denen eine spontane Ordnung beruht, selbst auch spontanen Ursprungs sein können, dies aber nicht immer der Fall zu sein braucht. [...] es ist möglich, dass eine Ordnung, die immer noch als spontan beschrieben werden müsste, auf Regeln beruht, die zur Gänze das Ergebnis eines bewussten Entwurfs sind. [...] In jeder Gruppe von Menschen [...] beruht die Zusammenarbeit stets sowohl auf spontaner Ordnung als auch auf bewusster Organisation.«[103] Hier vermied Hayek die Feststellung, dass die MPS und das NDK schon deshalb nicht als spontane Ordnungen gelten konnten, weil sie auf Regeln beruhten, die nicht für alle Mitglieder dieselben waren, und sie einem gemeinsamen Zweck dienten. Einmal auseinandergenommen, erwies sich die russische Schachtelpuppe bloß als eine weitere ausgeklügelte und hierarchische politische Bewegung.

Doch vielleicht ließ sich dieses Problem entschärfen, sofern man die MPS als ein Amalgam aus Taxis und Kosmos betrachten konnte. Intentionale Regelungen können zweifellos unbeabsichtigte Folgen haben, und insofern weist beinahe jedes Phänomen Elemente von Kosmos und Taxis auf. Hayek befand indes, einen derartigen Mischmasch könne er nicht gutheißen: Es sei unmöglich,

> »nicht nur die spontane Ordnung durch Organisation zu ersetzen und zugleich so viel wie möglich von den verstreuten Kenntnissen ihrer Mitglieder Gebrauch zu machen, sondern auch, diese Ordnung zu verbessern und zu berichtigen, indem man in sie durch direkte Befehle eingreift. Eine solche Kombination von spontaner Ordnung und Organisation einzuführen, kann niemals rational sein.«[104]

Da Hayek ursprünglich zeigen wollte, dass ein Kosmos von niemandem »rational« eingeführt wird, brach sein Konstrukt damit zusammen. Entweder bestand eine klare Trennlinie zwischen Kosmos und Taxis, und die MPS war ein Beispiel für Letztere, dann besaß sie nach Hayeks eigenem Maßstab keine Legitimität. Oder aber Kosmos und Taxis waren heillos miteinander verworren, dann gab es auch keine zuverlässige Methode der Trennung von »Staat und Markt«, und die Politik des NDK drohte sinnlos zu werden. Da dem Hayek-Flügel der Neoliberalen die Quadratur dieses Kreises nie gelang, musste er auf die Taktik der doppelten Wahrheit zurückgreifen. Nach außen werden neoliberale Denker als couragierte Einzelkämpfer dargestellt, die gegen sämtliche Kräfte des aufgeblähten Staates und partikularistischer Interessengruppen aufbegehren, in gelegentlichen Fällen von Übermut sogar gegen die »Kapitalisten«.[105] Wie Löwenzahn, der nach einem Frühlingsregen aus dem Boden schießt, ohne dass ihn jemand gesät hätte, sind sie reiner Ausdruck des Kosmos. Doch nach der Einweihung in die Mysterien des NDK gelangen nur die loyalen Soldaten der Organisation nach oben, und das wissen sie auch. Die entscheidenden Kräfte hinter der neoliberalen Bewegung sind die Richard Finks, Leonard Reads und Antony Fishers dieser Welt, nicht irgendein Blogger in seinem Keller. Solche angestellten Funktionäre sind reinste Taxis – nur zugeben dürfen sie das nicht.

Die meiner Ansicht nach klügste und ehrlichste Auseinandersetzung mit diesem Spagat zwischen spontaner Ordnung und kalkulierter Politik stammt von George Stigler, einem MPS-Mitglied, das, obwohl ebenfalls Nobelpreisträger der Bank von Schweden, seltener zitiert wird. Dass sich sein Verständnis des Zwecks der Wirtschaftswissenschaft von anderen unterschied, ist in der mündlichen Überlieferung in Chicago seit Langem anerkannt:

> MILTON FRIEDMAN: Da besteht kein Problem [der Vereinbarkeit ihrer jeweiligen Ansätze]. Es stimmt, dass George etwas ändern wollte.
> AARON DIRECTOR: Aber er studierte die Dinge lieber, anstatt sie zu ändern.
> MF: Zumindest zog er vor zu behaupten, dass er sie lieber studiert. [...] Das war teilweise eine alte Differenz zwischen ihm und mir. [...] Er betonte das gerne: »Ich will die Welt nur verstehen, Milton will sie verändern.«[106]

Stiglers selbstverleugnender Ritus war jedoch kein gewöhnlicher Fall von Zurückhaltung und Bescheidenheit des besonnenen Wissenschaftlers, sondern eine direkte Reaktion auf den hier behandelten Widerspruch. Er begriff, dass die verwegenen Eingriffe der Neoliberalen aus einer Asymmetrie in ihrer Theorie der Politik resultierten:

> »Wenn ich Miltons Arbeit Revue passieren lasse, erinnere ich mich an keinen bedeutsamen Fall, in dem er Unternehmern Verhaltensanweisungen gegeben hätte [...]. Eine solche Zurückhaltung kannte er allerdings nicht, wenn er dem Kongress und der Öffentlichkeit Ratschläge über Geldpolitik, Zölle, Bildungswesen, Mindestlöhne, die Vorteile einer Abschaffung der Kirchensteuer und einige andere Themen erteilte [...]. Warum sollten Unternehmer – oder Kunden, Geldverleiher und andere Wirtschaftsakteure – ihre Interessen kennen und vertreten, Wähler und politische Koalitionen dagegen so stark auf unsere klugen, aufgeklärten Instruktionen angewiesen sein?«[107]

Stigler glaubte tatsächlich an den Markt der Ideen, die neoliberale Vorstellung par excellence: Die Öffentlichkeit kauft die Informationen, die sie will, und nimmt auf Grundlage optimaler Unwissenheit politische Positionen ein.[108] Für Stigler gab es keine zwangsläufige historische Tendenz oder Teleologie in Richtung des neoliberalen Marktes. Friedmans (und Buchanans) Bemühungen um die Erziehung des gemeinen Volkes erscheinen in seinen Büchern als furchtbare Zeit- und Ressourcenverschwendung, sofern man dem neoliberalen Verständnis des Marktes – und von Politik als einem Marktphänomen – folgte. Doch worin bestand dann die Funktion des NDK? Stiglers Antwort war frappierend: Es sollte die maßgeblichen Eliten durch innovative wirtschaftliche und politische Doktrinen beeinflussen. Sobald man sie – vermutlich durch die äußeren Schichten der russischen Puppe – damit vertraut machte, würden sie darin ihr eigenes Interesse erkennen. Die MPS war demnach ein nobler Protagonist, ein intellektueller Unternehmer, der Produkte anbot, von denen die Kundschaft noch gar nicht wusste, dass sie sie braucht; und was sie verkaufte, waren Instrumente zur Infiltrierung des Staates sowie zu seiner Immunisierung gegen den Einfluss der optimal dummen Wählerschaft. Technokratische Eliten sollten den Staat neoliberal umbauen und dabei die Fiktion aufrechterhalten, »die Menschen« hätten das Sagen. Durch solche elitären Saboteure ließ sich die neoliberale Marktgesellschaft Stigler zufolge viel umfassender und effektiver verwirklichen als durch das geduldige Warten darauf, dass die wankelmütige Öffentlichkeit neoliberale Positionen übernimmt.[109] Friedman und Buchanan agierten aus seiner Sicht riskant, weil sie nicht genügend Verachtung für die Demokratie hatten: Das neoliberale Programm implizierte einen Staatsstreich, nicht eine demokratische Gemeindeversammlung wie in Neuengland. Stigler wollte in der Tat die Welt verändern, aber in einer stärker machiavellistischen Manier als seine Gefährten.[110] Anstatt auf den Staat nur zu schimpfen, legte er ein Handbuch für seine neoliberale Kaperung vor.

Stiglers Verständnis von Sinn und Zweck des NDK hat sich meines Erachtens nach den Achtzigerjahren durchgesetzt, und ein Grund dafür war, dass er die Doktrin der doppelten Wahrheit offen befürwortete, anstatt wie Friedman ängstlich um sie herumzuschleichen. Die MPS sollte die Eliten instruieren, während die äußeren Schichten der Schachtelpuppe die Öffentlichkeit berieseln. Für Fox News und das *Wall Street Journal* genügte die exoterische Erzählung von der spontanen Ordnung des Marktes; die Marschbefehle des NDK aber ergaben sich aus der esoterischen Doktrin einer gesellschaftlichen Transformation durch Umbau des Staates. Friedman war das öffentliche Gesicht, Stigler der Generalsekretär der Organisation. Für Ersteren war die MPS ein Debattierclub wie jeder andere; für Letzteren das Exekutivkomitee der kapitalistischen Insurrektion.

3. Die MPS als eine Gesellschaft von Rationalisten, die Unwissenheit als Tugend propagiert[111]

Dass die MPS kaum einer offenen Gesellschaft im Sinne Poppers entspricht und ihr reglementierter Charakter den eigenen offiziellen Anschauungen zuwiderläuft, ist schon oft bemerkt worden. Übersehen wird in den meisten Analysen allerdings ein dritter Spagat – bedauerlicherweise, ist er doch die bei Weitem wichtigste der drei »doppelten Wahrheiten«, um den für das NDK glimpflichen Ausgang der Krise zu begreifen.

Bemerkenswert an Hayek ist, dass er Unwissenheit ins Zentrum seiner politischen Theorie rückt: Er erklärte, »daß das Argument für die individuelle Freiheit hauptsächlich auf der Erkenntnis beruht, daß sich jeder von uns in Unkenntnis [...] befindet«.[112] Dies wird zumeist als Berufung auf Unwissenheit als eine Art Naturzustand des Menschen interpretiert, doch man sollte den Horizont etwas erweitern und sich vergegenwärtigen, dass Hayek die Rolle von Bildung und Diskussion im Zuge des Lernprozesses und bekanntlich mehr noch das Reflexionsvermögen der von ihm verachteten »Intellektuellen« gering schätzte. Dies war natürlich nur die Kehrseite seines Glaubens an den Markt als überlegenen Informationsprozessor:

> »Und der Prozeß der Meinungsbildung ist auch nicht völlig oder auch nur hauptsächlich eine Sache der Diskussion, wie die überintellektualisierte Vorstellung es haben will. [...] Obwohl Diskussion wesentlich ist, ist sie nicht die Hauptquelle, aus der die Menschen lernen. Ihre Ansichten und Wünsche werden durch Einzelne gebildet, die nach ihren eigenen Vorstellungen handeln [...]. Da wir normalerweise nicht wissen, wer die Dinge am besten versteht, überlassen wir die Entscheidung einem Prozeß, den wir nicht in unserer Hand haben.«[113]

Wahrhaft rationales Denken ist für Hayek und andere Theoretiker »emergenten« sozialen Wissens subjektlos, kann aber nur zwischen und jenseits der vermeintlich denkenden Einzelsubjekte auftreten. Um »rational zu handeln«, schrieb er in *Die Verfassung der Freiheit*, sei es »oft notwendig [...], von Gewohnheiten und nicht von Überlegung geleitet zu werden«. Wie Christian Arnsperger so treffend formulierte: Aus Hayeks Sicht »kann ein rationales Urteil nur von einem Großen Niemand ausgesprochen werden«.[114] Das mag bei jemandem, der häufig in oberflächlicher Manier als ein vom methodischen Individualismus geleiteter Verfechter der Freiheit etikettiert wird, seltsam erscheinen, doch es zeigt nur, wie tief Unwissenheit heute im amerikanischen politischen Diskurs verankert ist. Zu verstehen gilt es, wie Hayek einen so zynischen Blick auf das durchschnittliche Individuum pflegen und zugleich dem »Wissen« einen Ehrenplatz im Pantheon der Ökonomie einräumen konnte:

> »Wahrscheinlich stimmt es, daß die Menschen meist nicht fähig sind, selbständig zu denken, daß sie in der Regel vorgekaute Meinungen schlucken und daß es ihnen gleichgültig ist, ob sie in diese oder jene Gesamtheit von Glaubensvorstellungen hineingeboren oder hineingetrieben werden. In jeder Gesellschaft dürfte die Gedankenfreiheit nur für eine kleine Minderheit von Bedeutung sein.«[115]

Hayek sieht im »Wissen [...] wohl das höchste Gut, das um einen Preis zu haben ist«, sich aber nur schwierig vergrößern und aufhäufen lässt, weil es »niemals zusammengefaßt oder als Ganzes existiert, sondern immer nur als zerstreute Stücke unvollkommener und häufig widersprechender Kenntnisse, welche all die verschiedenen Individuen gesondert besitzen«.[116] Man könnte meinen, dies sei leicht zu beheben, indem man das Bündeln und Filtern von Wissen an Vermittler, etwa akademische Experten, delegiert, doch nach Hayek wäre dies ein Irrtum. Das menschliche Vermögen zur Verwertung der Ware Wissen hält er für bestenfalls gering – unabhängig von Fähigkeiten und angeborener Intelligenz des Einzelnen, denn laut Hayek ist »der Unterschied zwischen dem Wissen, das der Weiseste, und dem Wissen, das der Kenntnisloseste verwenden kann, verhältnismäßig bedeutungslos«. Experten werden von Hayek rundweg verachtet: Sie sind im Grunde nichts weiter als bezahlte Apologeten.[117] Dass er als führender Theoretiker der neuen Wissensökonomie gefeiert wird, erscheint deshalb zunächst als eine gewisse Ironie. Dieser Eindruck löst sich allerdings auf, sobald wir den zentralen Stellenwert der neoliberalen Überzeugung begreifen, dass der Markt besser als jeder Einzelne von uns weiß, was uns und ihm zuträglich ist, und dass dies auch die optimale Allokation von Unwissenheit in der Bevölkerung einschließt: »Auch wenn zu irgendeiner Zeit das beste Wissen, das einige besitzen, allen verfügbar gemacht würde, ist kaum anzunehmen, daß das Ergebnis eine viel bessere Gesellschaft wäre. *Wissen und Unwissen sind sehr relative Begriffe*«.[118]

Was Hayeks System scheinbar vor einem Versinken im Sumpf des Relativismus bewahrt, ist die Annahme, das Denken, zu dem wir außerstande sind, nehme uns der Markt ab. Die wirkliche Gefahr für die Menschheit geht von demjenigen aus, der sich fälschlicherweise die Fähigkeit zu eigenständigem Denken zuspricht:

> »Gerade dadurch, daß die Menschen sich früher den unpersönlichen Kräften des Marktes unterworfen haben, ist die Entwicklung der Kultur möglich gewesen [...]. Dabei spielt es keine Rolle, ob die Menschen sich früher infolge von Anschauungen untergeordnet haben, die heute vielfach als Aberglaube angesehen werden [...]. Die Weigerung, uns Kräften unterzuordnen, die wir weder verstehen noch als bewußte Entscheidungen eines vernunftbegabten Wesens anerkennen, ist die Folge eines unvollständigen und daher in die Irre gehenden Rationalismus. Er ist unvollständig, da er nicht einsieht, daß die Abstimmung der mannigfaltigen Wirtschaftsakte der Individuen in einer komplexen Gesellschaft Tatsachen berücksichtigen muß, über die kein Einzelwesen einen vollkommenen Überblick hat. Ebenso wenig erkennt dieser Rationalismus, daß es [...] keine andere Möglichkeit gibt, als sich entweder den anonymen und anscheinend irrationalen Kräften des Marktes zu unterwerfen oder aber einer ebenso unkontrollierbaren und deshalb willkürlichen Macht anderer Menschen.«[119]

So also lautet die Alternative: jämmerliches Gutheißen von Unwissenheit oder jämmerliche Kapitulation vor der Sklaverei. Der dritte Weg, die Klugheit des Einzelnen zu fördern, gilt Hayek als bedauernswerte Illusion.[120] Der Markt funktioniert, weil er Kooperation ohne Dialog begünstigt; er funktioniert, weil die von ihm geförderten Werte nonkognitiver Art sind. Für Neoliberale wie Hayek dient Bildung weniger der Vermittlung von Wissen als der Erziehung des gemeinen Volkes, das lernen muss, die unendliche Weisheit des Marktes passiv hinzunehmen: Es gelte »sich klarzumachen, daß allgemeiner Schulunterricht nicht nur, und vielleicht nicht einmal hauptsächlich, eine Sache der Wissensübermittlung ist. Es sind gewisse gemeinsame Wertmaßstäbe notwendig«. Wissenschaft betrachtet Hayek interessanterweise nicht anders: Wer zum Wissenschaftler ausgebildet wird, sollte eher Demut und die richtige Einstellung zum Unternehmen als Fakten und Theorien lernen. Hayek fasst den Markt natürlich selten als Kapital oder wie ein menschliches Wesen, sondern spricht euphemistisch von Ergebnissen »eines spontanen gesellschaftlichen Wachstums«, denen eine »höhere überpersönliche Weisheit« zukomme. Formale politische Prozesse, in denen Bürger ihre Differenzen austragen und einander zu überzeugen versuchen, erscheinen grundsätzlich minderwertig neben solchen »spontanen Prozessen«, in denen Erkenntnisse scheinbar aus dem Äther herabsteigen und wie die Zungen des Heiligen Geistes einzelne Gehirne beleben. Darin besteht eine wesentliche Quelle der neoliberalen Demokratiefeindschaft. Eine recht ökonomistische Sprache verrät jedoch, dass diese Epiphanie nicht jenseitiger, sondern irdischer und pekuniärer Natur ist: Die »Zivilisation beginnt, wenn der Einzelne in der Verfolgung seiner Ziele mehr Wissen verwerten kann, als er selbst erworben hat, und wenn er die Grenzen seines Wissens selbst überschreiten kann, indem er aus Wissen Nutzen zieht, das er nicht selbst besitzt«.[121]

Die Rede von einem nützlichen Wissen, das man gar nicht wirklich besitzt, erscheint so lange rätselhaft, bis wir die Implikationen des Gedankens freilegen, dass Unwissenheit *nicht ein zu überwindender, sondern ein zu erzeugender Zustand* ist. Hayek steht in einer langen Tradition von Gesellschaftstheoretikern, die die unbeabsichtigten Folgen gesellschaftlichen Handelns als allgemeinwohlförderlich begrüßen, geht aber noch einen entscheidenden Schritt weiter: Als unverzichtbarer Garant dieses Allgemeinwohls gilt die Unwissenheit.[122] Der Versuch einer bewussten Bestimmung des allgemeinen Interesses ist für Hayek die Hybris schlechthin, die Entwicklung von Strategien zu seiner Verwirklichung eine Ursünde. Wahre organische Solidarität kann nur dort entstehen, wo jeder Einzelne (zu Recht oder Unrecht) bloß seine eigennützigen Interessen zu verfolgen meint oder vielleicht gar kein klares Bewusstsein des eigenen Tuns besitzt, de facto aber eifrig segensreiche, jenseits seines Horizonts liegende Gesetzmäßigkeiten (re)produziert. Unwissenheit kommt somit der gesellschaftlichen Ordnung zugute: »Wissen und Unwissen sind sehr relative Begriffe«.

Entscheidend ist hier, dass die von Konzernen, Denkfabriken und anderen Marktakteuren geförderte Unwissenheit der Marktrationalität dient, insofern dieser das Wissen nutzt, das der Einzelne nicht besitzt. Bezahlte Experten *sollen* als Apologeten ihrer Auftraggeber agieren: Genau darin besteht der Kern der Theorie des Eigeninteresses. Deshalb haben Neoliberale und Ökonomen, wie wir in späteren Kapiteln und vor allem in Kapitel 6 wiederholt sehen werden, Konfusion und Falschbehauptungen über Ursachen und Folgen der Krise verbreitet. Neoliberale versuchen in der Wissenschaft wie im Alltagsleben Zweifel und Unwissenheit zu verstärken; den Letzten beißen die Evolution und der Markt.

Die zweite klare Implikation lautet, dass die »Wissenschaft« aus neoliberaler Perspektive keinen besonderen Schutz vor den Ignoranten benötigt, sei es der Bürokrat mit Parteibuch, der Lumpenintellektuelle mit BWL-Diplom, der bibeltreue Fundamentalist, der käufliche opportunistische Intellektuelle, der glühende Klimaskeptiker oder der schwache Student. In einem Idealzustand wären spezielle Institutionen für die Bewahrung und Produktion von Wissen weitgehend überflüssig; namentlich Universitäten müssen dem Einfluss des Staates entzogen, auf kommerzieller Basis betrieben und ihres Charakters als »Elfenbeintürme« entkleidet werden. Im Grunde soll sich die Wissenschaft in das allgemeine Marktgeschehen auflösen, selbst ihr »öffentliches« Gesicht muss sich durch Effizienz, Profitabilität und Dienstbarkeit bewähren. »Wettbewerb« gewährleistet demnach, dass mit dem Segen der Privatwirtschaft vielfältige Konzepte und Theorien entstehen. Von diesem Idealzustand trennt uns allein die irrtümliche Auffassung, Wissenschaft diene höheren Zwecken, die Wahrheit könne der Macht die Stirn bieten und gesellschaftliche Ziele ließen sich vernünftig planen und verwirklichen.[123] Verbittert über die Verdrängung ihrer Lehren aus den Universitäten gründeten Hayek und seine Gefährten die Mont Pèlerin Society und schufen ein konzentrisches Gebilde von Think-Tanks als Streitmacht für die neoliberale Unterordnung von Wissen unter den Markt. Wie erfolgreich dieser Kreuzzug nach seinem Tod sein würde, ahnte Hayek wohl kaum.

Hayek wird manchmal als Postmoderner dargestellt, der nicht an die Wahrheit glaubte; auch dies scheint mir am Kern der Sache vorbeizugehen. Ebenso täuscht der Eindruck, er habe nur die Produktion instrumentell nützlichen Wissens befürwortet: »Die Wissenschaft um der Wissenschaft und die Kunst um der Kunst willen sind bei den Nationalsozialisten in gleichem Maße verrufen wie bei den Kommunisten und bei unsern sozialistischen Intellektuellen. Schlechthin jede Tätigkeit muß ihre Berechtigung aus einem bewußten sozialen Zweck herleiten.«[124] Hayek scheint mir vielmehr mit der Doktrin der doppelten Wahrheit eine folgenreiche neoliberale Praxis begründet zu haben: Es gibt eine Wahrheit für die breite Masse, der man etwas von unbegrenzten Freiheiten und spontanen Innovationen erzählt, und eine andere für den kleinen, fest zusammengeschweißten Führungsstab der Bewegung. Ausgehend von einigen Annahmen über das Verhältnis von Wissen und Gesellschaft maskiert sich der Neoliberalismus zuvorderst als eine dezidiert populistische Philosophie. Indem er das Expertentum und elitäre Prätentionen hart erarbeiteten Wissens abwertet, »die Weisheit der Menge« dagegen lobt, trägt er auf den ersten Blick radikal gleichmacherische Züge. Das spricht die Eitelkeit des Narzissten an, der die Intellektuellen gerne auch einmal, wie Hayek, als »geistige Gebrauchtwarenhändler« verächtlich machen würde.[125] Der Neoliberalismus hat eine natürliche Prädisposition zu einer solchen Herabsetzung der Intellektuellen, denn »Wissen und Unwissen sind sehr relative Begriffe«. In der Sprache Hayeks: Er stellt den »Kosmos« als angeblich spontane Ordnung, die niemand bewusst entworfen oder strukturiert hat, weil alle unwissend sind, über die »Taxis«.

Die erstaunlichen, wohlgemerkt: in der Öffentlichkeit, den Medien getroffenen Aussagen von Neoliberalen über die Krise haben manch einen schockiert: Freddie Mac und Fannie Mae sind an allem schuld, China hat uns dazu genötigt, es liegt alles am »wirtschaftlichen Analphabetismus« der Unterschichten, die Investoren haben mit ihrem Investitionsstreik von 2008 bis 2010 auf die mit dem Amtsantritt der Obama-Regierung verbundenen Risiken rational reagiert, für die größte Rezession seit der Großen Depression muss man ausschließlich die Staatsverschuldung haftbar machen – und das alles denke ich mir nicht aus, sondern wird weiter unten dokumentiert. Wie konnten einigermaßen intelligente und gutgewillte Leute so etwas sagen und schreiben? Hier schlägt die Doktrin der doppelten Wahrheit zu Buche: *Das Hauptanliegen des Neoliberalen Denkkollektivs ist es, Zweifel und Unwissenheit in der Bevölkerung zu säen.* Öffentlich zugeben können sie das natürlich nicht, aber die seit 2007 angehäuften Beweise dafür und die esoterische Theorie der Unwissenheit stützen zusammengenommen die Anklage, dass dies eine wesentliche Taktik des NDK bildete, durch die es sich jeder Verantwortung für die Krise entziehen konnte. Und zur doppelten Wahrheit gehört auch: Der Eingeweihte findet das gut, befördert es doch die Niederlage politischer Gegner, die Gesundheit des Kosmos und den Triumph der neoliberalen Marktgesellschaft.

Von Carl Schmitt lernen

Die vielleicht größte Ungereimtheit besteht darin, dass die neoliberalen Avatare der Freiheit eine ihrer bezeichnendsten Positionen ausgerechnet jener Kritik des Liberalismus entlehnten, die totalitäre politische Denker der Zwischenkriegszeit in Deutschland und Italien formuliert hatten. Für die europäischen MPS-Mitglieder war eine ganze Reihe solcher Autoren wichtig, doch neben Bruno Leoni, der für die Panzerung des Rechts gegen jedweden Einfluss der Bevölkerung plädierte, taucht vor allem ein Name immer wieder in den Fußnoten auf: Carl Schmitt. Hayek nannte ihn den »Kronjuristen Adolf Hitlers [...], der ganz folgerichtig dafür plädierte, das ›normative‹ Denken des liberalen Rechts durch ›konkretes Ordnungsdenken‹ zu ersetzen«. Wie von Kennern der deutschen Geistesgeschichte häufig bemerkt, folgte Hayek weitgehend der These Schmitts, Liberalismus und Demokratie seien unter bestimmten Umständen als Gegensätze zu betrachten.[126] So schreibt er:

> »Liberalismus und Demokratie sind zwar miteinander vereinbar, aber nicht identisch. [...] das Gegenteil von Liberalismus ist Totalitarismus, das Gegenteil von Demokratie aber Autoritarismus. Demnach ist es zumindest grundsätzlich möglich, daß eine demokratische Regierung totalitär ist und daß eine autoritäre Regierung nach liberalen Grundsätzen handelt.«[127]

Da die oben behandelte Wissenstheorie zu dem Ergebnis führte, die breite Masse werde die wahre Architektur der gesellschaftlichen Ordnung niemals begreifen und sich auch weiterhin von Intellektuellen zur Einflussnahme und Marktsabotage verleiten lassen, brachten die Neoliberalen notgedrungen ihren zentralen Glaubenssatz in Anschlag: zur Neutralisierung der vermeintlichen Pathologien der Demokratie braucht es einen starken Staat. Ein Verständnis von Freiheit als Partizipation des Einzelnen an politischen Entscheidungen wurde rundweg abgelehnt.[128] Hayek erklärte beharrlich, seine Wissenslehre zeige zwingend, dass Freiheit für den durchschnittlichen Bürger nur trügerisch sein kann: »In einer komplexen Gesellschaft hat der Mensch keine andere Wahl, als sich entweder an die für ihn blind erscheinenden Kräfte des sozialen Prozesses anzupassen oder den Anordnungen eines Übergeordneten zu gehorchen.«[129] Frei nach Walter Benjamin: Die Bürger müssen lernen, auf ihre »Rechte« zu verzichten, und stattdessen die Möglichkeit erhalten, durch das großartigste Informationssystem der Menschheitsgeschichte, den Markt, zu ihrem Ausdruck zu kommen.[130] Mithilfe des starken Staates will das NDK jene Arten von Markt *festlegen und institutionalisieren*, die ihm (nicht der Bürgerschaft) als die am weitesten entwickelten erscheinen. Hayeks ständige Berufung auf eine »spontane Ordnung« kaschierte häufig die Tatsache, dass das NDK die Entscheidungsgewalt über den »Ausnahmezustand« im Sinne Schmitts beansprucht und sich somit zum wahren Souverän erklärt, der über Eigentumsrechte, das Ausmaß von Bürgerrechten und konstitutionelle Einschränkungen zivilgesellschaftlicher Initiativen befinden darf. Wie William Scheuerman in einem Vergleich von Schmitt und Hayek bemerkte: »Für Carl Schmitt lautet die wirkliche Frage, *wer* eingreift und *wessen* Interessen der Eingriff dienen soll.«[131]

Die Antworten von Wirtschaftswissenschaftlern wie Neoliberalen auf die globale Wirtschaftskrise sind exemplarisch für die praktische Anwendung der Schmitt'schen Doktrin des Ausnahmezustands – dafür gibt es mehr Beispiele, als wir hier anführen können. Sämtliche Erklärungen, die Federal Reserve müsse »innerhalb ihres rechtlichen Mandats verbleiben«, wurden in dem Augenblick über Bord geworfen, als die Zentralbank sich anschickte, das Urteil des Marktes über bankrotte Banken zu blockieren; die US-Regierung zog nach und entschied darüber, welche Automobilunternehmen und Versicherungsgesellschaften überleben, welche untergehen sollten. Mit einer Flut von weiteren Willkürentscheidungen setzte sich die gebieterische Außerkraftsetzung des Marktdiktats ungebremst fort. In Michigan entmachteten Gouverneure rechtmäßig gewählte kommunale Amtsträger und setzten von oben »Notmanager« ein; Hypothekenbanken missachteten lange Zeit gültige Vorschriften zu Übereignung und Zwangsvollstreckung. Ähnliches geschah auch in der Europäischen Union, als in Griechenland und Italien Ministerpräsidenten ohne Wahl eingesetzt und auf Brüsseler Ebene Wettbewerbsrichtlinien suspendiert wurden. Wie Will Davies scharfsinnig bemerkte: »In Antwort auf die Frage, ob der Neoliberalismus am Leben oder tot ist, scheint es vollkommen plausibel, von einem fortdauernden oder permanenten Ausnahmezustand zu sprechen.«[132] Das NDK hat demonstriert, dass wahre politische Macht im Vermögen zu der Entscheidung liegt, den Markt zu »suspendieren«, um ihn zu retten.

Wie auf so vielen Gebieten folgten sie damit bloß Schmitts Überzeugung, »nur ein starker Staat« könne »wirksam anordnen«, dass neben einigen eigenen Bereichen »alles übrige der Sphäre der freien Wirtschaft überlassen wird«. Ohne Schmitt zu nennen, erklärte etwa Hayek, wenn die Menschen »unter der Annahme vorgehen würden, daß nur die Freiheit wichtig ist, die von der großen Mehrheit ausgenützt wird, würden sie mit Sicherheit eine stagnierende Gesellschaft mit allen wesentlichen Merkmalen der Unfreiheit schaffen«.[133]

Insofern muss man Renato Cristi beipflichten: »In Wirklichkeit verdankte Hayek Schmitt viel – mehr als er anerkennen wollte.«[134] Hayek und die Neoliberalen ersetzten die Figur des Führers durch die des Unternehmers, der gegenüber der Gemeinschaft den Willen zur Macht verkörpert und in seinem Handeln keiner rationalen Rechenschaftspflicht unterliegen darf. Auch wenn er vermutlich den Liberalismus gegen Schmitts vernichtende Kritik zu verteidigen glaubte, ähnelte Hayeks eigene politische »Lösung« dessen »totalem Staat« im Ergebnis stärker, als er einzuräumen bereit war. Wäre seinem Publikum aufgefallen, dass er anstelle eines klassischen Liberalismus de facto eine autoritäre, reaktionäre Despotie befürwortete, hätte es dies unmittelbar nach dem Zweiten Weltkrieg gewiss nicht mit Zuspruch quittiert. Allerdings war anders als im Deutschland der Dreißigerjahre auch keine Macht in Sicht, die stark genug für eine Übernahme und Säuberung des amerikanischen Universitätssystems gewesen wäre. In einer von Schmitt gar nicht vorhergesehenen interessanten Wendung kam Hayek und seinen Gefährten der brillante Einfall zum Aufbau einer geschlossenen leninistischen Organisation von Gegenintellektuellen, um die neoliberale Doktrin der »doppelten Wahrheit« auszuarbeiten: Eine Elite sollte in der von Schmitt behaupteten pikanten, da durchaus regelwidrigen Notwendigkeit der Demokratieeindämmung unterwiesen werden, während man der breiten Masse rührende Geschichten über die »Zurückdrängung des Vormundschaftsstaates« und »mehr Wahlfreiheit« zu servieren gedachte. Auf einen wie von Zauberhand erscheinenden charismatischen Erlöser zu warten, der vom Mont Pèlerin herab den vor Ehrfurcht erstarrenden Intellektuellen die Botschaft der natürlichen Ordnung verkündet, kam nicht in Frage. Geistiger Einfluss durfte nicht von den Launen der »spontanen Ordnung« abhängen. Das in diesem Kapitel behandelte Bündel von doppelten Wahrheiten folgt unmittelbar aus Schmitts Begriff von Politik als Logik der Freund-Feind-Unterscheidung.

Gelegentlich gaben MPS-Mitglieder dies auch öffentlich zu, allerdings nur, wenn sie ihr Programm klar im Aufwind sahen:

> »Um es deutlich zu sagen, in einem bestimmten Sinne glaube ich nicht an die Demokratie. Sie auch nicht. Niemand glaubt an die Demokratie. Sie werden kaum jemanden finden, der das tut, wenn man Demokratie als Herrschaft der Mehrheit versteht. Sie werden kaum jemanden finden, der meint, wenn 55 Prozent der Bevölkerung es wollen, dann sollten die anderen 45 Prozent erschossen werden. Das wäre eine zulässige Ausübung von Demokratie. Woran ich glaube, das ist nicht Demokratie, sondern individuelle Freiheit in einer Gesellschaft, in der Individuen miteinander kooperieren.«[135]

Christian Arnsperger hat die Doktrin der doppelten Wahrheit treffend beschrieben: Hayek sprach anderen genau das ab, was seinem eigenen Leben Sinn gab: die Befugnis, Theorien über die »Gesellschaft« als Ganzes aufzustellen, sich persönlich ein Verständnis von Bedeutung und Ziel der menschlichen Evolution zuzuerkennen und anderen die eigenen Auffassungen durch ein nahezu totalitäres politisches Projekt aufzuzwingen. Er vertrat, wie Arnsperger formuliert, eine Theorie, die allen Theorien ein Ende setzen sollte, ganz ähnlich den von seinen Epigonen so geschätzten Szenarien eines »Endes der Geschichte«. Dabei bildet der Gedanke einer besonderen Fähigkeit der Auserwählten bis heute eine starke Quelle der Anziehungskraft des Neoliberalismus, denn er gibt der Gefolgschaft das Gefühl, sich der Weisheit des Marktes aufgrund einer Erkenntnis zu unterwerfen, die die geschwätzige Masse nicht einmal ahnt: Freiheit muss genauso ungleich verteilt sein wie der dem Markt entspringende Reichtum.[136]

Jeder verbitterte Autodidakt hat in seinem abgedunkelten Zimmer selbstredend die »Freiheit« zu glauben, er besitze dasselbe intellektuelle Format, das Hayek schließlich bescheinigt wurde. Kleine Raskolnikows, die die ignorante Masse verachten, gibt es zuhauf. Der Unterschied jedoch, der für das Verständnis des Neoliberalismus wesentlich ist, besteht darin, dass das NDK jahrzehntelang hart daran arbeitete, Hayeks (und der eigenen) Vision Zuspruch zu verschaffen, bevor er von der breiteren Gesellschaft ernst genommen wurde (vgl. Abb. 2.4). Es bestand immer die Gefahr, dass die von ihm so abschätzig behandelte Masse sich revanchieren und Hayek dem Vergessen überantworten könnte. Die Doktrin der doppelten Wahrheit war kaum dazu angetan, popularisiert zu werden und im gesellschaftlichen Milieu der Nachkriegszeit breite Akzeptanz zu finden. Durch beachtliche Anstrengungen, Teamgeist und einen Nobelpreis zur rechten Zeit stiegen Hayeks Erfolgsaussichten jedoch wieder.[137] Kaum ein von der Krise nach oben gespülter Intellektueller kann heute den Rang eines Friedrich Hayek beanspruchen.

Abb. 2.4: Erwähnungen von Friedrich Hayek in englischsprachigen Quellen, 1931–1991

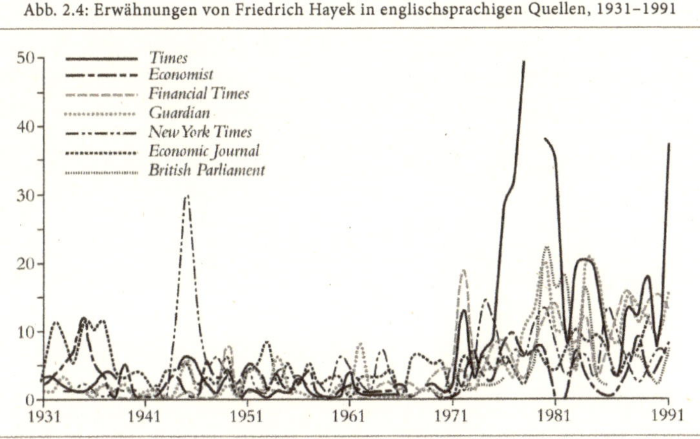

Quelle: Gilles Cristophe, Universität Lille I

Im derzeitigen Nachspiel der Krise gilt Hayek als ungemein klarsichtiger Prophet; Tausende haben auf Empfehlung des Moderators Glenn Beck seinen *Weg zur Knechtschaft* gelesen (oder wenigstens durchgeblättert), werden sich aber nie die Mühe einer genaueren Auseinandersetzung mit dem Neoliberalismus machen und das politische Projekt, das sie anspricht, folglich nie begreifen. Vielleicht erklärt sich all das aber weniger aus den trockenen und verschraubten Hayek'schen Enzykliken als aus der Tatsache, dass der kulturelle Diskurs heute ungemein stark von neoliberalen Bildern geprägt ist und es insofern um weit mehr geht als um explizite politische Theorie.[138] Deshalb lassen wir im nächsten Kapitel die Heiligen Schriften hinter uns und untersuchen den Neoliberalismus des Alltagslebens.

3

Alltäglicher Neoliberalismus

Ausgehend von einem genaueren Verständnis seiner Komplexität und doppelten Wahrheiten können wir uns nun besser der entscheidenden Frage nähern: Wie ist es dem Neoliberalismus gelungen, die Krise unversehrt zu überstehen?

Ein wichtiger Grund wurde im 2. Kapitel darin ausgemacht, wie die Struktur des um die Mont Pèlerin Society gruppierten Neoliberalen Denkkollektivs mit dem Spektrum von exoterischen und esoterischen Lehren ineinandergreift, die je nach Adressat inner- oder außerhalb der russischen Schachtelpuppe anders ausfallen. In einem Satz: Es gehört zum Wesen des neoliberalen Projekts, dass unterschiedliche Zielgruppen seine »wahren« politischen Implikationen unterschiedlich begreifen sollen. Allerdings muss betont werden, dass diese Übereinstimmung von Doktrin und Funktion zwar notwendig, aber keineswegs hinreichend für die Erklärung seines Erfolgs ist und uns lediglich die Freilegung seiner Genealogie erleichtert hat. Die Zählebigkeit der neoliberalen Lehren, zu deren Widerlegung es seit 2008 unzählige Anlässe gegeben hätte, muss darin gründen, dass eine Art »populärer« oder »alltäglicher« Neoliberalismus derart tief in das kulturelle Unbewusste eingesickert ist, dass selbst heftige Schocks ihn nicht als ein erkennbares Problem ins Bewusstsein befördern konnten.

Das Verhältnis von Kultur und Politik ist ein uraltes und kontroverses Thema. Häufig stößt man auf Aussagen wie: »Die Kultur wird heute von einer marktorientierten Mentalität dominiert, die alternative Denkweisen und Vorstellungen verdrängt«, oder: »Die fatalste Veränderung der letzten drei Dekaden war nicht eine Zunahme der Gier. Es war das Vordringen von Märkten und Marktwerten in traditionell von anderen Normen bestimmte Lebensbereiche.«[1] Dies wird im vorliegenden Kapitel *nicht* behauptet. Das Bild einer in sich geschlossenen, in alle Poren eindringenden »Marktmentalität« stellt vielmehr selbst einen erheblichen Teil des Problems dar. Auch der Begriff der Gouvernementalität hat sich als weniger hilfreich erwiesen, als es zunächst scheinen konnte.

So bemerkt Martijn Konings über neuere »konstruktivistisch« orientierte Arbeiten, dass sie die Dichotomie von Staat und Markt letztlich nicht überwinden konnten:

> »[N]euere politökonomische Arbeiten haben das Thema der sozialen Konstruktion in einer eher misslungenen Weise aufgegriffen. Um nicht in die trüben Gewässer des Postmodernismus zu geraten, vermeiden sie es gewöhnlich, soziale Konstruktion als etwas bis ›ganz hinunter‹ zu den Grundtatsachen des Wirtschaftslebens Reichendes zu betrachten. [...] Meist geschieht dies dadurch, dass die Erklärung der inneren Strukturen und ›technischen‹ Aspekte von Märkten aufgegeben wird und vor allem die formalen regulierenden Institutionen ins Zentrum rücken. [...] Der Begriff der Konstruktion wird dadurch stark eingeschränkt und betrifft somit nur die organisatorische Einbettung von Märkten, nicht aber den Kern unserer alltäglichen Erfahrung des Wirtschaftslebens. So zeichnet auch die internationale politische Ökonomie schlussendlich das Bild einer aus Regulierungsinstanzen und Märkten bestehenden Welt.«[2]

Vielen der von Konings gemeinten Autoren ist zwar durchaus bewusst, dass sich der Neoliberalismus in sehr persönlichen Bereichen der Existenz verankert hat; Foucault wird oft zugutegehalten, genau dies betont zu haben. Doch wenn überhaupt, wird das Thema auf einer recht dürren Abstraktionsebene abgehandelt. Foucault zum Beispiel befasste sich zwar mit den Schriften Gary Beckers und der deutschen Ordoliberalen, interessierte sich aber offenbar nicht für die Entfaltung der neoliberalen Dynamik im Alltag. Auch seine Anhänger sind dieser Frage, anders als man hätte meinen können, nicht nachgegangen. Wie Konings notiert, haben daher nicht etwa politische Theoretiker oder Philosophen am meisten zum Verständnis des alltäglichen Neoliberalismus beigetragen, sondern verdanken sich Fortschritte auf diesem Gebiet einer recht bunt gemischten Reihe von Autoren aus den Bereichen Anthropologie, Wirtschaft, Marketing, Recht und Cultural Studies, die die zeitgenössischen Konturen des neoliberalen Bewusstseins erforscht haben.

Den Anfang markierten vor mehr als drei Jahrzehnten einige Studien über die schleichende »Kommodifizierung« von Sexualität, Kindern, Körperteilen und Diskursen.[3] Ein Strang dieser Diskussion verlor sich bald in der Suche nach den »korrekten« moralischen oder ontologischen Kriterien dafür, welche Bereiche eine Abschirmung vom »Markt« in

»separaten Sphären« der menschlichen Existenz verdienten. Um nicht bei einer konservativen Empörung über das Vordringen des Marktes in die Sphäre des Sakralen stehenzubleiben, suchten viele dieser Autoren weltlichen Beistand bei den Sozialwissenschaften, nur um bald auf ein Hindernis in Gestalt der neoklassischen Wirtschaftslehre zu stoßen, die inzwischen praktisch jede ontologische Unterscheidung zwischen dem »Markt« und dem übrigen gesellschaftlichen Leben aufgelöst hatte. Teilweise entwickelten sie eine gewisse Verachtung für die Wirtschaftswissenschaftler, die allerdings insofern folgenlos blieb, als sie zugleich deren neoklassische Konzepte (»öffentliche Güter«, »Effizienz vs. Gleichheit«) aufgriffen, wodurch sich irreführende Vorstellungen in ihre politische Theorie einschlichen. Ihre Bemühungen, Bollwerke gegen die »Marktlogik« zu errichten, versandeten schließlich in kommunitaristischer und tugendethischer Literatur, die die Bedeutung des Phänomens Neoliberalismus meines Erachtens zumeist ignorierte und entsprechend wirkungslos und irrelevant blieb.

Ein anderer, produktiverer Forschungsansatz verzichtete auf eine Ergründung der Ontologie der Ware und ging stattdessen von Margaret Radins kluger Beobachtung aus, dass das Problem der Kommodifizierung rasch zur Frage nach der Beschaffenheit von Subjektivität führt. Davon angeregt führten feministische Wissenschaftlerinnen, Anthropologen und Vertreter der Cultural Studies empirische Studien darüber durch, wie sich die Existenz des in der Moderne situierten freien und autonomen Subjekts in der jüngeren Vergangenheit verändert hatte – und waren dabei zusehends mit der neoliberalen politischen Ökonomie konfrontiert. Ihre Arbeiten hielten zur formalen wirtschaftswissenschaftlichen Disziplin so viel Abstand wie an den heutigen Universitäten nur möglich; vielleicht konnten sie die Bedeutung des NDK für ihre Fragestellung genau deshalb begreifen. Als sie den Zusammenhang einmal erkannt hatten, entdeckten sie an der neuen Subjektivität etliche überraschende Facetten. Auf die Arbeiten dieser Wissenschaftler stützt sich das vorliegende Kapitel.

Sie – und wir – verstehen die Konstruktion des neoliberalen Selbst nicht als Ergebnis einer monolithischen Weltanschauung, eines stahlharten kulturellen Gehäuses oder massenhafter Gehirnwäsche. Viele Menschen sind reflektiert genug, um über den Horizont des Neoliberalismus hinauszublicken, und häufig stellen sie in einer Art Bricolage aus neoliberalen Stoffen etwas ganz anderes her. Außerdem geht natürlich nicht jede Innovation des NDK glatt auf, ohne unbeabsichtigte Folgen zu zeitigen. Die Nachrichten aus dem Kriegsgebiet der modernen Subjektivität sprechen allerdings trotzdem dafür, dass wir in einer durch und durch neoliberalen Ära leben. Das ist kein Aufschrei der Verzweiflung, sondern eine schlichte Tatsache. Ein Rückzug auf die einfache Losung *There Is No Alternative* wäre sicher falsch, auch wenn wir später die Möglichkeit eines Verfalls der Linken in Betracht ziehen werden. Stattdessen wollen wir in diesem Kapitel die Ausbreitung neoliberaler Einstellungen, Bilder und Praktiken untersuchen, die zu Beginn des neuen Jahrtausends prägend für das Alltagsleben geworden sind.

Von zentraler Bedeutung ist dabei ein unternehmerisches, mit wechselnden Identitäten ausgestattetes Selbst, das von Simulakren anderer solcher Wesen umgeben ist. Es versteht jedes denkbare Unglück als Folge eingegangener Risiken, als persönliche Konsequenz falscher »Investitionsentscheidungen«. Der Wettbewerb ist in seiner Welt die wichtigste Wirkkraft, Solidarität ein Zeichen von Schwäche. Deshalb gefällt es ihm, wenn glücklose Verlierer öffentlich an den Pranger gestellt werden. Die altehrwürdige Maxime *Erkenne dich selbst* wird in dieser Welt durch den Appell *Drücke dich selbst aus* ersetzt, mit allen Implikationen, die der Schwindel der Verbverschiebung hat. Sie rät dem Einzelnen, die als unangenehm empfundenen Teile seines Lebens auszulagern. Die Folge dieses Bündels von Technologien, Berieselungen, Mobilisierungen und Ablenkungen besteht vor allem in einer Bekräftigung der exoterischen Version des neoliberalen Selbst, aber schwerer noch wiegt, dass es die Bevölkerung derart benebelt und verwirrt hat, dass sie sich neoliberale Vorstellungen zu eigen macht und dies für eine mutige Rebellion gegen die herrschenden Mächte, die Konzerne und eine korrupte politische Klasse hält. Der Trick, den Neoliberalismus als einen stets von Niederschlagung bedrohten Aufstand, als wallenden Zorn auf das System, als Ausdruck der Ablehnung zählebiger Vetternwirtschaft in Politik und Wirtschaft auszugeben – und natürlich als Inbegriff jeder Zukunftshoffnung –, ist die Geheimwaffe der russischen Schachtelpuppe, mit der sie den Sturm der anhaltenden Rezession umgelenkt hat. Als Mittel gegen einen ins Schlingern geratenen Neoliberalismus bietet sie noch mehr, besseren Neoliberalismus an – und verdeckt genau diese Tatsache. Unwissenheit wird als vorderste Verteidigungslinie des Neoliberalismus vorsätzlich gefördert.

Machen und Strafen: Foucault über Neoliberalismus

Eine gute Methode zur Vergegenwärtigung des alltäglichen Neoliberalismus besteht darin, einen leicht verfremdenden Blickwinkel einzunehmen, wie es in der Kunst oder Literatur häufig versucht wird. Besonders gelungen scheint mir Gary Shteyngarts erfolgreicher Roman *Super Sad True Love Story*. In der Rahmenhandlung kommt es zum politischen Zusammenbruch der »Amerikanischen Restaurationsregierung« und einem Putsch durch ein privates Sicherheitsunternehmen, unterstützt von chinesischen Gläubigern des amerikanischen Staates. Shteyngart geht es allerdings weniger um Science-Fiction auf der Ebene der großen Politik als um eine glaubhafte Überzeichnung von Tendenzen im heutigen Alltagsleben. In den Städten stehen zum Beispiel »Kreditmasten«, deren LED-Anzeigen über die Finanzkraft der vorbeiziehenden Passanten informieren und diesen Investitionstipps geben; der Protagonist arbeitet in einem Unternehmen für »Posthumane Dienstleistungen«, das Menschen fortgeschrittenen Alters (das heißt: jedem über dreißig) Verjüngungsdienste durch allerlei körperliche Eingriffe anbietet. Jeder hat einen »Äppärät« für den permanenten Datenaustausch mit Menschen in unmittelbarer Nähe bei sich, der es dem Nutzer ermöglicht, spontan zu FECen (›Forme eine Community‹), indem er ein standardisiertes Set an Statistiken über Kompatibilität, Einkommen und Biografie scannt:

> »Datenströme machten sich um uns herum Zeit und Raum streitig. Das hübsche Mädchen, das ich gerade geFECt hatte, gab meine MÄNNLICHE ATTRAKTIVITÄT mit 120 von 800 Punkten an, meinen CHARAKTER mit 450 und etwas, das NACHHALTYGKEIT hieß, mit 630. Die anderen Mädchen sendeten mir ähnliche Werte. [...] Durch die ganze Bar waberte jetzt Datenrauch aus insgesamt neunundfünfzig Äppäräten, von denen 68 Prozent den männlichen Vertretern der Gattung gehörten. Die Männerdaten rollten über mein Display. Unser Durchschnittseinkommen pendelte sich auf respektable, aber nicht gerade erhebende 190 000 Yuan-gekoppelte Dollar ein. Wir waren auf der Suche nach Frauen, die uns um unserer selbst willen mochten.«[4]

Das mag, wenn auch etwas weniger düster, an das durch Foucault berühmt gewordenen Panoptikum erinnern, doch den Romanfiguren ist es vollkommen zur zweiten Natur geworden – sie sehen darin eine logische, prosaische Antwort auf Bedürfnisse, wie sie in jeder Gesellschaft auf ganz natürliche Weise entstehen würden. Sie haben die »Freiheit«, den Äppärät zu benutzen oder auch nicht, in der statistischen Zusammenfassung kleine Sünden zu retuschieren und sogar ihr »wahres« Selbst, was immer das bedeuten mag, zu verbergen oder falsch darzustellen. Politik gilt als so exotisch, dass sich selbst der drohende Zusammenbruch der Regierung auf eine Reihe abstrakter Statistiken reduziert, die jeder Einzelne zur strategischen Risikokalkulation in seinen Äppärät einspeist. Revolution bedeutet nicht länger eine Transformation der Geschichte, sondern bietet nur die Gelegenheit, Zuschauer einer Katastrophe zu werden und das eigene Portfolio umzuschichten. Shteyngart erwähnt zwar ein paar Figuren, die vor der Benutzung des Äppäräts zurückschrecken, zeichnet sie aber als rückständige Russen aus einer vergangenen Epoche, in der es noch Pferdekutschen und Kommunismus gab.

Ich könnte mir vorstellen, dass der Leser nun einwendet: »Aber genau darum ging es Foucault doch!«. Macht wird nicht einfach vom Herrschenden auf den Beherrschten ausgeübt, sondern ist unmittelbar in die Gestalt moderner Subjektivität eingegangen; sie durchzieht die Poren unseres gewöhnlichsten Tages; sie prägt unweigerlich unsere spontanen Annahmen über das Denken und Handeln anderer. Sie geht uns unter die Haut – so ließe sich Foucaults bestechender Begriff der »Biopolitik« verstehen.[5] Wie bereits angedeutet, wäre es indes tückisch, sich auf Foucault als Wegweiser durch den alltäglichen Neoliberalismus zu verlassen.

Würdigen wir zunächst seine Leistungen. Foucault las von den Ordoliberalen bis zu Gary Becker einige der wichtigsten NDK-Mitglieder, als dies vollkommen unmodisch war. Er rekapitulierte ihre Schriften nicht bloß, sondern legte etliche frappierende Implikationen frei, die weit über das damals vom NDK verbreitete exoterische Wissen hinausgingen. Als Erster erkannte Foucault bereits 1979 das überaus ambitionierte Vorhaben der Neoliberalen, nicht nur Märkte und Staaten, sondern die Gesamtheit der menschlichen Existenz in einen neuartigen Modus zu überführen, in dem das »Überwachen und Strafen« durch Strukturen von Macht/Wissen geleistet wird. Entgegen den Täuschungsversuchen der Neoliberalen beharrte er darauf, dass sie keineswegs zu klassisch-liberalen Prinzipien zurückkehrten: »Der

Neoliberalismus ist nicht Adam Smith, nicht die Handelsgesellschaft«.[6] Foucault ging auch über eine moralistische Kritik der Kommodifizierung des Alltagslebens hinaus. Seine Klarsicht ist im Rückblick umso erstaunlicher, als der politische Aufschwung der Neoliberalen gewöhnlich erst auf die frühen Achtzigerjahre datiert wird. Aus Abbildung 2.4 im 2. Kapitel geht auch hervor, dass sich vor diesem Zeitpunkt kaum jemand (außerhalb des Denkkollektivs selbst) für die Neoliberalen interessierte. Foucault erforschte somit eine noch in den Kinderschuhen steckende Entwicklung, die damals in seinen Kreisen weitestgehend ignoriert wurde und die seitdem viel folgenreicher als zu seinen Lebzeiten gewesen ist.

Mehr noch: Foucault war offenbar wegweisend für die Erkenntnis, dass die Macht auf der Mikroebene durch die Produktion von Subjektivität operiert. Er hob einige charakteristische Züge des neoliberalen Projekts hervor, die später Thema zahlloser Abhandlungen wurden und heute manchmal als geradezu offensichtlich gelten. Zu nennen wären (mit Zitaten aus seinen Vorlesungen):

A) Die Fragmentierung von Identität geht mit einer unternehmerischen Gestalt des Selbst einher.

> »Das Leben des Individuums soll sich nicht wie ein individuelles Leben in den Rahmen eines großen Unternehmens einfügen, das die Firma oder am Ende der Staat wäre, sondern das Leben des Individuums soll sich in den Rahmen einer Vielheit verschachtelter und miteinander verschränkter Unternehmen einfügen können. [...] [Dies soll aus] seinem Leben so etwas wie ein ständiges und vielgestaltiges Unternehmen machen.«[7]

B) Das unternehmerische Regime des Selbst wird sein Kalkül schließlich auf jede nur erdenkliche gesellschaftliche Aktivität, nicht nur auf die im engen Sinne auf den finanziellen Gewinn ausgerichteten, ausdehnen.

Dies geschieht nicht bloß aufgrund des Profitmotivs, sondern weil es die Subjekte einer stärkeren Überwachung aussetzt. Es gilt, wie Foucault formuliert, »das Raster, Schema und Modell des *Homo oeconomicus* auf jeden nicht nur ökonomischen, sondern auch allgemein sozialen Akteur anzuwenden, insofern er beispielsweise heiratet, ein Verbrechen begeht, Kinder erzieht, ihnen Liebe zuwendet und Zeit mit ihnen verbringt. [...]

Der *Homo economicus* ist der Mensch, der in eminenter Weise regierbar ist.« Als enggefasste gesellschaftliche Funktion wurde das Unternehmertum unmerklich in den Hintergrund gerückt und neudefiniert als ein Bündel von Charaktereigenschaften.[8]

C) Eine Mentalität des kalten Interessenkalküls wird schließlich als neue, warme, gefühlvolle Form moralischer Ökonomie dargestellt werden.[9]

Wie Margaret Thatcher sagte: »Entscheidungsfreiheit ist das Wesen der Ethik; Gut und Böse haben nur insoweit eine Bedeutung, wie der Mensch frei entscheiden kann.« In der neoliberalen Vorstellungswelt wurde die »religiöse Wohlfahrtsarbeit« durch »den Aufstieg des Sozialstaats verdrängt, und sie würde wieder aufleben, [...] wenn sich der Staat einschränken oder ganz zurückziehen würde«.[10]

D) Die von der Theorie des Humankapitals unterstellte Formbarkeit des Selbst wird sich bis auf die grundlegendste körperliche Ebene erstrecken, bis hin zu Investitionen in die genetische Manipulation.[11]

Foucault begriff als Erster, dass Gary Beckers Begriff des Humankapitals der Auftakt zur neoliberalen Desintegration des Selbst war. In dieser virtuell endlosen Abwärtsspirale findet der Begriff »Biokapital« seine schlussendliche Bedeutung.

E) Das unternehmerische Selbst kann nicht passiv sein, sondern muss sich in einer Welt voller Risiken strategisch bewegen. Belohnung und Strafe werden vom Subjekt folglich als Ergebnis kalkulierter Risiken, nicht als Gebote der ›Gerechtigkeit‹, akzeptiert.[12]

Spielcasinos dienen nicht der zynischen Ausnutzung naiver und unbedachter Menschen, sondern stellen eine Schule des wirklichen Lebens dar. Risiko ist der Sauerstoff des unternehmerischen Selbst, aber auch das Mittel zur Entpolitisierung des Scheiterns. Die Verlierer sollen das Urteil des Marktes ohne Klage oder Bitte um Hilfe akzeptieren. Unsicherheit ist das Treibhaus risikoorientierten Verhaltens. Die Geburt der versicherungsstatistischen Tabelle ist der Tod der Tragödie.

F) Unwissenheit ist der natürliche Zustand der Menschheit und der Garant der neoliberalen Ordnung. Das neoliberale Selbst fühlt sich in dieser Unwissenheit wohl.

»Es muss für jeden eine Unsicherheit auf der Ebene des kollektiven Resultats geben, so dass dieses positive kollektive Resultat auch wirklich erwartet werden kann. Die Dunkelheit und Blindheit sind für alle ökonomischen Akteure absolut notwendig. [...] Die Unsichtbarkeit ist absolut unverzichtbar. Es handelt sich um eine Unsichtbarkeit, die bewirkt, dass kein ökonomischer Akteur das Kollektivwohl suchen soll und kann. Kein ökonomischer Akteur, aber man muss wohl noch weiter gehen. Nicht nur kein ökonomischer Akteur, sondern auch kein politischer Akteur. [...] Du kannst nicht, weil du nicht weißt; und du weißt nicht, weil du nicht wissen kannst.«[13] Dass Unwissenheit eine tragende Säule des neoliberalen Projekts ist, wurde im letzten Kapitel bereits betont. Wie die Zitate zeigen, erkannte Foucault dies zuerst.

Foucaults Vorlesungen enthalten gewiss noch mehr Beobachtungen über die neoliberale Einstellung zum Alltagsleben, aber um zu zeigen, dass er sich mit den Mikrostrukturen einer neuartigen Macht befasste, dürfte dies genügen. Die Aussicht, dass der Neoliberalismus die klassisch-liberale Vorstellung von regierter »Bevölkerung« und abgegrenztem »Territorium« – dem Ausweis des Fürsten – im Miniaturmaßstab reproduziert und verändert, indem er den disziplinierten Körper in eine autonome Föderation temporärer Investitionen verwandelt, faszinierte ihn. In auffälligem Kontrast zu früheren Schriften arbeitete Foucault allerdings nicht das Wirken der Macht im Kleinen, gewissermaßen unter der Haut, heraus, sondern extrapolierte bestimmte Tendenzen aus den theoretischen Schriften führender Neoliberaler. Seine Neoliberalismus-Vorlesungen hatten wenig mit früheren Texten gemein, in denen er aus Archivquellen vielfältige anthropologische Einsichten gewann. Diese Registerverschiebung war eigenartig – ganz so, als hätte Foucault auf Grundlage von H. G. Wells' *Zeitmaschine* die Ethnografie des 22. Jahrhunderts schreiben wollen.[14]

Dass Foucaults Ausführungen unbefriedigend bleiben, stelle ich nicht als Erster fest. Einige Autoren neigen offenbar zu der Position, er habe den alltäglichen Neoliberalismus gerade deshalb so hellsichtig erfasst, weil er erhebliche Teile von dessen Weltbild als Erkenntnisquelle für die Gouvernementalität übernahm. Auch wenn er ihn als normative Position niemals offen akzeptiert hätte, näherte er sich der Einschätzung, dass der Neoliberalismus – zumindest als Beschreibung des aktuellen »Dispositivs« – »richtig« sei.[15] Um es nochmals klar zu sagen: Ich klage Foucault nicht der Mitgliedschaft im Neoliberalen Denkkollektiv an – was absurd wäre –, sondern behaupte, dass er mit dessen Grundvorstellungen einiges gemein hatte und diese merkwürdige Tatsache gegen Ende seines Lebens allmählich anerkannte.

Was den späten Foucault und die Neoliberalen verbindet, ist vor allem ihr Verständnis der Wirtschaftswissenschaft. Früher, in *Die Ordnung der Dinge*, behandelte Foucault die politische Ökonomie bloß als einen Ausdruck von Wissenschaft wie Philologie und Naturgeschichte.[16] Als er seine Neoliberalismus-Vorlesungen hielt, hatte sie jedoch inzwischen einen Sonderrang als »Ort der Wahrheit« erklommen: als der archimedische Punkt, der eine Kritik der autokratischen Staatsmacht ermöglicht. »Die Möglichkeit der Begrenzung und die Frage nach der Wahrheit, diese beiden Dinge werden in die gouvernementale Vernunft über den Umweg der politischen Ökonomie eingeführt.« »Die politische Ökonomie ist, glaube ich, im Grunde das, was die Selbstbegrenzung der gouvernementalen Vernunft zu sichern ermöglicht hat.« Und nicht irgendeine politische Ökonomie: Der Sozialismus hat laut Foucault mangels Markt nie eine eigene Gouvernementalität oder gouvernementale Rationalität hervorgebracht. Nicht in Marx, sondern in Adam Smith, Röpke und Hayek erkannte Foucault die wesentliche Tradition der Gouvernementalität.[17]

Foucault hinterfragt den Staat als ein Ensemble ordnungswahrender Techniken, Überzeugungen, Praktiken und Vorwände; »die Wirtschaft« dagegen bleibt bei ihm ein eigenständiger Repräsentant des Realen, den er weder kritisch analysiert noch auch nur beschreibt. In seinen späten Neoliberalismus-Vorlesungen zeichnet Foucault den Markt als den *einzig legitimen Ort der Produktion unzweifelhaften Wissens über das Ganze* – mit anderen Worten: Er fasst ihn als eine abwesende Gottheit, nicht anders als Hayek, Stigler, Friedman oder Buchanan. Der durchgängig als monolithisches Wesen auftretende »Markt« stellt die Rahmenbedingung der Gouvernementalität dar, weil nur er Dinge weiß, die wir nicht wissen können. Offenbar sah Foucault, zumindest was die Ökonomie betraf, im Jahr 1979 davon ab, seinen scharfsinnigen Blick auf die historischen Konstrukte zu richten, die unserem Leben eine bestimmte Bedeutung geben.

Müsste ich in einem Satz angeben, wo Foucault bei aller Klarsicht fehlging, dann würde ich sagen: Er akzeptierte leichtfertig den neoliberalen Grundgedanken vom Markt als einem Informationsprozessor, der leistungsstärker und umfassender ist als jeder Einzelne und jede Organisation von Menschen. Was Foucault entging, war die im letzten Kapitel skizzierte entscheidende Einsicht in die doppelten Wahrheiten der Neoliberalen. Sie predigen, dass der Markt für alles politische Handeln der unerbittliche Schiedsrichter ist, *und nehmen sich selbst von seinem Urteil aus.* Sie propagieren Freiheiten und folgen in der eigenen Organisation einem strikt hierarchischen Reglement; sie reden vollmundig von spontaner Ordnung, während sie die Eroberung des Staats aushecken; sie verkünden den Kniefall des Selbst vor der ungeheuren Macht des marktvermittelten Wissens, aber erteilen sich selbst weitreichende Ausnahmegenehmigungen. Und am allerwichtigsten: Sie behalten sich selbst das Recht zur Entscheidung über den Ausnahmezustand im Sinne Carl Schmitts vor. Ihr Verständnis von Gouvernementalität erhebt den Markt zum Ort der Wahrheit *für alle, nur nicht für sie selbst.* Hätte Foucault dies berücksichtigt, dann hätte er sein Bild davon revidieren müssen, wie Wahrheitsregime die Macht rechtfertigen.

Welche Motive und Überlegungen Foucault in Richtung der Neoliberalen geführt haben könnten, mögen andere aus seiner Biografie entziffern.[18] Für unsere Auseinandersetzung mit der Krise macht ihn sein Einverständnis mit der neoliberalen Doktrin des Marktes als unanfechtbarem Informationsprozessor jedenfalls recht untauglich. Entscheidend ist, dass Foucault in seinen Vorlesungen eine Asymmetrie zwischen »Staat« und »Markt« reproduziert, die weitaus stärker der von der MPS verbreiteten exoterischen Karikatur ähnelt als ihrem internen esoterischen Verständnis. Wie wir gesehen haben, versuchen viele marxistisch orientierte Autoren den Neoliberalismus als schlichte Ausübung von Klassenherrschaft über die ahnungslose Masse zu zeichnen, stoßen aber auf Schwierigkeiten, wenn sie die vom schwer greifbaren Exekutivkomitee der Kapitalistenklasse bis hinab zum Wal-Mart-Kunden reichenden Vermittlungsschritte angeben müssen. Um diese Lücke zu schließen, beschreiben sie häufig unter Rückgriff auf Foucault und seinen Begriff der Gouvernementalität, wie sich Verschiebungen vom Staat zum Markt in den Mikrokontexten des Alltagslebens niederschlagen. Doch der späte Foucault lehnte ihren Marxismus bekanntlich ab, und mit seinen Verweisen auf die harte Disziplin des Marktes rekapitulierte er nur die Täuschungsmanöver der Neoliberalen. Die Unvereinbarkeit seiner Überlegungen mit dem Marxismus hätte eigentlich jedem ins Auge springen müssen, denn wer Arbeit vollständig in das Unternehmertum des Selbst auflöst, unterminiert jeden marxistischen Begriff von Ausbeutung und Mehrwert und folglich auch noch einiges andere. Foucault distanzierte sich in jedem Fall über weite Strecken seines Schaffens von einer solchen Deutung seiner Schriften: »Man muss aufhören, die Wirkungen der Macht immer negativ zu beschreiben, als ob sie nur ›ausschließen‹, ›unterdrücken‹, ›verdrängen‹, ›zensieren‹, ›abstrahieren‹, ›maskieren‹, ›verschleiern‹ würde. In Wirklichkeit ist die Macht produktiv; und sie produziert Wirkliches. Sie produziert Gegenstandsbereiche und Wahrheitsrituale«.[19] Zur Zeit seiner Neoliberalismus-Vorlesungen sprach er dem Willen zu einer zielgerichteten Ausübung politischer Macht in der Moderne jede Wirksamkeit ab, weil der Markt sie vereitle.[20] Das kommt späteren Platitüden, wonach niemand an der Krise schuld sei, weil alle an ihr schuld seien, gefährlich nahe. Ein solches Denken lähmt nur die Analyse.

Es gibt noch einen wichtigeren Grund zur Vorsicht gegenüber dem Begriff der Biopolitik. Da der Markt im Wahrheitsregime eine privilegierte epistemologische Stellung einnimmt, schließt Foucault aus, dass Subjekte durch Macht/Wissen vorsätzlich getäuscht werden können. Die Tatsache, dass neoliberale Begriffe wie der des Humankapitals ins Alltagsleben von Menschen außerhalb des NDK einsickern, belegt demnach nur das Funktionieren des gesamten Systems von Macht/Wissen: Die Selbststeuerung des unternehmerischen Subjekts ist kein trügerisches Puppentheater, sondern bloß die Art und Weise, in der moderne Subjekte die Wahrheit der Welt in ihr Leben einführen.

Der vorliegende Band folgt einem anderen Ansatz. Wir behaupten, dass »der Markt« als monolithische Instanz nicht existiert, er jedenfalls keine übernatürlichen Kräfte der Wahrheitsproduktion besitzt. Märkte »bestätigen« nicht Wahrheit; sie sind selbst das Produkt von Kämpfen um Wahrheit. Grundfalsch war ferner Foucaults Annahme, der Neoliberalismus fördere die Selbstbegrenzung staatlicher Macht. Er kaufte den Neoliberalen den exoterischen Lehrsatz ab, dass der Markt den Staat in Schach hält. Die neoliberale Antwort auf die Krise hat die Reichweite des Staates aber nicht begrenzt, sondern deutlich vergrößert, sei es im Finanzwesen, bei der »Auswahl der Gewinner« oder bei der Disziplinierung der Bürger durch die verstärkte Injektion neoliberaler Motive in den Alltag – eine beachtliche Usurpation der Macht im Sinne Schmitts. Das als »der Markt« bezeichnete allgemeine Durcheinander wird in solchen Situationen aus dem Stegreif gestaltet und ist genauso Bricolage wie sein Gegenstück, das neoliberale Konstrukt des Selbst. Beide werden weder von oben, nach Blaupausen, die die MPS freundlicherweise zur Verfügung stellt, noch von unten, durch die ziellose Evolution des Kosmos, geschaffen, sondern im Kontakt mit einem Außen, durch die wechselseitige Anpassung des politisch befestigten Marktes und des unternehmerischen Selbst aneinander, die sich durch Versuch und Irrtum vollzieht.

Statt Foucault folgen wir Autoren wie Martijn Konings, Carolyn Sissoko, Yves Smith und Christopher Payne, die darauf insistieren, dass die Krise keine auf übereifrige Deregulierung zurückzuführende Anomalie, sondern Ausdruck inhärenter Pathologien des Systems war. Wie diese Pathologien in den seit den Achtzigerjahren so dominant gewordenen Neoliberalismus des Alltagslebens eingebettet sind, soll im vorliegenden Kapitel untersucht werden. Foucaults Konzentration auf die Mikromacht hat bei seinen Anhängern leider oft zu einer Verengung des Blickwinkels geführt, sodass sie übersehen, wie das unternehmerische Selbst auf der Ebene der Märkte in allerhand Innovationen eingebunden wird. Denn die ausgeprägte Disziplin dieses Selbst gilt nur dann als Erfolg, wenn sie einem anderen, der noch unternehmerischer ist, zu Geld verhilft. Auf dem unternehmerischen Selbst beruhten die in der Krise kulminierenden Mechanismen: Es sollte sich dem Nervenkitzel riskanter Hypothekengeschäfte überlassen, vor der finanzkapitalistischen Durchdringung des Alltagslebens kapitulieren, in virtueller Gestalt an der »schwerelosen Wirtschaft« im Internet teilnehmen, wie die Profis an der Börse spekulieren, sich via Facebook, Fox News und Talkshows auf dem Laufenden halten, sich den Freuden der Entertainment-Theologie zwielichtiger Religionsunternehmer hingeben und für eine *Astroturf*-Initiative rekrutieren lassen, um seine funkelnde, aber unterschätzte Individualität auszudrücken. Jeder strebte danach, eine Person zu sein, in die andere investieren wollen – alles im Namen persönlicher Verbesserung.

Sie stecken in Schwierigkeiten? Sie können jederzeit eine Niere verkaufen oder an einem Pharma-Test teilnehmen. Vielleicht könnten Sie Ihren Körper als Leihmutter zu Geld machen oder durch ein bisschen strategisch eingesetzte Intimität, die ganz diskret nebenbei vergütet wird …[21] *Moment!*

Da ruft schon jemand aus Indien an, der Ihnen einen noch dubioseren Kredit anbieten will! Dafür gibt es auch eine App ... Sie müssen einen Vertrauensvorschuss leisten. Verdienen Sie in Ihrer Freizeit etwas Geld! Arbeitslosigkeit ist eine unverhoffte Gelegenheit, noch mal ganz von vorne anzufangen. Lassen Sie sich nicht von den Müßiggängern und Miesmachern herunterziehen! Entdecken Sie die Kraft des positiven Denkens und werden Sie Ihr eigener Chef! Wollten Sie nicht schon immer ein eigenes Unternehmen gründen, nachdem Sie ein Vierteljahrhundert für Konzerne gearbeitet haben? Oder schaffen Sie sich doch gleich Ihre ganz eigene Ökonomie.[22] Mehr Eigenständigkeit ist gar nicht möglich.

Der unaufhaltsame Aufstieg des John Galt

Während Foucault ausschließt, dass Menschen in einem »falschen Bewusstsein« gefangen sein könnten und es Mittel gibt, durch die man ihnen systematisch verzerrte, ihren eigenen Interessen regelmäßig schadende Ansichten über sich selbst und ihren Ort in der gesellschaftlichen Ordnung einimpfen kann, behaupten nicht wenige Autoren das genaue Gegenteil. Ein interessantes Beispiel dafür ist Thomas Frank, der dem Problem in seinem sehr erhellenden Buch *Was ist mit Kansas los?* mit Blick auf Amerika nachging: Warum hatte sich die Arbeiterklasse von der Demokratischen Partei zugunsten neoliberaler Scharlatane abgewendet, die ihr Wohl mit Füßen treten? In Franks Worten:

> »Alles, was sie als Lohn für ihre republikanische Treue vorweisen können, sind niedrigere Löhne, gefährlichere Arbeitsplätze, schmutzigere Luft, eine neue Herrenklasse, die sich gebärdet wie König Faruk – und natürlich eine Kultur, deren moralischer freier Fall weitergeht, ohne dass die effekthascherischen Christen, die sie alle paar Jahre wieder triumphierend nach Washington entsenden, daran etwas ändern könnten«.[23]

Frank beantwortete die Frage jedoch mit einer eher grob gestrickten Ablenkungsthese, die in der US-Linken zumindest bis zur Krise weithin akzeptiert wurde: Die Arbeiterklasse ließ sich ablenken, sie wurde anfällig »für kulturell polarisierende Fragen wie Schusswaffenbesitz und Abtreibung und all das andere, dessen trügerische Zugkraft normalerweise von materiellen Anliegen völlig überschattet würde«.[24]

Wenn es um den Triumph des Neoliberalismus geht, besteht allerhand Grund zur Skepsis gegenüber einer solchen Erklärung »falschen Bewusstseins«. Dass Wirtschaftswissenschaftler bereits Franks Annahme skandalös fanden, der *Homo oeconomicus* könne seine eifrige Vorteilsberechnung vernachlässigen, ist selbstredend der geringste.[25] Ein triftigerer Einwand lautet, dass die schlichte Dichotomie von Republikanern und Demokraten das der beschriebenen Transformation zugrunde liegende Phänomen nicht einmal ansatzweise erfasst. Ein weiterer betrifft die Krise: Ein Wirtschaftsdesaster solchen Ausmaßes konnte niemand lange ausblenden, und sei er noch so sehr getäuscht worden. Doch obwohl die amerikanischen Wähler im Jahr 2010 gezwungenermaßen wirtschaftliche Fragen im Kopf hatten, ließen sie sich dazu bewegen, ähnlich wie in der Dekade zuvor zu reagieren: Unter dem Einfluss der vermeintlichen Tea Party sorgten Massen von Wählern für den neoliberalsten Kongress aller Zeiten.

Das wohl deutlichste Zeichen dafür, dass die Krise ablenkungstheoretische Erklärungen für den Erfolg des Neoliberalismus weitgehend annulliert hat, besteht darin, dass Frank diesen Zugang in seinem nach der Krise veröffentlichten Buch *Arme Milliardäre* selbst revidierte. Er musste de facto anerkennen, dass er in seinem früheren Werk nicht die Frage zu stellen vermocht hatte, die auch Thema dieses Kapitels ist: »Welche Art von Wahrnehmungstäuschung ermöglicht es der neuen Rechten, Tatsachen zu ignorieren, die allen anderen Menschen klar und deutlich vor Augen stehen?«[26]

Problematisch an der Ablenkungsthese ist, dass die Art und Weise, nach der sie die alltägliche Erfahrung zergliedert, völlig verkennt, wie der Neoliberalismus funktioniert. Die zentrale Einsicht des Neoliberalen Denkkollektivs lautete ja gerade, dass Kultur und Ökonomie nicht als Alternativen oder getrennte Erfahrungsbereiche, sondern als Teile eines positiven Ganzen zu verstehen seien: Das Subjekt soll seine selbstherrliche Arroganz aufgeben und demütig vor der universellen Weisheit des Marktes niederknien. Der Appell zur Selbstoptimierung verdrängte die Maxime *Erkenne dich selbst* und ersetzte ihn schließlich durch den Aufruf, ein Unternehmer zu werden – selbst wenn dies nur bedeutet, die eigenen Kinder zu Hause zu unterrichten. Während Religion mehr und mehr auf augenblickliche Unterhaltungsbedürfnisse zugeschnitten wurde und »Werte« den beliebigen Charakter einer Do-it-yourself-Bricolage annahmen, verdampfte die Materialität fester »Interessen«. Denn sosehr

Neoliberale auch vor dem Altar der Freiheit in die Knie gehen – dass man der unanfechtbare Richter über das eigene Wohl ist, bestreiten sie. Je mehr die Grenze zwischen der ehemals als Wirtschaft bekannten Sphäre und der Kultur oder Religion verwischt wurde, umso unumkehrbarer wurde der Vormarsch der Neoliberalen. Sahen sich Bürger getäuscht und betrogen, dann wussten sie dies nicht mehr anders auszudrücken als durch eine Variante des Dogmas, der Staat greife unrechtmäßig in die Sphäre des flexiblen und tadellosen Ich ein. Von ›Wir‹ zu sprechen wurde allmählich unüblich. Das ideale neoliberale Subjekt braucht gar nicht zu wissen, dass es neoliberal ist, denn die unterschiedlichen Aspekte seines Selbst stehen angeblich immer schon in natürlicher Harmonie mit der Gesamtheit des Kosmos, ganz gleich, ob es ein verwegener avantgardistischer Rebell oder ein sanftmütiger Konformist zu sein versucht. Wie Foucault treffend zusammenfasste: Es gibt »keinen anderen, ersten und letzten Punkt des Widerstands gegen die politische Macht [...] als die Beziehung seiner selbst zu sich«.[27]

Der Aufstieg des neoliberalen Subjekts ist keineswegs leicht zu erklären. Jede Begründung, die auf den Einfluss von Ideen auf das Handeln zurückgreift, sieht sich mit einer dreihundertjährigen Geschichte philosophischer Kritik daran konfrontiert, die das Argument sofort zunichtezumachen droht – von der Sozialpsychologie, die im ersten Kapitel skizziert wurde, ganz zu schweigen. Auch der Versuch, politische Gründe als die bestimmenden Faktoren dingfest zu machen, trifft auf diverse Einwände. Da wäre das eben beschriebene Festhalten an einer klaren Trennung zwischen Ökonomie und geistiger Welt. Da wäre die wesentliche Unterscheidung zwischen der esoterischen und der exoterischen Version der neoliberalen Lehre, wie im letzten Kapitel dargestellt: Die durchschnittliche Person kann zum Beispiel dazu verleitet werden, alle möglichen Dinge über den Staat zu glauben, die mit dem esoterischen neoliberalen Drehbuch nichts gemein haben oder von der Realität vollkommen entfernt sind, worin ein wesentlicher Aspekt der Konstruktion eines tauglichen neoliberalen Selbst unter der Herrschaft der Doktrin der doppelten Wahrheit besteht. Der durchschnittliche Bürger unterschätzt erheblich, wie sehr seine Lebensgrundlage vom Staat abhängt, und täuscht sich gewaltig über seine Position in der gegenwärtigen Einkommens- und Vermögensverteilung. Da wäre die vielzitierte ›Globalisierung‹: Inwieweit beruhen die Konturen des neoliberalen Subjekts auf den Kulturen der dominierenden Zentren des Kapitals, und inwieweit können sie in einer Welt, die sich beharrlich der Insignien des Nationalstaats zu entledigen meint, als ein neues Modell kosmopolitischer Existenz gelten? Eine besonders der Anthropologie entstammende Literatur argumentiert in dieser Frage, das kosmopolitische Image neoliberaler »Reformen« sei erschlichen, weil sie sich zumeist nur auf geringfügige Modifikationen von Praktiken stützen, die am jeweiligen Ort seit Langem existieren.[28] Und schließlich stellt sich noch die schwierige Frage, wie neu diese Innovationen der Subjektivität überhaupt sind und inwieweit sie nicht ein altes, ehrwürdiges Erbe mit sich herumtragen, was sich offenkundig mit der Frage berührt, ob sich das NDK zu Recht auf einen Konservatismus im klassischen Burke'schen Sinne berufen kann. Hat das neoliberale Selbst einen Archetypus oder eine Geburtsstunde? Heute, da Jesus manchen als Topmanager der ersten Stunde gilt und die amerikanischen »Gründerväter« Faceliftings und neue Lebensläufe bekommen, wäre es ein zeitaufwendiges Unternehmen, die historische Authentizität vieler Ikonen der neoliberalen Subjektivität zu prüfen.

All diese Fragen sind wichtig und verdienen eine ernsthafte Erörterung, doch im vorliegenden Kapitel sollen sie nicht geklärt werden. Friedrich Hayek behauptete einmal, er könne den »wahren« Liberalismus von seinen »falschen« Propheten unterscheiden; etwas Vergleichbares für den Neoliberalismus zu leisten würde ich mir kaum zutrauen. Ich verfolge hier das bescheidenere Ziel, das menschliche Antlitz des Neoliberalismus zu Beginn des 21. Jahrhunderts in einigen charakteristischen Zügen nachzuzeichnen. Da es deutlich verfrüht wäre, die endgültige Biografie des neoliberalen Selbst zu verfassen, belassen wir es hier anstelle einer umfassenden Kulturgeschichte bei einigen alltäglichen Momentaufnahmen aus unterschiedlichen Blickwinkeln – sozusagen bei fünf Vignetten aus dem Leben des John Galt, der Hauptfigur in Ayn Rands Roman *Atlas wirft die Welt ab*.

Beweiskraft gewinnen die folgenden Skizzen nicht durch ein Bemühen um phantombildartige Genauigkeit, sondern indem wir die unser Leben prägenden unbewussten Handlungsanweisungen sowie die zur unscheinbaren Kulisse des Alltagslebens gewordenen Einstellungen in ihnen wiedererkennen und verstehen, wie sie unser Einverständnis mit der neoliberalen Kultur fördern. Das Aufkommen einer neoliberalen Existenzweise transformiert das Subjekt buchstäblich und behindert dergestalt jeden Versuch, die Krise als Scheitern eines gesamten Wirtschaftssystems zu deuten.

Fünf Vignetten aus dem Leben des John Galt

1. Freiheit als Fragmentierung

Wie im letzten Kapitel gezeigt, versteht das Neoliberale Denkkollektiv Freiheit weitgehend negativ, während es sie zugleich zum höchsten Wert erhebt. Das ist inzwischen ein Gemeinplatz in der Literatur über politische Philosophie, doch auf welchem Wege die Neoliberalen von der ehrwürdigen Tradition eines positiven Freiheitsbegriffs abgerückt sind, wird dort merkwürdigerweise nicht erörtert. Will man dies nachvollziehen, dann erweist sich die sowohl in der Wirtschaftstheorie wie im Alltagsleben fortschreitende Fragmentierung des Selbst als entscheidend. Die neoliberale Umgestaltung des Alltagslebens hat das ethische Gebot, sein »wahres Selbst« zu erkennen, gänzlich obsolet gemacht, und eben daraus gehen wiederum die meisten Charakteristika des alltäglichen Neoliberalismus hervor.

Beginnen wir mit der These, dass sich die Definitionen von Privateigentum und Selbst bedingen. Die klassisch-liberale Position hat Margaret Radin glänzend zusammengefasst:

> »Mit dem Terminus ›persönliches Eigentum‹ habe ich jene Kategorien von Eigentum bezeichnet, die unserem Verständnis nach mit dem Selbst in einer moralisch gerechtfertigten Weise verbunden sind […]. Da persönliches Eigentum in moralisch gerechtfertigter Weise konstitutiv mit dem Selbst verknüpft ist, schädigt oder zerstört seine Trennung von der Person (dem Selbst) das Selbst. Je mehr etwas einem Attribut oder Charakteristikum des Selbst gleicht, oder wenigstens des Selbst, wie die Person selbst es sich wünscht, umso problematischer scheint seine Entäußerung […].«[29]

Auf dieser Basis argumentiert Radin für die Festlegung von Bereichen einer »eingeschränkten Kommodifizierung« und für ein vollständiges Verbot bestimmter Märkte, etwa des Handels mit Kindern. Der Neoliberalismus lehnt die Grundannahme eines so verstandenen Liberalismus ab – er bestreitet nicht nur, dass solche Bereiche existieren sollten, sondern vor allem, *dass es ein Selbst, das durch die Bildung und Entäußerung von Privateigentum Schaden nehmen könnte, nicht gibt.* Man kann sich mit Grund fragen, ob in der neoliberalen Strategie überhaupt ein archimedisches Selbst existiert. Ohne ein solches bleibt vom »positiven« Verständnis einer zu wahrenden und schützenden Freiheit nichts übrig.

Diese Analyse mag sehr lebensfern und abstrakt erscheinen, doch der Eindruck trügt. Die Verbannung des kernartigen, einheitlichen Selbst wird täglich in tausenderlei Weise von jedem erfahren, der einer Arbeit nachgeht, krank wird, im Internet surft, im Klassenzimmer sitzt, eine Liebesaffäre anfängt, einen Film schaut, einen Star nachahmt oder eine Familie gründet. Sie wird spürbar, wann immer eine Person mit mehreren sozialen Rollen jonglieren muss und realisiert, dass sich deren jeweilige Anforderungen widersprechen. Die Erkenntnis innerer Konflikte des Selbst ist gewiss so wenig neu wie die, dass man je nach Kontext unterschiedliche Rollen annimmt; dennoch: Die derart zur Routine, zum Standard verfestigte Leugnung eines wahren, invarianten Selbst ist zu einem Kennzeichen des heutigen Lebens geworden. Die schiere Selbstverständlichkeit der Erwartung, dass das Selbst, da beweglich, modular und formbar, nie dem Erfolg im Weg steht, bildet die Quelle des alltäglichen Neoliberalismus. Dieses Verschwinden des Selbst hinterlässt Spuren im Wirtschaftsleben, aber keineswegs nur dort.

Die Fragmentierung des neoliberalen Selbst setzt ein, sobald das Subjekt realisiert, dass es nicht nur Angestellter oder Student, sondern auch ein zu verkaufendes Produkt ist, ein wandelndes Werbeplakat, ein Manager seines Lebenslaufs, ein Biograf seiner Motive, ein Unternehmer der eigenen Möglichkeiten. Es muss ihm irgendwie gelingen, zugleich Subjekt, Objekt und Zuschauer zu sein. Es bleibt ihm verwehrt zu erfahren, wer es wirklich ist; stattdessen kauft es provisorisch die Person, die es bald werden muss. Es ist zugleich das Unternehmen, das Rohmaterial, das Produkt sowie der Kunde des eigenen Lebens. Es bildet ein Bündel von Vermögenswerten, die es zu investieren, zu pflegen, zu verwalten und zu vergrößern gilt, aber auch von Verbindlichkeiten, die reduziert, ausgelagert, überbrückt und gegen Schwankungen abgesichert werden müssen. Es ist der Star und das verzückte Publikum des eigenen Auftritts in einem. Das sind keine Rollen, in die man mühelos hineinschlüpft – sie erfordern permanente Festigung und Reglementierung. Wie Foucault bemerkte, löst das neoliberale Selbst die Unterscheidung zwischen Produzent und Konsument auf. Zwischen den verschiedenen Rollen besteht auch keine festgelegte Hierarchie; die Besetzung ändert sich je nach den momentanen Erfordernissen. Das höchste Gut des modernen Subjekts heißt absolute Flexibilität in jedweder Hinsicht.[30]

In der heutigen Kultur steht man unweigerlich in einem gespannten, distanzierten Verhältnis zu seinem Selbst, denn sie verlangt die Bereitschaft, den jeweiligen Regisseur blitzschnell auszutauschen. Allenthalben wechseln die Darsteller mitsamt ihren Accessoires, Techniken und emotionalen Bindungen; wer den Wanderzirkus eigentlich anführt, ist nie ganz klar. Die ausgelagerten Komponenten des Selbst brauchen weiterhin eine Zentrale, die mehr sein sollte als der Briefkasten einer Offshore-Firma.[31] Integration und Koordination müssen mitunter hinter Innovation und Aneignung zurückstehen. Selbstsorge muss gegen den Vorsatz abgewogen werden, die Vergangenheit auf sich beruhen zu lassen, oder in wirtschaftlichen Begriffen formuliert: Bereits entstandene Kosten dürfen niemals in die Kalkulation zukünftiger Einnahmen eingehen. Das Gewicht der Geschichte gilt als kaum erheblich für das unternehmerische Subjekt, es kann abgeworfen und annulliert werden. Das Flexibilitätsgebot spricht dagegen, irgendeinen Aspekt des Selbst als unverzichtbar zu betrachten; im Extremfall kann dies einer außerkörperlichen Erfahrung oder Asomatognosie ähneln.

Ethnografen haben diese Effekte in Gesellschaften beobachtet, die von wirtschaftlicher Schrumpfung und neoliberaler Modernisierung erschüttert wurden. Arbeitslose zum Beispiel müssen lernen, sich als ein Bündel von *»skills«* zu betrachten, für das niemand als sie selbst Verantwortung trägt. Die Rede von *skills* hat sich mit der Zeit von älteren handwerklichen Konnotationen gelöst: Heute kennt man *soft skills*, kommunikative *skills* und ähnliche Euphemismen für das gefügige Einwilligen in temporäre soziale Verbindungen und die Hinnahme jedweder Art von Kontrolle. »Diskurse über *soft skills* sollen in erster Linie die Arbeiter zu der Überzeugung bringen, solche *skills* seien der Stoff, aus dem sie gemacht sind.« Man verpflichtet sich nicht mehr bloß vertraglich zur Lieferung von Quantitäten abstrakter Arbeit, sondern bekennt sich zu der Bereitschaft, das eigene Wesen ständig zu ändern, indem man die geforderte soziale und körperliche Anpassung an die sich verschiebenden Marktkräfte leistet. Während Emily Martin geschildert hat, wie solche Techniken in Managementschulungen eingeübt werden, hat Barbara Ehrenreich dokumentiert, wie Arbeitslose dazu ermahnt werden, ihre Vergangenheit zu vergessen und eine andere Person zu werden. Der Arbeitslose, der seine Lage auf eine persönliche Eigenschaft zurückführt, begeht in den Augen des professionellen Coachs eine Todsünde, selbst wenn es sich um ein unverrückbares Faktum wie das biologische Alter handelt. Ehrenreich zitiert einen Trainingsleiter in einem Boot Camp für Führungskräfte: »Das spielt sich alles hier drin ab – ob man zweiundsechzig ist oder zweiundvierzig oder zweiundzwanzig ... Es geht nie um die Außenwelt. Es spielt sich immer zwischen dir und dir ab.« Sofern man nicht imstande ist, sich entzweizuteilen, ohne sein Gravitationszentrum zu verlieren, droht das, was sich »hier drin« abspielt, jeden festen Bezugspunkt einzubüßen.[32]

Bei den Anonymen Alkoholikern lernt man das Gelassenheitsgebet: »Gott, gib mir die Gelassenheit, Dinge hinzunehmen, die ich nicht ändern kann; den Mut, Dinge zu ändern, die ich ändern kann; und die Weisheit, das eine vom anderen zu unterscheiden.« Neoliberale gehen darüber hinaus: Sie streichen den ersten und den letzten Teil. Eine Illustration dafür bieten die von Elaine Swan geführten Interviews mit Managercoachs:

> »So etwas wie ein falsches Selbst gibt es meiner Meinung nach nicht. [...] Es geht um eine Erweiterung der Optionen. Ein falsches Selbst gibt es also nicht. Es gibt bloß ein begrenztes Bewusstsein für die Optionen, die wir zu einem bestimmten Zeitpunkt haben [...] Das ist nicht falsch, sondern veraltet. Die kommen also wegen eines Upgrades zu mir. Meine Aufgabe ist es, ein Upgrade für ihr Leben zu entwickeln, das so strukturiert ist – um es mit dieser Computer-Metapher zu sagen –, dass es sich automatisch updatet.«[33]

Auch etwas so Triviales wie Kleidung kann eine wichtige Technik der Selbstkonstitution sein: »Das einwandfreie Management der äußeren Erscheinung [...] signalisiert den Vorgesetzten ganz einfach, dass man auch zu anderen Formen der Selbstanpassung bereit ist.« Am anderen Ende der Skala steht die Religion: Der Beitritt zu einer verbreiteten Konfession gilt als eine der besten Methoden, um Selbstsorge und Bereitschaft zur Neugestaltung seiner Identität zu demonstrieren, und das gemeinsame Gebet mit anderen rastlos-unternehmerischen Subjekten ähnlicher Glaubensrichtung als erstklassige Gelegenheit für *networking*. Unterdessen wurde im Dienstleistungssektor die »Feminisierung« der Belegschaften durch prekäre Teilzeitjobs, in denen Dienstalter und soziale Absicherung immer weniger zählen, als »Mischung aus Service, Shopping und Religion« etikettiert; umgebogen zur Hingabe an »Familienwerte« wird die erzwungene Flexibilität in Unternehmen wie Wal-Mart erträglicher. Wer beim ständigen Austarieren und Umgestalten seines multiplen Selbst die Orientierung verliert, auf den warten Reha-Maßnahmen, spirituelle Zwangspausen und Fünf-Schritte-Programme. Das geläufigste Rezept im Falle eines Persönlichkeitszusammenbruchs lautet – wie sollte es anders sein? – noch mehr Unternehmertum des Selbst.[34]

Die Formbarkeit des Selbst wird nicht nur in der Arbeitswelt, sondern auch in der sogenannten Privatsphäre des Alltagslebens demonstriert. Vielfältige Möglichkeiten dafür schildert Arlie Hochschild in *The Outsourced Self*. Einige amüsante Beispiele für solches Outsourcing des Selbst: Um Ihrem Kind nicht versehentlich einen Namen zu geben, der es in seinem späteren Leben zu »Gewichtsproblemen« oder einem »Armutssyndrom« verurteilt, sollten sie einen »Namenskundler« anheuern; mieten Sie einen »Koordinator« für den 5. Geburtstag Ihres Kindes, damit sich die kleinen Gäste nicht langweilen; ein »Bedürfnisexperte« hilft Ihnen dabei, Begehrlichkeiten und Budget ins Lot zu bringen; die Beratungsfirma *Family/360* prüft anhand eines Bewertungsbogens Ihre elterliche Kompetenz und entwickelt einen Aktionsplan, wie Sie Ihren Kindern durch *best practices* zu positiveren »Familienerinnerungen« verhelfen können. Sie können jemanden dafür bezahlen, bei Ihrem Vater im Pflegeheim vorbeizuschauen, und jemand anderen dafür, nach seinem Ableben ein persönlich maßgeschneidertes Begräbnis auszurichten – zum Beispiel mit einem Sarg mit Rennwagenmotiv »oder einem biologisch abbaubaren Sarg für die Umweltbewussten«. Sie sind zu beschäftigt oder zu faul, um die Asche Ihres Vaters im Meer zu verstreuen? Eine Seebestattungsfirma auf Long Island übernimmt das für Sie. Das alles bewegt sich jedoch noch im eher konventionellen Bereich der Dienstleistungsökonomie.

Eines der meiststudierten Beispiele für die Ausbreitung neoliberaler Verhaltensweisen ist das Surfen im Internet. Die Massenmedien sind von der Idee fasziniert, das Netz hätte durch die Revolutionierung der Informationsverbreitung zugleich die menschliche Existenz verändert. So kursieren zum Beispiel viele Horrorgeschichten über Leute, die im Netz unter falscher Identität auftreten. Jenseits schlichten Moralisierens darüber kann man feststellen, dass das Internet zu einem Übungsgelände geworden ist, auf dem das moderne fragmentierte Selbst sich zu verstellen lernt. Wie schon ein berühmter Cartoon aus dem *New Yorker* feststellt: Im Netz weiß niemand, ob man nicht vielleicht ein Hund ist – und die meisten Menschen nutzen es, um ein Gespür dafür zu bekommen, einen solchen überzeugend zu mimen. Bereits auf einfachen Chat-Sites und mehr noch bei Game of Life, Second Life, Facebook, Twitter oder LinkedIn kann man die Erfahrung machen, wie aufregend und wie riskant es ist, die eigene Identität nach den flüchtigen Erfordernissen des Augenblicks maßzuschneidern.[35]

Das Internet bietet mehr Möglichkeiten der Simulation und Verstellung, als wir hier abhandeln können. Als ein Beispiel sei nur auf die neoliberale Technologie par excellence verwiesen, auf Facebook. Facebook ist der vollendete reflexive Apparat: ein ungemein erfolgreiches Unternehmen, das den Nutzern beibringt, sich eine flexible unternehmerische Identität zuzulegen. Obwohl es die geposteten Informationen zu großen Teilen verkauft, schiebt es die Verantwortung für alle etwaigen unerwünschten Folgen strikt dem Nutzer zu. Dieser soll sich aus einem begrenzten Repertoire relativ standardisierten Materials ein »Profil« zusammenbasteln, das sich gleichzeitig von der breiten Masse abheben muss, um »Freunde« anzulocken. Durch subtile Algorithmen werden die Nutzer zur regelmäßigen Änderung und Erweiterung des Profils gedrängt, was ihre »Identität« permanent destabilisiert, während sie dank Echtzeitmetrik pausenlos die Zahl ihrer »Freunde« und der Zugriffe auf ihre Seite verfolgen können. Die Person schrumpft auf ein Mischmasch aus beliebigen Geschmacksurteilen und Beziehungen zusammen, das beständiger Pflege und Verwaltung durch ein Wesen bedarf, welches zu dieser virtuellen Person in einer gewissen Beziehung steht und doch eine sichere Distanz zu ihr wahren muss. Denn Facebook-Profile wirken zurück ins »reale Leben«: Arbeitgeber schauen sich die Seiten von Jobbewerbern an, Eltern kontrollieren ihre Kinder, Partner suchen nach Indizien für Seitensprünge. Da die Konsequenzen multipler Web-Identitäten unbestimmter Herkunft immer mehr zunehmen, besteht die Lösung aller Facebook-Probleme stets darin, noch mehr daran herumzubasteln.[36] Wem sein Profil nicht mehr gefällt, der kann versuchen, es zu löschen – der Erfolg wird auf sich warten lassen. Das Facebook-Profil ist ein maßstabsgetreues Modell des neoliberalen Selbst, und bezeichnenderweise zugleich eine Quelle von Profit.

Die heutige Faszination für die Online-Welt könnte den Eindruck erwecken, die neoliberale Demontage des Selbst sei vor allem ein immaterieller, psychologischer Vorgang und finde nur im Cyberspace statt, doch das wäre ein bedauerlicher Irrtum. Eher noch stärker als von der Umgestaltung und Zergliederung der Seele ist die moderne Kultur von der des Körpers besessen. Das dem unternehmerischen Blick ausgesetzte körperliche Selbst soll genauso biegsam und formbar sein wie *skills* und Einstellungen. Die unablässigen Aufrufe zur Selbstverbesserung beziehen sich nicht nur auf Kleidung und Körperpflege, sondern auch auf Eingriffe in den Leib. Jeder ist selbstverständlich aufgefordert, etwaiges Übergewicht abzubauen oder Fett am Körper neu zu verteilen; wo das nicht ausreicht, beginnen Eingriffe wie Fettabsaugung, Botox-Behandlung, plastische Chirurgie und Implantate. Sicherlich ist das Streben nach einem ästhetischen Äußeren bis hin zu Piercings und einfachen Tätowierungen uralt, und viele Techniken der Schönheitschirurgie entstammen der wiederherstellenden Chirurgie des 19. Jahrhunderts. Dass der Körper jedoch zum bloßen Rohmaterial für das Schnitzmesser des Bildhauers wird, der daraus ein neues Selbst erschaffen soll, ist eine relativ neue Entwicklung, die vor allem aufgrund neoliberaler Vorstellungen von Selbstverbesserung als legitim erscheint. Der Anreiz, den eigenen Leib im Namen einer mutmaßlichen Verbesserung zurechtzuschnitzen, impft vielen Menschen, die sich niemals mit politischer Theorie oder wirtschaftlichen Imperativen befassen würden, die Grundsätze des Neoliberalismus auf einer körperlichen Ebene ein.

Während sich die neoklassische Orthodoxie gelegentlich vorwerfen lassen muss, ein mehr als schwammiges Verständnis der von ihr behandelten Erscheinungen zu haben, muss man neoliberal-orthodoxen Ökonomen zugestehen, dass sie die Fragmentierung des alltäglichen Selbst phänomenologisch genau verfolgt haben. Seit das MPS-Mitglied Gary Becker 1964 *Human Capital* veröffentlichte, haben sie den vermeintlich grundsoliden *Homo oeconomicus* genauso eifrig dezentriert wie das Internet die Kohärenz des *Homo sapiens*. Es war eine bis 1870 zurückreichende Tradition gewesen, die Integrität des Individuums an der Invarianz der sogenannten Nutzenfunktion festzumachen; doch mit Beckers Theorie des Humankapitals wurde es zulässig, die Grenzen des »Individuums« zu verwischen, indem man in die Nutzenfunktion alle möglichen Variablen einführt, die andere »Menschen« repräsentieren, und, wichtiger noch, diejenigen manipuliert, die für vermeintlich feste persönliche Eigenschaften stehen – die Nutzenfunktion blähte sich rapide auf. Nachdem ihre ursprüngliche Intaktheit einmal dahin war, konnte praktisch alles als Gelegenheit für legitime Selbstveränderung des Akteurs gelten. Voilà: Der Akteur in der formalen Wirtschaftswissenschaft erfuhr eine genauso drastische Fragmentierung wie der Bewohner der spätneoliberalen Welt. Die Wirtschaftswissenschaft befasste sich nicht mehr mit konventionellen ökonomischen Fragen, sondern beanspruchte nun Zuständigkeit für sämtliche Lebensaspekte, seien es Drogenprobleme, Ehe, Scheidung, Selbstmord, *gender bending*, Religion, Theologie, Abtreibung, Veränderungen von Präferenzen oder schließlich die Namen, die man sich gibt.[37]

Doch so wie die im alltäglichen Neoliberalismus fragmentierte Person kaum noch angeben kann, wer oder was bei ihr am Ruder sitzt, bewirkten all die Verfeinerungen und Extrapolationen der völlig entgrenzten Nutzenfunktion ein heilloses Tohuwabohu in der formalen Wirtschaftswissenschaft.[38] Der *Homo oeconomicus* war weniger »atomistisch« als mathematisch atomisiert; die Theorie des Humankapitals stand vor dem Dilemma, dass ein restlos formbares Selbst schwerlich eine Identität ausbilden kann. Um einige technische Probleme zu lösen, begannen Ökonomen Modelle mit einem »multiplen Selbst« auszuarbeiten, dessen verschiedene Identitäten sie in einer Mega-Nutzenfunktion zusammenfassten. Dies führte wiederum zu der Sisyphos-Aufgabe, die ramponierten Begriffe von »Akteur« und »Präferenz« abzustützen. Manche leiteten Identität aus weiteren Variablen wie »Selbstvertrauen« und »Selbstwertgefühl« her, das sich am Urteil anderer ausrichten soll – neoliberale Rezepte par excellence (vgl. Benabou/Tirole). George Akerlof wiederum, dem wir später in unserem Überblick über Krisendeutungen begegnen werden, braute eine neoklassische Theorie der Identität zusammen, indem er die Nutzenfunktion mit noch beliebigeren Variablen ausstaffierte. Sein »Individuum« ist um die Reduktion angstauslösender kognitiver Dissonanz bemüht, die durch das nicht den ihnen zugeschriebenen sozialen Kategorien gemäße Verhalten anderer ausgelöst wird – das Ganze hatte einen Beigeschmack von adoleszenter Angststörung, aufgeblasen zur Großtheorie: eine Infantilisierung des *Homo oeconomicus.* Wenn die Akteure verzweifelt versuchen, sich nach den mutmaßlichen Erwartungen der anderen an sie zu richten, beginnt die vom Markt angeblich so nachhaltig geförderte Konsumentensouveränität zu verdampfen. Es grenzt an Schwachsinn, die Vorzüge eines Marktes zu preisen, der den Menschen bietet, was sie wollen, wenn man ihnen zugleich den Drang zuschreibt, jene Art von Person zu werden, die eben das will, was der Markt ihr bietet.[39] Daneben trat die Fragmentierung des *Homo oeconomicus* in der orthodoxen Wirtschaftslehre natürlich noch in vielen anderen Varianten auf.[40] Man hätte darin eine Rache der Sozialpsychologie an der Ökonomenzunft sehen können, wäre die Neoklassik für das Thema nicht schon so lange taub gewesen. Dass ihre fixen Ideen nur die Begleiterscheinung einer umfassenden gesellschaftlichen Transformation sein könnten, überstieg jedoch den Verstandeshorizont der Wirtschaftswissenschaftler.

Die feierlich verkündete »Identitätsökonomie« hat dem neoklassischen Wirtschaftsakteur das Kernethos des alltäglichen Neoliberalismus eingepflanzt.

2. Es gibt keine Klassen, sondern nur eine Mittelschicht. Es gibt kein Leben ohne Risiko

Ein frappierendes Merkmal des neoliberalen Verständnisses des Selbst ist es, dass nahezu jede Klassifizierung von Menschen vehement abgelehnt wird. Der klassische Liberalismus tat dies mit der Begründung, alle Menschen seien dem Wesen nach, im Hinblick auf Konstitution und Anlagen, gleich, oder sollten doch so behandelt werden. Dieser Strategie folgt das NDK keineswegs. Jedwede »Gleichheit« ist ein Schreckgespenst für Neoliberale, ein Wurmloch, das auf die abschüssige Bahn zur Knechtschaft führt. Das neoliberale Selbst gilt als so biegsam, mobil und formbar, dass jede Kategorisierung einer autoritären Anmaßung gleichkommt.

In den letzten drei Jahrzehnten hat sich diese Haltung tief in das Alltagsleben eingesenkt. Egal wie misslich seine Lage ist und wo im Leben er gerade steht, jeder wird zu dem Glauben ermuntert, er könne wie Metis sein, unbekümmert (oder ahnungslos), dass Zeus sein Schicksal besiegeln wird. Unentwegt wird der Erfolg irgendeines jugendlichen Idols, Hedgefonds-Managers oder Sportstars bemüht, um eine fade Plattitüde zu illustrieren: »Du kannst alles werden, was du willst, du musst es nur wollen.« Beschworen wird ein Selbst, das jede Eigenschaft verkörpern, jede Herausforderung annehmen, jede Grenze überwinden kann. Kaum ein neoliberales Motiv ist zynischer, kaum eine Zauberformel willkommener. Dieser Katechismus einer permanenten Metamorphose hat einige kulturelle Tendenzen befördert, die den neoliberalen Alltag strukturieren. Wir beschränken uns auf zwei: das Verschwinden des Klassenbegriffs als wirtschaftliche Zuordnung und die Verwässerung des zu einem allgemeinen Handlungsimperativ erhobenen Begriffs von Risiko.

Eine folgenreiche kulturelle Entwicklung der letzten drei Jahrzehnte besteht darin, dass die einzig zulässige Erwähnung von »Klasse« im wirtschaftlichen Sinn die allgegenwärtige Rede von einer Mittelschicht oder *middle class* ist. In Großbritannien erklärte New Labour angesichts des Abschmelzens der Industriebeschäftigung in den späten Neunzigerjahren: »We're all middle class now«. Damit kopierten sie nur ihre vermeintlichen Gegner von den Tories: »Klasse ist ein kommunistischer Begriff«, befand Margaret Thatcher 1992 in *Newsweek*, »er fasst Menschen zu Gruppen zusammen und stellt sie gegeneinander.« Auch in Amerika ist die *middle class* die einzige soziologische Verallgemeinerung, die die Mainstreampresse kennt – jede andere Klasse scheint unbedeutend. Arm und Reich haben sich als mentale Kategorien derart verflüchtigt, dass ihnen in der Realität nichts mehr entsprechen soll: Über die Reichen wird allenthalben berichtet, sie fühlten sich nicht »wirklich reich«, die Armen nötigt man zur Leugnung ihrer Armut, um der Schande zu entgehen. Denn tun sie dies nicht, fragt man nicht etwa nach ihrer Klassenzugehörigkeit, sondern sucht nach persönlichem Versagen – ein klares Indiz für den schleichenden Neoliberalismus in der Sprache. Die Verdrängung der offenkundigen Tatsache, dass jede »Mitte« zweier Extreme bedarf, folgt der neoliberalen Doktrin, dass soziale oder gar wirtschaftliche Klassen (Arbeiterklasse, Oberschicht, Proletariat) schlechterdings nicht existieren.[41]

Den Neoliberalen hat dies zu einer ansehnlichen politischen Dividende verholfen, behindert es doch jeden Versuch einer politischen Mobilisierung auf Klassenbasis. Tatsächlich ließe sich argumentieren, dass die Niederlage und Dezimierung der Gewerkschaften aufs Engste mit der Auflösung von Klassenidentitäten zusammenhängt. Wie Owen Jones formulierte: »In den 1950ern verkörperte das Gewerkschaftsmitglied im Blaumann die Arbeiterklasse. Heute wäre es eine schlecht bezahlte, Teilzeit arbeitende Kassiererin.«[42] Mit dem Aussterben politischer Faktoren wie Gewerkschaften, ethnisch-kulturellen Vereinen oder festen Parteimilieus hat die große Masse der arbeitenden Bevölkerung jede gemeinsame Identität verloren. Wenn die etablierten Medien abschätzig von »Unterschichten« sprechen, dann nie im Sinne einer funktionalen ökonomischen Kategorie, sondern als Chiffre für Menschen, die sich weigern, markttaugliche Subjekte zu werden. Revolten wie den englischen Unruhen des August 2011 wird auf diese Weise von vorneherein jede politische Bedeutung genommen, um sie als Tobsuchtsanfall undisziplinierter Subjekte deuten zu können. Wie David Cameron nach den besagten Ausschreitungen im Parlament brummelte: »Hier geht es nicht um Armut, sondern einzig und allein um Kultur.« Eine Phalanx von Experten stieß in dasselbe Horn. Armut wird im neoliberalen Alltag zuerst personalisiert, dann kriminalisiert.

Die neoliberale Ablehnung realer gesellschaftlicher Kategorien hatte weitere Folgen. So stand etwa die Regierung von Präsident Obama, als sie in den Krisenjahren 2008 bis 2010 die regressive Steuergesetzgebung der Vorgängerregierung revidieren wollte, vor erheblichen Schwierigkeiten, weil sie die absurde Rhetorik, man dürfe »die Steuerlast der Mittelschicht« nicht erhöhen, selbst übernommen hatte. Folglich verzettelte sie sich in dem Ratespiel, wo die obere Einkommensgrenze dieser schwer greifbaren Mittelschicht wohl liegen könnte: bei 100 000, 200 000, 250 000 oder einer Million Dollar? Das jährliche Pro-Kopf-Einkommen betrug zu dieser Zeit durchschnittlich 27 041 Dollar – der öffentliche Diskurs fand in einer gänzlich faktenfreien Zone statt.[43] Die Verdrängung der Klassenkategorie untergräbt ferner Sozialversicherungsmodelle, die auf der Zugehörigkeit zu einer ökonomischen Klasse fußen. Um Renten- und Sozialversicherungen an der Figur des Einzelnen ausrichten und schließlich privatisieren zu können, muss der Bevölkerung zunächst jeder auf Klassensolidarität basierende Gerechtigkeitsgedanke ausgetrieben werden. Werden Versicherungsbeiträge als »persönliche Investition« gefasst und damit gerechtfertigt, jeder bekomme zurück, was er eingezahlt habe, dann haben die Neoliberalen die Schlacht bereits zur Hälfte gewonnen.

Die vermeintliche Unzulässigkeit sozialer Einteilungen hatte auch weitreichende Folgen für die neoliberale Konstruktion des Schlüsselworts »Risiko«, das im heutigen Sprachgebrauch tückische Konnotationen besitzt. Versteht man Risiko als versicherungstechnischen Begriff, dann müssen Individuen zunächst festen Kategorien und Identitäten zugeordnet werden, um Wahrscheinlichkeiten zu berechnen – andernfalls hätte man nur lauter einzelne Lebensläufe vor sich, die nichts miteinander verbindet. Klassische Ansätze der Risikokalkulation gewannen aus solchen Kategorien vernünftige Ergebnisse. Im alltäglichen Neoliberalismus aber ist dieses Verständnis von Risiko aufgrund des ersten Gebots von der Formbarkeit des Individuums zunehmend unüblich geworden.

Für Neoliberale stellt »Risiko«, wie häufig bemerkt, einen zu preisenden Daseinszustand dar, der nur vom obersten Leitwert der »Freiheit« übertroffen wird. Risikobereitschaft gilt als Markenzeichen des Unternehmers, als der einzig klare Beleg dafür, dass ein Subjekt aktiv sein Eigeninteresse verfolgt, anstatt sich passiv mit einem Los abzufinden, über das andere entscheiden. In aristotelischen Erzählungen über das Selbst kennzeichnet das Risiko klassischerweise die zweite Etappe, die zur Katharsis der Anerkennung (oder zur Tragödie) führt. Doch ebendarin gründet seine Mehrdeutigkeit im allgemeinen Sprachgebrauch: Es erscheint so nicht als versicherungstechnische, auf Wahrscheinlichkeiten reduzierbare Größe, sondern verlangt kühne, stürmische Hingabe an eine zwangsläufig unbekannte Zukunft. Vergegenwärtigen wir uns, dass Neoliberale auf der völligen Unwissenheit aller im Angesicht eines allwissenden Marktes beharren. Akzeptanz von Risiken bedeutet für sie folglich nicht, Wahrscheinlichkeiten genau abzuwägen, vorhersehbare Notfälle einzuplanen und umsichtig zu handeln, sondern reine Ekstase: Das Selbst unterwirft sich restlos dem Markt, also Kräften, die alles übersteigen, was wir auch nur zu begreifen vermögen – ein buchstäblich irrationaler Vertrauensvorschuss, und die Parallelen zu religiösen Traditionen sind durchaus beabsichtigt.

Auch deshalb verlangt die Teilnahme am neoliberalen Leben ein Handeln als unternehmerisches Selbst: Vorbehaltlose Hingabe an das (so verstandene) Risiko gilt als wichtigste Methode zur Veränderung der eigenen Identität und maximalen Ausschöpfung des Lebens. Autobiografien von Unternehmern beginnen heute fast immer nach folgendem Muster: »Was genau uns Unternehmer ständig zum riskanten Nervenkitzel treibt, das weiß ich nicht, aber alle Unternehmer, die ich kenne, sind Adrenalin-Junkies. Wir gehen kitesurfen, betreiben Heliskiing, fahren Autorennen und entdecken ständig neue Herausforderungen.« Umgekehrt gilt jeder, der den Sozialstaat in Anspruch nimmt, als dröger, bloß dahinvegetierender Schmarotzer. Er ist minderwertig, denn anstatt sich über die Chance zur Neuerfindung seines Selbst zu freuen, erwartet er vom Staat Schutz vor Risiken. »Wissenschaftler« stimmen mit der Versicherung in den Chor ein, Erfolg gebühre dem, der kühn und herrisch nach dem Glück greift:

»Die bei Suchtkranken oft anzutreffenden Charakterzüge von Risikobereitschaft, Suche nach dem Neuen und Manie können in den Dienst großer Effektivität am Arbeitsplatz gestellt werden. Viele Führungskräfte haben nicht etwa trotz, sondern wegen ihrer Sucht Erfolg – dieselbe Hirnverschaltung und Chemie, die sie zu Süchtigen macht, verleiht ihnen auch vorteilhafte Verhaltenseigenschaften.«[44]

Der Bewohner der neoliberalen Welt hat erst dann eine wirklich flexible Identität bewiesen, wenn er vor dem launischen Gott des Risikos auf die Knie fällt. Ohne schrankenlose Risikobereitschaft bleibt Freiheit bloß ein mechanisches Wählen, wie es jede Maschine vermag. Nicht durch Solidarität mit dem Wahngebilde einer sozialen Klasse oder Berufsgruppe bringt der Markt Erlösung, sondern durch die wagemutige Behauptung von Individualität, die sich durch die Kapitulation vor einem Leben voller Risiken vollzieht. Das berauschende Elixier destillierten Risikos wird dem modernen neoliberalen Selbst als Droge erster Wahl verhökert: *Greifen Sie einfach zu.* Mit der realen Wirtschaftsgeschichte kapitalistischer Unternehmen hat dies freilich wenig zu tun: Es ist ein kulturelles Konstrukt reinsten Wassers.

Der Risikobegriff bildet die wesentliche Brücke zwischen einem vermeintlich rational-instrumentellen Handlungsverständnis und der nachträglichen moralischen Bewertung jeglichen Marktergebnisses. Für neoliberale Krisendeutungen hat er einen entsprechend zentralen Stellenwert gewonnen: Wann immer der Markt Anzeichen eines Zusammenbruchs macht, lässt sich dies auf eine falsche Risikoeinschätzung durch das Gros der Akteure zurückführen, die in gewissem Sinn vermeidbar gewesen wäre. (Das ist die Botschaft von Bestsellern wie Michael Lewis' *Big Short.*) Risiken eingehen heißt letztlich, dass jedes Scheitern selbstverschuldet ist; politische Initiativen zur Bestrafung der Verantwortlichen werden als null und nichtig betrachtet. In geistig dürftigen Zeiten gilt die Erkenntnis des notwendigen Scheiterns technischer Risikomodelle als große Erleuchtung, obwohl sie nur ein Aspekt jener Tautologie ist, mit der in der neoliberalen Welt jedes Desaster auf persönliches moralisches Versagen zurückgeführt wird.

Die heutige Kultur des Risikos entspricht somit dem neoliberalen Gebot, dass eine Tauschgerechtigkeit nicht existiert und die Akteure schlicht das Urteil des Marktes hinnehmen müssen. Scheinbar in die

Zukunft gerichtet, dient der Risikodiskurs in Wirklichkeit der nachträglichen Rechtfertigung jedes Resultats.

Die neoliberale Feier des Risikos durchzieht das moderne Alltagsleben. Daraus erklärt sich zum Beispiel das beachtliche Comeback von Casinos und Glücksspiel. Es gab Zeiten, in denen das Glücksspiel als ein unmoralisches Schröpfen des kleinen Mannes galt, was viele Versuche zu seinem Verbot oder wenigstens einer strengen Reglementierung nach sich zog. Mitte des 20. Jahrhunderts existierte die Ansicht, es in die Illegalität abzudrängen sei besser als die Sanktionierung des vorsätzlichen Ruins finanzschwacher Menschen, die nicht genügend Willensstärke besitzen, um der Pferderennbahn oder dem Spieltisch den Rücken zuzukehren. Im neoliberalen Pantheon hingegen gilt die Person, die sich bereitwillig dem Risiko aussetzt (obwohl ihre Verluste vom Casino einkalkuliert sind), nicht als willensschwacher Narr, sondern als Held. Anders als in früheren gesellschaftlichen Ordnungen hat das Glücksspiel im heutigen Leben eine Aura moralischer Rechtschaffenheit gewonnen. Am Spielautomaten oder im Wettbüro, mit Blackjack oder am Roulettetisch sein Glück zu versuchen, ist kein Privileg reicher Müßiggänger, sondern die massenhafte Simulation eines idealen Lebens zu Übungszwecken. Das Glücksspiel ist nicht nur ein lukrativer Geschäftszweig, sondern lehrt auch das Prekariat ein Leben im Delirium des Lottofiebers zu führen, in dem es die Arbeitswelt vergessen kann.

Diese Erhöhung des Risikos zu einer Bewusstseinsschärfung des neoliberalen Selbst steht erwartungsgemäß in kausaler Beziehung zur Krise, wie Christopher Payne in seiner Studie *Consumer, Credit and Neoliberalism* gezeigt hat. Darin dokumentiert er, wie diverse Think-Tanks aus der neoliberalen Schachtelpuppe das ältere keynesianische Leitbild des »Arbeitnehmer-Sparer-Haushalts« als »paternalistisch« zurückgewiesen und durch das des wagemutigen Entrepreneurs ersetzt haben. Theoretische Innovationen der Chicago School und politische Interventionen verbanden sich zu einer mehrgleisigen Offensive: Finanzreformen sollten nicht nur prometheische Banker von ihren Fesseln befreien, sondern auch dem Verbraucher durch mehr Kredite beim Frisieren seiner persönlichen Bilanzen helfen. Scharen von Neoliberalen predigten eine »unternehmerische Kultur« und die Vorzüge von Risikobereitschaft beim persönlichen Vermögensmanagement. Natürlich wurden die obskuren Immobilienkredite und dubiosen Praktiken der Verleiher nicht von den frischgebackenen Finanzexperten in der Bevölkerung verlangt oder gar erfunden, wie Neoliberale später verleumderisch behaupteten. Trotzdem steckt in der Beobachtung, dass zunächst das Bild des Verbrauchers gründlich auf den Kopf gestellt werden musste, um die große Wurstmaschine der Verbriefung mit einer solchen Masse von Immobilienkrediten neuer Eigenheimbesitzer füttern zu können, mehr als ein Körnchen Wahrheit.

Die Verwandlung des Arbeitnehmers/Verbrauchers in einen waghalsigen Entrepreneur erweist sich als zentral für die Generalabsolution, die die Neoliberalen dem Finanzsektor mit Blick auf die Krise erteilen. So etwas wie »räuberische Kreditgeschäfte« kann es in ihrem Konstrukt gar nicht geben, weil jede wirtschaftliche Transaktion, egal wie viele Fallen sie enthält, vom Idealtypus des unternehmerischen Akteurs freiwillig getätigt wird, sodass Zwang und Ausbeutung prima facie ausgeschlossen sind. Weil glänzende Produkte wie die »Subprime«- und »Alt-A-Kredite« nur die Sehnsüchte einkommensschwacher potenzieller Hausbesitzer stillen sollten (unter denen benachteiligte ethnische und soziale Gruppen überrepräsentiert waren), liegt die Schuld bei Letzteren. Weil der Markt der größte Informationsvermittler aller Zeiten ist, tragen Hauskäufer, die sich nun betrogen fühlen, selbst die Verantwortung, schließlich hätten sie die Fülle innovativer Finanzprodukte – etwa variabel verzinsliche Kredite oder solche, die ohne Anzahlung und Einkommensnachweis vergeben werden – gründlicher studieren können. Hat ihre optimale Dummheit sie zu leichter Beute gemacht, dann haben sie offenbar nicht ausreichend in das eigene Humankapital investiert.

Die kritische Gegenerzählung unterstellt natürlich eine konzertierte Anstrengung, die Kreditnehmer durch irreführende Informationen zu ködern:

> »Experten beschreiben den Weg in die Finanzkrise oft als einen ›Wettlauf nach unten‹. In Wirklichkeit gab es gleich eine ganze Reihe solcher Wettläufe, die teils auf dem Markt, teils auf staatlicher Seite stattfanden. Auf dem Finanzmarkt setzten sich nach der Jahrtausendwende undurchsichtige Subprime-Produkte, die zunächst von dubiosen, unregulierten Hypothekenfirmen jenseits des Bankensektors angeboten wurden, allmählich durch. Ähnlich wie im Kreditkartengeschäft, wo Kunden mit einer Zinsrate von 4,9 Prozent geködert werden, am Ende aber 18,9 Prozent zahlen, verdeckten sie oft eine

später eintretende Kostenexplosion. Um ihre Kunden zu halten, mussten Banken und Sparkassen ähnliche Produkte anbieten, weil ihre altbackenen festverzinslichen Kredite im Vergleich teuer wirkten. Auf immer mehr Märkten wurde es überlebensnotwendig, die wirklichen Kosten und Risiken des Produkts zu verbergen.«[45]

Die Kreditgeber zu Transparenz und einfachen Prozeduren zu zwingen – vielleicht in Verbindung mit etwas »Verbraucherbildung« –, ist eine naheliegende Reaktion auf diese Farce, die aber von bedenklicher Unkenntnis der neoliberalen Mentalität zeugt. Banken und andere Anbieter schöpfen aus dem Marketing-Know-how von Generationen, wenn sie das unternehmerische Selbst umwerben – eine Figur, an deren Geburt sie maßgeblich beteiligt waren. Sie beherrschen meisterhaft Verkaufstechniken, die Einfachheit suggerieren, aber in Wahrheit hochmanipulativ sind und wesentliche Informationen unterschlagen. Rechtliche Flickschusterei bleibt vollkommen wirkungslos, wenn man die heutigen Praktiken des Finanzsektors bekämpfen will – mindestens ebenso sehr wie die Banken muss man das unternehmerische Selbst ins Visier nehmen und verändern.

So funktioniert Neoliberalismus: Erst setzt er Himmel und Hölle in Bewegung, auf dass jeder sein eigenes Portfolio verwalte und mehr Risiken eingeht – und wenn alles zusammenbricht, was unweigerlich passieren muss, verteufelt er die Leidtragenden. Die bekannteste (und folgenreichste) Attacke auf einkommensschwache Schuldner unternahm Rick Santelli vom Fernsehsender CNBC, als er im Februar 2009 auf dem Parkett der Chicagoer Börse eine Tirade abfeuerte, die inzwischen als Startschuss für die Tea-Party-Bewegung gilt. Sein fünfminutiger Wutausbruch – Santelli nannte überschuldete Hausbesitzer *»loser«*, wetterte gegen staatliche Hilfen und dachte laut über die Notwendigkeit einer neuen Tea Party nach – verbreitete sich im Internet wie ein Lauffeuer und machte ihn schlagartig berühmt.[46]

Die Tea-Party-Parole »Ihre Hypothek ist nicht mein Problem« täuscht darüber hinweg, dass die meisten Menschen nicht ständig Trickserеien aushecken, um über ihre Verhältnisse zu leben, sondern gezielt dazu verleitet werden müssen. Wer in einer Maßlosigkeit des durchschnittlichen Bürgers die Krisenursache verortet, unterstellt dem Einzelnen ein Verständnis der Zusammenhänge, das ihm in der neoliberalen Ära gewöhnlich abgesprochen wird.

In der Praxis hat sich das neoliberal verstandene Risiko als ein sehr einseitiges Phänomen entpuppt. Die Zunahme risikobereiter Subjekte erforderte als Gegengewicht eine aus seriösen gewinnorientierten Firmen bestehende Kontrollstruktur – und eigenartigerweise folgen diese Firmen, die ihr Geld mit der Kategorisierung der Subjekte je nach eingegangenen Risiken verdienen, keineswegs den überschießenden Vorstellungen von Risiko, die man diesen eingeimpft hat. Bei der Durchführung ihrer Dienstleistungen strukturieren sie die gesammelten Daten vielmehr auf Grundlage der älteren versicherungstechnischen Risikodefinition, indem sie die unglückseligen Subjekte nach beliebigen abstrakten Kategorien wie Einkommen, familiärer Herkunft, Hautfarbe, Geschlecht, Gesundheitszustand, Bildung oder Alter sortieren. Wie wir es beim Neoliberalismus inzwischen erwarten dürfen, befindet sich das verabscheute stahlharte Gehäuse bürokratischer Rationalität lediglich notdürftig getarnt ein wenig im Hintergrund. Während die unternehmerischen Akteure eifrig mit der kühnen Neuerfindung ihrer selbst beschäftigt sind, betrachten die Kontrollfirmen sie als stereotype Protagonisten, die wie eh und je ein recht gewöhnliches Leben führen. Während sich die Akteure dazu gratulieren, immer wieder die Fesseln ihrer Identität gesprengt zu haben, verfolgen die Kontrollfirmen sie hartnäckig durch Zeit und Raum als identische Personen.

In der neoliberalen Ära haben nicht nur Techniken zugenommen, die die Formbarkeit des Selbst fördern, sondern auch solche, die Nutzen aus seinem Scheitern schlagen. Wir beschränken uns auf zwei anschauliche Beispiele: den Zweitmarkt für Lebensversicherungen und die Nutzung und Durchsetzung des sogenannten FICO-Scores.

Vorformen der Lebensversicherung existieren schon sehr lange, vom 17. bis zum 19. Jahrhundert etwa in Gestalt staatlicher Lotterien und sogenannter Tontinen. Ab dem 18. Jahrhundert entstanden unterschiedliche Arten von Begräbnisgesellschaften, in die die Mitglieder einen Beitrag einzahlten, und vom 19. Jahrhundert an wurden Versicherungspolicen als Möglichkeit angeboten, Vorsorge für Familienangehörige im Falle eines vorzeitigen Todes zu treffen. Zur Abgrenzung von unsittlichen Wetten auf den Tod Dritter wurde es verboten, Versicherungen auf das Leben von Menschen abzuschließen, zu denen keine persönliche Beziehung bestand. Einen breiten Markt konnte sich die Lebensversicherung somit durch ihre Präsentation als ein Produkt erschließen, das dem Abnehmer ein vorausschauendes Handeln mit Blick auf die ihm nahestehenden Personen – gewöhnlich die Familie – erlaubte. Sobald sie jedoch ein Massenprodukt geworden war, bekam dieses Bild Risse.

In der neoliberalen Ära sind Lebensversicherungen durch »Verbriefung« wie die meisten Einkommensströme der Privathaushalte zu einem handelbaren Finanzprodukt geworden. Ab den späten Achtzigerjahren entstanden Firmen, die auf den Ankauf von Policen notleidender Menschen – damals vor allem HIV-Positiver – für eine Pauschalsumme spezialisiert sind. Je stärker die Renten- und Sozialsysteme ausgehöhlt wurden, umso stärker wuchs dieser Markt. Der neue Eigentümer übernimmt die Beitragszahlungen in der Erwartung, dass ein baldiger Tod der versicherten Person seine Kosten im Verhältnis zur Versicherungssumme minimieren wird. Dieser Sekundärmarkt ist im Lauf der letzten drei Dekaden dramatisch gewachsen.[47] Häufig werden Policen gebündelt, in »forderungsbesicherte Wertpapiere« verwandelt und an institutionelle Anleger verkauft, denen das makabre Ausgangsgeschäft oft gar nicht bekannt ist. Anders als von Wirtschaftsexperten behauptet, waren solche Wertpapiere und ähnliche Derivate somit keine ausschließliche Domäne der Wall Street – sie reichen herab bis in die letzten Winkel des alltäglichen Lebens (und Sterbens). Im Fall der Lebensversicherungen sehen wir, wie todkranke Menschen angesichts schwindender Vermögensposten zur Verstärkung ihrer »unternehmerischen« Anstrengungen ermahnt werden, während die Firmen, die ihre Policen verbriefen und sie genauestens im Blick haben, keinerlei Risiko im Sinne des Neoliberalismus eingehen, sondern strikt auf Basis versicherungstechnischer Kategorien und fester Kundenidentitäten operieren. Diese Asymmetrie in puncto Risiko und Identität ist symptomatisch für den alltäglichen Neoliberalismus. Was dem Subjekt als Bereitschaft erscheint, seine ganz persönlichen Bedürfnisse und Nöte anzuerkennen und angesichts widriger Umstände neue Lösungen zu finden, ist für die Firmen nur kühles Geschäftskalkül: Das Missgeschick des unternehmerischen Selbst wird durch die Anwendung unpersönlicher, versicherungsmathematischer, fixer Kategorien in klingende Münze verwandelt. Wie ein auf dem Zweitmarkt für Lebensversicherungen tätiger Anwalt 2005 erläuterte:

> »Es ist ein Zahlungsanspruch, nicht anders als im Kreditkartengeschäft oder bei Filmtantiemen. Wie auch immer. Ich sehe das tatsächlich aus einer Kapitalmarktperspektive. Es ist ein Aktivposten, der Einkommen generiert, nur

halt erst im Todesfall. [...] [Menschen] haben einen Vermögensposten namens Versicherungsfähigkeit und das übersetzt sich in ein Finanzprodukt.«[48]

Ein weiteres großes Feld, auf dem die vom unternehmerischen Selbst eingegangenen alltäglichen Risiken im Dienste versicherungsmathematisch berechenbarer Profite verwaltet, umgedeutet und neu verpackt werden, bieten Verbraucherkredite. Im Folgenden soll lediglich illustriert werden, wie der unbändigen Freiheit dieses Selbst eine gewinnorientierte Anwendung fester Klassenkategorien gegenübersteht.

Kredite aller Art waren in den letzten drei Jahrzehnten bekanntlich ein effektives Mittel, um die Arbeiterklasse von mageren Lohnzetteln abzulenken und die sich stetig verschärfende Einkommensungleichheit in den Vereinigten Staaten, Großbritannien und den peripheren EU-Ländern abzufedern. Als Verkaufsmasche diente dabei der stereotype neoliberale Appell an das Subjekt, mehr Marktorientierung an den Tag zu legen, indem es sich mit freudiger Risikobereitschaft verschuldet, sei es durch Studiendarlehen, Kreditkarten, Hypotheken oder exotischere Arrangements. Doch während all die kleinen Unternehmer emsig bemüht waren, sich in eine Galatea zu verwandeln, der ohne große Anstrengung Erfolg zufällt, mussten für die Aufrechterhaltung versicherungsmathematischer Größen von Klassenzugehörigkeit und fester Identitäten spezielle Panoptiken errichtet werden. Die wachsende Verschuldung erforderte ein konzertiertes Management; Verbindlichkeiten mussten Personen mit unveränderlicher Identität zugeordnet werden; die Ausweitung des Kreditgeschäfts machte weitere Standardisierungen notwendig. In der Literatur zur Krise gilt das Hauptaugenmerk dem Übergang von einem Modell, bei dem der Verleiher den Kredit in seinen Büchern behält (*»originate and hold«*), zum Modell des Weiterverkaufs von Forderungen (*»originate and distribute«*), das durch den Prozess der Verbriefung gefördert wurde. Dieser Veränderung ging jedoch eine andere, genauso bedeutsame voraus: Anstatt die Kreditwürdigkeit von Unternehmen oder Personen als konkreten Einzelfall zu prüfen, wurde sie zunehmend von Privatfirmen anhand einheitlicher quantitativer Indizes automatisch ermittelt. Für Unternehmen leisten dies die drei großen Ratingagenturen; für Verbraucher wurde der sogenannte FICO-Score eingeführt, der auf einem von Fair Isaac and Company entwickelten Algorithmus basiert.[49]

Fair Issac brachte den allgemeinen FICO-Score 1987 auf den Markt;

1995 hatte er bereits Eingang in das standardisierte Kreditvergabeverfahren bei Freddie Mac gefunden. Faszinierend ist, wie schnell diese scheinbar neutrale technokratische Kennziffer, die ursprünglich nur von Banken für die Automatisierung ihres Kreditkartengeschäfts genutzt wurde, Verbreitung fand und zum wichtigsten statistischen Instrument für die Kontrolle des neoliberalen Subjekts aufstieg. Versicherungen prüfen heute bei der Beitragsbemessung mit ihrer Hilfe die Kreditgeschichte ihrer Kunden, Unternehmen greifen auf FICO-Scores zurück, um sich ein Bild von Stellenbewerbern zu machen, Einzelhandelsunternehmen nutzen sie auf der Suche nach neuen lukrativen Standorten. In den vergangenen Jahren hat Fair Isaac weitere eigentümliche Modelle auf den Markt gebracht, mit deren Hilfe Betreiber von Spielcasinos angeblich erkennen können, welche Gäste den meisten Gewinn versprechen, und die Krankenversicherungen sogar eine Prognose darüber erlauben sollen, mit welcher Wahrscheinlichkeit Patienten ihre Medikamente auch tatsächlich einnehmen. Das neoliberale Selbst lebt in einem unsichtbaren Raster aus FICO-Werten. Je allumfassender der FICO-Score jedoch wurde, je mehr er zur maßgeblichen Erfolgskennziffer des Individuums avancierte, umso mehr büßte er seine ursprünglich behauptete Funktion ein: zuverlässige Prognosen über die Wahrscheinlichkeit eines Kreditausfalls zu ermöglichen – und dies galt wohlgemerkt schon vor der Krise.[50] Mit der Krise wurde lediglich offensichtlich, dass der FICO-Score praktisch gar keine Prognosen erlaubt, sondern nur den Unternehmen zur gemeinschaftlichen Überwachung und Kontrolle des beständig seine Gestalt verändernden neoliberalen Subjekts dient. Anstatt wirtschaftliche Entscheidungen auf altmodische Vorstellungen von »Charakter« oder »Integrität« zu gründen, wirkt der FICO-Score als eine Erkennungsmarke, die Menschen einer bestimmten stereotypisierten Verbraucherkategorie aus dem Arsenal von Fair Isaac zuordnet und sie zwingt, kollektiv die Konsequenzen exzessiven unternehmerischen Risikoverhaltens zu tragen. Alles Feste an der persönlichen Identität löst sich in Luft auf. Martha Poon hat dies als folgenreichen Übergang von der »Kreditkontrolle durch Prüfung« zur »Kreditkontrolle durch Risikokategorien« bezeichnet; wir nennen es einfach Neoliberalismus: Es handelt sich um die neueste Methode zur Überwachung des modularen unternehmerischen Selbst.[51] In den späten Neunzigerjahren hatten sich FICO-Scores als Allzweckkennziffer des »Werts« eines Menschen durchgesetzt, die dessen Schulden mit denen Millionen anderer vergleichbar machte. Dadurch fanden sie direkten Eingang in die Modelle, mit denen die Tranchen der hypothekengestützten Wertpapiere festgelegt wurden, die sich schließlich als eine direkte Krisenursache erwiesen. Das FICO-Panoptikum bildete eine notwendige Voraussetzung für die Entstehung der Blase.

Obwohl es günstigerweise ein privatisiertes Panoptikum darstellt, sind nicht etwa Fair Isaac und die Bonitätsbewerter für das von ihnen geschaffene und auf die Kunden abgewälzte »Risiko« verantwortlich – im Unterschied zum neoliberalen Selbst, das sie weiterhin streng überwachen. Das illustriert abermals die deutliche Asymmetrie im neoliberalen Risikoverständnis. Kommt es zum Beispiel aufgrund von »Identitätsdiebstahl«, »Datenfehlern« oder »Computerproblemen« zu falschen Identifizierungen, dann liegt die Zuständigkeit nicht etwa bei den Firmen, sondern es wird dem in äußerste Bedrängnis geratenen verzweifelten Betroffenen selbst überlassen, solche Abweichungen vom Gebot versicherungstechnischer Exaktheit zu »korrigieren«. Da die Bonitätsbewerter ihm dies nicht gerade leicht machen, entstand ein komplexer Sekundärmarkt: Das unternehmerische Subjekt kann andere Dienstleister dafür bezahlen, dass sie die Arbeit solcher Ratingagenturen kontrollieren, um eventuelle Abweichungen von dem festzustellen, was es selbst für seine Identität und Biografie hält.

Auch dies illustriert sehr schön den entscheidenden Grundsatz des Neoliberalismus, alle von ihm geschaffenen »Probleme« ließen sich durch ein verstärktes Bemühen um unternehmerische Innovation und weitere Marktmechanismen adäquat lösen. Bedauerlicherweise blamierte sich diese Maxime, als das gesamte Kreditratinggebäude in der Krise von 2008 kollabierte. Aber da FICO-Scores auf zahlreichen Gebieten vom Kreditkartengeschäft bis zur Hintergrundprüfung fest verankert sind und angeblich eine »bequeme« Lösung darstellen, können sie wie so viele Elemente des Neoliberalismus trotz dürftigen Realitätsbezugs weiterexistieren.

3. Alltäglicher Sadismus

Wenn in New York, der Finanzhauptstadt der Welt, eine Limousine durch die Straßen rollt, auf der in großen Lettern *Kill the Poor* steht – handelt es sich dann um »Ironie« oder um etwas ganz anderes?[52] Die

Antwort darauf hat seit 2008 möglicherweise eine neue Bedeutung gewonnen. Da sich ein solcher Gag leicht als belanglos abtun lässt, zitieren wir die etwas gehaltvolleren Reflexionen des führenden Philosophen der Grausamkeit über die Quellen dieses Drangs:

»Der Schuldner, um Vertrauen für sein Versprechen der Zurückbezahlung einzuflößen […], verpfändet kraft eines Vertrags dem Gläubiger für den Fall, daß er nicht zahlt, etwas, das er sonst noch ›besitzt‹ […]. Namentlich aber konnte der Gläubiger dem Leibe des Schuldners alle Arten Schmach und Folter antun […]. Die Äquivalenz ist damit gegeben, daß an Stelle eines gegen den Schaden direkt aufkommenden Vorteils […] dem Gläubiger eine Art *Wohlgefühl* als Rückzahlung und Ausgleich zugestanden wird, – das Wohlgefühl, seine Macht an einem Machtlosen unbedenklich auslassen zu dürfen, die Wollust *de faire le mal pour le plaisir de le faire*, der Genuß in der Vergewaltigung: als welcher Genuß um so höher geschätzt wird, je tiefer und niedriger der Gläubiger in der Ordnung der Gesellschaft steht […].«[53]

Friedrich Nietzsche leitete den Willen zum Strafen aus der Welt der Schulden ab, nicht umgekehrt. Folgt man seiner psychologischen Deutung, dann spräche dies dafür, dass die seit der Krise verschärfte Asymmetrie zwischen machtvollen Gläubigern und verzweifelten Schuldnern ein antagonistisches Feld der Grausamkeit freigelegt hat, das in wirtschaftlich besseren Zeiten nur etwas zugedeckt ist. Heute lebt jedermann im Bewusstsein der Scharen von hoffnungslos überschuldeten Hausbesitzern, die kurzerhand auf die Straße gesetzt wurden, der Kinderarmut, die in den Vereinigten Staaten bei 20 Prozent liegt, der neuen Armen, die nachts die Obdachlosenheime und Wal-Mart-Parkplätze bevölkern, der stummen Bettler mit ihren primitiven Pappschildern, der verschämt die Essenstafeln aufsuchenden Familien, der Verdrängten, der Elenden und der Absteiger. Um mit einer so düsteren, rauen Realität zu leben, könnte man sich sagen, dass all diese Menschen schlicht Kollateralschäden darstellen, ein bedauerliches Resultat unpersönlicher Wirkkräfte, und niemand ihnen mit Feindseligkeit begegnen sollte – sich also im Sinne John Rawls' vergegenwärtigen: Es hätte auch mich treffen können. So würde die Exkulpation des klassischen Liberalen lauten.

In unserer neoliberalen Ära scheint eine andere Mentalität vorzuherrschen. Die Kultur des alltäglichen Neoliberalismus fördert Einstellungen, die an Nietzsches Psychologie des Gläubigers erinnern, und bringt eine neuartige Moral hervor. Seit den Neunzigerjahren verfolgen nicht nur die Reichen, sondern fast jeder, der noch einen Job hat, mit elektrisierender Schadenfreude, wie die Vollstrecker der Austerität tausenderlei grausame Einschnitte in den Sozialstaat vornehmen. Dass die Armen, wie oben argumentiert wurde, nicht mehr als Klasse gelten, macht es leichter, sie als Einzelne zu hassen. Sie sind der Abfall des Marktes. Diese jämmerlichen Gestalten, so gibt man zu verstehen, leben von unserer Großzügigkeit; deshalb sind sie es, die uns etwas schulden; und deshalb haben wir jedes Recht, Zuschauer im Theater der Grausamkeit zu sein. Bei diesem dunklen Vergnügen lernen selbst einkommensschwache Menschen, sich in einer Ära des Niedergangs wie Superreiche zu fühlen. Für einen Augenblick kann sich die Arbeiterklasse mit dem gebieterischen Gläubiger identifizieren, auch wenn sich diese Scharade mangels Vermögen nicht lange durchhalten lässt.

Jenseits solcher Träumereien erfüllt die Normalisierung des alltäglichen Sadismus allerdings auch tiefergehende Funktionen. Die im letzten Kapitel skizzierten »doppelten Wahrheiten« des Neoliberalismus lassen sich nicht dauerhaft in die Sphäre des NDK bannen, sondern sickern als notdürftig verhüllte Widersprüche ins Alltagsleben durch – als Widerspruch zwischen Populismus und Plutokratie, Freiheit und Kontrolle, selbstzufriedener Unwissenheit und glühender Überzeugung, christlicher Theologie und Effizienznormen, Kosmos und Taxis, Genuss und Zufügung von Schmerz. Würde die breite Bevölkerung diese Widersprüche direkt ins Visier nehmen, käme es zu einer radikalen Ernüchterung über die Versprechen der neoliberalen Ordnung. Um kognitive Dissonanz zu vermeiden, vollzieht der kulturelle Apparat eine Quadratur des Kreises, indem er kleine neoliberale Allegorien auf die öffentliche Bühne bringt, die den Zorn von unlösbaren politischen Dilemmata auf die Opfer ablenken. Wie ein Analytiker bemerkte, braucht jedes System der Grausamkeit sein eigenes Theater.[54]

Im neoliberalen Theater der Grausamkeit peinigt man die Armen und Notleidenden, gerade weil sie am Boden liegen. Ein solcher alltäglicher Sadismus prägt die reißerischen Fernsehberichte, in denen die Opfer sagen sollen, »wie sich das anfühlt«, Haus oder Arbeit zu verlieren; er zeigte sich, als der Justizminister von Nebraska Arbeitslosengeldempfänger bedenkenlos mit »aasfressenden Waschbären« verglich;[55] er steckt in dem lächerlichen obligatorischen Hoffnungsschimmer, mit dem jede Katastrophengeschichte endet, um die willfährigen Zuschauer nicht unnötig zu verstören. Er trieft aus der Behauptung, religiöse Wohlfahrtsarbeit (die immer mit einer konfessionellen Botschaft einhergeht) mache das Los der Bedrängten erträglich. Er liegt dem Argument zugrunde, die Armen sollten die Wucht der Austerität besser jetzt zu spüren bekommen, denn später werde es nur noch schlimmer für sie. Als 2011 der Ruf nach Besteuerung der Reichen lauter wurde, griffen rechte Think-Tanks zu einem politischen Trick: Sie verdrehten die Rhetorik der »Gleichheit« vorsätzlich mit der empörten Behauptung, das Gros der Armen leiste nicht »seinen Beitrag« zur Einkommenssteuer (nämlich gar keinen) und habe somit »keine Aktien im Spiel«; diese von neoliberalen Medien begierig aufgegriffene Kampagne der Verachtung war derart schrill, dass sich die Satiriker über sie hermachten.[56]

Im gegenwärtigen Klima kann man den Armen offenbar fast alles antun – abgesehen (vielleicht) vom sexuellen Missbrauch ihrer Kinder –, ohne mit Ächtung durch die gehobene Gesellschaft rechnen zu müssen. Wie konnte dieses Theater der Grausamkeit so normal werden?

Das tägliche Schauspiel der öffentlichen Erniedrigung ist, wie Martijn Konings bemerkt hat, die Kehrseite des strahlenden neoliberalen Selbst.[57] Nicht nur muss das wahrhaft unternehmerische Subjekt, in permanenter Selbstveränderung hin- und hergeworfen von Marktkräften jenseits seines Horizonts, Risiko und Unsicherheit begrüßen; der vom Neoliberalismus geförderte fundamentale Narzissmus erfordert außerdem, dass wir aktiv an der Externalisierung der Erfahrung von Unsicherheit und drohender Abwertung teilnehmen. Als Gegenstück zum Kult um Prominente hat sich deshalb ein Theater der unverfrorenen Grausamkeit etabliert, in dem wir das missglückte Leben anderer begaffen wie einen Crash beim Autorennen. Die Inszenierung dieses alltäglichen Sadismus ist so allgegenwärtig, dass man die entsprechenden Shows gar nicht alle aufzuzählen braucht – man denke nur an Sendungen wie die *Jerry Springer Show, Big Boss* oder *Big Brother*, die kaum die Mühe einer Kritik lohnen, aber die amerikanische Kultur prägen. Unscheinbare Leute, die verzweifelt etwas Anerkennung suchen und sich nach einer Flucht aus der faden Normalität sehnen, opfern sich vor einem Millionenpublikum auf dem Altar restloser Entwürdigung, wo ihnen schmierige Prominente die Leviten lesen. Weil solche Sendungen weniger kosten als Nachrichten, Filme oder Serien, breiten sie sich weiter aus. Häufig soll das Publikum sogar darüber abstimmen, wer aus dem Rennen fliegt – ein unverkennbares Simulakrum des neoliberalen

Marktes. In Spielshows wurden die Armen belohnt; im heutigen Reality TV werden sie zertrampelt. Computerspiele lebten früher vom Triumph der Geschicklichkeit; heute geht es, wie in *Grand Theft Auto*, nur noch um die Erniedrigung der Verlierer. Doch anstatt in Rage zu geraten, sollten wir der Frage nachgehen, ob dieses Genre symptomatisch für eine relativ neue Lebensweise im alltäglichen Neoliberalismus ist.

Häufig wird das Theater der Grausamkeit als Trick beschrieben: Es lenkt von den wirklichen Ursachen der Verarmung ab, nämlich von der seit mindestens dreißig Jahren zunehmenden Einkommensungleichheit und Lohnstagnation in westlichen Ländern. Das erinnert an Thomas Franks Ablenkungsthese, nur dass das Theater der Grausamkeit an die Stelle der kulturellen und religiösen Themen tritt, in denen er die Massenablenkungswaffen ausmachte. So scheint etwa Konings zu argumentieren:

> »Die für die neoliberale Gouvernementalität so entscheidende Kultur der Selbsthilfe bedingt eine Dialektik ständiger Bestätigung und Ablehnung, Verführung und Versagung [...]. Die neoliberale Gouvernementalität setzt Disziplinierungsketten in Gang, Geflechte, die aus Akten eines alltäglichen Sadismus und Gesten der Beurteilung bestehen und uns vom Unmut darüber ablenken, dass wir Machtstrukturen unterworfen sind, die wir nicht vollständig begreifen und als repressiv und einengend erleben. Diese Kanalisierung unserer Wut und Unzufriedenheit dient dazu, [...] unsere Vorstellungen von Selbstverwirklichung und verantwortlichem Leben derart zu verdrehen, dass wir schließlich eine spirituelle Dimension darin sehen, unser persönliches Budget ins Lot zu bringen.«[58]

Genau wie Franks These mag dies zunächst plausibel klingen und zeugt doch von einer voreiligen Trennung der sich selbst regulierenden Wirtschaft von hierarchischen Strukturen und kulturellen Phänomenen, die angeblich bloß deren Umgebung bilden. Das Schauspiel der Erniedrigung ist nicht einfach ein Blitzableiter für schwelenden Unmut oder eine banale Gelegenheit zum Gaffen für Menschen mit begrenzter Aufmerksamkeitsspanne, sondern zugleich eine Technologie zur Umgestaltung von Wirtschaft und Gesellschaft. Denn was sind etwa die ausufernden Umschulungsprogramme anderes als eine staatlich subventionierte Demütigung? Die Ökonomie und das Theater der Grausamkeit sind zu einem vertikal integrierten Konglomerat verschmolzen. Das Ganze ist ein Lehrstück über Herden und Wünsche. Alltäglicher Sadismus kann auf vielfältige Weise und in ganz unterschiedlichen Situationen zum Zuge kommen; die Frage ist, ob seine didaktischen Verwendungen in den letzten drei Jahrzehnten einen besonderen gemeinsamen Nenner aufweisen. Als bloßes Ablenkungsmanöver kann er keinesfalls abgetan werden. Fasst man den alltäglichen Sadismus als zynische Eröffnung eines Nebenkriegsschauplatzes, dann schließt man vorschnell aus, dass er nicht bloß eine simple Fingerübung der unsichtbaren Hand ist, sondern noch anderen, präziser gefassten Zielen dient, also etwa Techniken vermitteln soll, die das neoliberale Selbst festigen.

Viele Leser werden vermutlich einwenden, dass stilisierter Sadismus eine keineswegs neuartige Extravaganz darstellt und folglich in keiner notwendigen Beziehung zum Neoliberalismus steht. Schauspiele der Grausamkeit sind in der Tat zeitlos, und Kunst wie Politik betreiben häufig eine Ästhetisierung von Gewalt. Die griechische Tragödie verknüpfte Sadismus und Schicksal, versuchte daraus jedoch Lehren über die Mängel von Tugenden zu ziehen. Ebenso sind die hochstilisierten Dramen und Filme von Lars von Trier und Neil La Bute berühmt-berüchtigt für eine Faszination für das Böse als abstrakte Kategorie und für Erniedrigung als Erlösung, doch auch das geht letztlich am Problem vorbei. Keines dieser Beispiele entspricht wirklich dem neoliberalen Theater der Grausamkeit. Wir betrachten hier auch nicht satirische Kunstproduktionen (interessanterweise ein überwiegend nicht-amerikanisches Phänomen, man denke an *Faul im Staate Dänemark* von Anders Rønnow-Klarlund oder *Un mundo maravilloso* von Luis Estrada). Der alltägliche Sadismus im neoliberalen Theater der Grausamkeit ist ein viel feiner justiertes, überaus zielgerichtetes Werkzeug und bildet ein notwendiges Gegengewicht zu dem Optimismus, mit dem die Magie der ständigen Selbstveränderung beschworen wird. Entscheidend ist nicht die explizite Darstellung von Gewalt oder Aggression (trotz ihres nicht zu unterschätzenden Unterhaltungswerts), sondern dass dort die Verlierer auftreten und das Verdikt des Marktes als endgültig akzeptieren, während das Publikum lernt, dass man sich an ihnen schadlos halten darf.

Das heutige neoliberale Theater der Grausamkeit zielt nicht auf die Ergründung tiefer Pathologien der menschlichen Psyche, denn bereits der Gedanke eines invarianten Selbst ist ihm fremd. An eingehenden Charakterstudien zeigt es gewöhnlich kein Interesse und begnügt sich stattdessen mit den oberflächlichsten Stereotypen. Darin unterscheidet es sich von Motiven der Bloßstellung in der reflektierten Kunst. Anders als die Gefolgsmänner von Adam Smith behaupten, zielt es auch nicht auf Empathie oder die Figur des unparteiischen Zuschauers; es geht ihm nicht um einen Kitt, der die Gesellschaft zusammenhält. Um Nietzsche zu rekapitulieren: Es lebt vom Wohlgefühl des Anblicks hilfloser Menschen, die hoffnungslos überschuldet oder daran gescheitert sind, eine gute Figur abzugeben. Sein Reiz entspringt der Distanz des Publikums zum Geschehen: Dieses macht sich mit ihm nur insoweit gemein, wie es bereitwillig zusieht und sich an der erbärmlichen Lage des Sündenbocks ergötzt; die Verantwortung für dessen Leid wird durchweg auf gesichtslose Kollektive abgewälzt – wie es der Kapitulation vor der Weisheit des Marktes entspricht. Die unsichtbare vierte Wand der Bühne garantiert dem Publikum zudem, dass es wegen seiner Schadenfreude keinerlei Schuldgefühle haben muss; ihm wird die Lehre eingepaukt, dem Elend zuzusehen sei vollkommen in Ordnung, schließlich hat das Opfer die Bühne »freiwillig« betreten und wurde das Urteil von der »Weisheit der Menge« gefällt – und nicht zuletzt kann man damit Geld verdienen und sich auf Kosten des Verlierers Befriedigung verschaffen. Dessen Scham angesichts völligen Misserfolgs wird zur handelbaren Ware, wenn auch die mit dem massenhaftesten Angebot auf der Welt. Auf dieser Bühne ist das Scheitern nicht vornehmem Stoizismus geschuldet, sondern es tritt auf als menschlicher Kompost augenfälligen Elends, als das Düngemittel des Wirtschaftswachstums. Die Verlierer müssen lernen zu akzeptieren, dass andere aus ihrem Scheitern etwas machen, das – mindestens – Geld abwirft. Soylent Green ist Menschenfleisch!

Antonin Artaud schrieb in *Das Theater und sein Double*: »Ohne ein Element von Grausamkeit, das jedem Schauspiel zugrunde liegt, ist Theater nicht möglich. Bei dem Degenerationszustand, in dem wir uns befinden, wird man die Metaphysik via Haut wieder in die Gemüter einziehen lassen müssen.«[59] Artaud wollte vermutlich nicht für tatsächliche Folter oder Grausamkeit plädieren; die Neoliberalen tun dies durchaus. Nicht die Schiffbrüchigen sollen uns angreifen, sondern wir sie – so will es die neoliberale Dramaturgie. Die Inszenierung des alltäglichen Sadismus soll nicht das Publikum mit einer unbequemen, von ihm verdrängten Wahrheit konfrontieren, sondern die Herrschaft einer doppelten Wahrheit befördern, indem sie dem Publikum eine bequeme Rationalisierung nahelegt, die ihm ohnehin durch den Kopf geht: Wenn die

Verlierer, die Armen, die Verlorenen, Ausgestoßenen und Elenden nach ihren fünfzehn Sekunden auf der Bühne und demütiger Akzeptanz ihrer Lage auf Nimmerwiedersehen verschwinden würden, wäre die Welt dann nicht ein viel besserer Ort?

Zur Verdeutlichung dieser Lektion muss aus beliebigen Fällen von Unglück ein Spektakel gemacht werden. Aus dem Krieg gegen die Armut wurde im heutigen Theater der Grausamkeit folglich ein Guerillakrieg gegen die Armen. Dass die Verlierer über gewöhnliche Schikanen hinaus abermals bestraft werden, wäre sinnlos und irrational, diente die ganze Übung nicht dem Zweck, ein Exempel zu statuieren und dem Publikum eine Botschaft einzuimpfen. Wir sollen ihren Schmerz spüren, aber nur durch ein dumpfes Nachempfinden. Erfolgt die Bestrafung durch ein gleichsam automatisiertes Verfahren, ist sie noch wirkungsvoller. Offizielle Bestimmungen sollen gezielt eine ausweglose Lage schaffen:

> »In Colorado erwägt der Stadtrat von Grand Junction ein Bettelverbot; in Tempe, Arizona, fanden Ende Juni vier Tage lang Razzien gegen mittellose Menschen statt. Und woran erkannte man die? Eine in Las Vegas geltende Bestimmung definiert sie als Personen, ›bei denen eine vernünftige normale Person annehmen würde, dass sie Anspruchsberechtigte oder Empfänger‹ staatlicher Fürsorge sind. Einer, auf den diese Beschreibung zutrifft, ist Al Szekely. Der grauhaarige 62-Jährige sitzt im Rollstuhl, man sieht ihn oft in der G Street in Washington D. C. – der Stadt, die letztlich dafür verantwortlich ist, dass ihn 1972 im vietnamesischen Phu Bai eine Kugel in die Wirbelsäule traf. Bis Dezember 2008 genoss er den Luxus einer nächtlichen Unterkunft – dann durchkämmte die Polizei mitten in der Nacht das Obdachlosenheim nach Männern, gegen die ein Haftbefehl vorliegt. Wie sich herausstellte, wurde Szekely, ein ordinierter Pastor, der nicht trinkt, keine Drogen nimmt und in Anwesenheit von Damen nicht flucht, tatsächlich gesucht – wegen ›unbefugten Aufenthalts‹, wie das Nächtigen auf der Straße mitunter vom Gesetz definiert wird. So wurde er aus dem Heim abgeführt und ins Gefängnis gesteckt. ›Können Sie sich das vorstellen?‹, fragt Eric Sheptock, ein Obdachlosenaktivist, der selbst in einem Asyl unterkommt und mir Szekely vorgestellt hat. ›Die haben einen obdachlosen Mann festgenommen, weil er obdachlos ist.‹«[60]

4. Das käufliche Gefühl, nicht mitzuspielen. *Marketing* ist allgegenwärtig

Der kleinste gemeinsame Nenner des alltäglichen Neoliberalismus besteht in der Verführung zum Kauf. Ein Indiz für die völlige Belanglosigkeit der neoklassischen Wirtschaftslehre ist es, dass dieser Aspekt in ihren Modellen nicht vorkommt, da die Verbraucher angeblich schon wissen, was sie wollen, und entsprechend »souverän« auf dem Markt agieren. Sie besorgen sich stets dieselben Dinge, sofern jemand sie im Angebot hat; tritt ein »Geschmackswandel« ein, dann mit der göttlichen Eigenschaft des unbewegten Bewegers. Der gewaltige Aufwand, mit dem Verkaufsgespräche, Werbung, Marketing oder schlichter Bauernfängerei betrieben werden, gilt der Neoklassik als irrelevant und bleibt folglich ausgespart. Die Tatsache, dass solche Bereiche erkleckliche Summen verschlingen, wird in die Zuständigkeit des Fachbereichs Marketing verwiesen, der nicht zur Wirtschaftswissenschaft im strikten Sinne zählt.

Früher galt der Befund allgemeiner Verführung als vernichtende Kritik der orthodoxen Wirtschaftslehre. In gewissem Sinn bestand darin der ursprüngliche Gehalt einer Ablenkungsthese, die sich auf das gesamte System bezog: Was auf Märkten geschieht, ist weniger die Vermittlung von Gütern und Dienstleistungen an den Abnehmer, sondern eine Produktion von Symbolen und künstlichen Bedürfnissen. Der Markt erschien nicht als devoter Diener, sondern eher als ein Svengali oder Stromboli. Popularisiert wurde dieser Gedanke von John Kenneth Galbraith in *Die moderne Industriegesellschaft*:

> »Die meisten Güter befriedigen Bedürfnisse, die dem einzelnen nicht durch das direkte Ungemach echten Mangels bewußt werden, sondern durch eine psychische Reaktion auf ihren Besitz. Sie verleihen ihm das Gefühl, es zu etwas gebracht zu haben, vermitteln ihm das Bewußtsein der Gleichstellung mit dem Nachbarn, lenken sein Denken ab, hängen irgendwie mit dem Sexualtrieb zusammen, versprechen gesellschaftliches Ansehen, steigern sein subjektives Wohlbefinden, fördern Gesundheit und Verdauung, tragen zum Streben nach Schönheit bei oder erweisen sich auf andere Weise als psychologisch ertragreich.«[61]

Das Bild des gelackmeierten Verbrauchers setzte sich jedoch weder in der Wirtschaftswissenschaft noch im Alltagsdiskurs durch. Lassen wir die Neoklassik beiseite – die ein massenhaftes Auseinanderfallen von Kauf und Bedürfnis selbstverständlich nie anerkennen konnte –, dann bleibt die interessante Frage, wieso auch gewöhnlichen Menschen der Gedanke, dass es in der Wirtschaft weithin um die Manipulation ihres Denkens und Handelns geht, trotz erdrückender Belege fremd geblieben ist. Die Antwort betrifft eine weitere neoliberale Technologie: eine Innovation namens *Murketing*.

Natürlich gibt niemand gerne zu, der Dumme zu sein, den mächtige Wirtschaftsinteressen manipulieren – das widerspräche einem grundlegenden Gefühl von Autonomie und würde als Abdankung der Person gelten. Die meisten Leute (im Gegensatz zu Ökonomen) behaupten zweierlei: erstens, dass sie jede an sie gesendete Botschaft ignorieren oder abweisen können und ihre Widerstandskraft somit mindestens so stark ist wie die Verführungskraft der Gegenseite; und zweitens, dass Galbraith nicht recht haben kann, da ja sonst jedes Produkt verkauft werden müsste. Angesichts der massiven Präsenz von Werbung im Alltag erstaunt es, wie fest überzeugt die durchschnittliche Person noch immer davon ist, all die Ausgaben und Anstrengungen zur Steuerung ihrer Bedürfnisse seien letztlich wirkungslos und insofern eine Verschwendung.

Neoliberale haben, wie man sich denken kann, eine wesentlich plausiblere Rechtfertigung des Phänomens gefunden. Sie haben linke Kritiker von Thorstein Veblen bis Naomi Klein gründlich studiert und ihre Befunde mitnichten verworfen, sondern offen dafür genutzt, den Prozess der Überzeugung unbewusster und effektiver zu gestalten.[62] Eine bedeutende Innovation der Neoliberalen bestand darin, die für ihr Projekt charakteristische doppelte Wahrheit in das gewöhnliche Alltagsleben einzuführen. Als zeitgemäße »geheime Verführer« (Vance Packard) bestärken sie die durchschnittliche Person nur zu gern in der Überzeugung, cleverer zu sein als diejenigen, die sie zu manipulieren suchen – und machen sie eben dadurch noch manipulierbarer. Das Bündel von Techniken im Dienst dieser Verkehrung nennt man *Murketing*. David Foster Wallace hat es wie üblich am besten formuliert: Er schildert »eine jener abgehoben-abgefahrenen Pseudo-Insider-Storys, die junge urbane Konsumenten als vermeintlich besonders medien- und marketingerfahrene Adressaten ins Visier nahm, indem sie ihnen einredete, sie seien, geboren im Zeitalter metastasierender Spins und der totalen Kommerzialisierung der Welt und daher mit dem entsprechenden Durchblick ausgestattet, aufgrund ebendieser Welt-Kenntnis selbst durch Multimillionendollar-Kampagnen nicht mehr zu beeinflussen«.[63]

Die wichtigste Technik des *Murketing* besteht darin, die Grenze zwischen Marken und Alltagsleben zu verwischen und so den Konsumenten für eben jene kommerzielle Markenkultur einzuspannen, gegen die er sich immun wähnt. Das ist symptomatisch für eine dramatische Verschiebung im Verständnis des Markts, den Neoliberale nicht einfach als Vermittler von Waren, sondern als einzigartig omnipotenten Informationsprozessor betrachten und aufs Engste mit dem neoliberalen Projekt einer permanenten Revolution des Selbst verbunden: Der beständig heraufbeschworene Zauber der Selbstverwandlung durch Konsum verleitet den Einzelnen zu der Überzeugung, mit seinen Projekten unterlaufe er jeden Versuch der Mächtigen, ihm von außen eine vorgefertigte Identität aufzuzwingen. Die umworbenen Zielgruppen sollen glauben, dass sie all die Marken, Verführungstricks und Propaganda, die vielen Logos und die Marketingkultur durchschauen, während sie sich in genau diese Kultur einfügen. Auch dies ist ein Beispiel für die im letzten Kapitel behandelte neoliberale Förderung von Unwissenheit.

Eine politische Dimension gewinnt *Murketing*, indem es persönliches Tun zu Rebellion und Widerstand umdefiniert. Frühere Enthüllungsgeschichten über die skrupellosen »geheimen Verführer« handelten von relativ groben Beeinflussungstechniken wie Botschaften ins Unbewusste oder Sex-Appeal, so als würde uns noch immer Orwells Wahrheitsministerium beherrschen. Solche Techniken sollten den Grundwiderspruch umschiffen, dass die Reklame, die ein Produkt zum Ausdruck von Individualität aufbauscht, vom jeweiligen Konzern nur durch den millionenfachen Verkauf dieses Produkts finanziert werden kann. Sie befinden sich zwar weiter im Werkzeugkasten, doch das heutige neoliberale *Murketing* geht wesentlich raffinierter vor: Sein Hauptziel ist es, gelebte Erfahrung durch vorgefertigte »Lifestyles« zu ersetzen, wobei es den darin angelegten Widerspruch zwischen Zugehörigkeitsgefühl und Individualität abzuschütteln versucht. *Murketing* verspricht das aufregende Erlebnis einer Rebellion gegen die Konformität, aber innerhalb der sicheren Grenzen eines gesellschaftlich akzeptierten Drehbuchs. Apostasie gewinnt eine behagliche Note; Aufbegehren ist kaum unterscheidbar von Freizeitvergnügen. Was der Funke sein könnte, an dem sich politisches Engagement entzündet, mutiert zu einer weiteren Gelegenheit zum Shopping. Deshalb bildet *Murketing* in der heutigen Gesellschaft einen der mächtigsten Schutzwälle gegen tatsächliche politische Mobilisierung.

Obwohl das Thema ein eigenes Buch wert wäre, führen wir mit Blick auf unser Vorhaben nur zwei kurze Beispiele an.

1) Unentgeltlich geleistete Arbeit.
Eine der faszinierendsten und effektivsten neoliberalen *Murketing*-Techniken zur Simulation von Rebellion besteht darin, Situationen zu konstruieren, die der Zielperson das Gefühl eines vollständigen Ausstiegs aus dem Marktsystem geben und eben dieses Gefühl für Marktprozesse in Dienst zu nehmen. Rob Walker verdeutlicht dies anhand eines neuen Typus von Werbeagenturen, die unbezahlte Freiwillige dafür gewinnen, Produkte, die sie vorher nicht kannten, mithilfe einer vorgefertigten Liste von Gesprächsthemen im Freundes- und Bekanntenkreis anzupreisen. Im Grunde wird dabei nur das vom NDK entwickelte Modell politischer *Astroturfing*-Kampagnen auf die nächsthöhere Stufe der Marketingkampagne gehoben. Aus der Perspektive der gewöhnlichen Wirtschaftstheorie betrachtet, ist es »gelinde gesagt verblüffend, wie viele Menschen bereit sind, häufig ohne jede Bezahlung Produkte zu vermarkten, von denen sie vorher noch nie gehört hatten« – für Neoliberale ist es dies keineswegs. Neoliberale wissen, dass die Gelegenheit, mithilfe einer undurchsichtigen *Murketing*-Agentur anderen die eigene vermeintliche Persönlichkeit zu präsentieren, auf Menschen bestärkend wirken kann. Im Ergebnis verbinden sich Rebellion und Konformität aufs Schönste. Unwissenheit befähigt, oder wie einer der Werbestrategen formulierte: »Ob jemand weiß, wovon er redet, ist egal, solange er nur bereit ist, viel zu reden.«[64] Wie die Neoliberalen durch das Internet, verbündete Medien und ihre politischen Kampagnen gelernt haben, kann man durch ein richtig platziertes Stimmengewirr zumindest kurzzeitig die Themen bestimmen. Entscheidend ist stures Nachbeten im Anfangsstadium und eine Strategie für den Umgang mit nachlassendem Interesse. Es hilft, wenn die Anwerber für das Guerilla-Marketing etwas kantig wirken, der Kundschaft mit gespielter Herablassung begegnen und mit Namen wie »BzzAgent«, »Ministry of Information«, »Bold Mouth« oder »Girls Intelligence Agency« einen selbstironischen Blick auf ihre simulierte Rebellion beweisen.

Solche Marketingstrategien ähneln in erstaunlicher Weise bestimmten Mustern der Open-Source-Bewegung. Auch sie gewinnt Menschen dafür, im Namen des Aufbegehrens gegen das Marktsystem kostenlos die Früchte ihrer Arbeit zur Verfügung zu stellen, die von anderen zu verkäuflichen Waren weiterverarbeitet werden. Das Ganze findet unter dem Banner der »Freiheit« statt, fördert aber vor allem das Selbstbild einer frech-anarchischen Hacker-Kultur, während der schiere Umfang hierarchischer Koordination, die entsprechende Projekte zur Gewährleistung eines Minimums an Ausdauer und Kontinuität benötigen, aus dem Blickfeld der Beteiligten gerät. Ihre Arbeit wird als unmittelbarer Ausdruck von Individualität gewürdigt, gewinnt aber erst dadurch Bedeutung, dass sie in ein durchorganisiertes System von Insidern und Outsidern einfließt. Ihr Bewusstsein ist derart von der Gesellschaft bestimmt, dass sie häufig glühende Anhänger Hayeks und seiner Vorstellung von spontaner Organisation sind, ohne der Möglichkeit einer Vermischung von Kosmos und Taxis im eigenen Leben gewahr zu werden.

Dieses eigentümliche Hybrid aus freiwilliger unbezahlter Arbeit, hierarchischer Kontrolle und kapitalistischer Aneignung ist in der gegenwärtigen neoliberalen Ära so vorherrschend geworden, dass manche darin eine neuartige Wirtschaftsordnung oder, marxistisch formuliert, Produktionsweise sehen.[65] Durch den freiwilligen Verzicht auf jegliche Vergütung wertvoller Leistungen, die andere im Streben nach Profit in eine Ware verwandeln, demonstriert das neoliberale Subjekt seine Dienstbereitschaft. Das unterscheidet sich grundlegend von wohltätiger Arbeit, die sich rühmt, am Markt vorbei Hilfe zu leisten, aber auch von einer Lehre oder Ausbildung, da den rekrutierten Freiwilligen nicht die geringsten Versprechen gemacht werden. Es gilt, den mittellosen Arbeitssklaven das warme Gefühl des Gebens zu vermitteln – und dafür zu sorgen, dass der Empfänger ihrer Gabe ein Konzern ist.

Die Ausbreitung des Internets hat solche unbezahlte Arbeit ebenso wie ihre Verwertung durch Dritte stark gefördert. Nicht nur Open-Source-Projekte, auch Google und Profilierungsseiten wie MySpace und Facebook fassen gratis bereitgestellte Informationen zu Datenbanken und abgeleiteten Formaten zusammen, um sie an Werbekunden und andere IT-Unternehmen zu verkaufen. Kostenlos überlassene Besprechungen und Ratings mögen der Eitelkeit von Autodidakten entgegenkommen, spielen in den Geschäftsmodellen von Webseiten wie Amazon und Netflix jedoch eine wichtige Rolle für das Marketing. Durch öffentliche Betatests von Software organisieren sich Konzerne de facto kostenlose Qualitätskontrollen, um den verbesserten Quellcode danach zu verkaufen. Auch Webseiten, die unbezahlte Beiträge von Bloggern zusammenstellen, lassen sich durch Verkauf an IT-Konzerne in Kapital verwandeln. Ein kleiner Appell an die menschliche Eitelkeit hat sich in der Welt des Internets als Hebel für die Aneignung immenser Mengen kostenloser Arbeit bewährt.[66]

Der dezentrale Charakter des Web scheint für ein solches Abschöpfen ideal geeignet, doch auch in der von direkten Kontakten geprägten klassischen Arbeitswelt greift unbezahlte Arbeit als kostensenkende Maßnahme mehr und mehr um sich. Aus Verzweiflung über den Stellenmangel für Berufsanfänger seit dem Crash von 2008 strömen Studenten in Praktika und zahlen manchmal sogar Geld dafür, einigen der größten und profitabelsten Konzerne der Welt zeitlich befristet kostenlos zu dienen. Als Gipfel der neoliberalen Verkehrung versteigert heute ein Unternehmen Praktikumsplätze, sodass glücklose Subjekte, die verzweifelt nach Aufstiegsmöglichkeiten suchen, stattliche Summen dafür berappen, unbezahlt arbeiten zu dürfen.[67] Das vage Versprechen, einen Fuß in die Tür zu bekommen und Netzwerke knüpfen zu können, erfüllt sich nur selten. Für weniger als einen Hungerlohn erfüllen überqualifizierte Bittsteller die niedrigsten Aufgaben.

2) Ethischer Konsum.

Dies ist die zweite große neoliberale Innovation im *Marketing*. Statt den Markt angeblich zu umgehen, wie im ersten Beispiel, wird in diesem Fall Glauben gemacht, einige der schlimmsten Aspekte der Marktwirtschaft ließen sich durch einen »ethischen Aufpreis« für bestimmte Produkte lindern, die die Welt folglich zu einem besseren Ort machen. Frühere Generationen versuchten Unternehmen, denen Verstöße gegen ethische Normen vorgeworfen wurden, durch Boykott zu bestrafen: Sie weigerten sich, ihre Produkte zu kaufen. In der neoliberalen Ära ist den Menschen der Gedanke, durch eine solche kollektive politische Verweigerung marktförmigen Verhaltens ließe sich etwas erreichen, ausgetrieben worden. Stattdessen wurden sie zu dem Glauben verführt, der Markt biete genügend Wahlmöglichkeiten, um jedes politische Anliegen zur Geltung zu bringen. *Sie möchten afrikanischen Aidspatienten helfen? Holen Sie sich die Red Card von American Express. Der Klimawandel bereitet Ihnen Sorge? Erfinderische Unternehmer bieten dem Konsumenten*

Möglichkeiten der »Klimakompensation«. Sie wollen unabhängige Kleinproduzenten in Entwicklungsländern unterstützen? Andere Unternehmer haben praktischerweise »Fair-Trade«-Label für Kaffee, Textilien, Glas und andere Importwaren entwickelt.[68]

Aufschlussreich an diesem Phänomen ist vor allem, wie es dem NDK gelingt, durch *Marketing*-Techniken politische Opponenten schachmatt zu setzen. Ein neoliberales Gebot lautet, jedes mutmaßliche Problem, das der Markt verursacht hat, könne durch Marktinnovationen auch behoben werden. Wann immer Gegner auf der nominellen Linken ein politisches Problem durch direkte Regulierung oder Besteuerung angehen wollten, wurde die russische Schachtelpuppe der Neoliberalen unverzüglich aktiv und brachte ein neues Marktinstrument ins Spiel, das angeblich zum gleichen Ergebnis führen sollte. Häufig übersehen wird jedoch, dass dieselbe russische Schachtelpuppe zu einer harschen Kritik des jeweiligen Marktinstruments übergeht, sobald es tatsächlich eine politische Option geworden ist – gewöhnlich mit dem Tenor, es respektiere die volle Markteffizienz nicht ausreichend. Diese scheinbar widersinnige Ablehnung von Vorschlägen, die das NDK selbst entwickelt hat, zeugt nicht von einer bedauerlichen Neigung zur Selbstdemontage oder vom zwanghaftem Aufbegehren gegen die Regierung, sondern stellt vielmehr eine erstaunlich wirkungsvolle Taktik dar, um das Spektrum politischer Optionen weiter nach rechts zu verschieben. Denn im Rahmen des neoliberalen Projekts sind marktethische Lösungen nur taktische Halbheiten: Der Emissionsrechtehandel und die Klimakompensation durch Verbraucher wurden von Neoliberalen erst befürwortet – und anschließend versenkt (vgl. Kapitel 6). In der Debatte um die Gesundheitsreform in den Vereinigten Staaten traten sie zunächst für eine allgemeine Privatversicherungspflicht ein, um eine staatliche Krankenversicherung nach europäischem Vorbild zu verhindern – und gingen zu Rebellion und Sabotage über, als dies die Position der Mitte geworden war. Dieselbe Dynamik zeigt sich inzwischen auch bei einigen Formen von ethischem Konsum. Er soll Wankelmütige zu dem Glauben bewegen, ihr Unbehagen an den Folgen der Marktwirtschaft lasse sich mit einer umso aktiveren Teilnahme am Markt versöhnen, nur um ihnen später die mangelnde Effektivität ihrer ethischen Kaufentscheidungen vorzuhalten.

Diese Dynamik spielt sich auf alltäglich-behaglicher Ebene mit einer Ware ab, auf die viele Menschen schwören: dem Kaffee. Kaffee ist nach

Erdöl das zweitwichtigste von den Entwicklungsländern exportierte Rohprodukt. Nachdem in den Achtzigerjahren Bemühungen gescheitert waren, ein Kaffeekartell nach dem Vorbild der OPEC zu schaffen, wurde die Dachorganisation Fairtrade Labeling Organizations International (FLOI) gegründet, um ein bestimmtes Segment des Marktes zu organisieren: Ein Gütesiegel garantiert die Herkunft des Produkts aus speziell definierten Kooperativen, denen ein fester Grundpreis gezahlt wird – dann kommt die Ware als »fair gehandelter Kaffee« auf den Markt. 2009 machte FLOI-zertifizierter Kaffee rund 4 Prozent des Marktes für »Spezialitätenkaffee« aus[69]: Auch große Ketten wie Starbucks haben Label, die »fairen Handel« gewährleisten sollen, doch die Auflagen für die Produzenten und hinsichtlich der Mindestpreise sind deutlich weniger streng und kommen somit einem »FLOI Light« gleich. Die Verbraucher haben nur selten genügend Zeit oder Geduld, um auf solche feinen Unterschiede zu achten.

Kunden zahlen für fair gehandelten Kaffee oft einen Aufpreis und haben das Gefühl, Kleinproduzenten in fernen Ländern gegenüber dem globalen Markt gestärkt zu haben. Die Bilanz fällt allerdings weniger eindeutig aus. Selbst wenn der Kaffee von zertifizierten Kooperativen stammt, kann es gut sein, dass er von Gefängnisinsassen verpackt wurde oder Drogenhändlern zur Geldwäsche gedient hat. Außerdem können die meisten beteiligten Bauern nur rund 20 Prozent ihres Ernteertrags auf Fairtrade-Märkten absetzen, sodass sich unter dem Strich wenig an der Armut geändert hat.[70] »Soziale Gerechtigkeit« zur Ware zu machen, ist immer heikel, selbst wenn es in bester Absicht geschieht, doch beim FLOI-Label besteht zudem ein ständiger Druck, die Zertifizierungsanforderungen entlang der gesamten Produktkette aufzuweichen. In der Praxis bietet das FLOI-System eher Kaffeetrinkern die Möglichkeit, im Konsum einen »Ausdruck ihrer Persönlichkeit« zu finden, als dass es etwas an Produktion und Vertrieb der Ware ändern würde – ein wesentliches Kennzeichen der neoliberalen Lebensweise, wie schon dargestellt wurde.

Doch kaum hat fair gehandelter Kaffee einen substanziellen Marktanteil erobert, kommt auch schon ein Mitglied des NDK daher und warnt die Verbraucher, dass sie sich mit seinem Kauf nur selbst schaden.[71] Im Kern beruht die Kritik auf dem neoklassischen Standardargument über »falsche Anreize«: Bei steigenden Preisen, so die Behauptung, verkaufen die Kooperativen an FLOI-Abnehmer die Bohnen geringerer

Qualität, um die höherwertigen auf dem freien Markt für Spezialitätenkaffee abzusetzen – mit anderen Worten: Ahnungslose Kaffeehaus-Linke lassen sich über den Tisch ziehen, weil sie nur Plörre bekommen und dafür auch noch mehr bezahlen. In ungenierter Anlehnung an linke Kritikmuster wird außerdem behauptet, von den Einnahmen sickere kaum etwas zu den Bauern durch und der faire Handel sei im Grunde ein Marketingtrick, weshalb ein Großteil des Gewinns in Werbung investiert werde. Diese Fragen sind zwar empirisch gar nicht geklärt, aber darauf kommt es auch nicht an. Entscheidend ist die Moral von der Geschichte: Hätte man gleich vor der Weisheit des vollkommen freien Marktes kapituliert, wäre alles in bester Ordnung.

Ethischer Konsum dient letztlich dem Zweck, einer staatlichen Regulierung von Arbeitsbedingungen, Produktstandards und ähnlichem zuvorzukommen, indem Marken eine gewöhnlich bewussten politischen Eingriffen vorbehaltene Funktion zugewiesen wird. Er ist von dem neoliberalen Gedanken beseelt, dass sich der Staat, abgesehen von seiner begrenzten Tauglichkeit als »Dienstleister«, in vieler Hinsicht gar nicht von einem Markt unterscheidet.

5. Der Triumph der Biopolitik

Eine der Eigentümlichkeiten des alltäglichen Neoliberalismus besteht darin, dass offene Grausamkeit gegen die Armen, *Murketing* oder ständiger Betrug im Namen individueller Selbstverbesserung kaum noch jemanden aus der Fassung bringen und die Krisenfolgen offenbar allgemein hingenommen werden, aber starkes Unbehagen aufkommt, wenn sich das Unternehmertum des Selbst bis tief in den menschlichen Leib hinein geltend macht. Das »Pfund Fleisch«, auf dem Shylock besteht, gilt als umso anstößiger, wenn es auf dem Markt gehandelt wird. Das Phänomen löst einen Ekel aus, der die bereitwillige Hinnahme durchbricht, mit welcher der Weltanschauung von Mont Pèlerin ansonsten im Alltag begegnet wird. Vielleicht ist uns nur deshalb nicht ständig übel, weil wir uns in dem Glauben wiegen, Körperverbesserungen und fungible Zellen gehörten weitgehend ins Reich der Science-Fiction, so wie die fantastischen Cyborgs, die das nächtliche Fernsehprogramm bevölkern. Auf zellularer Ebene sind wir unversehrt: Darin besteht die Festigkeit unseres Wesens, das kann uns niemand nehmen.

Um die dauerhafte somatische Integrität des Selbst spinnt sich die letzte große doppelte Wahrheit der neoliberalen Ära. Sie ist die felsenfeste Grundlage unserer Freiheit und zugleich flüchtiges Produkt des Imperativs der Flexibilität. Sie ist ein Mythos, den die neoklassischen Ökonomen nähren, und sei es auch nur, weil sein Zerfall die große Leere im Kern ihres gesamten Theoriegebäudes offenbaren würde:

> »Sollten wir es jemandem verbieten, seine sehr schlechte wirtschaftliche Lage zu verbessern, weil dies eine Deprivation seiner Persönlichkeit erfordert? Der Gerechtigkeit wäre durch ein ›Verbot extremer Handelsgeschäfte‹ wie dem Verkauf menschlicher Organe möglicherweise nicht gedient [...]. Eine unmittelbare Antwort auf das Problem könnte durchaus lauten, jeder Einzelne möge selbst entscheiden, was für die Konstitution seiner Person wesentlich ist, und entsprechend handeln [...]. Anders gesagt: Wer sollte darüber entscheiden, was für die Konstitution der Person wesentlich ist, wenn nicht die Person selbst?«[72]

In der Tat: Wer oder was sollte dies tun, sobald wir beginnen, Körperteile, Neurotransmitter, biologische Komponenten und somatische Identitäten zu tauschen? Dieses atemberaubende, auf keiner rechtlichen oder institutionellen Tradition beruhende Verständnis von Freiheit hat als Katalysator vieler neuerer Interventionen gewirkt, die den Leib nach den strengen Anforderungen des Marktes zurichten. Das Selbst hat dabei zwangsläufig das Nachsehen.

Rechtssysteme haben genau festzulegen versucht, wo Identität anfängt und aufhört, doch solche Grenzziehungen sind in den letzten drei Dekaden unter Druck geraten. Gewöhnlich wird das Universum in drei große Kategorien unterteilt: Objekte und Körper, die unter allen Umständen verboten sind beziehungsweise nicht gehandelt werden dürfen; solche, die als unveräußerbar gelten; und solche, die sowohl legal als auch veräußerbar sind, aber nur beschränkt oder gar nicht zu Profitzwecken gehandelt werden dürfen. Der 13. Zusatzartikel der amerikanischen Verfassung untersagt sowohl Sklaverei als auch die Möglichkeit, sich gegen Geld an anderer statt zum Militärdienst zu verpflichten, womit der Mensch, vormals uneingeschränkt eine Ware, in Kategorie zwei fällt. Der Verkauf und kommerzielle Besitz von Säuglingen wurde seitdem unter Kategorie eins gefasst, doch wie wir sehen werden, erodiert dies zurzeit rapide. Diverse psychoaktive Drogen wurden Kategorien eins und drei zugeordnet. Steroide und andere Muskelverstärker fallen für bestimmte Profi-Sportler in Kategorie eins, für alle anderen in Kategorie drei. Menschliche Organe und Keimzellen galten lange Zeit als Kategorie drei zugehörig, aber auch das ändert sich gegenwärtig. Die Auslagerung bestimmter körperlicher Funktionen, etwa das Austragen eines Babys, fiel früher unter Kategorie zwei, hat inzwischen aber ebenfalls Warenstatus erlangt. Mitunter werden die Grenzen je nach Land unterschiedlich gezogen: In vielen europäischen Staaten zum Beispiel ist Leihmutterschaft verboten. Die Tatsache, dass das körperliche Selbst in relativ kurzer Zeit so dramatisch zerlegt und neu zusammengesetzt werden kann, zeigt nur, dass sich der archimedische Punkt der Persönlichkeit aufzulösen droht, sobald wir uns einem Regime des Unternehmertums des Selbst unterwerfen.

Solche den Körper betreffenden Phänomene finden mehr Beachtung als die anderen vier erörterten Aspekte des alltäglichen Neoliberalismus, weil sie eine Aura des Sensationellen umgibt. Besonders die Popkultur zeigt eine ausgeprägte Faszination für die Rätsel körperlicher Identität und emotionalen Selbstseins, und es existiert relevante akademische Literatur zum Thema. Auch einige Foucault-Anhänger haben das Thema erforscht.[73] Nur die Zusammenhänge mit dem neoliberalen Projekt sind bislang nicht freigelegt worden.

Jenseits körperlicher Eingriffe wie Schönheitschirurgie und Fettabsaugung gingen viele frühe Experimente mit neoliberaler Selbstveränderung aus der Drogenkultur der Sechzigerjahre hervor. Während zum Beispiel Koffein und Amphetamine schon lange als Bewusstseinsverstärker konsumiert wurden, sollten Substanzen wie LSD, Mescalin und Psilocybin nun die mentale Identität des Konsumenten untergraben und verändern. Obwohl die Drogenkultur der Hippies dem Anspruch nach Teil einer rebellischen Gegenkultur war, bildeten die Erfahrungen mit solchen psychoaktiven Substanzen faktisch ein frühes Testfeld für die wundersamen neoliberalen Wandlungen des Selbst. Manche Drogen verstärkten das Gefühl, Zuschauer des eigenen Tuns zu sein, während andere die Ablösung von früheren Verhaltensmustern förderten; endlose Analysen nach den Trips stärkten den Glauben an die Formbarkeit des Selbst.

Zur Aktivierung des neoliberalen Skripts mussten solche Einstellungen und Praktiken lediglich von einem nutzlosen Narzissmus abgelöst und in den Dienst der Überzeugung gestellt werden, durch gezielte

Selbstmodifikation gelte es einer Marktrationalität zu entsprechen, die ungleich mächtiger sei als alles, was die Gegenkultur zu bieten hatte. Diesem Zweck diente unter anderem die Förderung des Bilds eines »neurochemischen Selbst«, eines brodelnden Gebräus aus Neurotransmittern und Elektrolyten, das Management und Verbesserung durch Pharmazeutika erforderte.[74] Sowohl Pharmaunternehmen wie auch die neurowissenschaftliche Community verbreiteten den Gedanken, das primäre Organ, das dem Menschen Identität und Selbst gebe, sei das Hirn. Dieser umtriebige Wissenschaftszweig weckte wiederum das Interesse der Ökonomen, die immer auf der Suche nach neuen Trends in den Naturwissenschaften sind, die sie kooptieren können (von neuen Finanzierungsquellen ganz zu schweigen). Eine weitere neoliberale Entwicklung war so die Herausbildung der Untergebiete »Neuroökonomie« und Verhaltensökonomik, die beanspruchen, das Beharren der älteren neoklassischen Lehre auf der irreduziblen Rationalität des Selbst mit dem neueren neoliberalen Imperativ tagtäglicher Selbstoptimierung zu versöhnen.[75] Dem neoliberalen Gebot folgend, der Lösungsansatz für jedes vom Markt verursachte Problem sei umso mehr Marktinnovation, brachte dies manche auf die Idee, man könne die Überwindung der Krise an ein Bündnis von Pharmakonzernen und Internet-Startup-Unternehmen auslagern:

> »Vielleicht werden Investoren und Börsenhändler eines Tages über Computer mit externen biometrischen Apparaten verfügen. Diese könnten ihren präfrontalen Cortex scannen, Testosteronspiegel und Handschweiß messen und binnen Mikrosekunden vor einer geschäftlichen Entscheidung warnen. Oder vielleicht wird die heutige Forschung Pharmaka hervorbringen, die Menschen rationaler machen. ›In wenigen Jahrzehnten werden leistungssteigernde Medikamente fester Bestandteil unseres Lebens sein‹, meint Hersh Shefrin, Professor für verhaltensorientierte Finanzwissenschaft an der Santa Clara University. ›Im Moment ist das noch Science-Fiction, aber aus Science-Fiction wird oft Wissenschaft.‹«[76]

Nicht jeder ist ein Trader an der Wall Street oder Baseball-Profi, aber auch die durchschnittliche Person muss nicht geduldig darauf warten, dass solche Science-Fiction-Szenarien Realität werden: Entsprechende Pharmaka sind bereits ein fester Bestandteil unseres Lebens. Wer einen entgegenkommenden Arzt kennt, lässt sich Antidepressiva wie Prozac oder Medikamente wie Ritalin, Adderall und Modafinil verschreiben und konsumiert sie als leistungssteigernde Mittel, die dem Hirn den gewünschten zusätzlichen Kick geben. Für *Daddy's Little Helpers* existiert ein breiter Markt: Sie kommen zum Einsatz, wenn das »Humankapital« allein nicht mehr ausreicht. Vertreter des NDK haben das begrüßt:

> [Der Think-Tank-Mitarbeiter Nicolas Seltzer meint, leistungssteigernde Medikamente seien] »›so, wie wenn man sich selbst, sein Gehirn, nach individuellen Wünschen zuschneidet [...]. Es ist im Grunde eine Entscheidung darüber, wie man Bewusstsein erleben möchte.‹ Nachdem es in den Neunzigerjahren um den ›persönlichen Zuschnitt von Technologie‹ gegangen sei, gehe es in der laufenden Dekade um den persönlichen Zuschnitt des Hirns [...]. Ich fragte ihn, ob er irgendwelche ethischen Bedenken gegenüber solchen Medikamenten habe. Er dachte kurz nach und sagte, wenn jemand vor einer Prüfung, durch die er sich beispielsweise als Hirnchirurg qualifiziert, ein leistungssteigerndes Medikament nehme und danach nicht mehr, dann fände er das wohl bedenklich. Davon abgesehen konnte er kein Problem erkennen. Seltzer erklärte, er glaube fest daran, ›dass wir beträchtliche Freiheiten haben sollten, mit unserem Körper und unserem Gehirn so umzugehen, wie wir wollen, solange es nicht Grundrechte, Freiheit und Sicherheit anderer beeinträchtigt.‹ Er meinte: ›Wieso sollte man *wollen*, dass das geistige Leistungsvermögen eines Menschen eine Obergrenze hat?‹«[77]

Diese Begeisterung für die Freiheit, sein Selbst zu filetieren, ist das zentrale Charakteristikum des alltäglichen Neoliberalismus. Wie die Autorin des eben zitierten Artikels schreibt: »Es geht nicht mehr um Bewusstseinserweiterung wie in den Sechzigerjahren. Offenbar hat jede Ära ihre prägende Droge. Leistungssteigernde Medikamente eignen sich perfekt dafür, die Konkurrenzangst von Angestellten in einer krisengeplagten Wirtschaft zu dämpfen.«[78] Selbstveränderung und -verbesserung sind die Pflicht jedes unternehmerischen Akteurs in einer Welt der gnadenlosen Konkurrenz.

Gilt der Körper erst einmal als Firma, bedarf er regelmäßiger Umstrukturierung, um schlanker und leistungsfähiger zu werden – durch Übernahmen (ob feindlich oder nicht), Fusionen, Ausgründungen, Veräußerungen und Börsengänge. Fusionen wären etwa Implantate, Transplantationen und andere chirurgische Maßnahmen; Veräußerungen der Verkauf von Organen, Blut oder Keimzellen. Die Neoliberalen haben natürlich nicht die jeweiligen medizinischen Verfahren erfunden, die oftmals viel älter als die MPS sind; ihr entscheidender Beitrag bestand vielmehr im Beharren darauf, solche Maßnahmen strikt Markgesichtspunkten unterzuordnen, und in der Förderung einer proaktiven Ethik der Offenheit für freiwillige Amputationen, Extraktionen und Prothesen. Die Bereitschaft des unternehmerischen Selbst zu bestimmten Maßnahmen steigt deutlich, wenn die asymmetrischen Opfer, die andere als Geber dafür bringen, den Unternehmer nicht stigmatisieren. Deshalb werden »Ökonomien des Schenkens«, wie etwa Richard Titmuss sie beschrieb, ausgiebig verspottet und häufig dunkle Andeutungen gemacht, dass »Altruismus« in diesem Bereich schlimme Folgen haben könne – wie bei der Kontaminierung von Blutkonserven zu Beginn der HIV-Krise. Menschen in wirtschaftlicher Not preist man entsprechend als zukünftige »professionelle Spender«.[79]

Die höchste Form der körperlichen Ausgründung ist die Geburt eines Kindes, doch in der neoliberalen Ära wurde selbst dieser Vorgang im Namen der Flexibilität segmentiert, rationalisiert und ausgelagert. Von der altmodischen Intimität des Geschlechtsakts lässt er sich so weit trennen, wie das Subjekt es wünscht: Man kann Spermien und/oder Eizellen kaufen – optimal ausgewählt nach der Qualität des Erbmaterials –, durch In-vitro-Fertilisation auf Kopulation verzichten und sogar das Austragen des Kindes an eine Leihmutter auslagern.[80] Welches deutlichere Indiz für die Fragmentierung des Selbst könnte es geben, als dass die biologische Reproduktion zur *ménage à trois* (oder *à quatre* oder *cinq*) wird! Das älteste und das neueste Gewerbe der Welt stellen zusammen die elementarste Grundlage der Kosmologie in menschlichen Gesellschaften auf den Kopf: die matrilineare oder patrilineare Abstammung. Leihmutterschaft zerstört jeden Gedanken von Verwandtschaft und Herkunft und schafft allerlei virtuelle Beziehungen, für die wir nicht einmal Namen haben.[81] Wie so häufig verliert das neoliberale Subjekt an Kontinuität, was es an Bequemlichkeit gewinnt. Darin liegt kein bedauerliches Nebenprodukt technologischer Entwicklung, sondern eine direkte Folge der neoliberalen Fragmentierung des Selbst. Zudem haben Neoliberale in das Geschäft mit der Leihmutterschaft eilends etliche Innovationen eingeführt, die bereits in anderen Zweigen getestet wurden. So besteht zum Beispiel das am schnellsten wachsende Marktsegment der Leihmutterschaft in der Auslagerung in Entwicklungsländer, wo Gebärmütter billiger zu mieten sind. Überdies sind »große Geldverleiher in den Markt eingestiegen und bieten maßgeschneiderte Kredite für Unfruchtbarkeitsbehandlungen an […]. Der Markt dürfte dadurch wachsen und seine Struktur ändern.«[82]

Ein Markt für Organe und Leihmütter existiert bereits; doch das Schöne am langen Marsch des Neoliberalismus besteht darin, wie er dessen Expansion in eine permanente Revolution des Selbst verwandelt. Angesichts immer besserer genetischer Tests und Eingriffe wird die Möglichkeit, dass die Kunden die beschriebenen flexiblen Reproduktionsarten mit punktgenauer Genmanipulation verbinden könnten und wir in eine Welt des Designer-Nachwuchses geraten, in der Ethikdebatte mit großer Sorge gesehen. Das ganze Gerede über die Heilung von Krankheiten ist nebensächlich: In erster Linie soll die kommerzialisierte Wissenschaft die Reichen in den Stand versetzen, Gott zu spielen und ihre Kinder nach individuellem Geschmack zu entwerfen. Das Schöne am heutigen Neoliberalismus besteht allerdings auch darin, dass er beim Spiel des beliebig formbaren Selbst nicht einen, sondern gleich drei Züge vorausdenkt. Wie kürzlich bemerkt wurde, sind Designer-Kinder nur eine Zwischenstation auf dem Weg zum vollkommen flexiblen Selbst.[83] Warum sollte man sie in einen Körperkäfig einsperren, der ihnen vielleicht nicht gefällt und den sie gemäß den ehrenwerten Grundsätzen des neoliberalen Unternehmertums selbst verändern möchten? Das letzte Ziel der Genetik ist deshalb die DNA-Aufwertung, das Vermögen, sich selbst auf der Ebene der Ribonukleinsäure nach Belieben umzugestalten:

> »Ein künstliches Chromosom könnte chemische Schalter enthalten, die es ermöglichen, bestimmte Gene nach Belieben an- und auszuknipsen, indem man einfach eine Pille mit dem entsprechenden chemischen Auslöser einnimmt. Dieses Chromosom ließe sich zudem so gestalten, dass man es in den Geschlechtszellen selektiv ausschalten kann – um sicherzustellen, dass die Konstruktion nicht an die nächste Generation vererbt wird […]. So bekäme man das Beste von beidem: genetische Veränderungen, die alle Zellen im Körper betreffen, sich aber weiterhin zu jedem beliebigen Zeitpunkt modifizieren oder vollständig abstellen lassen.«[84]

Das ist die Endstation des neoliberalen Selbst: an die Stelle von Mutter und Vater zu treten; sich von unwillkommenen Ratings durch die Natur freizumachen; sich per Knopfdruck oder durch die Einnahme einer Pille zu verwandeln; keinem anderen Körper verpflichtet zu sein, sondern nur dem körperlosen Markt. Ob sich das Verfahren im Rahmen der Möglichkeiten der heutigen Wissenschaft bewegt, ist unerheblich – in der neoliberalen Heiligen Schrift gleicht es der Offenbarung.

»Ich bin der König der Welt!«

Nicht viele Menschen machen sich wirklich die Mühe, Hayek oder Buchanan, Friedman oder selbst Ayn Rand zu lesen. Ungleich mehr aber trinken gelegentlich fair gehandelten Kaffee, schauen *Big Brother* oder Jerry Springer, haben eine Facebook-Seite, die sie lustlos aktualisieren, fragen sich, ob sie eine Versicherung abschließen sollten, sind bis zum Zahltag knapp bei Kasse, prüfen besorgt ihren FICO-Score, kaufen sich an der Kasse einen Lottoschein, haben beim Anblick eines verwahrlosten Bettlers gemischte Gefühle, reden mit Freunden über die britischen Unruhen des Sommer 2011, nehmen Medikamente gegen Übergewicht oder quälen sich mit der Entscheidung über eine Behandlung in der Kinderwunschklinik. Durch tausendundeine kleine Begebenheiten verinnerlicht die durchschnittliche Person im Lauf ihres Lebens bestimmte Bilder, Kausalitätsannahmen und Prinzipien, die sich allmählich zu einer Art Weltanschauung verdichten. Charakteristisch für solche alltägliche Tuchfühlung mit dem Neoliberalismus ist, dass man weder reich sein noch sich einen Hochschulabschluss erarbeitet oder alles selbst beigebracht haben muss, um durch sie von einer Vision des Selbst eingenommen zu werden, die sich durch den Narzissmus der autarken Person auszeichnet, durch Bedürfnisse, die scheinbar keiner gesellschaftlichen Bestimmung unterliegen. In der Tat ist die vom NDK geförderte Konzeption von Subjektivität so vorsätzlich selbstzentriert, dass sie kaum noch die Existenz der Wirtschaft zu erfassen vermag, die das göttliche Attribut besitzt, zugleich überall und praktisch nirgends zu sein. Wir sollen uns für so frei halten, dass niemand unser Leben wirklich kontrollieren kann, doch die Endstation dieser Freiheit ist eine eigentümliche Art von Solipsismus. So rät ein bekannter neoliberaler Ökonom, kulturelle Kompetenzen im Innern auszubilden, eine Art selbstgewählten Autismus zu entwickeln, und ruft auf diesem Wege zur Schaffung einer eigenen Ökonomie auf:

> »Es hat im Lauf der letzten Generation eine fundamentale Verschiebung im Kräfteverhältnis zwischen Verbrauchern und Verkäufern gegeben, und zwar in Richtung der Ersteren. Qualität und Quantität ›innerer‹ Vergnügungen sind höher denn je, weshalb immer mehr Menschen zu diesen sehr günstigen Unterhaltungsformen übergehen. Deren Ausbreitung bedeutet, dass wir bei Bildung und Unterhaltung Geld sparen, und auch, dass wir uns mehr Geschichten erzählen [...]. Wenn Sie Ihre eigene Ökonomie schaffen wollen, welche Rolle sollten dann Geschichten dabei spielen?«[85]

Die Rolle all der Geschichten besteht offenkundig darin, dafür zu sorgen, dass man jegliche Aufmerksamkeit strikt *auf sich selbst* richtet. Wenn die Lage ernst wird, sind Wut, Protest, »Stoizismus« und erst recht gegenseitige Unterstützung die falsche Antwort. Stattdessen muss der Radius des eigenen Bewusstseins zugleich zur Umgrenzung der »Ökonomie« werden, in der es nicht mehr darum geht, was man tut, sondern ausschließlich um die Geschichten, die man über sich erzählt. Die Wachsamkeit des Subjekts darf nie vom Mittelpunkt des eigenen kleinen Universums abrücken. Wer Schwierigkeiten hat, sich in seinem Kämmerlein komfortabel einzurichten, findet immer jemanden, der ihm für ein bescheidenes Honorar dabei hilft: *Rufen Sie die Vertrauensfee herbei!* Die aktuelle Finanzkrise schrumpft auf eine temporäre Verirrung im Kopf des Subjekts zusammen. *Sollen sie doch Kuchen essen! Wenn doch nur Sie, der Verbraucher, endlich mehr ausgeben würden!* (Wie oft haben Sie das schon gehört?)

Dieser in Fleisch und Blut übergegangene Solipsismus muss ein bedeutender Grund dafür sein, dass die Neoliberalen siegreich aus der Krise hervorgegangen sind.

4

Kauderwelsch und Konfusion

Die dürftige Reaktion der Ökonomenzunft auf die Krise

In den aktuellen Nachwehen der schwersten Wirtschaftskrise seit der Großen Depression lösen Berichte darüber, wie verschiedene Bevölkerungsgruppen unter den Folgen leiden, verständlicherweise meist Langeweile aus. Das mag teils eine Wirkung des im letzten Kapitel beschriebenen neoliberalen Theaters der Grausamkeit sein, teils ist es schlichter Krisenmüdigkeit geschuldet. Was die Öffentlichkeit nach mehr als vier Jahren stattdessen zu faszinieren scheint, sind Geschichten über kühne Figuren, die inmitten allseitiger Verwüstung unversehrt durch die Krise gekommen sind. Ein schönes Beispiel dafür bietet Michael Lewis' Bericht *The Big Short*, bei Amazon zeitweilig ein Bestseller: Er schildert, wie eine Handvoll Querdenker gegen die im Vorfeld von 2007 so begehrten Derivate wettete und damit ein kleines Vermögen machte. Wenn Lewis' verwegene Jungs den Sturm der Krise so geschickt meistern konnten, warum dann nicht auch wir?

Im Folgenden geht es um die Geschichte einer anderen Bruderschaft, die die Turbulenzen offenbar ebenfalls unversehrt überstanden hat, obwohl ihr Verhalten während und nach dem wirtschaftlichen Einbruch nicht gerade vorbildlich war. Sie wurde zwar nicht unbedingt reich, nahm an der Krise entgegen jeder begründeten Erwartung aber auch keinen Schaden. Die betreffenden Personen konnten sich anscheinend jeder Verantwortung dafür entziehen, dass sie die Voraussetzungen des Debakels gefördert hatten, und wurden später in der Presse sogar zumeist als zuverlässige Experten oder wenigstens als Propheten der Prosperität gehandelt. Die Rede ist von der heutigen orthodoxen oder neoklassischen Ökonomenzunft. Auch wenn ihr intellektuelles Zentrum in den Vereinigten Staaten liegt, hat sich die folgende Geschichte letztlich als eine globale erwiesen, und trotz eines geografisch deutlich diversifizierten Rekrutierungsfelds ist die Orthodoxie in Europa und Amerika (weiterhin) durch eine bemerkenswerte theoretische Homogenität gekennzeichnet. Neoklassischen Ökonomen, die die Welt noch 2005 mit großem Einsatz davon überzeugten, alles sei in bester Ordnung, und unterdessen selbst die Bauanleitungen und theoretischen Rechtfertigungen für die wenig später explodierenden finanziellen Zeitbomben ausarbeiteten, scheint nicht der geringste Nachteil durch die Ereignisse entstanden zu sein, die, einem Zugunglück in Zeitlupe nicht unähnlich, eigentlich der Sargnagel ihrer Glaubwürdigkeit hätten sein müssen. Als Einzelne wie als Gruppe sind sie in Wissenschaft und Politik nur noch einflussreicher geworden. Keiner von ihnen wurde wegen Inkompetenz gefeuert, keiner musste die Schmach eines sichtbaren Statusverlustes ertragen. Die neoklassischen Wirtschaftswissenschaftler wurden nicht aus ihren politischen Ämtern gejagt, nirgends sind ihre Fakultäten Sparmaßnahmen zum Opfer gefallen. Entgegen allen anfänglichen Erwartungen sind sie sogar noch stärker in der Öffentlichkeit präsent als vor 2007 und haben ihren Zugriff auf prestigeträchtige Spitzenpositionen noch gefestigt. Exemplarisch für diese Kultur der Unverfrorenheit war die Verleihung des Nobelpreises der Bank von Schweden an Thomas Sargent und Christopher Sims im Jahr 2011 – eine Absage an die geistige Rechenschaftspflicht und ein dicker Stinkefinger für jeden, der es wagte, die orthodoxe Makroökonomie zu verunglimpfen. Eine solche Unbesiegbarkeit kennzeichnet normalerweise nur Comic-Superhelden oder bedrängte Diktatoren, die vom Balkon herab die Alternativlosigkeit ihrer Herrschaft verkünden.

Dass die orthodoxe Wirtschaftswissenschaft ungeschoren davongekommen ist, heißt allerdings nicht, dass ihr Streit und Hohn erspart geblieben wären. Aufgabe der nächsten Kapitel ist es, eine etwas stürmische Entwicklung in der Ökonomenzunft zu untersuchen: Nachdem sie vor dem Crash streng festgelegte Lehrsätze vertreten und gegenüber der Heterodoxie null Toleranz gezeigt hatten, wirkten die neoklassischen Ökonomen während des Crashs zunächst ratlos, um kurz darauf mit kaum gezügelter Gehässigkeit aufeinander loszugehen. Als dies ermüdend wurde, riefen sie nicht etwa einen Waffenstillstand aus und erweiterten durch alternative Deutungen der Ereignisse ihren geistigen Horizont, sondern kehrten hastig zum Status quo ante zurück und schlossen nach dem kurzem Intermezzo erneut die Reihen – womit sie ihre Positionen und ihre Autorität weitgehend wahren konnten.

Auch wenn eine scharfe Trennung zwischen soziologischen und theoretischen Aspekten eines Denkkollektivs gewöhnlich irreführt, wollen wir unsere Untersuchung aus Gründen der Darstellung annäherungsweise so unterteilen: Im vorliegenden Kapitel befassen wir uns mit dem Verhalten einzelner Ökonomen und des Berufsstands insgesamt, um in Kapitel 5 bestimmte theoretische Behauptungen, die in der Hitze der Krise aufgestellt wurden, zu erörtern. Allgemeine Verurteilungen der Ökonomen waren nach dem Crash gang und gäbe; entgegen den Gepflogenheiten werden wir uns allerdings die Mühe machen, Namen zu nennen, Verbindungen zu enthüllen und Aussagen zu dokumentieren, die die Protagonisten inzwischen vielleicht lieber nicht gemacht hätten. Wir werden uns auch ihre Lebensläufe ansehen und ihre Arbeitgeber befragen. Dass wir bei der Besichtigung unserer Schurkengalerie auf eine unterirdische Verbindung zwischen dem Neoliberalen Denkkollektiv und der Wirtschaftswissenschaft stoßen werden, dürfte kaum überraschen.

Der Zickenkrieg der Ökonomenzunft

Durch ihr Verhalten während der Krise haben die Ökonomen nicht gerade ein Übermaß an Würde an den Tag gelegt.[1] Während sie bei anderen gewöhnlich schnell mit dem Befund von Irrationalität bei der Hand sind, widerstrebte es ihnen offenkundig, eine regelrechte Pandemie bizarren Verhaltens in den eigenen Reihen wahrzunehmen. Wie widersprüchlich dieses Verhalten war, lässt sich verdeutlichen, wenn wir einen Vorfall, der sich auch an einer Universität ganz in Ihrer Nähe hätte ereignen können, mit späteren Entwicklungen gegenüberstellen. Wie man mir berichtete, wurde ein Wirtschaftsprofessor an meiner Universität, der University of Notre Dame, im Frühjahr 2009 von Teilnehmern eines Seminars über Makroökonomie gebeten, auf die gerade allerorts ausbrechende Krise einzugehen. Denn wo sonst sollte man heute an der Universität etwas über die Krise lernen, wenn nicht in einem solchen Seminar? Der Professor ließ die Studenten jedoch nur wissen, die Krise stehe nicht auf dem Studienplan und werde auch nicht im Lehrbuch behandelt, und vom vorgesehenen Programm wolle er nicht abweichen. Und dabei blieb es auch.

Vergleichen wir dies mit der Situation 2012. Vom glühenden Hayek-Anhänger auf der Rechten bis zum streitlustigen Joseph Stiglitz auf der »seriösen Linken« behauptete nun praktisch jeder Ökonom mit einer gewissen öffentlichen Bekanntheit, die Krise habe klar gezeigt, dass die von ihm bevorzugte Theorie richtig sei, womit sich jede Forderung nach einer eingehenden Revision der Wirtschaftswissenschaft erübrige.[2] Erstaunlicher war, dass die Presse und die Blogwelt dies zunächst wörtlich wiederholten, aber später Zweifel bekamen. In einem vielbeachteten Fall sah sich auch die britische Queen bei einem Besuch an der London School of Economics im November 2008 genötigt zu fragen, warum kein einziger Wirtschaftswissenschaftler vor der Krise gewarnt habe. Nach kurzem Zaudern verfassten die Ökonomen der British Academy ein Antwortschreiben, in dem sie zu verstehen gaben, dass ihre Königin sich irrte: Auch wenn es ihnen vielleicht ein wenig an Vorstellungskraft gemangelt habe, hätten sie immer alles im Blick gehabt.[3] Ein anderes Beispiel bot das im ersten Kapitel erwähnte Gründungstreffen des Institute for New Economic Thinking, das, finanziert von George Soros, prominent besetzt und von der Presse mit viel Aufmerksamkeit bedacht, im April 2010 in Cambridge stattfand. Zu meiner Verblüffung widmeten sich gut zwei Drittel der Vorträge dem Nachweis, dass die existierende neoklassische Lehre keineswegs abgelöst, ja nicht einmal in ihrem Krisenverständnis nennenswert revidiert werden müsse: Niemand war überrascht worden, niemand musste seine Positionen überdenken. Wenn dies das »neue Denken« war, schauderte es einen bei dem Gedanken, wie das alte wohl ausgesehen hatte.

Offenkundig können diese Behauptungen, wahre Perlen der herrschenden Lehrmeinung, nicht alle gleichzeitig Gültigkeit beanspruchen. Die neoklassischen Ökonomen können nicht die Schieflage des Systems übersehen, aber zugleich die heraufziehende Krise haarscharf erkannt haben. Vielleicht wäre von einer Disziplin, die dafür bekannt ist, 14 der letzten sechs Abschwünge vorhergesagt zu haben, keine andere Reaktion zu erwarten gewesen. Allerdings war einzelnen Vertretern bei Ausbruch der Krise keineswegs entgangen, dass sie sich auf dünnem Eis befanden. Ein Konflikt war unausweichlich.

Die Figur des Ökonomen ist häufig Gegenstand von Witzen und dient Filmen wie Romanen als Vorlage für unsympathische Protagonisten; Ökonomen sind lausige Prominente, dem Klischee nach weitschweifig, dröge und etwas selbstvergessen.[4] Als Griechenland und Italien während der Euro-Krise zur Führung ihrer wankenden Regierungen gesichtslose Technokraten brauchten, verzichteten sie auf Wahlen und suchten sich einfach Ökonomen (der eine immerhin ein Absolvent des MIT, der andere Mitarbeiter von Goldman Sachs). Dennoch war der Trend neu und leicht gespenstisch: Blätter wie *Business Week, The Economist* und die *New York Times*, die bislang ohne Not als Cheerleader der Wirtschaftswissenschaft aufgetreten waren, schlugen plötzlich einen feindseligen Ton an und begannen ganze Theorieschulen für ihr Versagen abzukanzeln, beliebige »neue Paradigmen« auszurufen und Ökonomen aus der hintersten Reihe, solange sie nur telegen und rebellisch wirkten, anstelle der üblichen Riege von Wirtschaftsexperten zu hofieren. Begierig nach Sündenböcken führten Journalisten zunächst Schurken wie Bernard Madoff, Richard Fuld und Joseph Cassano vor, bevor ihr Jagdinstinkt sie auf deren Pendants innerhalb der Ökonomenzunft aufmerksam werden ließ.

Natürlich existierte für die Ökonomen keine den Justizbehörden oder der Börsenaufsicht vergleichbare Sanktionsinstanz, und selbstverständlich gab es keine Phalanx von Kriminalbeamten für die harte Ermittlungsarbeit. Wie einigen allmählich dämmerte, existierte anders als etwa in der Medizin und selbst der Soziologie nicht einmal ein Ethikkodex, den zu unterschreiben redliche Ökonomen aufgerufen wären. Einen Ukas, den es nicht gibt, kann man auch nicht missachten. So zeichnete sich entgegen ersten Eindrücken ab, dass es eine langwierige und schwierige Arbeit sein würde, die Anklagen zu belegen. Think-Tanks und Agents Provocateurs aus der russischen Schachtelpuppe kochten munter ihr Süppchen, wobei sie sich hinter den Kulissen versteckt hielten.[5] Auch entpuppten sich manche der selbsternannten Ermittler (und nicht wenige der politischen Protagonisten) selbst als eingetragene Mitglieder der Zunft. *Quis custodiet ipsos custodes?*

So wurde die infantile amerikanische Angewohnheit, die Akteure in »die Guten« und »die Bösen« zu unterteilen, durch eine Situation erschwert, die der Alptraum der Journalisten ist: eine trügerische Mehrdeutigkeit, in der alle Kühe grau und alle Lehrsätze kontextgeschwängert sind. Das bereitete zwar den Attacken auf die Wirtschaftswissenschaft kein Ende, förderte aber bequeme journalistische Praktiken wie die unkritische Gleichsetzung des Wirtschaftsnobelpreises (der aufgrund seines Ursprungs nicht einmal ein wirklicher Nobelpreis ist) mit intellektueller Legitimität und Kompetenz in puncto Krise.

Wie fruchtlos das blinde Vertrauen auf die sanktionierte Weisheit der Nobelpreisträger 2011 geworden war, hat Mark Thoma geschildert:

»Was verursachte die Finanzkrise, die noch immer in der Weltwirtschaft nachhallt? Die 4. Tagung der Wirtschaftsnobelpreisträger, die vergangene Woche im deutschen Lindau diese und mehrere hundert junge Ökonomen aus aller Welt zusammenbrachte, illustriert, wie wenig Einigkeit über die Antwort auf diese wichtige Frage besteht. Überraschenderweise galt der Finanzkrise wenig Aufmerksamkeit auf der Konferenz. In vielen Veranstaltungen zu Makroökonomie und Finanzwesen fand sie gar keine Erwähnung, und soweit sie diskutiert wurde, gingen die Ursachendiagnosen in alle Himmelsrichtungen: Schuld waren wahlweise die Banken, die Fed, zu viel Regulierung, zu wenig Regulierung, Fannie und Freddie, moralisches Fehlverhalten aufgrund des *Too-big-to-fail*-Status von Banken, schlechte und vorsätzlich irreführende Buchhaltung, irrationaler Überschwang, fehlerhafte Modelle und die Ratingagenturen. Zugleich wurden Faktoren, die mir wichtig scheinen – etwa die Bedingungen, die einen bedenklichen Ansturm auf das Schattenbankensystem möglich machten, nachdem man Lehman Brothers pleitegehen ließ –, kaum erwähnt.«[6]

Das Klima im öffentlichen Krisendisput erinnerte zunehmend an einen schlechten Rodney-Dangerfield-Film. Paul Krugman hatte die Stimmung im September 2009 mit seinem Zeitschriftenartikel »How Did Economists Get It So Wrong?« angeheizt, der eine »Blindheit der Ökonomen für die Möglichkeit katastrophaler Zusammenbrüche in der Marktwirtschaft« diagnostizierte, dafür aber die skurrile Erklärung anführte, sie hätten »als Gruppe die Schönheit ihrer beeindruckenden Mathematik mit der Wahrheit verwechselt«. Dies brachte einige Wirtschaftswissenschaftler derart in Rage, dass sie jedes Schönheitsstreben vergaßen. Leute, die normalerweise mit einschläfernder Monotonie über »optimale monetäre Regeln« und »die dynamische Inkonsistenz von Maßnahmen« reden, fielen wild keifend übereinander her. Das mag übertrieben klingen, doch allein die in dieser einen Anmerkung[7] dokumentierten Schmähungen und Beleidigungen dürften dem Selbstbild der Zunft widersprechen, inmitten trüber Konformität und Prognostik wenigstens gute Umgangsformen zu wahren.

Nach ein paar Runden begannen sich viele Journalisten beunruhigt zu fragen, wie weit man diesen Gestalten überhaupt trauen konnte. Renommierte Zeitschriften spotteten »Wozu sind Ökonomen eigentlich gut?« (*Businessweek*) und »Was ist in der Wirtschaftswissenschaft schiefgelaufen? (*Economist*), renommierte Verlage publizierten Bücher, in deren Titeln von einem »Mythos des rationalen Marktes« (Justin Fox) und einem »Versagen des Kapitalismus« (Richard Posner) die Rede war. »Ist es angemessen, die Ökonomenzunft anzugreifen? Weitgehend ja.«[8]

Das Merkwürdigste an dem Tumult war allerdings, wie schnell er wieder in Vergessenheit geriet. Ökonomen und ihre Kritiker schienen unter so massiven Erinnerungslücken zu leiden wie die Hauptfigur in Christopher Nolans Film *Memento* mit ihren eintätowierten Gedächtnisstützen: Sie vergaßen, was sie erst vor einer Woche oder einem Monat gesagt hatten, und waren folglich dazu verurteilt, sich immer wieder selbst zu überraschen. Dass neoklassische Ökonomen die Geschichte des wirtschaftlichen Denkens geringschätzen, ist bekannt; nun konnte man es in Echtzeit beobachten. Eines der zehn Gebote der Neoklassik lautet, man solle die Vergangenheit ruhen lassen – und ihre Vertreter vertrauten nun offenbar auf eine so kurze Aufmerksamkeitsspanne ihrer Schutzherren, dass dieses Prinzip auch für alles gelten würde, was sie über die Krise oder andere Ökonomen möglicherweise gesagt hatten. Und wer wollte rückblickend behaupten, sie hätten sich geirrt?

Was in dem Wirrwarr eigentlich vor sich ging, ist auch deshalb schwer zu dokumentieren, weil zur Abwehr von Kritik unterschiedlichste Testballons losgeschickt und im Falle einer unsanften Landung sofort wieder eingeholt wurden. Manche Ökonomen liebäugelten mit der Vorstellung, die Krise betreffe sie nicht im Geringsten, so als hätte sie sich in einem weit entfernten Paralleluniversum abgespielt. Andere meinten, man müsse die offenkundigen Tatsachen anerkennen, aber wenn man nur strikt an dem Gedanken festhalte, dass allein der Markt zählt, habe die orthodoxe Wirtschaftslehre nichts zu befürchten. Vertreter des NDK betätigten sich dabei als Wortführer: Das MPS-Mitglied Robert Barro schrieb, genau wie Robert Lucas könne er »die Auffassung, dass die finanzielle und makroökonomische Krise die Wirtschaftswissenschaft als Disziplin treffe, schwer ernst nehmen. Die Krise hat die Nachfrage nach wirtschaftlicher Expertise und Ökonomen sogar noch gesteigert. Kein Beruf ist so antizyklisch wie der des Wirtschaftswissenschaftlers.«[9]

Als neoliberale Generallinie setzte sich allerdings wie zu erwarten durch, dass jedwedes Versagen, sofern überhaupt gegeben, strikt individueller Natur sei und das Denkkollektiv als solches unschuldig und rein wie der Schnee. Hier betätigte sich Raghuram Rajan, ein Chicagoer Ökonom, der von den Medien zu einem der Mainstream-Propheten der Krise erkoren und entsprechend hofiert wurde, als Vorreiter: »›Der Grund war weniger Ideologie als Hybris‹, sagte Rajan über konservative Wirtschaftswissenschaftler, Greenspan eingeschlossen.«[10] In einem Kommentar in der *Financial Times* verteidigte Rajan die Vorzüge der Finanzspekulation, an deren negativen Folgen der Kongress und die Fed schuld seien, da sie die Marktanreize verzerrt hätten.

Ein zünftiger Zickenkrieg gefällt jedem, und wenn es nicht um mehr gegangen wäre, könnte man die ganze Episode künftigen Kulturhistorikern überlassen. Zweierlei gibt ihr allerdings aktuelle Bedeutung: Erstens die Effektivität, mit der Neoliberale die Blockade gegen jegliche Erneuerung der Wirtschaftswissenschaft gestärkt haben; und zweitens die Tatsache, dass die Neoklassik die Krise trotz dieses ungebührlichen Verhaltens unversehrt überstanden hat. Um nur zwei Gegenbeispiele zu nennen: Die Freud'sche Psychologie und die soziologische Wissenschaftsforschung sahen sich in der jüngeren Vergangenheit durch Angriffe, die sie weitaus weniger in öffentliche Verlegenheit brachten, zu scharfer Selbstkritik und theoretischen Revisionen genötigt. Die Wirtschaftswissenschaft hingegen wurde von den Medien und den Mächtigen wie ein verlorener Sohn mit offenen Armen wieder aufgenommen, auf den Kopf getätschelt, und alles war vergeben. In der Öffentlichkeit machte sich wieder Desinteresse an Wirtschaftstheorie und Ökonomen breit, und während die Wirtschaft weiter aus den Fugen ging, produzierten die Universitäten weiter orthodox-neoklassische Ökonomen. Barro hatte es vorausgesehen. Einige Ökonomen bemerkten es und staunten. So muss es sich anfühlen, unbesiegbar zu sein.

Mir ist nicht daran gelegen, nun ebenfalls ein paar Schläge auszuteilen. Allerdings könnte es aber gewisse Einsichten zutage fördern, wenn wir tief Luft holen und die eigentümliche Misere der Wirtschaftswissenschaft studieren, um darauf aufbauend zu fragen, wie und warum sie ungeschoren davongekommen ist. Vielleicht lassen sich ein paar Lehren aus dem Fiasko ziehen, und sei es nur, um wenigstens einen kleinen Teil der historischen Fakten vor ihrer Tilgung aus dem kollektiven Gedächtnis der Disziplin festzuhalten (eine Säuberung, die bereits begonnen hat). Schon jetzt erklären die Apologeten aufgeregt, es sei *nichts Ungehöriges geschehen.*

Vier kurze Predigten aus einem dunklen Kirchenschiff

Lektion 1: Was geschieht, wenn man Geschichte und Philosophie verbannt

Es gilt, die Ereignisse als eine Abfolge vermeidbarer Tragödien zu schildern, deren Auftakt die Verbannung von Geschichte und Philosophie aus der orthodoxen akademischen Wirtschaftswissenschaft bildete. Nach einem kurzen Flirt in den Sechziger- und Siebzigerjahren gingen die Granden der Disziplin zu offener Verachtung der von »Methodologen« und Wirtschaftshistorikern praktizierten Selbstreflexion über und sorgten nach Kräften dafür, dass ihre Vertreter an angesehenen Fakultäten keine Lehrstühle bekamen.[11] Dass Geschichte und Philosophie die Gebiete darstellten, in denen sich die meisten Skeptiker fanden, was Gestalt und Substanz der orthodoxen Wirtschaftslehre betraf, war vielleicht kein Zufall.

Renommierte Zeitschriften wie die *American Economic Review*, das *Quarterly Journal of Economics* und das *Journal of Political Economy* (Zentralorgan der Chicago School) erklärten, dass sie Artikel aus diesen Feldern – die sie lange akzeptiert hatten – nicht mehr publizieren würden. Das hohe Ranking dieser Periodika diente wiederum dazu, methodologisch orientierten Wissenschaftlern Anstellung und Beförderung an die Kommandohöhen der Disziplin zu verwehren. Konsequenterweise strichen die grauen Eminenzen Philosophie und Geschichte auch vollständig aus den Graduiertenlehrplänen und sodann aus dem Grundstudium. Es handelte sich schlicht um Gehirnwäsche, durchgeführt unter dem Banner wissenschaftlicher Strenge. In den Neunzigerjahren waren hinlänglich kompetente (geschweige denn interessierte) Wissenschaftler, die Seminare zu Philosophie oder Theoriegeschichte hätten anbieten können, an den Fakultäten schon gar nicht mehr vertreten.[12] Fortan ließen sich Ökonomen ungetrübt von jeder Sachkenntnis periodisch über Karl Marx, Vilfredo Pareto, Hyman Minsky, Adam Smith oder selbst John Maynard Keynes aus, weil sie darauf vertrauen konnten, dass niemand sie für ihre seichten Prätentionen zur Rede stellen würde.

Als die Implosion der »Großen Mäßigung« die Große Schmach nach sich zog, entbehrten die Kapitäne der Disziplin folglich jedes intellektuellen Fundus, um ihre missliche Lage zu verstehen. Notgedrungen griffen sie auf vage Erinnerungen oder auf die dreiste Ausrede zurück, sie selbst wüssten ja, wie mit den scheinbar abnormen Phänomenen umzugehen sei, aus unerfindlichen Gründen hätten sie es nur versäumt, dieses entscheidende Wissen in Forschung und Lehre zu integrieren.

Nicht wenige ahnten natürlich, dass etwas gründlich schiefgelaufen war, doch die traurige Wahrheit lautet, dass sie nicht die leiseste Ahnung hatten, wie man ausgehend von abstrakten philosophischen Überlegungen die Mängel der Disziplin analysieren und ihre methodische Behebbarkeit ausloten könnte. Festgefahren in Banalitäten, fiel ihnen kein besseres Rezept ein als ein »Weiter so«. Kein Wunder, dass beinahe jeder Ökonom seine philosophische Ratlosigkeit als willkommene Gelegenheit verstand, Rechnungen *innerhalb* der enggesteckten Grenzen der neoklassischen Orthodoxie zu begleichen: MIT vs. Chicago, Walras vs. Marshall, geistlose Ökonometrie vs. geistlose Axiomatik, Neukeynesianismus vs. Neue Klassische Makroökonomik, effiziente Märkte vs. informatorisch strapazierte Märkte … Im Mai 2010 erklärte Dominique Strauss-Kahn, damals noch IWF-Chef, die Krise sei »eine Gelegenheit«; vielleicht war damals nicht einmal ihm selbst klar, dass sie vor allem eine Gelegenheit für Rache (persönlicher wie theoretischer Art) bot.

Lektion 2: Die Wirtschaftswissenschaftler verloren zu Beginn der Krise die Kontrolle über die Diskussion

Der wichtigste Beweis dafür, dass die Ökonomenzunft 2008 von der finanziellen Kernschmelze überrascht wurde, ist die Tatsache, dass ihr damals rasch die Kontrolle über die öffentliche Diskussion entglitt. Nach der Pleite von Bear Stearns begannen Journalisten mit der Frage zu kämpfen, wie es sein konnte, dass sich Probleme in einem Sektor auf andere Sektoren ausbreiteten, sodass das gesamte Finanzsystem am Rande des Zusammenbruchs zu stehen schien. Pleiten und dubiose Finanzgeschäfte hatte es schon früher gegeben – was war diesmal so anders? Zunächst befragten sie die üblichen Verdächtigen (Alan Greenspan und Ben Bernanke – seines Zeichens Prophet der »Großen Mäßigung«) und überwiegend neoliberale Ökonomen von noblen Universitäten (Martin Feldstein, Gregory Mankiw, Matthew Slaughter, Robert Barro, Glenn Hubbard, Larry Summers, Allan Meltzer, Kenneth Rogoff), deren lauwarme Versicherungen dem Tsunami schlechter Nachrichten jedoch offenkundig nicht standhielten. Natürlich wollte die besorgte Öffentlichkeit nur einfache Antworten und schnelle Lösungen, doch die Wirtschaftswissenschaftler schienen überhaupt keine zu haben. So waren es die Journalisten, die, mit etwas Hilfe von den geschwätzigen Klassen, die 2008/09 zunächst dominierenden Metaphern prägten.

Die erste und langlebigste Erklärung für die Krise drehte sich um »toxische Wertpapiere«. Sie gefiel der Öffentlichkeit, weil sie Problem und Kur zugleich beinhaltete – nimmt man zu viele »toxische Wertpapiere« ein, dann stirbt man, aber man kann seinen Organismus auch wieder reinigen. So gesehen unterschied sich die gesamte Krise kaum von E.-coli-Bakterien im Spinat: gewiss gefährlich, aber ebenso gewiss keine Pathologie des Systems. Eine Entgiftungskur genügte, um allseits wieder Gesundheit herzustellen. Das Schöne an der Metapher war, dass sie von der harten Arbeit entband, den Charakter von forderungsbesicherten Wertpapieren, Kreditausfallversicherungen, besicherten Schuldverschreibungen, verbrieften Kreditportfolios und nahezu allen anderen Krisenursachen zu erklären. Die Wertpapiere waren toxisch – wie und warum, brauchte man nicht zu wissen, und schon gar nicht kam man auf den Gedanken, das Finanzsystem könnte sie *vorsätzlich produziert* haben, womit die ganze Metapher schief wäre. (Das wäre so, als würde eine Schlange Gift produzieren, nur um sich selbst zu töten.)

Aber wichtiger noch: Die Metapher entbehrte in der orthodoxen Finanztheorie, wie sie im Jahr 2008 existierte, auch jeder Grundlage. Ihr zufolge sind effiziente Märkte arbitragefrei, und jede Zahlungsforderung lässt sich durch etwas stochastische Zauberei auf jede beliebige andere Forderung reduzieren (Kapitel 5 behandelt diese Fragen etwas detaillierter). Folglich kann jedes Risiko zur Ware gemacht und durch Transaktionen aufgelöst werden – darin besteht der Dienst, den der Finanzsektor der übrigen Wirtschaft erweist. Laut der akademischen Lehrmeinung kann das System als Ganzes bei der Preisbewertung und Allokation von Risiken gar keine Fehler machen, weshalb so etwas wie »toxische« Wertpapiere nicht existiert. Drittklassige Wertpapiere, Ramschanleihen, Hunde mit Flöhen – die gibt es; etwas von Natur aus »toxisches« – niemals.

Die zweite verbreitete Metapher bemühte den biblischen »Tag des Jüngsten Gerichts«.[13] Amerikaner lieben eine ordentliche Apokalypse, und die Journalisten fanden ein paar Figuren, die gerne mit einer aufwarteten – von Nassim Taleb und seinem »schwarzen Schwan« bis zu Nouriel Roubini in der Rolle des »Dr. Doom« (»Dr. Weltuntergang«). Die Bösen werden bestraft, die Letzten werden die Ersten sein, die

Geldwechsler werden aus dem Tempel vertrieben, und die Gerechten werden siegen. Es erübrigt sich hoffentlich auszuführen, dass sich eine solche alttestamentarische Abrechnung in der orthodoxen Wirtschaftslehre nirgends findet: Der Markt bewertet in Echtzeit alles korrekt, und statt Strafe droht eine Entwertung des eigenen Humankapitals (oder Ähnliches). Das biblische Motiv verschwand wieder in der Versenkung, als klar wurde, dass die mutmaßlichen Sünder – die Investmentbanker – die Suppe niemals würden auslöffeln müssen. Stattdessen wurden sie von den Steuerzahlern gerettet und erfreuten sich 2009 des profitabelsten Geschäftsjahres ihrer Geschichte. Ein solcher Sozialismus für die Reichen stand in so krassem Gegensatz zum Jüngsten Gericht, dass die Metapher um die Jahresmitte 2009 kurzerhand wieder in der Versenkung verschwand.

Der letzte verzweifelt aufgegriffene Vergleich rankte sich um den Mythos der ewigen Wiederkehr des Gleichen, gewöhnlich in Form der Frage: »Erleben wir eine neue Große Depression?«. Dies sollte weniger den Geist Nietzsches heraufbeschwören als bedrohlichen Ereignissen durch die Suggestion, so schlimm es auch sei, man habe das alles schon einmal erlebt, einen Anschein von Normalität geben. Barry Eichengreen und Kevin O'Rourke leisteten redliche Arbeit, um quantitative Vergleiche anstellen zu können (vgl. Abb. 4.1, 4.2).[14] Wie ihre Zahlen zeigten, war die Rezession zwar zunächst eher noch gravierender als 1929/30, aber etwa im Jahr zwei der Krise trat, anders als in der Großen Depression, eine Erholung von Aktienmärkten und Handel ein. Obwohl sich beides auf bestimmte trotz der Krise errungene Siege der Neoliberalen zurückführen ließ, nämlich auf die direkte Rettung von Finanzunternehmen und ihrer finanzialisierten Pendants in anderen Sektoren sowie auf den erbitterten Widerstand gegen jegliche Kontrolle von Kapitalströmen und internationalem Handel, und insofern einen Hinweis auf mögliche weitere Schwierigkeiten in der Zukunft darstellte, verloren die Journalisten schnell das Interesse an Unterschieden zwischen der gegenwärtigen Krise und der Großen Depression. Ein namhafter Harvard-Professor bewahrte sie davor, sich ernsthaft mit der Geschichte befassen zu müssen: Kenneth Rogoffs bequemes Mantra, strukturelle Besonderheiten innerhalb der Geschichte seien nicht von Belang, weil alle Finanzkrisen im Grunde gleich seien, machten sie sich gerne zu eigen. Damit war die Große Depression für die Journalisten abgehakt.

Abb. 4.1: Index der weltweiten Aktienpreise in der Großen Depression und der gegenwärtigen Krise

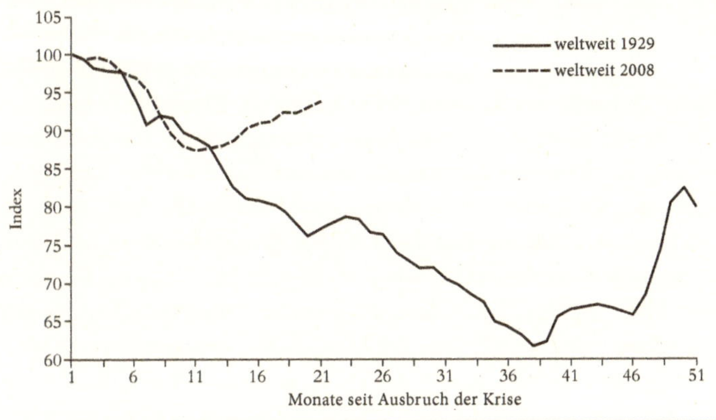

Abb. 4.2 : Index des Welthandelsvolumens in der Großen Depression und der gegenwärtigen Krise

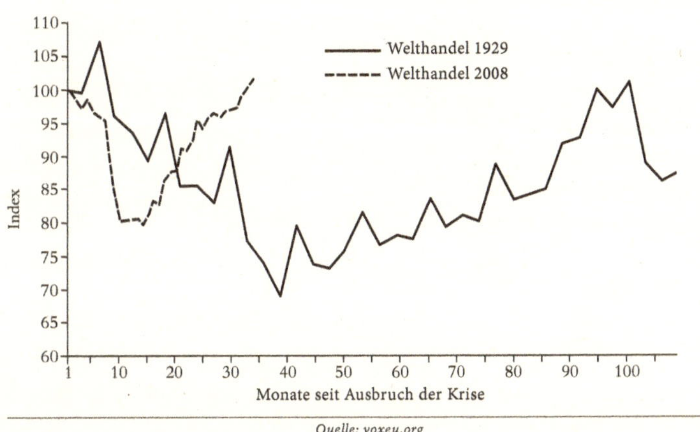

Quelle: voxeu.org

Vorteilhaft an dieser Rückeroberung des Krisendiskurses war, dass sie zugleich die Eröffnungssalve jener Offensive darstellte, mit der die Neoliberalen die Suche nach Krisenursachen von der Privatwirtschaft auf die Staatsverschuldung umleiteten. Den wesentlichen strukturellen Unterschied zwischen 1929 und 2008 mochten die Ökonomen nicht diskutieren: Diesmal hatten Vertreter ihres Berufsstands viel stärker zu den

Voraussetzungen für einen Zusammenbruch des Systems beigetragen, sei es durch theoretische Begründungen für Finanzinnovationen, ihre Tätigkeit in finanzpolitischen Institutionen oder durch die Rechtfertigung des Abbaus von regulierenden Strukturen, die aus der Zeit der Großen Depression stammten. Zwar konnte die Zunft die Öffentlichkeit nicht vollständig von dieser Tatsache ablenken, doch Geschichte war noch nie eine Stärke der Amerikaner, und zum Glück für die Ökonomen richtete sich das flüchtige öffentliche Interesse bald auf andere Dinge.

Im Rückblick fällt auf, dass die vielen hastig improvisierten Analysen und metaphorischen Ergüsse von Journalisten und Bloggern bis 2010 schon wieder weitgehend verdampft waren. Eine Recherche bei Google Trends zeigt, wie sehr die Rede von »toxischen Wertpapieren« eine Eintagsfliege war (vgl. Abb. 4.3). Mit dem Fortdauern der Krise schmolzen die von den Journalisten ausgebrüteten »Erklärungen« dahin wie Schnee bei Frühlingsbeginn, und zum Vorschein kamen die Ökonomen, die ganz die alten waren – bereit, wieder in die Rolle von Hohepriestern der Wirtschaft zu schlüpfen.

Abb. 4.3: Google Trends, Suchbegriff »Toxic Assets« (»Toxische Wertpapiere«)

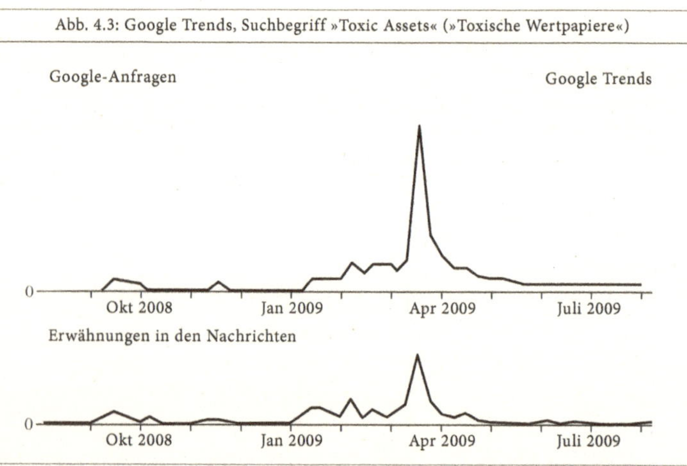

Lektion 3: Naturwissenschaft ist Teil des Problems, nicht die offenkundige Lösung

Wann immer Ökonomen eine Pechsträhne haben, spotten Außenstehende über die mangelnde Wissenschaftlichkeit der Disziplin und malen sich aus, wie eine »richtige Wissenschaft« die Krise im Nu meistern würde. Diese westliche *idée fixe* ist derart alt und abgenutzt, dass man sich verwundert fragt, wieso solchen Kritikern nie in den Sinn kommt, dass ähnliche Erwartungen schon früher formuliert worden sein müssen und es folglich von mangelnder Kenntnis der Wirtschaftsgeschichte zeugt, wenn man dies nun erneut tut. Anstatt das Thema hier zu vertiefen, sei auf eine andere Arbeit von mir verwiesen, die detailliert zeigt, wie die neoklassische Lehre in den Siebzigerjahren des 19. Jahrhunderts aus dem kruden Versuch einer direkten Imitation der Physik hervorging, und herausarbeitet, dass die amerikanische Orthodoxie als das Produkt einer Wanderungsbewegung von Physikern anzusehen ist, die es während der Großen Depression und des Zweiten Weltkrieges in die Wirtschaftswissenschaft zog.[15] Dass beispielsweise Paul Krugman Ökonom wurde, weil er als Kind sein Faible für Science-Fiction entdeckt hatte, ist daher gar nicht so abwegig.[16] Die Wirtschaftswissenschaft hat eher an einem Überfluss an Rettern (und ihren Theorien) aus den Naturwissenschaften gelitten. Die wirkliche Frage lautet: Warum sollten wir annehmen, dass die Ergebnisse beim nächsten Mal bessere wären?

Wer mit der Materie vertraut ist, weiß sogar, dass Physiker seit den Achtzigerjahren erneut Hals über Kopf in die Wirtschaftswissenschaft gestolpert sind, da ihr eigenes Gebiet mit dem Ende des Kalten Krieges einen starken Niedergang erlebte. Und wo landeten die meisten von ihnen? Natürlich bei den Banken, wo sie die vielen ultrakomplexen Modelle zur Abschätzung und Verpackung von Risiken erfanden. Der Exodus von Naturwissenschaftlern in die Ökonomie war selbst eine (kleinere) Krisenursache – ohne »geniale Wissenschaftler« und »quantitative Analysten« wäre es Banken und Hedgefonds deutlich schwerer gefallen, gutgläubige Investoren einzuseifen, von der Automatisierung des Aktienhandels ganz zu schweigen. Seit dem 18. Jahrhundert haben alle Ökonomen ihre Glaubwürdigkeit durch etwas »Wissenschaft« aufzupolieren versucht, meist durch Übernahme mathematischer Modelle und/oder Methoden; allein, als Stein der Weisen erwies sich dies nie. So viel zur heilsamen Wirkung eines naturwissenschaftlichen Hintergrunds.

Wenn die Ökonomenzunft in Reaktion auf solche Attacken über das Wesen von »Wissenschaft« dozierte, verblüffte dies eher noch stärker als der ursprüngliche Ruf nach den heilsbringenden Naturwissenschaften. Ökonomen sind schlecht gerüstet, um andere über wissenschaftliche

Methodik zu belehren; auch wenn sie mit mathematischen Modellen, Statistiken und sogar »Experimenten« hantieren, ähneln ihre Praktiken und Standards schwerlich denen der Physik, Biologie oder Astronomie. Fundamentale Konstanten oder strukturelle Invarianten glänzen durch Abwesenheit, und es dürfte schwierig sein, in den letzten vier Jahrzehnten einen einzigen experimentellen Widerlegungsversuch orthodoxneoklassischer Annahmen zu finden – entsprechend substanzlos war die feierliche Berufung auf Karl Popper. Auch die Naturwissenschaften haben selbstverständlich schon Krisen erlebt – man denke an dunkle Materie, dunkle Energie oder die Krise der Kausalität in den Zwanzigerjahren –, doch reagierten sie darauf nicht wie die Ökonomen mit Ausweichmanövern oder Tabuisierung.

Der Appell an die Wissenschaftlichkeit wird sich im Rückblick als ein Täuschungsversuch in der Auseinandersetzung mit der Krise entpuppen. Physikalische Komplexitätstheorie, Neuromystizismus oder dunkle Energie bieten uns heute keine Rettung. Im Eifer des Gefechts behaupteten Ökonomen, die »Wissenschaft« zu verteidigen, während sie in Wahrheit nur sich selbst und ihre Protegés verteidigten.

Lektion 4: Das Versagen der Ökonomenzunft ist eine Geschichte sozialer Dysfunktion

> »Der völlige Sieg [...] [der Orthodoxie] erscheint merkwürdig und rätselhaft. Er muß dem Umstand zugeschrieben werden, daß die Doktrin in hohem Maße der Umwelt angepaßt war, in die sie geworfen wurde. Daß sie Schlüsse zog, die grundverschieden waren von dem, was der gewöhnliche ungebildete Mann erwartet hatte, hat ihr intellektuelles Prestige offenbar nur gesteigert. Daß ihre Lehre, aufs wirkliche Leben übertragen, hart und oft ungenießbar war, verlieh ihr Tugend. Daß sie geeignet war, einen mächtigen und logisch konsequenten Überbau zu tragen, gab ihr Schönheit. Daß sie erklären konnte, daß eine Menge sozialer Ungerechtigkeiten und scheinbarer Grausamkeiten unvermeidliche Zwischenfälle im Fortschrittsplan seien und daß jeder Versuch, solche Zustände zu ändern, im ganzen voraussichtlich mehr Harm als Gutes bringen würde, empfahl sie der Obrigkeit. Daß sie den uneingeschränkten Tätigkeiten der einzelnen Kapitalisten eine gewisse Rechtfertigung gewährte, zog ihr die Unterstützung der herrschenden sozialen Macht zu, die hinter der Obrigkeit stand. – Aber obschon die Doktrin selbst bis vor kurzem von den orthodoxen Ökonomen unangefochten blieb, hat ihr

ausgesprochenes Versagen für Zwecke wissenschaftlicher Voraussage im Laufe der Zeit das Ansehen ihrer Adepten sehr geschmälert. Denn die Berufsökonomen [...] wurden offenbar von der mangelnden Übereinstimmung zwischen den Folgerungen ihrer Theorie und den Erfahrungstatsachen nicht berührt: ein Widerspruch, der dem gewöhnlichen Manne nicht entging, mit der Folge, daß er den Ökonomen mehr und mehr die Achtung verweigert, die er anderen Gelehrten zollt.«

Stammt dies von einem leichtgewichtigen Blogger, der seinem Spleen freien Lauf lässt und auf die Ökonomen spuckt, wenn sie bereits am Boden liegen? Oder vielleicht von einem unbelehrbaren Verschwörungstheoretiker, den es drängt, die dunklen Machenschaften hinter dem Aufstieg und Fall intellektueller Orthodoxien zu enthüllen? Von einem kruden externalistischen Wissenschaftssoziologen, der sich das Verhalten von Intellektuellen nur so erklären kann, dass sie Handpuppen fremder Interessen sind? Oder handelt es sich um eine weitere von Foucault inspirierte Übung, die unterirdischen Beziehungen zwischen Macht und Wissen freizulegen? Vermutlich werden wenige Leser ahnen, dass der Autor jene Figur ist, deren Aktien nach 2007 kurzzeitig stiegen – John Maynard Keynes.[17]

Mir geht es in diesem Buch nicht darum, die keynesianische Theorie als Allheilmittel für die Probleme des 21. Jahrhunderts zu empfehlen. Eine ältere Generation von Intellektuellen meinte sogar, mit dem Rückgriff auf sie – oder zumindest die Version, die zur sogenannten Neoklassischen Synthese wurde – habe sich die Linke von den Fünfzigerjahren an selbst ein Bein gestellt.[18] In jedem Fall hat die keynesianische Theorie die im ersten Kapitel erörterte kurzsichtige und falsche Idee gefördert, Finanzkrisen ließen sich ohne Weiteres durch Konjunkturprogramme und die Übernahme der Schulden insolventer Unternehmen durch den Staat beheben. Doch sehen wir davon zunächst ab – bemerkenswert an dem Zitat ist, wie selbstverständlich in den Dreißigerjahren davon ausgegangen werden durfte, dass die soziale Stellung von Ökonomen zu bestimmten vorhersehbaren Urteilsverzerrungen führen kann und dass ein angesehener Vertreter der Disziplin konzedierte, dies sei ein ernsthaftes Hindernis für die seriöse Analyse wirtschaftlicher Zusammenbrüche. Das war kein feuriger Marxismus, sondern wissenssoziologisches Allgemeingut. Wo finden sich heute vergleichbare Analysen? Machen wir um das Problem deshalb einen weiten Bogen, weil wir einen direkten

Zusammenhang zwischen Sozialisation und Denken inzwischen mit Recht bezweifeln – oder aus einem viel heimtückischeren Grund, etwa einer unbewussten Kapitulation vor der neoliberalen Erkenntnislehre, es existiere ein effizienter Markt der Ideen?

Noch am 17. Februar 2010 bot der amerikanische Fernsehsender PBS dem Chicagoer Ökonomen John Cochrane ein Forum für die Behauptung, staatliche Ausgaben hätten letztlich keine Auswirkung auf die Wirtschaft. Insider kennen dies als »Ricardianische Äquivalenz«, was schlicht bedeutet: »Mutter Markt lässt sich nicht täuschen.« Durch die Täuschung des Marktes war es aber zur Krise überhaupt erst gekommen. Möglicherweise hatten Cochrane und ich in den zwei Jahren zuvor in Paralleluniversen gelebt. Nur ein repräsentatives Zitat: »Die Wirtschaft kann sich von einer Kreditklemme sehr schnell erholen, wenn man sie sich selbst überlässt.« Vielleicht ist das im Chicagoer Wurmloch-Universum der Fall.

Vielleicht aber auch nicht. Der *New Statesman* hatte im Sommer 2012 die brillante Idee, die zwanzig britischen Ökonomen, die in einem offenen Brief vom 14. Februar 2010 die auf fiskalische Austerität und Haushaltskürzungen setzende Wachstumsstrategie von Schatzkanzler George Osborne unterstützt hatten, zu befragen.[19] In der Zwischenzeit hatte sich die Rezession in Großbritannien prompt verschärft, und das Schatzamt musste letztlich weitaus mehr Schulden aufnehmen als vorgesehen: so viel zum Abbau des Haushaltsdefizits. Die Ökonomen antworteten auffällig ausweichend – entweder vermieden sie eine Stellungnahme zu ihrem klaren Fehler (John Vickers, Kenneth Rogoff), oder sie distanzierten sich vage von den Tories, indem sie etwas über »Investitionen« murmelten (Roger Bootle, Danny Quah, David Newbery, Hashem Pesaran, Tim Besley); nur zwei entschieden sich für eine vehemente Ablehnung keynesianischer Konjunkturmaßnahmen (Christopher Pissarides, Albert Marcet). Ein *mea culpa* kam ihnen gar nicht in den Sinn – sie dachten, das dumme Volk hätte den lästigen offenen Brief längst vergessen.

Dass Cochrane schlicht falsch lag, war bereits nach ein oder zwei Jahren deutlich. Die Frage, die uns in diesem Kapitel verfolgt, lautet jedoch: Wie können diese Leute an solchen Positionen festhalten? Wie konnten 132 Wirtschaftswissenschaftler im November 2011 eine Petition unterzeichnen, der zufolge Austeritätspolitik *sowohl* kurz- wie langfristig mehr Arbeitsplätze schafft als Konjunkturprogramme?[20] Zählen die

Entwicklungen in Griechenland und Spanien gar nichts? In einer ersten Annäherung kann man die Frage in zwei Teile untergliedern: Welche psychologische Ausstattung erlaubt es Leuten wie Cochrane, so unbeirrbar an ihren Irrtümern festzuhalten? Und was erlaubt es den Verantwortlichen in Massenmedien und akademischen Zeitschriften, Figuren wie Cochrane, Michael Boskin, Casey Mulligan und Douglas Holtz-Eakin weiterhin als Experten zu empfehlen, die man lesen und denen man zuhören sollte? Unser kurzer Exkurs über historische Amnesie und Sozialpsychologie in Kapitel 2 bietet eine knappe Antwort auf die erste Frage: Es liegt in der menschlichen Natur, an tiefen Überzeugungen selbst angesichts klarer Widerlegung festzuhalten, besonders wenn man etwas anderes nie gekannt hat. Aus Lektion 1 wissen wir ferner, dass den heutigen Wirtschaftswissenschaftler eine antrainierte Unfähigkeit zu historischer und philosophischer Reflexion auszeichnet. Die Antwort auf die zweite Frage erweist sich allerdings als weitaus komplizierter und führt uns zu unseren Hauptanliegen mit Blick auf das Neoliberale Denkkollektiv zurück. Es genügt nicht, zu behaupten: »Die neoklassische Wirtschaftstheorie hat nicht deshalb gesiegt, weil sie die Realität treffend beschreibt, sondern weil sie eine Realität beschreibt, die die herrschenden Interessen wollen.«[21] Woraus speist sich ihre Sturheit? Woher beziehen sie den Stahl für ihr stählernes Selbstvertrauen? Darum geht es im Rest des Kapitels.

Die Kunst der Leugnung

Ich werde gleich darauf zurückkommen, wie die Ökonomenzunft die Journalisten und die Öffentlichkeit im Stich gelassen hat; zunächst möchte ich aber darauf beharren, dass entgegen der Legende fast kein einziger orthodoxer Wirtschaftswissenschaftler vor Wirkungsradius und Zerstörungskraft der Krise gewarnt hat.[22] Der Grund liegt auf der Hand: In den Modellen, die in den avanciertesten Makroökonomieseminaren der erlesensten Universitäten gelehrt wurden, kamen weder Fiskalpolitik noch unfreiwillige Arbeitslosigkeit, Finanzkrisen oder ein Zusammenbruch des gesamten Systems vor. Das war kein Versehen, sondern in der Fachrichtung allgemein bekannt.[23] Ein Grund dafür bestand darin, dass die Orthodoxie die gesamte keynesianische Theorie seit den Achtzigerjahren nachdrücklich abgelehnt hatte. Robert Lucas,

Träger des Nobelpreises der Schwedischen Reichsbank und schon immer für ein Zitat gut, meinte: »Ich denke, Keynes' Einfluss als technischer Ökonom ist fast null, und das seit fünfzig Jahren. Keynes war kein besonders guter technischer Ökonom. Er hat zur Entwicklung des Gebiets nicht viel beigetragen.«[24] Dies wird sich im Folgenden noch als wichtig erweisen, denn bekannte Intellektuelle wie Paul Krugman und Robert Skidelsky behaupteten 2008/09 irreführenderweise, die keynesianische Theorie genieße in der orthodoxen Wirtschaftswissenschaft noch immer breite Legitimität. Heute sehen wir, wie kurzlebig Keynes' Comeback war.

Nach Ausbruch der Krise entpuppte sich das makroökonomische Standardmodell, das »dynamische stochastische allgemeine Gleichgewichtsmodell« (DSGE), als nutzlos, weil es die Möglichkeit eines solchen Debakels ausschließt (vgl. Kapitel 5). Dennoch konnten sich angesehene Vertreter der Disziplin nicht dazu durchringen, die tiefe Kluft zwischen Lehrbuch und Realität anzuerkennen. Olivier Blanchard zum Beispiel, damals Chefökonom des IWF, verkündete 2008, die Makroökonomie befinde sich »in guter Verfassung«, und in der Wirtschaftswissenschaft bestehe »eine breite Übereinstimmung in der Perspektive«.[25] Nicht einmal das war unklug genug und zeitlich so ungeschickt platziert, dass der IWF ihn vor die Tür gesetzt hätte.

Nicht nur Makroökonomen befanden sich in einem Zustand tiefer Realitätsverleugnung. Derivate wie forderungsbesicherte Wertpapiere und Kreditausfallversicherungen fußten auf Theorien, die Finanzökonomen mit dem erklärten Ziel erfunden hatten, Risiken neu zu verpacken und an diejenigen zu verkaufen, die sie am besten schultern können. Die Grundtheorie dahinter ist als Effizienzmarkthypothese bekannt (ebenfalls in Kapitel 5 behandelt) und war von Akademikern und ihren Kollegen bei den Banken, den »quantitativen Analysten«, ausgiebig mathematisch verfeinert worden. Demnach offenbart bereits der Marktpreis eines Finanzinstruments allen beteiligten Handelsparteien alle relevanten Informationen. Ein Systemversagen sieht diese Hypothese genauso wenig vor wie die makroökonomischen Modelle: Durch die stochastischen Eigenschaften von Portfolios, die so konstruiert sind, dass sie sämtliche Marktbewegungen berücksichtigen, lässt sich alles versichern. Die Konstrukteure von Finanzprodukten gaben dem Ganzen einen schönen Anstrich, aber eine zentrale Bedeutung fiel dabei der ökonomischen Theorie zu: Die Grundlage für immer neue Derivate, die auf einem ursprünglichen Kreditinstrument aufgebaut wurden, waren einzig und allein die wissenschaftlichen Versprechen der Finanztheorie.

Nach dem Finanzcrash unternahm John Cassidy als Reporter des *New Yorker* eine Pilgerfahrt zur Hochburg der Effizienzmarkttheorie an der Universität Chicago, »auf der Suche nach Apostasie«, wie er schrieb.[26] Die Interviews strotzen derart vor pikanten Zitaten und herrlichen Aperçus, dass es übermenschlicher Widerstandskraft bedarf, sie nicht in voller Länge zu dokumentieren. Als Cassidy zum Beispiel den Vater der Theorie der effizienten Märkte, Eugene Fama, nach deren Schicksal in der Krise fragte, antwortete dieser: »Ich denke, sie hat sich in dieser Episode recht gut behauptet.« Auf Nachbohren meinte Fama: »Wir wissen nicht, was Rezessionen verursacht [...] Wir haben es noch nie gewusst.« Auf das anscheinend widerlegte Modigliani-Miller-Theorem angesprochen erwiderte er: »Das Experiment, das wir nie durchgeführt haben, ist: Angenommen, der Staat würde sich heraushalten und diese Unternehmen pleitegehen lassen. Wie lange hätte es gedauert, das wieder zu bereinigen? Meine Schätzung: Ein bis zwei Wochen ...« Cassidy: *»Sie hätten diese Unternehmen also einfach ...«* Fama: »... alle pleitegehen lassen (lacht).« Robert Lucas lehnte eine Befragung zur Krise rundweg ab – er war geistesgegenwärtig genug, um zu realisieren, wie unfassbar die meisten Leser seine Ansichten gefunden hätten. Cassidy versuchte sodann, John Cochrane zu etwas unfreiwilliger Selbstreflexion zu bewegen, indem er ihn fragte, was angesichts der Krise der Effizienzmarkthypothese und der Theorie der rationalen Erwartungen vom Chicagoer Lehrgebäude übrigbleibe. Cochranes Antwort: »Alles, denke ich. Wieso denn nicht? Im Ernst, das sind keine so trivialen Ideen, dass man sie ablehnen könnte, nur weil man die Zeitungen liest.« Als Cassidy auf eine gewisse zombiehafte Uniformität auf dem Campus hinwies, konterte Cochrane: »Das ist hier keine Ideologiefabrik [...]. Das heutige Chicago ist ein Ort, an dem alle Ideen vertreten, ausgearbeitet und debattiert werden. In Chicago geht es nicht um Ideologie.«

Mein Anliegen in diesem Buch ist es nicht, die Chicagoer Wirtschaftswissenschaft ganz besonders an den Pranger zu stellen. Die in Berkeley lehrende Christina Romer, zeitweilig Chefökonomin in Obamas Beraterteam, verhielt sich genauso blamabel.[27] Allerdings wirft das schiere Ausmaß von Verleugnung pro Quadratökonom in Chicago eine interessante Frage auf, die unter anderem Donald Westbrook angesprochen hat: »Der Zweite Weltkrieg hätte zweifellos auch ohne Martin Heidegger, Carl Schmitt und die anderen Nazi-Intellektuellen stattgefunden. Weniger klar ist, ob die Krise auch ohne die Chicago School der neoklassischen Wirtschaftstheorie stattgefunden hätte.« Chicago war die entscheidende Brutstätte für die moderne Finanztheorie, die in den letzten drei Dekaden die Inspirationsquelle und Rechtfertigung der meisten sogenannten Innovationen bei Derivaten und automatisiertem Aktienhandel darstellte. Auch die Public-Choice-Theorie und Stiglers Theorie der Regulierung, die für die jüngere Entwicklung staatlicher (Anti-)Regulierung wesentlich waren, schöpften aus diesem Fundus. Mit anderen Worten: Die Chicago School ist der geistige Ahnherr der modernen »Verbriefung« und der Privatisierung regulierender Strukturen.[28]

Akademische Ökonomen mit bestimmten Überzeugungen könnten einwenden, man solle sie und ihre Theorien nicht für wirtschaftliche Katastrophen haftbar machen, schließlich seien sie auch nur unbeteiligte Beobachter gewesen. Für die Disziplin als Ganze überzeugt dies jedoch nicht; Ökonomen hatten im Vorfeld der Krise viele wirtschaftlich einflussreiche Positionen übernommen. Neben der berüchtigten Drehtür zwischen Wall Street und US-Regierung entstand eine weitere zwischen der Ökonomenzunft und den wirtschaftlich beherrschenden Großunternehmen und Banken.[29]

Im Folgenden verdeutlichen wir dies an dem aufschlussreichen Beispiel eines namhaften Wirtschaftswissenschaftlers, der genau deshalb zum Chef der US-Notenbank ernannt wurde, weil er ungebrochenes Vertrauen in die professionelle Kompetenz seiner Kollegen bekundet hatte. Das entsprach dem Selbstbild der Wirtschaftswissenschaftler, die sich noch unmittelbar vor dem Crash im Besitz eines mächtigen Glücksbringers wähnten.

Bernanke, die Fed und die Große Schmach

Benjamin Bernanke wurde 2002 in das oberste Gremium der Fed berufen und 2005 von George W. Bush zu ihrem Präsidenten ernannt. Bush war davon überzeugt, der bekennende Anhänger Milton Friedmans sei ein würdiger Nachfolger Alan Greenspans. Nach seiner Nominierung sagte Bernanke der Presse, sofern er bestätigt werde, wolle er »Kontinuität zu den Maßnahmen und Strategien der Greenspan-Jahre wahren«.[30]

Ein weiterer Grund für Bernankes Aufstieg war, dass er seit 2004 in Reden und Schriften verkündet hatte, in der Makroökonomie habe 1984 eine »Große Mäßigung« eingesetzt.[31] Kurz gesagt lautete die Behauptung, die Ökonomen seien dank ihrer scharfsinnigen Analysen zu einem so präzisen Verständnis der Wirtschaft gelangt, dass makroökonomische Schwankungen verglichen mit früheren Phasen gezähmt worden seien und wir uns folglich in einer neuen Ära kapitalistischer Stabilität und Prosperität befänden. Auch nach mehr als zehn Jahren dürften diese Aussagen fulminant genug sein, um selbst hartgesottene Vertreter der neoklassischen Orthodoxie vor Scham im Boden versinken zu lassen:

> »Eines der auffälligsten Merkmale der Wirtschaft in den rund letzten zwanzig Jahren ist ein substanzieller Rückgang der makroökonomischen Unbeständigkeit gewesen [...]. Dreierlei Erklärungen wurden dafür vorgeschlagen [...]: struktureller Wandel, makroökonomische Politik und Glück [...]. Meine Ansicht ist, dass Fortschritte in der Geldpolitik, wenngleich nicht der einzige Faktor, wahrscheinlich eine bedeutsame Quelle der Großen Mäßigung gewesen sind [...]; die politische Erklärung für die Große Mäßigung verdient mehr Beachtung, als ihr in der Literatur bislang zugekommen ist.«[32]

Dass Bernanke diese These in den folgenden Jahren wiederholt bekräftigte, dürfte zu einem erheblichen Teil erklären, warum die Fed unter seiner Regie praktisch nichts gegen die zur Krise von 2007/08 führenden Fehlentwicklungen im Finanzsektor unternahm. Noch bis zum Zusammenbruch von Lehman Brothers beharrte er durchgängig darauf, die Hedgefonds seien »diszipliniert«, der Hypothekenmarkt stabil und die Banken solide.[33]

Da Bernanke ehemals Professor an der Princeton University war und von Obama als Fed-Chef wiederernannt wurde, hielten ihn die Medien und die Öffentlichkeit seltsamerweise für eine Art »Mann der Mitte« oder Roosevelt-Technokraten, nicht für einen Schrittmacher der neoliberalen Kapitulation vor dem Finanzsektor. Als Obama ihn im August 2009 für eine zweite vierjährige Amtszeit nominierte, betonte er, Bernanke habe durch »mutiges Handeln und unkonventionelles Denken« ein Umschlagen der Finanzkrise in eine neue Große Depression verhindert. Mutig war er vielleicht, aber er folgte einem durchaus konventionellen Neoliberalismus. Wie wir in Kapitel 6 schildern, deckt die neoliberale Politik zumindest in der Regel ein breites Spektrum ab, das häufig eine gemäßigte »Linderungspolitik« neben einer dezidiert rechten »Marktlösung« umfasst. Dass er auch während der Krise als überzeugter Anhänger neoliberaler Rezepte handelte, gab Bernanke vor dem Kongress offen zu:

> »Milton Friedman war der Ansicht, die Ursache der Großen Depression sei das Unvermögen der Federal Reserve gewesen, in den frühen Dreißigerjahren eine übermäßig strikte Geldpolitik zu vermeiden. Das war das berühmte Buch von Friedman und Schwartz [*The Monetary History of the United States*]. Im Bewusstsein dieser Lehre [...] hat die Federal Reserve ausgesprochen aggressiv reagiert, um die Zinsrate in der gegenwärtigen Krise zu senken. Und wir haben versucht, einen Zusammenbruch des Bankensystems zu verhindern.«[34]

Worin die vermeintliche Rettungsaktion bestand, wurde erst deutlich, nachdem auf eine beispiellose Klage des Medienunternehmens Bloomberg (der sich die Fed nicht beugte) sowie auf Handeln des Kongresses hin zwar nicht alle, aber doch 21 000 Transaktionen aus dem Zeitraum von Ende 2007 bis Ende 2009 bekannt wurden. Während Bernanke gerne sein Bemühen um »Transparenz« zur Schau stellt, hat sich die Fed in Wahrheit mit Händen und Füßen dagegen gewehrt, auch nur im Nachhinein den Umfang ihrer Maßnahmen während der Krise offenzulegen, sei es für die Berichte von Senator Sanders und des Bundesrechnungshofs oder auf Drängen von Bloomberg. Entgegen der vollkommen irreführenden Behauptung der Fed, fast alle von ihr gewährten Kredite seien zurückgezahlt worden und der Staatskasse sei kein Schaden entstanden, spricht ein Blick auf die Details dafür, dass der Preis für die Steuerzahler noch weit höher ausgefallen ist, als die veröffentlichten Zahlen darlegen, denn die geheimen Finanzspritzen haben einen morschen Status quo gestützt und es den größten Banken ermöglicht, noch weiter zu wachsen. Im Lauf der Krise vergab die Fed niedrigst verzinste Kredite von mehr als *sieben Billionen Dollar* an die Kreditinstitute – ohne jede Gegenleistung. Die Fed entschied eigenmächtig, welche Banken und Finanzinstitute sie rettete und welche pleitegehen sollten (das große Opfer dabei war Lehman Brothers), darunter ausländische Banken wie Barclays, UBS, Dexia und die Royal Bank of Scotland. Die Fed stellte Milliarden für Banken in Ländern wie Mexiko, Bahrain und Bayern, weitere Milliarden für eine Reihe japanischer Autohersteller, mehr als *jeweils* zwei Billionen Dollar für Citigroup und Morgan Stanley sowie noch einmal Milliardenbeträge für einige weniger bedeutende Millionäre und Milliardäre mit Adressen auf den Cayman-Inseln bereit. Die Fed gab ausgewählten Personen und Hedgefonds das Vorzugsrecht, mit staatlichen Geldern und Bürgschaften Derivate und andere verbriefte Schuldforderungen zu kaufen. Kaum jemandem fiel auf, dass dies exakt Milton Friedmans Rezept gegen Depressionen entsprach: Man bewahre die Reichen vor Vermögensverlusten und Insolvenz, damit sich die sogenannte Geldzufuhr nicht verknappt – alle anderen Probleme lösen sich in Wohlgefallen auf.

Noch stärker belastende Details über die sogenannte Rettungsaktion der Notenbank waren in einem kaum gelesenen Bericht des Bundesrechnungshofs versteckt.[35] Beinahe genauso schnell, wie sie Geld druckte, druckte die Fed während der Krise Bescheinigungen, die Mitarbeiter von Interessenkonflikten freisprachen, gerade weil Retter und Gerettete oft dieselben Personen waren. So bekam etwa der Präsident ihrer New Yorker Zweigstelle die Erlaubnis, seine Anteile an der American International Group (AIG) und General Electrics zu halten, während er beide Firmen rettete. Jenseits solcher gewöhnlichen Mauscheleien folgte die Fed allerdings bewährten neoliberalen Prinzipien, indem sie ihr Notkreditprogramm weitgehend an Privatfirmen wie JP Morgan Chase, Morgan Stanley und Wells Fargo auslagerte – *ohne jedes Bieterverfahren.* Die begünstigten Firmen wandten sich sodann an die Fed und wurden üppig mit beinahe gar nicht verzinsten Krediten bedacht – so viel zur unabhängigen Wirtschaftsexpertise im Dienste der Fed. Man beginnt zu ahnen, warum Bernanke selbst gegen die sehr begrenzte Offenlegung der Fed-Politik, die der Kongress forderte, so erbittert kämpfte. Tatsächlich ergibt sich mehr und mehr das Bild, dass er im Grunde einer Intrige von Bankern vorsaß, die zur Sicherung ihrer Macht und Reichtümer Staatsgelder verwendete.

Der Charakter Ben Bernankes bietet hervorragendes Anschauungsmaterial für das Syndrom der Verleugnung, das die orthodoxe Ökonomenzunft befallen hat. Den gesamten Schwindel der »Großen Mäßigung« hat er selig vergessen, aber nie zurückgenommen. Obwohl er und sein damaliger Leutnant in der New Yorker Zweigstelle, Tim Geithner, am Steuer eingeschlafen waren, als sich die Krise zusammenbraute, beharrte er darauf, dass die Fed über das geistige Rüstzeug für die Regulierung des Finanzsektors und des Schattenbankenwesens nach der

Krise verfügt. Bemühungen um eine Neuordnung des amerikanischen Finanzwesens hat er fast immer behindert, Bemühungen, Banken und Hedgefonds zur Kasse zu bitten, ebenso – mit der Ausrede, das würden sie nicht verkraften. Selbst mit ihren Prognosen nach Ausbruch der Krise lag die Fed chronisch falsch, wie Abbildung 4.4 zeigt. Bernankes Realitätssinn scheint bedenklich: Die Immobilienkrise erklärte er bereits im März 2007 für »eingedämmt«.[36] So unglaublich es angesichts der darauf folgenden Erschütterungen sein mag: Ihre Inkompetenz zog für die von Bernanke geführte Fed keinerlei Folgen nach sich; vielmehr befand Ben Bernanke, dass die Generalamnestie für die Banker nicht genügte, sondern auch die orthodox-neoklassischen Ökonomen aus der Schusslinie gebracht werden mussten.

Abb. 4.4: Fehlerhafte Prognosen der Fed

Arbeitslosenrate: Fakten und Prognosen

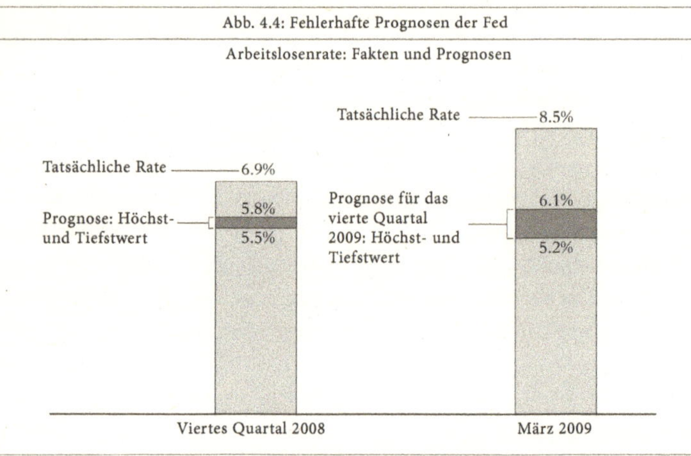

Quelle: Federal Reserve, Bureau of Labor Statistics

Bei einem Heimspiel an der Princeton University am 24. September 2010 erteilte er der orthodoxen Ökonomenzunft – und nebenbei auch sich selbst – Absolution. Um die Hybris des Mannes zu verdeutlichen, zitieren wir ihn in extenso:

> »[Die Finanzkrise] hat es mit der Reputation der Wirtschaftswissenschaft und der Wirtschaftswissenschaftler nicht gut gemeint, und das ist verständlich. Beinahe ausnahmslos haben Ökonomen es versäumt, Charakter,

Zeitpunkt und Schwere der Krise vorherzusagen; und diejenigen, die frühzeitig warnten, erkannten meist nur punktuelle Schwächen im System [...]. Infolgedessen haben einige Beobachter die Ansicht vertreten, die Disziplin müsse grundlegend erneuert werden, da die makro- und finanzökonomische Forschung der letzten Dekaden weitgehend von geringem Nutzen oder gar kontraproduktiv gewesen sei. Obgleich Ökonomen aus dieser Krise einiges lernen können, meine ich, dass der Ruf nach einer radikalen Erneuerung der Disziplin zu weit geht. [...]

Meines Erachtens bedeutet die jüngste Finanzkrise eher ein Versagen der ökonomischen Organisation und des ökonomischen Managements als dessen, was ich die ökonomische Wissenschaft genannt habe [...], wenngleich die große Mehrheit der Wirtschaftswissenschaftler den Beinahe-Zusammenbruch des Finanzsystems nicht vorausgesehen hat, hat sich die ökonomische Analyse für das Verständnis der Krise als wesentlich erwiesen, und dies wird auch weiterhin so sein [...]; die Unterscheidung zwischen ökonomischer Wissenschaft und ökonomischer Organisation mag weniger klar sein, als meine Analogie vielleicht nahelegt, da Wirtschaftsforschung häufig Implikationen für die Politik hat [...]. Ich denke nicht, dass die Krise uns in irgendeiner Weise dazu nötigt, die Wirtschafts- und Finanzwissenschaft von Grund auf zu überdenken [...].

Wie mein ehemaliger Kollege Markus Brunnermeier formulierte [...]: ›Wir verfügen nicht über viele überzeugende Erklärungsmodelle dafür, wann und warum Blasen entstehen.‹ Ich würde hinzufügen, dass wir auch nicht besonders viel darüber wissen, wie sie enden.«[37]

Man beachte zunächst die anmaßende Gleichsetzung der neoklassischen Orthodoxie mit der Gesamtheit der »ökonomischen Wissenschaft« – als gäbe es außerhalb ihrer kühlen Oase nichts als karge Wüste. Zweitens: Wenn die Orthodoxie, wie Bernanke gesteht, über keinerlei Verständnis von »Blasen« verfügt, inwiefern verfügte dann die Fed über ein belastbares Wissen, das ihr nach Ausbruch der Krise als Richtschnur des Handelns dienen konnte? Und drittens: Wenn die gesamte Schuld von der Ökonomenzunft auf die »Organisatoren« und »Manager« abgewälzt wird, in welchem Licht erscheint dann die Fed und namentlich die Person Ben Bernanke? War nicht er der oberste Finanzmanager während der jüngsten unglücklichen Ereignisse? Die Antwort auf diese dritte und lästigste Frage lautet, dass Bernanke in seinem Vortrag nicht einen einzigen Fehler der Fed während oder nach der Krise einräumte und in einer späteren Rede sogar versuchte, China und der »globalen Ersparnisschwemme« die Schuld an der gesamten Episode zuzuschieben.[38]

Die Fed ist eine dezidiert neoliberale Institution, deren ausgeprägte symbiotische Beziehung mit der amerikanischen Ökonomenzunft sich in einer neoliberalen Ausrichtung ihrer Gremien niederschlägt. Wie meist übersehen wird, wurde sie bewusst so aufgebaut, »dass sie demokratischer Kontrolle entzogen ist und stattdessen ein Instrument des Finanzsektors darstellt«.[39] Die privaten Mitgliedsbanken »besitzen« Anteile an den zwölf Regionalbanken der Fed und bekommen dafür sogar eine Dividende ausgezahlt.[40] Diese zwölf Banken werden jeweils von einem Gremium geführt, von dessen neun Mitgliedern sechs von den Mitgliedsbanken gewählt und drei von der Zentrale ernannt werden. Jede ist eine eigenständige gemeinnützige Einrichtung im Besitz der Privatbanken der Region. Da sich das gesamte Fed-System durch seine Operationen selbst finanziert, unterliegt es zudem keiner externen Haushaltskontrolle oder ernstzunehmenden Rechenschaftspflicht. Es handelt sich um ein Bollwerk der »Selbstregulierung« der Finanzbranche, verkleidet als staatliche Behörde im Dienste des Allgemeinwohls – ein Schaf im Wolfspelz.

Die Direktoren der zwölf Regionalbanken gehen gewöhnlich einer anderen Vollzeitbeschäftigung nach, meistens als Banker oder mit den Banken verbundene Akademiker. Die private Kontrolle dieser zentralen Regulierungsinstanz fällt in den Vereinigten Staaten somit stärker aus als in anderen entwickelten Ländern, wo oft bezahlte Staatsangestellte solche Ämter ausüben, und hat eine »Selbstregulierung« des Finanzsektors zum Ergebnis, die zugleich abgestritten werden kann. Da die Fed unterdessen (durch die Zwangsfusion angeschlagener Banken und andere Eingriffe) die Konzentration im Finanzwesen vorangetrieben hat, gibt es immer weniger Banken, die qualifizierte Direktoren stellen und wählen können, sodass das gesamte System zunehmend von einer Handvoll überdimensionierter Institute »reguliert« wird, die die Personalentscheidungen der Fed diktieren. Das führt wiederum dazu, dass eben diese Banken in Zeiten der Krise gerettet werden, und kommt bezeichnenderweise Bernankes Grundsätzen sehr entgegen. Wie Donald Westbrook treffend bemerkt hat: »Konzerne mögen ein globales Leben führen, aber ihr Tod – oder ihre Rettung – ist eine nationale Angelegenheit.«[41]

Der einzige Joker im Spiel, der dieser gezielten Usurpation entgegenwirken könnte, sind die in den Gremien verbliebenen Akademiker, überwiegend Wirtschaftswissenschaftler. Meist wird jedoch übersehen, wie das Fed-System auch dubiose Beziehungen zwischen Finanzmanagern und der Ökonomenzunft fördert und in deren »kognitive Voreingenommenheit« mündet. Dies geschieht unter anderem, indem große Finanzinstitute prominente Akademiker anstellen und sie mitunter, wie wir sehen werden, sogar in ihre Aufsichtsgremien holen. Wen der jeweilige Ökonom tatsächlich vertritt, während er offiziell nur das Allgemeinwohl im Sinn hat, ist entsprechend undurchsichtig.

Ein weiterer bedeutsamer Mechanismus besteht darin, dass die Fed selbst einen beträchtlichen Teil der mit Makroökonomie und Geldtheorie befassten Zunft anstellt oder mit Aufträgen bedenkt. 1992 gab sie an, mindestens 493 Wirtschaftswissenschaftler als »Beamte, Ökonomen und Statistiker« und weitere 237 als »unterstützende Mitarbeiter« zu beschäftigen.[42] Da in jenem Jahr rund 1700 Mitglieder der American Economics Association »Geld- und Finanztheorie« als ihr primäres oder sekundäres Arbeitsfeld nannten, standen etwa 43 Prozent der auf diesem Gebiet tätigen Ökonomen im Dienst der Fed. 2009 vergab sie Forschungsaufträge im Umfang von 433 Millionen Dollar. Manche namhafte Wirtschaftswissenschaftler werden als bezahlte Honorarkräfte geführt, ohne tatsächlich Berichte produzieren zu müssen. Wer sein eigenes Geld druckt, kann es sich leisten, alle relevanten Stützpunkte abzudecken. Man kann mit Sicherheit sagen, dass nur wenige orthodoxe Makroökonomen in Amerika nicht zu irgendeinem Zeitpunkt ihrer Karriere Mittel von der Fed (oder den internationalen Agenturen) erhalten haben.[43]

Besonders auf die mit Geldtheorie und Makroökonomie befassten Vertreter der Disziplin hat die Fed folglich einen starken geistigen Einfluss ausgeübt. An ihre Zahlungen sind zudem Auflagen geknüpft: Angestellte wie Auftragsforscher verpflichten sich vertraglich zur Verschwiegenheit, und Publikationen werden oft von Fed-Bürokraten überprüft. Um in geldpolitischen Fragen mit einer Stimme zu sprechen, erzwingt die Fed grundsätzlich theoretische Konformität.

Das Resultat dieser Verflechtungen ist eine Art Direktorium der selbsterklärten »Orthodoxie«, das es beinahe ebenso gut wie die neoliberale Schachtelpuppe versteht, Mitglieder zu rekrutieren, finanzieren und fördern. Tatsächlich haben sich die Fed und die Schachtelpuppe mehr und mehr angenähert. Seit den Achtzigerjahren, als Ronald Reagan sämtliche ihrer Führungsmitglieder ernennen konnte, hat sich die Fed zu einer ungeschminkt neoliberalen Institution entwickelt und damit einen der wesentlichen Kanäle dargestellt, durch den die Wirtschaftswissenschaft in eine stärker neoliberale Richtung geführt wurde. Eine russische Schachtelpuppe freundete sich mit der anderen an.

Der sklavische Kniefall der heutigen Wirtschaftswissenschaft vor dem Finanzsektor lässt sich somit unschwer begreifen, sobald man sich die Mühe macht, die Soziologie der Zunft unter die Lupe zu nehmen. Ihre kognitive Eroberung durch den Banken-Finanzbehörden-Komplex hat ihren Fall in der Krise befördert und muss mitbedacht werden, wenn wir die späteren Rituale der Leugnung verstehen wollen.

Ein potemkinscher Konsens

Obwohl unbestreitbar ein mächtiger Schutzherr der Wirtschaftswissenschaft, hat die Fed noch nicht den Rang eines Wahrheitsministeriums erlangt und bietet folglich für sich genommen auch keine vollständige Erklärung für die Konturen der Disziplin. Fakt ist, dass sie den makroökonomischen Dissens bislang nicht vollständig auslöschen konnte, auch wenn sie bei seiner diskursiven Marginalisierung Wunder gewirkt hat. Die bloße Tatsache, dass sich Überbleibsel eines solchen Dissenses halten konnten, brachte in den Nachwehen der Krise ein weiteres Symptom hervor, das auf das paralysierende Syndrom der Leugnung verweist: das unablässige Händeringen über die Frage, inwieweit in der »legitimen« orthodoxen Wirtschaftswissenschaft ein »Konsens« besteht oder nicht. Bekannte neoklassische Ökonomen versichern uns nur zu gerne, »alle relevanten Vertreter« der Disziplin teilten ihren jeweiligen Katalog von Grundweisheiten, obwohl die jüngeren Ereignisse dem widersprechen. In ihrer Orientierungslosigkeit überließen sich Ökonomen der schlechten Angewohnheit, den Rückgriff auf ungefährliche Durchschnittspositionen mit unanfechtbarer Wahrheit zu verwechseln. Der Gedanke, ihre glitzernden Preise (und Forschungsaufträge der Fed) könnten vielleicht nur von einer jämmerlichen Kapitulation vor sanktionierten Ideen zeugen, liegt offenbar jenseits ihres Horizonts. Tatsächlich folgen sie oft unbewusst der neoliberalen Erkenntnislehre, so als ob man strittige Fragen zur Abstimmung stellen (oder den Markt darüber entscheiden) lassen könnte, um so eine unfehlbare »Weisheit der Menge« zu mobilisieren, die dann natürlich die Gültigkeit der neoklassischen Lehre anerkennen würde.

Die ausdrücklichen Bemühungen um eine Festschreibung des orthodoxen »Konsenses« zeigen, wie schwierig es für die Zunft geworden ist, ihre Grenzen zu überwachen, aber auch, wie sehr neoliberale Annahmen den Ökonomen auf allen Wissensgebieten zur zweiten Natur geworden sind. Selbst wenn es um eine denkbar simple Aussage geht – zum Beispiel, dass die Erhöhung der amerikanischen Schuldenobergrenze bis August 2011 unumgänglich ist, um die Zahlungsunfähigkeit der US-Regierung und somit eine katastrophale Finanzkrise und einen Anstieg der Arbeitslosigkeit zu verhindern –, bekommt man mühelos 162 Ökonomen zusammen, *darunter zwei Nobelpreisträger*, die dies in einer öffentlichen Erklärung bestreiten.[44] Oder nehmen wir ein größeres und kontroverseres Thema: die Frage, ob 2006 eine Immobilienblase bestand und warum so wenige Vertreter der Disziplin willens waren, die Alarmglocken zu läuten. Es gibt inzwischen Belege dafür, dass ein paar bekannte Ökonomen die New Yorker Zweigstelle der Fed bereits 2004 warnten und Robert Shiller aufgrund eines solchen Referats von Timothy Geithner aus dem Beratergremium der Fed entlassen wurde.[45] Dass Wissen nach einem vorab festgelegten Skript kontrolliert und gesäubert wird, mag die Orthodoxie indes nicht zugeben. Einige Ökonomen der Bostoner Fed befanden nach dem Crash, da es unterschiedliche Meinungen gegeben habe, könne man ihrer Disziplin keine Blindheit für die herannahende Katastrophe vorwerfen. Wie sie schrieben: »Die ökonomische Theorie bietet wenig Anhaltspunkte dafür, was ein ›richtiges‹ Preisniveau von Vermögenswerten, einschließlich Immobilien, wäre.« Die »von vielen Marktakteuren geteilten optimistischen Prognosen im Jahr 2005« hätten sich zwar als »unzutreffend« erwiesen, seien angesichts der Einschätzungen von Wirtschaft und Immobilienmarkt in den Jahren vor dem Crash aber auch nicht »unplausibel« gewesen. »Die pessimistische Sichtweise war eindeutig eine Minderheitenposition, besonders unter Wirtschaftswissenschaftlern [...]. Die wenigen Ökonomen, die nachdrücklich eine Blase behaupteten, taten dies häufig schon Jahre vor dem Höchststand der Immobilienpreise und verloren folglich an Glaubwürdigkeit.« Andere taten es »mit Argumenten, die völlig unvereinbar mit den Daten« waren. »Die 2006 vorliegende wissenschaftliche Forschung kam letztlich zu keinem klaren Ergebnis und konnte keine

Hypothese über die zukünftige Preisentwicklung überzeugend begründen oder widerlegen.«[46]

Eine solche Selbstexkulpation auf dem Niveau der Schülerausrede »Mein Hund hat meine Hausaufgaben gefressen« ist beachtlich, zumal dann, wenn sie aus der Fed erschallt. Sie besagt: Erstens kann man uns nichts vorwerfen, nur weil die von uns nach Kräften geförderte neoklassische Orthodoxie eine erbärmliche Unfähigkeit bewiesen hat, Blasen zu erkennen. Zweitens versichern wir, dass es sich bei den unnachgiebigen Warnern um schrullige Kassandras und notorische Nörgler, will sagen: um Parias außerhalb der Orthodoxie handelte, weshalb wir, die Fed, jedes Recht hatten, nicht auf sie zu hören – im Zweifelsfall begeht man lieber den Irrtum eines unerschütterlichen Optimismus. Drittens schließlich beruhte der in der Fed durchgesetzte Konsens zwar nicht auf irgendeiner beweisbaren Erkenntnis, sondern auf Herdentrieb und der unsichtbaren eisernen Hand des Vorsitzenden, aber keine Sorge: Es ist vollkommen »rational«, der Herde zu folgen. Die Leute klagen über die Unfähigkeit der Wirtschaftswissenschaftler, sich auf irgendetwas zu einigen, und genau das war der Hauptgrund für unser stures Festhalten an Irrtümern: Wir haben ihre Beunruhigung über die ständigen Streitereien ernst genommen. Wir folgen auch nur dem Zeitgeist.

Pangloss'sche Übungen dieser Art waren kaum zur Beschwichtigung der klagenden Bevölkerung geeignet, weshalb proaktive Journalisten sich an die Konstruktion eines provisorischen Konsenses machten. Der *Economist* bat gut fünfzig handverlesene Ökonomen, den in der vergangenen Dekade einflussreichsten und den für die Welt nach der Krise wichtigsten Vertreter ihrer Disziplin zu nennen. In der ersten Kategorie machten Ben Bernanke, John Maynard Keynes, Jeffrey Sachs, Hyman Minsky und Paul Krugman das Rennen, in der zweiten Raghuram Rajan, Robert Shiller, Kenneth Rogoff, Barry Eichengreen und Nouriel Roubini.[47] Für Anhänger der Orthodoxie konnte das Ergebnis nur zutiefst beunruhigend sein; bei Lesern dieses Buches löst es möglicherweise Übelkeit aus. Auf den Ranglisten finden sich mit Bernanke, Rajan und Rogoff mindestens drei bekennende und mit Shiller ein etwas eigenwilliger Vertreter des Neoliberalismus. Sachs, Krugman und Eichengreen sind recht konventionelle Anhänger der neoklassischen Orthodoxie. Auf die unerträgliche Leichtigkeit der Rehabilitierung von Keynes haben wir bereits hingewiesen. Minsky wird an keiner namhaften Wirtschaftsfakultät gelehrt. Roubini fällt etwas aus der Reihe; aufgrund seiner Neigung, blinden Alarm zu schlagen, ignoriert ihn die Disziplin weitgehend. Beängstigend ist, dass selbst großzügig betrachtet, niemand auf der zweiten Liste als Vertreter neuer Ideen gelten kann, während der Einfluss der mittleren drei auf der ersten Liste dahingeschmolzen ist. Schlimmer noch: Es wird gar nicht zur Kenntnis genommen, dass sich die Kandidaten im Kern meist widersprechen. Wenn das ein Konsens sein soll, dürften Schall und Wahn unser Schicksal sein.

Die jüngeren Bemühungen, den Anschein eines soliden Konsenses unter Ökonomen in puncto Krisenbewältigung zu erwecken, zeugen daher eher von Anreizen, die wirkliche Verfassung der Disziplin nach dem Debakel durch den Eindruck zu beschönigen, sie spreche mit einer Stimme, als von Interesse an ernsthaften Reformen und einer Reparatur des internationalen Finanzsystems. Nicht, dass es diesbezüglich keine Versuche gegeben hätte. Ein Beispiel ist der Bericht mit dem mysteriösen Titel *Squam Lake Report* (2010),[48] der ein Potpourri zusammenhangsloser und relativ untauglicher Reformvorschläge aufbietet. Seine Quasianonymität war beabsichtigt: Einige der Verfasser hatten unmittelbar vor der Veröffentlichung extrem schlechte Presse gehabt. Frederic Mishkin und John Campbell waren im Film *Inside Job* der Lächerlichkeit preisgegeben worden, John Cochrane haben wir bereits kennengelernt. Zu den Autoren zählten noch andere prominente Neoliberale wie Rajan, Shiller und Matthew Slaughter. Bezeichnenderweise feierte die Presse den Bericht dennoch meist als gänzlich »unparteiisch«, weil ihn auch »in der Mitte angesiedelte« Figuren wie Martin Baily und Hyun Song Shin mitverfasst hatten. Tatsächlich bietet er ein weiteres Beispiel für die Techniken der russischen Schachtelpuppe: Veröffentlicht von der angeblich »zentristischen« Brookings Institution, lassen sich Finanzierung und Organisation zum Maurice R. Greenberg Center for Geoeconomic Studies at the Council on Foreign Relations, einem unverfroren neoliberalen Think-Tank, zurückverfolgen.[49] Maurice Raymond »Hank« Greenberg war der Mann, der sich als Chef der AIG in der Krise blamiert hatte. Sofern der Bericht einen Konsens ausdrückte, war dieser weniger für die Disziplin insgesamt repräsentativ, als er vielmehr das Minimum an Maßnahmen kodifizieren sollte, mit dem der Bankensektor in der politisch angespannten Lage nach dem Crash ungestraft davonkommen konnte – das Finanzwesen von Grund auf zu überdenken, war nicht sein Anliegen. Er zeugte kaum von dem Drang, irgendetwas in Ordnung zu bringen, sondern beschied sich mit platitüdenhaften Plädoyers für »mehr Information« und »höhere Kapitalanforderungen«. Letzteres bedeutet natürlich keine bindende Auflage, wenn die Banken weiterhin praktisch alles als »Kapital« ausweisen dürfen (sich also dessen »Qualität« verschlechtert), das Schattenbankenwesen und besonders die Plage der Repo-Geschäfte nicht ernsthaft bekämpft werden und die Vorteile einer Aufspaltung von Bankfunktionen in getrennte Institute, wie sie etwa die sogenannte Volcker-Regel vorsieht, keinerlei Erwähnung finden. In dieser Hinsicht fiel der britische Vickers-Report mutiger, wenngleich ebenfalls schwerlich radikal aus.

Dass die Crème de la Crème der amerikanischen Wirtschaftsorthodoxie den Bericht verfasst hatte, zeigte sich allein in einer überschießenden Kreativität bei der Erfindung neuer Rube-Goldberg-Spaß-Maschinen zur »Linderung« künftiger Finanzkrisen, doch ohne Erfolg. Die Angewohnheit, für die einschlägigen Zeitschriften kleine spielzeugartige Modelle zu konstruieren, manifestierte sich nun in einem extravaganten Einfallsreichtum bei der Konstruktion sinnloser Finanzinstrumente, die es angeblich noch nie gegeben hatte. Diese Erfindungen wurden in dem Bericht obendrein mit »Regulierung« verwechselt. Ein Kernstück sollte die Auflage für Banken sein, neuartige »Coco-Bonds« (Contingent Convertible Bonds) anzubieten, also Anleihen, die sich bei zuvor vereinbarten makroökonomischen Auslösern in Aktien verwandeln. Das war letztlich eine Totgeburt, denn bereits das Gros der neueren Finanzinnovationen zielte zur Umgehung regulierender Bestimmungen darauf ab, den Unterschied zwischen Schulden und Aktienkapital zu verwischen. Und schließlich sah der Bericht die rührende Innovation war, von Banken, die *too big to fail* sind, Testamente zu verlangen, so als könnten oder wollten sie sich im Falle einer erneuten Krise freiwillig einer beschleunigten Abwicklung unterziehen. Diese Albernheit fand tatsächlich Eingang in das Dodd-Frank-Finanzmarktreformgesetz und dürfte das einzig erfolgreiche dauerhafte Arbeitsbeschaffungsprogramm der Regierung Obama sein – leider nur für noble Anwaltskanzleien.[50]

Die Autoren des *Squam Lake Report* wollten die wuchernden Finanzinnovationen nicht wirklich eindämmen, sondern lediglich durch ein paar Kunstgriffe verbessern. Besonders aufschlussreich war allerdings, dass einer der Verfasser bei der Vorstellung des Berichts auf Nachfrage zugeben musste, dass die orthodoxe Finanztheorie (in Gestalt des »Modigliani-Miller-Theorems«) etlichen ihrer Vorschläge widerspricht, da das Verhältnis von Fremd- und Eigenkapital ihr zufolge auf effizienten Märkten irrelevant ist. Die Kronprinzen der akademischen Finanztheorie hatten somit gegen eine ihrer eigenen Grundannahmen verstoßen – die Treue zur Orthodoxie erwies sich als tückischer denn erwartet. Ihr vermeintlicher Konsens besaß keinerlei Grundlage in dem Kanon, der in den meisten Grundkursen gelehrt wird, und zeugte auch nicht von politischem Scharfsinn, ignorierte er doch das Problem der Unterwanderung von Regulierungsinstanzen und das Gresham'sche Gesetz von Finanzinstrumenten abermals vollständig. So viel zum versöhnlichen »Konsens«.

Es gibt viele ähnliche Beispiele aus den letzten Jahren, aber es dürfte ergiebiger sein, der Frage, was ein »Konsens« mit Blick auf die Krise bedeutet, allgemeiner nachzugehen. Etliche fruchtlose Debatten darüber ergeben sich aus der irrtümlichen Annahme, eine wirkliche Wissenschaft müsse sich auch durch die Übereinstimmung aller ihrer redlichen Vertreter in nahezu allen Grundfragen auszeichnen. Entgegen diesem Laienverständnis offenbart die Geschichte der Wissenschaften oftmals einen erheblichen Spielraum für unterschiedliche Auffassungen.[51] Physik, Geologie oder Statistik verfügen über keine in Stein gemeißelten Zehn Gebote, auch wenn es im Grundstudium anders scheinen mag. Je selbstgewisser die Wissenschaft, umso seltener kommt es zum zeremoniellen Ausschluss von Abtrünnigen. Es sind vielmehr Denkkollektive, die sich durch breitgefächerte Lackmustests auszeichnen: Ihre Mitglieder haben bestimmten Modellen, empirischen Methoden, Themen, rhetorischen Konventionen zu folgen oder bestimmte theoretische Anleihen bei benachbarten Wissensgebieten zu machen. Wirkliche Innovation entsteht durch radikale Hinterfragung, die zwar bewährte Methoden berücksichtigen muss, darüber hinaus aber in ganz unterschiedlicher Weise erfolgen kann.

Die obsessive Fixierung von Orthodoxie und Journalisten auf einen angeblichen Konsens in der Wirtschaftswissenschaft erklärt sich aus dem verbreiteten Verdacht, Ökonomen seien nur Strohmänner machtvoller Interessen. Zweifel an der Disziplin speisen sich meines Erachtens jedenfalls weniger aus einem Interesse an logischer Konsistenz – denn wie sollte die gültig beurteilt werden? – als aus dem Eindruck, dass Argumente in der Wirtschaftswissenschaft immer wieder instrumentellen Erwägungen und schlichter Bestechlichkeit unterliegen. Das ist beispielsweise ein wiederkehrendes Thema auf Blogs.[52] Wer solche Zweifel hegt, richtet den Blick folglich weniger auf die theoretische Entwicklung der Disziplin als auf ihre Soziologie. Das Ausmaß an Dissens dient dem Laien dabei als ein grober Index für das Gewicht und die Ressourcen von Interessengruppen, die um ein bestimmtes Thema ringen, aber weitgehend dem Blick entzogen sind. Dass der von äußerer Manipulation ungetrübte Grundzustand von Wissenschaft demnach an eitler Harmonie und Eintracht ablesbar sein soll, zeigt, wie bedenklich dieses Wissenschaftsbild ist.

Neoklassische Wirtschaftswissenschaftler versuchen das Problem durch eine Rational-Choice-Erklärung für ihre missliche Lage zu umschiffen. Alan Blinder von der Princeton University zum Beispiel hat dazu eine Version von Murphys Gesetz entwickelt: »Ökonomen haben dort am wenigsten Einfluss auf die Politik, wo sie am meisten wissen und die größte Einigkeit besteht, und den größten Einfluss, wo sie am wenigsten wissen und die geringste Einigkeit besteht.«[53] Wie bei so vielen populären Verallgemeinerungen in der neoklassischen Tradition liegt das Problem darin, dass empirische Untersuchungen sie kaum bestätigen. Welches Forschungsfeld wäre von Ökonomen im 20. Jahrhundert intensiver bearbeitet worden als makroökonomisches Versagen und Finanzkrisen? Doch wenn der Moment kommt, an dem es als Frucht der vielen Arbeit einen soliden Wissenskorpus zu verkünden gilt, stellt sich ein Konsens mitnichten von selbst ein, sondern er muss von null an geschaffen und durch Sisyphusarbeit gestützt werden. Nicht anders verhielt es sich auf dem laut Blinder am wenigsten umstrittenen Gebiet, der Mikroökonomie.

Die Aufregung über abweichende Positionen fand mit dem Platzen der Blase kein Ende. Sie brach ausgerechnet auf dem Gebiet aus, auf das die allermeisten neoklassischen Ökonomen am stolzesten sind: der Mikroökonomie des durch uneingeschränkten Wettbewerb gekennzeichneten Marktes.[54] Einer der beunruhigendsten Vorboten erneuter Schmach war der sogenannte Flash Crash, der die New Yorker Aktienmärkte am Nachmittag des 6. Mai 2010 heimsuchte. Zwanzig Minuten lang schoss das Handelsvolumen dramatisch in die Höhe, der Preis etlicher Aktien brach um mehr als fünf Prozent ein, nur um sich ebenso schnell wieder zu erholen (Abb. 4.5). Dasselbe geschah mit mehreren Börsenindizes.

Abb. 4.5: Der »Flash Crash« vom 6. Mai 2010

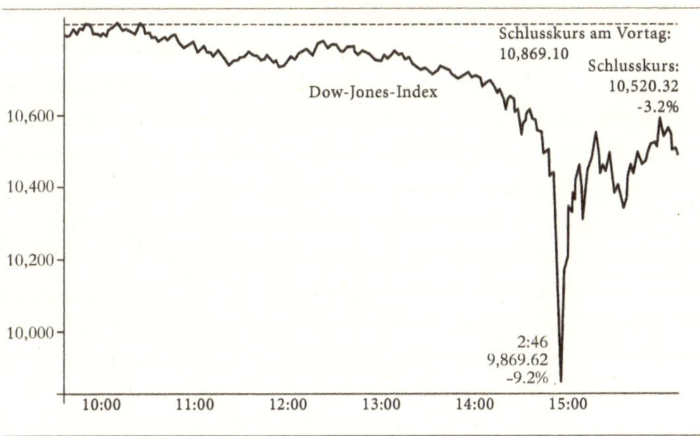

Quelle: Bloomberg

Manche Aktienpreise sanken auf Centbeträge, was die Börsen dazu nötigte, rund 27 Prozent aller Transaktionen zu stornieren. Unmittelbar darauf kletterten die Kurse wieder, wenn auch nicht ganz bis auf das Ausgangsniveau. Dass die Aussagekraft der verzeichneten Preise derart in Zweifel gezogen wurde, war ein schwerer Schlag für das angebliche Expertenwissen der Ökonomen. Die für den Neoliberalismus grundlegende Behauptung, der Markt setze Informationen effizient in gültige Preise um, wurde Lügen gestraft. Noch beunruhigender war vielleicht, dass Börsenaufsicht und Finanzökonomen bei der Ursachenforschung auch einen Monat später keinen Schritt vorangekommen waren.[55] Unter Wirtschaftswissenschaftlern kam es zu allem Überfluss nun zu einem Streit darüber, welcher der zahllosen »Innovationen« des Aktienhandels man die Schuld geben sollte. Eine konsensfähige Interpretation konnte sich unter ihnen bis heute nicht durchsetzen. Marktteilnehmer sollte das Phänomen stutzig machen, Ökonomen aber müsste es geradezu verängstigen, widerspricht es doch potenziell allem, was ihre Grundmodelle über Marktverhalten behaupten. Auch Neoliberalen sollten solche Vorgänge, die die vermeintlichen Zauberkräfte des Marktes als Informationsprozessor in ein fragwürdiges Licht rücken, zu denken geben.

Irritierende Phänomene wie die leichten Fieberschübe solcher Flash Crashs, die bis heute auftreten, hätten ein Warnsignal dafür sein sollen, dass die Krise auch die neoklassische Mikroökonomik allmählich untergräbt; davon durfte jedoch keine Rede sein. Die meisten Ökonomen erklärten stattdessen unbeirrt, falls die Krise etwas widerlegt haben sollte, betreffe dies allenfalls die Makroökonomie.[56] Einer der befremdlichsten Aspekte dieser Krise besteht darin, dass die Behauptung, die orthodoxe Wirtschaftstheorie verfüge im Angesicht der Krise über einen soliden, auf dem Walras-Gesetz des allgemeinen Gleichgewichts beruhenden Konsens, trotz restloser Blamage ein ums andere Mal wiederholt wird. Und dass sie mit dem neurotischen Beharren darauf einhergeht, der angerichtete Schaden beträfe nur ein paar nebensächliche Theoreme der Orthodoxie. Erstaunlicherweise neigen neoklassische Ökonomen dazu, allen anderen in der Krise »Irrationalität« zu attestieren, wo doch eine sinnvolle Definition irrationalen Handelns lautet, dass man in der Hoffnung auf ein anderes Ergebnis immer wieder dasselbe tut.

Wie konnte die Neoklassik den Hals aus der Schlinge ziehen?

Trotz der geschilderten Serie von Blamagen ist der Ökonomenzunft kein ernsthafter Schaden entstanden. Noch immer werden Ökonomen in Talkshows eingeladen und respektvoll um ihre Meinung gebeten, ohne offenen Spott zu ernten (selbst wenn sie im Duett auftreten und mit unbewegter Miene nacheinander das Gegenteil behaupten). Neoklassische Ökonomen predigen eine Orthodoxie, der Heerscharen gefügiger Studenten folgen, sie sind häufig die Spitzenverdiener an ihren Universitäten und dürfen sich weiterhin selbstgefällig einer soliden Wissenschaft rühmen. Diese Unanfechtbarkeit lässt sich grob auf zweierlei Weise deuten. Erstens könnte man kurzerhand behaupten, während der Krise sei gar nichts geschehen, was den Heiligen Schriften der Orthodoxie im Kern widersprechen würde. Auch wenn dieser kühne Alles-oder-nichts-Schachzug noch gelegentlich vorkommt, namentlich bei der Verteidigung der Disziplin durch ergraute Nobelpreisträger, dürfte bis hierhin deutlich geworden sein, dass es sich dabei um eine vollkommen unglaubwürdige Masche handelt, deren Erfolg mit der Zeit vielleicht sogar nachlässt. Es ist einfach zu offensichtlich, dass die fortdauernde Krise sehr wohl die glänzenden Tafeln beschmutzt, in die die neoliberalen Gebote eingraviert sind.

Zweitens kann man eine ernsthafte soziologische Untersuchung der Zunft und ihrer Schwächen vornehmen, so wie wir es hier tun. Die

Wirtschaftswissenschaft konnte nur deshalb ungeschoren davonkommen, weil bestimmte grundlegende Tendenzen des Geisteslebens und einige Institutionen sie vor stürmischem Gegenwind geschützt haben. Vier wichtige Faktoren, die die Disziplin vor ihren Kritikern gerettet haben, sollen hier behandelt werden.

Immunität dank Finanzsektor und Fed

Im Kern kennen wir diese These bereits, doch nun gilt es, sie zu explizieren. Der Fed wurde in diesem Kapitel aus einem wichtigen Grund so viel Raum gegeben: Sollte es zutreffen, dass die orthodoxe Wirtschaftswissenschaft engstens mit dem Finanzsektor verflochten ist, und zwar *sowohl* mit den Banken und anderen Instituten *als auch* mit den staatlichen Regulierungsinstanzen, dann genießt sie in dem Fall, dass diese beiden Bereiche ohne Schaden durch die Krise kommen, ebenfalls Schutz. Dass sich die Banken, wodurch auch immer, Konsequenzen entziehen konnten, hatte unmittelbar zur Folge, dass der Orthodoxie Hohn und Spott erspart blieben. Angenommen, man hätte in Reaktion auf die Krise, zum Beispiel durch eine neue Abwicklungsbehörde, stattdessen die Großbanken zerschlagen, das Schattenbankenwesen beseitigt oder gar die Augiasställe der Fed, der Börsenaufsicht und selbst des IWF ausgemistet, dann wäre der Ökonomenzunft rasch schmerzlich bewusst geworden, wie schutzlos sie dasteht. Sobald die ersten Köpfe gerollt wären, hätte die Presse Panik unter den Wirtschaftswissenschaftlern bemerkt, und die Fassade des unbeteiligten Zuschauers und Gemeinwohlgaranten wäre wesentlich schwieriger zu wahren gewesen.

Die Verflechtungen zwischen den Spitzen der Disziplin und den glitzernden Höhen der Finanzwelt wurden zeitweilig bemerkt, gerieten mit der Rettung vieler Finanzinstitute durch die Fed aber meist wieder in Vergessenheit. *Inside Job* betonte, dass es System haben muss, wenn ein ganzer Berufsstand dafür bezahlt wird, sich auf die falsche Seite eines maroden Finanzsystems zu stellen, und danach vor Nachforschungen abgeschirmt wird; doch wie vielleicht zu erwarten, setzte sich als Lehre daraus rasch die Ansicht durch, einzelne Personen seien aufgrund gewisser »Nebenverdienste« moralisch korrumpiert worden. Die Antwort konnte man ahnen: Sofort wurden Verteidiger aufgeboten, die mit allerhand Pathos empört erklärten, die betreffenden Ökonomen hätten aufrichtig geglaubt, was sie gepredigt hatten, seien keineswegs feige Opportunisten und ließen sich nicht bescheidener Nebeneinkünfte wegen korrumpieren. Wie haltlos diese Ansicht ist, erhellt schon daraus, dass die in Rede stehenden Wissenschaftler *ein Vielfaches* ihrer Akademikergehälter erhielten. Vor allem aber geht es weniger um ihre persönliche Integrität und Weltanschauung als darum, wie sie die gesamte Disziplin dem Finanzsektor dienstbar gemacht haben.

Der bekannteste Fall ist Larry Summers, ehemals Präsident der Harvard University und während der ersten zwei Jahre von Obamas Präsidentschaft Vorsitzender des Nationalen Wirtschaftsrats. Dieser hohe Posten zwang ihn zur Offenlegung seiner vielfältigen Beziehungen zum Finanzsektor und der damit verbundenen Einkünfte. Als Summers am 20. Januar 2009 seinen Bericht vorlegte, der Einnahmen von 17 bis 39 Millionen Dollar aufführte, löste er in den Zeitungen und Blogs einen Sturm der Entrüstung über seine überdimensionierten Rednerhonorare und die Gefallen aus, die er dem Finanzsektor seit den späten Neunzigerjahren erwiesen hatte.[57] Summers hatte seit seiner umstrittenen Ernennung zum Chefökonomen der Weltbank im Jahr 1991 eine in vieler Hinsicht wechselvolle Karriere hinter sich, gelangte jedoch dank langjähriger Patronage durch Robert Rubin, ehemals Co-Chef von Goldman Sachs, Finanzminister und später graue Eminenz bei der Citigroup und anderen Wall-Street-Instituten, in politische Spitzenpositionen. Tatsächlich fanden viele der entscheidenden neoliberalen Deregulierungsmaßnahmen im Bankensektor, die schließlich zur Krise führten, unter der gemeinsamen Aufsicht von Rubin, Summers und Greenspan statt. Als Rubin 1999 vom Finanzministerium zur Citigroup wechselte, überzeugte er Bill Clinton, Summers zu seinem Nachfolger zu machen. Rubin warb auch für seine Ernennung zum Harvard-Präsidenten, ein Amt, aus dem Summers 2006 nach Betrugsvorwürfen der US-Regierung an die Adresse der Wirtschaftsfakultät recht unrühmlich schied.[58] Summers schadeten diese Zwischenfälle indes nicht; er fand Aufnahme bei Taconic Capital Advisors, einem Hedgefonds ehemaliger Goldman-Sachs-Mitarbeiter, begann für ein Jahresgehalt von fünf Millionen Dollar einen Tag in der Woche für D. E. Shaw, ebenfalls ein Hedgefonds, zu arbeiten und astronomische Rednerhonorare von sämtlichen Hauptakteuren der Krise zu beziehen: 135 000 Dollar von Goldman Sachs, 67 000 Dollar von JP Morgan, 67 500 Dollar von Lehman Brothers und – acht Tage nach Obamas Wahlsieg – 45 000 von Merrill

Lynch. Einen Großteil seines Vermögens heimste Summers offenbar im Vorfeld der Krise ein. Dann ernannte Obama ihn zu seinem obersten Wirtschaftsberater, als welcher er mit salomonischer Weisheit helfen sollte zu entscheiden, wer gerettet und wer ins Aus gestoßen wird.[59]

Die wenigen Journalisten, die unerhörterweise meinten, so enge Beziehungen zur Finanzbranche könnten sein Verhalten in der Obama-Administration beeinflusst haben, strafte Summers mit Verachtung. Obwohl seit Langem der Demokratischen Partei verbunden, ist er über weite Strecken seiner Karriere offen als Neoliberaler aufgetreten. So schrieb er:

> »Wenn Keynes der einflussreichste Ökonom der ersten Hälfte des 20. Jahrhunderts war, dann Milton Friedman der einflussreichste der zweiten Hälfte [...]. Jeder ehrliche Demokrat wird zugeben, dass wir heute alle Friedman-Anhänger sind [...]. Ich bin in einer Familie progressiver Ökonomen aufgewachsen, in der Friedman als eine Art Teufel galt. Doch mit der Zeit, als ich selbst Wirtschaftswissenschaft studierte und die Welt sich veränderte, entwickelte ich starken Respekt und große Bewunderung für ihn und seine Ideen [...]. Heute ist es für uns selbstverständlich, dass freie Märkte den Finanzsektor formen [...]. Als Friedman erstmals für flexible Wechselkurse und offene Finanzmärkte plädierte, dachte man, dies würde destabilisierend wirken.«[60]

Was Beobachter verwirrt, ist, dass Summers den wirklichen Charakter der Krisenpolitik des Neoliberalismus offenbar besser begreift als dessen buchstabentreue Anhänger.[61] Ersetzt man »Konjunkturmaßnahmen« durch »Bankenrettung«, wird seine Realpolitik sofort deutlich:

> »In meiner ersten Rede dazu [...] meinte ich, es sei ›die zentrale Paradoxie von Finanzkrisen, dass sie durch zu viel Kredit, zu viel Vertrauen und zu viel Ausgaben verursacht und durch mehr Vertrauen, mehr Kredite und mehr Ausgaben gelöst werden‹. Das leuchtet zunächst überhaupt nicht ein und erschwert es, Menschen von der Notwendigkeit einer stärkeren Fiskalpolitik zu überzeugen. Das ist das eine.
>
> Das andere ist, dass wirtschaftliche Fragen oft durch eine moralische Brille betrachtet werden und Rezessionen in gewissem Maß als Strafe für Sünden gelten – vor allem für Maßlosigkeit –, und Sünden büßt man nicht durch Exzesse. Das leuchtet moralisch nicht ein und macht es der Öffentlichkeit und Politikern schwer, Konjunkturmaßnahmen zu akzeptieren.«[62]

Was immer man sonst noch über Summers sagen mag, und viele haben sich zu ihm geäußert,[63] klar scheint, dass Wirtschaftswissenschaftler wie er von 2009 an schwerlich Kandidaten für politische Schlüsselpositionen gewesen wären, hätte man die am Abgrund stehenden Banken und Hedgefonds quasi verstaatlicht oder gesundgeschrumpft und den Figuren aus der Finanzwelt entsprechend bescheidenere Rollen in der Demokratischen Partei zugewiesen. Mehr noch: Seine neoliberalen Überzeugungen wären möglicherweise vernichtender Kritik ausgesetzt gewesen, die ihn zu einer Persona non grata gemacht hätte.

Nehmen wir einen anderen namhaften Harvard-Ökonomen, Martin Feldstein. Seine Verbindungen zu den für die Krise ausschlaggebenden Instituten bestanden unter anderem darin, dass er 22 Jahre lang im Vorstand der AIG saß, nur um sich am 30. Juni 2009 bequem zurückzuziehen. Als Leiter des Finanzkomitees und Risikomanagements war er zudem formal direkt für die katastrophenträchtige Abteilung für Finanzprodukte verantwortlich, die das Unternehmen mit Kreditausfallversicherungen und anderen dubiosen Derivaten zu Fall brachte. Feldsteins Dienste für die AIG brachten ihm mehr als sechs Millionen Dollar ein, und offenbar erlitt er keinerlei Ächtung dafür, dass er der US-Regierung einen bankrotten Versicherungsgiganten aufbürdete. Obama jedenfalls hinderte all dies nicht daran, ihn 2009 in seinen Beraterstab für die wirtschaftliche Erholung und später in eine Arbeitsgruppe zu Steuerpolitik zu berufen.

Der AIG-Job war nur die bekannteste Vorstandstätigkeit von Feldstein. Daneben fungierte er auch als Direktor des Morgan Guaranty Trust, war in seiner Funktion als Gesundheitsökonom bei HCA Inc. leitend tätig und sitzt seit 2002 im Vorstand des Pharmaunternehmens Eli Lilly. Allein bei Eli Lilly verdient er jährlich 300 000 Dollar. Feldstein ist zeit seines Lebens ein strammer Neoliberaler gewesen: Er begann seine Laufbahn mit einer Kritik am britischen National Health Service und gilt als Verantwortlicher für den Wandel des vormals breit angelegten wirtschaftswissenschaftlichen Studiums in Harvard zu einem orthodoxen Boot Camp mit stark neoliberalen Tendenzen. Unter Ronald Reagan war er Vorsitzender des Wirtschaftsberaterkreises, in den er Larry Summers, Gregory Mankiw und Paul Krugman mitbrachte. Seine Protegés finden sich überall im wirtschaftlichen Establishment an der Ostküste. Er versteht es meisterhaft, Fäden zwischen Finanzsektor und Wissenschaft zu spinnen, beispielsweise indem er die Starr Foundation (Vorsitzender: der ehemalige AIG-Chef Hank Greenberg) zu mehreren Zuschüssen für die Harvard University und das damals von ihm geleitete National Bureau of Economic Research bewegte.[64] Nichts davon wird auf Feldsteins offizieller Harvard-Webseite erwähnt. Jeglichen Einfluss des Finanzsektors auf die Wirtschaftswissenschaft hat er explizit bestritten.[65]

Um bei der AIG zu bleiben: Ein dritter unverwundbarer Finanzheld ist der Yale-Ökonom Gary Gorton. Feldstein mag für das AIG-Fiasko als Vorstandsmitglied formal verantwortlich gewesen sein, der Sache nach war es jedoch Gorton. Er stieg 1996 als Berater bei der Abteilung für Finanzprodukte ein, wo sein Jahresgehalt von anfangs 200 000 auf schließlich mehr als eine Million Dollar kletterte. Auf einer Aktionärsversammlung soll er 2007 erklärt haben, dass »der Chef der AIG-Finanzproduktsparte keine Transaktion bewilligt, die nicht auf einem von uns konstruierten Modell beruht«.[66] Von 1998 an lieferte Gorton die theoretische Rechtfertigung (und einen Teil des Konstruktionsplans) für die fatalen Kreditausfallversicherungen, die nach einhelliger Meinung zur Quasi-Pleite der AIG im September 2008 führten.[67]

Sind Gorton irgendwelche Nachteile daraus erwachsen, dass er einen der gewaltigsten Sprengsätze in der schwersten Finanzkrise seit der Großen Depression gezündet hat? Offenbar nicht. Im Mai 2008, als die AIG gerade einen dramatischen Quartalsverlust von 7,8 Milliarden Dollar meldete, sah die Yale School of Management die günstige Gelegenheit gekommen, ihn von der Wharton School abzuwerben. Im August stellte Gorton auf einer Konferenz der Fed ein Papier über die »Panik von 2007« vor, ein Thema, über das er intime Kenntnisse besitzen dürfte. Fed-Chef Bernanke beeindruckte es so sehr, dass er es noch 2010 als Pflichtlektüre des Jahres zur Krise anpries. Gorton machte später ein Buch mit dem vielleicht ironisch gemeinten Titel *Slapped by the Invisible Hand* daraus, in dem die AIG und seine wichtige Rolle bei ihr nur mit einem einzigen Satz erwähnt werden: »Ich war auch als Berater bei der AIG tätig, wo ich mich mit strukturierten Krediten, Kreditderivaten und Rohstoff-Termingeschäften befasste.« Punkt. Mit genau dieser ungenierten Praktik des Lügens durch Auslassung gelingt es der Ökonomenzunft, den Anwalt »der Öffentlichkeit« zu mimen, während sie als PR-Abteilung des Finanzsektors wirkt. Zumindest ein Journalist, der eigentlich ein Gespür für interessierte Erzählungen über die Krise haben sollte, ließ sich dadurch offenbar täuschen.[68]

In den vergangenen zwei Jahren sind ähnliche Fälle solcher verdeckten Verbindungen ans Licht gekommen, auch wenn sie vielleicht nicht so direkt und unverfroren sind wie die eines Summers, Feldstein oder Gorton. Für Aufsehen sorgte beispielsweise der Auftritt des Stanford-Ökonomen Darrell Duffie vor dem Untersuchungsausschuss des US-Kongresses über die Krise, bei der er unter anderem zur Frage der Schuld von Ratingagenturen aussagte, ohne seinen Sitz im Direktorium von Moody's zu erwähnen.[69] Unter Druck gab er zu, für mindestens zwei Hedgefonds und als Berater bei der Abwicklung des Lehman-Vermögens tätig gewesen zu sein. Wie Simon Johnson angemerkt hat, wurden Duffies Arbeiten oft aus dem Finanzsektor finanziert, was in den Kontexten, in denen er als Experte für Finanzmarktregulierung angeführt wird, nur selten Erwähnung findet.[70] Auch am *Squam Lake Report* hat er übrigens mitgeschrieben; später zahlte ihm die Lobby-Organisation SIFMA (Securities Industry and Financial Markets Association) laut Simon Johnson 50 000 Dollar für einen Beitrag, in dem er sich gegen bestimmte Formen der Regulierung von Derivaten durch die Commodity Futures Trading Commission (CFTC) wandte. Es dürfte außer Frage stehen, dass Duffie das Gütesiegel »Stanford« benutzt, um seine Rolle als bezahlter Apologet zu verbergen:

> »Warum sollten wir solche Arbeiten ernst nehmen – oder ernster als andere bezahlte Expertisen für die Finanzbranche, wie sie beispielsweise Anwaltskanzleien erstellen?
>
> Die Antwort lautet vermutlich, dass die Stanford University enormes Prestige genießt. Als Institution hat sie Großes geleistet, und ihre Fakultät ist eine der besten der Welt. Wenn ein Professor im Auftrag eines Unternehmens ein Papier verfasst, profitiert das Unternehmen von Name und Reputation der Universität, leiht sie sich gleichsam. Natürlich betonte der Banker am runden Tisch der CFTC ›Stanford‹, wenn er das Papier zitierte.«[71]

Der Dekan der Business School an der Columbia University, Glenn Hubbard, reagierte sehr unwirsch, als er für *Inside Job* nach seinen Beziehungen zu Unternehmen gefragt wurde; welche Art von Schwindel er zu verheimlichen suchte, erfuhr die Öffentlichkeit erst viel später. Als Akten aus einer Klage von Anleiheversicherern gegen die Bank of America bekannt wurden, stellte sich heraus, dass Hubbard für ein Stundenhonorar von 1200 Dollar zugunsten von Countrywide ausgesagt hatte, nach einhelliger Meinung einer der windigsten Hypothekenanbieter im Vorfeld der Krise. Hubbard sprach Countrywide von diesem Vorwurf frei, ohne eine Miene zu verziehen. Seine ökonometrische Übung war derart löchrig, dass der Experte der Gegenseite sie mühelos als nicht beweiskräftig zerpflücken konnte – und als Beleg dafür, dass Hubbard wenig vom Zeichnen von Versicherungsrisiken verstand.[72]

Der Schattenbankensektor hielt eine kleine Séance ab und beschwor einen Schattenökonomensektor herauf. Wer darin tätig ist, wissen wir heute besser. Charles Ferguson nennt in seinem Buch *Predator Nation* viele Namen von Schlüsselfiguren: Glenn Hubbard, Larry Summers, Fredric Mishkin, Richard Portes, Laura Tyson, Martin Feldstein, Hal Scott und John Campbell.[73] Eine andere Methode, und weitgehend andere Personen, hat Gerald Epstein, Ökonom an der University of Massachusetts, gewählt. Mit einigen Mitarbeitern trug er Fakten über Wirtschaftswissenschaftler zusammen, die während der Krise häufig als Experten für Finanzmarktregulierung auftraten, und verglich die Positionen in ihren akademischen Veröffentlichungen mit ihrer Betätigung außerhalb der Universität. Da die Untersuchung des gesamten Berufsstands eine kaum zu leistende Aufgabe wäre, beschränkte sich Epstein auf eine überschaubare Untergruppe von Finanzökonomen, die sich entweder mit dem *Squam Lake Report* oder im Rahmen des »Pew Financial Reform Project« als gleichsam gesichtslose Vertreter der Orthodoxie geriert hatten.[74] Ihre Beziehungen zur Finanzwelt konnten durch die Begrenzung der Zielgruppe auf 19 bekannte Ökonomen eingehender untersucht werden als in den Medien üblich, auch wenn das wirkliche Ausmaß insofern nicht deutlich wird, als sich der Bericht ausschließlich auf offen zugängliche Quellen stützt und somit vollständig auf das angewiesen war, was Ökonomen in irgendeinem öffentlichen Kontext preisgaben. Das Ergebnis der Untersuchung lautete:

> »Wir stellen fest, dass 15 der 19 Ökonomen im Zeitraum von 2005 bis 2009 private Beziehungen zur Finanzwelt unterhielten. Die Norm war, dass sie dies nicht offenlegten, woraus die Notwendigkeit eines Ethik-Kodex mit diesbezüglichen Richtlinien folgt.
>
> Diese Ökonomen, die weitgehend außerstande waren, vor der wachsenden finanziellen Instabilität und drohenden Krise zu warnen, haben zugleich einen Grundkonsens entwickelt, wonach mehr marktorientierte Reformen

und weniger staatliche Regulierung ein Mittel zur Verhinderung weiterer finanzieller Kernschmelzen bieten.«[75]

Der Bericht dokumentiert einige Befunde auf breiterer Faktenbasis als die bisherigen Anekdotensammlungen. Er zeigt, dass die auf finanztechnische Fragen spezialisierten Ökonomen zumeist umfangreiche Beziehungen zum Finanzsektor pflegen und dies stark mit theoretischen Positionen korreliert, die diesen von jeglicher Verantwortung für die Krise freisprechen. Zudem machen die betreffenden Wissenschaftler diese offenkundigen Interessenkonflikte beinahe nie deutlich, wenn sie in den Medien oder bei politischen Anhörungen verkünden, wie wir auf die Krise reagieren sollten. Für den Finanzsektor besitzen sie einen unschätzbaren Wert, da sie in der Öffentlichkeit als unabhängige akademische Elite erscheinen, obwohl sie nebenbei noch etwas ganz anderes sind. Es handelt sich um dieselben Figuren, denen wir auch im vorliegenden Buch begegnen: Alan Blinder, Charles Calomiris, Richard Herring, John Taylor, Jeremy Stein, Andrew Bernard, John Campbell, John Cochrane, Douglas Diamond, Darrell Duffie, Kenneth French, Anil Kashyap, Frederic Mishkin, Raghuram Rajan, David Scharfstein, Robert Shiller, Hyun Song Shin, Matthew Slaughter und René Stulz.[76]

Wir könnten die Ökonomen noch endlos vorführen, doch das hätte wenig Sinn. Europäische und asiatische Zunftmitglieder müssten aufgrund ihrer Beziehungen zu internationalen Banken und Zentralbanken ebenfalls auf die Liste; London gleicht in dieser Hinsicht einem Bienenstock. Die Leser würden vermutlich das Handtuch werfen, bevor wir mit der Erhebung auch nur ernsthaft begonnen hätten. Was das bezahlte, aber kaum als solches kenntlich gemachte Wirken prominenter Ökonomen betrifft, hat *Inside Job* lediglich an der Oberfläche gekratzt. Dabei wäre zu begreifen, wie normal eine bestimmte Laufbahn mittlerweile geworden ist, weil ein regelrechtes System dahinter steht. Wer das Glück hat, mit ein paar Beiträgen über Makrofinanztheorie das Interesse der richtigen Leute zu wecken und dafür mit einem angenehmen Job, etwa als Unterstaatssekretär im Finanzministerium oder als Mitarbeiter im Wirtschaftsberaterstab, belohnt zu werden, der wird, sofern er die richtigen politischen Interessengruppen anspricht, eines Tages eine wirklich lukrative Position in der Finanzwelt bekommen, vielleicht später sogar als Gouverneur einer regionalen Fed – und dabei stets als unabhängiger, dem Gemeinwohl verpflichteter Wissenschaftler auftreten. Spätestens seit 1970, als Paul Samuelson bei der Gründung des Hedgefonds Commodities Corporation mitwirkte, funktioniert diese Laufbahn zuverlässig wie ein Förderband. Das Problematische daran ist nicht die moralische Kompromittierung dieser oder jener Person angesichts verlockender Angebote, sondern dass der hehre Anspruch »unabhängiger Expertise« in der heutigen Ökonomenzunft durch und durch unterminiert worden ist. Dieser Fluch ist für die Zunft zugleich ein Segen, denn genau dies hat sie nach der Krise gerettet.

Zusammengefasst: Der akademisch-staatlich-finanzielle Komplex hatte erhebliche Folgen für das Geistesleben. Weil die Banken, Hedgefonds und Ratingagenturen allesamt den Hals aus der Schlinge ziehen konnten, konnte die Ökonomenzunft es ebenfalls.

Immunität aufgrund der neoliberalen Umstrukturierung der Universitäten

Nicht nur der umtriebige Finanzsektor bot den Wirtschaftswissenschaftlern Schutz. Ein weiterer bedeutender Faktor, der zur Unangreifbarkeit ihrer Reputation beigetragen hat, besteht in der seit den Achtzigerjahren voranschreitenden Kommerzialisierung der gesamten akademischen Forschung – ein umfangreiches Thema, das ich an anderer Stelle ausführlich behandelt habe.[77] Entscheidend für unsere Untersuchung ist, dass aus der neoliberalen Doktrin vom Markt als herausragendem Informationsprozessor, konsequent zu Ende gedacht, eine auf die Monetarisierung jedweder Form von Wissen zielende »Reform« der Universitäten folgt. Als namhafte Propheten einer solchen Reform sind seit den Achtzigerjahren vor allem Wirtschaftswissenschaftler aufgetreten. Der Gedanke gefiel akademischen Gremien und politisch Verantwortlichen so gut, dass sie neoklassische Ökonomen häufig gleich zu Universitätspräsidenten ernannten: Larry Summers in Harvard, Hugo Sonnenschein in Chicago, Harold Shapiro in Princeton, Richard Levin in Yale und einige weitere an weniger namhaften Universitäten.[78] Namentlich Summers' Berufung diente dem Ziel, eine als relativ widerspenstig und verwöhnt betrachtete Fakultät auf Marktorientierung zu trimmen.[79] Die neuen Kapitäne der Gelehrsamkeit machten sich sodann daran, die Sozial- und Geisteswissenschaften zu stutzen und die naturwissenschaftlichen

Fakultäten auszubauen, da sie als potenzielle Einnahmequelle galten. Damit einher ging jedoch der seltener bemerkte Trend, auch den Ökonomen größeres Gewicht an den Universitäten zu geben.[80]

Da Verallgemeinerungen auf diesem Gebiet zwangsläufig umstritten sind, soll nur kurz angedeutet werden, wie dies unser Thema betrifft. Betrachten wir als gegeben, dass Ökonomen mehr und strategisch wichtigere Posten an den heutigen Universitäten besetzen, und gehen wir ferner davon aus, dass deren weitreichende Umstrukturierung seit 1980 dem Imperativ einer stärkeren Ausrichtung der Forschung an wirtschaftlichen Gesichtspunkten gefolgt ist. Auch wenn der letztgültige Beweis noch aussteht, sprechen zahlreiche Indizien für eine enge Verknüpfung der beiden Trends. Die Ökonomen arbeiteten Theorien über die Vorzüge der Kommerzialisierung des Wissens aus und förderten diese praktisch, und die Universitäten stellten ihrerseits mehr Ökonomen ein, weil diese es verstanden, eine solche Kommerzialisierung schmackhaft zu machen und über die üblichen Fakultätsgrenzen hinweg umzusetzen.

Das erklärt zu einem erheblichen Teil, wieso die Ökonomen von den Universitäten nicht für ihre traurige Bilanz in puncto Krise zur Rechenschaft gezogen wurden: Als neue Experten für Humankapital und kommerziellen Erfolg haben sie sich unentbehrlich gemacht. Rakesh Khurana von der Harvard University schreibt:

> »Wie der oscar-prämierte Dokumentarfilm *Inside Job* zeigt, nehmen hochrenommierte Business Schools und Wirtschaftsfakultäten heute dieselbe Funktion ein wie die Football- und Basketballteams der Colleges: Sie sollen für die Universität und einzelne Fakultäten große Geldsummen einspielen, lösen sich aber zunehmend von den an Bildung, Geist und Gesellschaft orientierten Idealen der Universität.«[81]

Ökonomen bekleiden Schlüsselposten an Business Schools, juristischen und medizinischen Fakultäten und vertreten neben mathematischen Lehrsätzen auch kulturelle Konzeptionen. Als sie die Fühler über die Campusgrenzen ausstreckten, um ihre Kenntnisse zu Geld zu machen und sich als Hohepriester des Marktes zu verdingen, führten sie nur den anderen Fakultätsangehörigen vor, welches Verhalten vom Akademiker des 21. Jahrhunderts erwartet wird. Ihre mitunter zwielichtigen Positionen im akademisch-staatlich-finanziellen Komplex galten den

Universitätsgremien als Anlass zu Stolz und Pomp, nicht als Zeichen intellektueller Kompromittierung. Es wäre ein vollständiges Dementi des Leitbildes, dem die Universität seit 1980 gefolgt ist, würden wirtschaftswissenschaftliche Fakultäten zwecks Kostensenkung verkleinert oder geschlossen – was beispielsweise für geografische, philosophische oder astronomische Fakultäten nicht gilt. Mit anderen Worten: Sofern kein Wunder eintritt oder eine ganz anders geartete Universitätsreform beginnt, steht zu erwarten, dass die Ökonomenzunft dort weiterhin Schutz vor dem Sturm der Krise finden wird.

Die neoklassische Lehre bestreitet, dass Wissensmärkte jemals korrupt sein können

Die von *Inside Job* und vielen Kommentatoren erhobene Anklage lautet im Kern, die von der Krise offenbarten vielfältigen Interessenkonflikte in der Zunft hätten deren orthodoxe Lehrmeinung derart korrumpiert, dass man ihren Krisenanalysen keinen Glauben schenken sollte. Übersehen wurde dabei allerdings ein wichtiger Abwehrmechanismus: Der neoklassische Lehrbetrieb hat eine Gefolgschaft hervorgebracht, die schon den Begriff ›Interessenkonflikt‹ nicht nachvollziehen kann und eine Korrumpierung marktbasierter Forschung im Grunde für unmöglich hält – eine Schlinge, aus der sie den Hals ziehen müsste, vermag sie gar nicht zu erkennen.

Die Literatur über Interessenkonflikte und ihr Management an der heutigen Universität ist immens und wird täglich umfangreicher.[82] Im Zentrum steht häufig die biomedizinische Forschung, weil diese als eines der ersten Felder umfassend kommerzialisiert wurde. Tödliche Arzneimittel, der Missbrauch von Testpersonen, schlechte Medikamente und aberwitzige Ausgaben warfen die Frage auf, woher die Korrumpierung des großzügig finanzierten Forschungsbetriebs rührte. Ein finanzieller Interessenkonflikt liegt nach der landläufigen Definition dann vor, wenn pekuniäre Interessen des akademischen Forschers und/oder seiner Institution die Ergebnisse seiner Arbeit beeinflussen könnten, von der im gesamtgesellschaftlichen Kontext Unbefangenheit erwartet wird. Wie kluge Beobachter bemerkt haben, hängt bereits diese Definition von den unterstellten Zielen der Forschung ab: Sollen die biomedizinischen Labore schlicht den menschlichen Wissensbestand vergrößern, Gesundheit und Wohlbefinden der Menschen fördern – oder dem wesentlich enger gesteckten Ziel dienen, Geld zu erwirtschaften?

Interessenkonflikte auf eine feststehende Reihe von Phänomenen eingrenzen zu wollen, ähnelt dem sprichwörtlichen Hüten eines Sacks mit Flöhen – dennoch haben sich medizinische Fachzeitschriften nachdrücklich um ihre Eindämmung, staatliche Gesundheitsbehörden um rechtliche Grenzziehungen und Wissenschaftsforscher um eine Beschreibung ihrer Auswirkungen bemüht. Empirische Studien zeigen, dass Interessenkonflikte in der Biomedizin sehr verbreitet sind und, wie kaum überrascht, »dass die von der Pharmaindustrie finanzierte Forschung meist zu industriefreundlichen Ergebnissen kommt«.[83] Die Universitätsverwaltungen konzentrieren sich, vielleicht aufgrund der Allgegenwart solcher Konflikte, auf das Risikomanagement – also ihre formale Absicherung gegen die Haftbarmachung für unerwünschte Folgen – und weniger auf proaktive Versuche, Verzerrungen und Korruption in der biomedizinischen Forschung einzudämmen. Wer darin eine gewisse Verwandtschaft mit dem im Bankenwesen gepflegten Risikoverständnis entdeckt, liegt nicht ganz falsch.

Wenn die universitäre Biomedizin im institutionellen Umgang mit Interessenkonflikten den einen Pol markiert, dann besetzt der Finanzsektor den anderen. Dort gelten sie als so verbreitet, dass man sie kurzerhand ignoriert. Finanzinstitute unterliegen kaum einer rechtlichen oder moralischen Pflicht zur Vermeidung solcher Konflikte, sofern sie nicht in glattem Betrug oder einem Verstoß gegen das Verbot von Insiderhandel münden.[84] Deshalb wurde Goldman Sachs in der Öffentlichkeit scharf dafür verurteilt, praktisch gegen die eigenen Kunden gewettet zu haben – wie unter anderem im Untersuchungsausschuss des US-Senats ausführlich gezeigt wurde, hielt die Bank die von ihr verkauften besicherten Schuldverschreibungen selbst nicht für tragfähig und schloss deshalb entsprechende Kreditausfallversicherungen ab –, während man an der Wall Street nichts Ungewöhnliches oder moralisch Anstößiges darin erkennen konnte.[85] Ähnlich reagierte die Branche, als 2012 der Libor-Skandal ans Licht kam: Dass die Barclays Bank, JP Morgan und andere Institute vor Interessenkonflikten stünden, wenn sie Angaben über den Zinssatz im Interbankengeschäft machen, sei doch allgemein bekannt gewesen; wie dehnbar der Begriff von Wahrheit sein kann, schockierte die Insider nicht. Diese Haltung beruht auf dem

Gedanken, dass es Sache des Kunden ist, sich gegen die Folgen etwaiger Interessenkonflikte vertraglich abzusichern.

Ein weiterer gewichtiger Rettungsfaktor für die Ökonomenzunft bestand darin, dass ihre Grundhaltung zu Interessenkonflikten deutlich näher an der der Finanzbranche als der der universitären Biomedizin angesiedelt ist. Da Wirtschaftswissenschaftler in der Regel die Annahme teilen, dass Marktarrangements solche Konflikte prinzipiell kontrollieren, eindämmen und lösen können, halten sie sie für unbedenklich. Leser dieses Buches werden darin eine logische Folge des neoliberalen Grunddogmas erkennen, dass der Markt als Informationsprozessor jedem Menschen und jeder anderen Institution überlegen ist. Dies erklärt auch die merkwürdige Tatsache, dass das »Problem der Korruption« in orthodoxen Schriften ausschließlich im öffentlichen Sektor verortet wird. Da in der Privatwirtschaft bekanntermaßen jeder nach dem eigenen Vorteil strebt und der Markt dies in eine Förderung des Allgemeinwohls übersetzt, gibt es dort per definitionem keine Interessenkonflikte, sondern allenfalls eine laxe Durchsetzung vertraglicher Schutzklauseln. Der MPS-Ökonom Gary Becker brachte dies in seiner *Business-Week*-Kolumne wie üblich auf eine kernige Formel: »Wenn wir den Staat abschaffen, schaffen wir die Korruption ab.«[86]

Wenn neoklassische Ökonomen diese Grundprinzipien auf sich selbst anwenden, klingt das meist etwas scheinheilig. George DeMartino hat ihre gesamte Litanei von Ausreden dafür dokumentiert, warum für sie kein Ethik-Kodex gelten sollte; ich rate dem Leser dringendst, es selbst nachzulesen, wenn sein Blutdruck es gerade zulässt.[87] Nur eine Seite widmet DeMartino allerdings dem Gedanken, dass die heutige Neoklassik, besonders die »Public-Choice«-Theorie, den Ökonomen eingeimpft hat, die beste Antwort auf Interessenkonflikte biete der Markt, und soweit sie auf diesen einen Eid leisten, seien sie entlastet. Der Finanzsektor und die wirtschaftswissenschaftliche Orthodoxie sind nicht nur personell, sondern auch weltanschaulich verschmolzen.

Es sollte nun begreiflich werden, wie die Übersetzung dieser Grundprinzipien in das öffentliche Wirken von Ökonomen dazu beiträgt, sie vor dem Zorn über ihre Rolle in der Krise zu schützen. Als Propheten des Anreizes folgen sie logischerweise selbst eigennützigen Motiven, wenn sie ihre diversen Kunden bedienen, und wie sie unermüdlich erklären: Das Leben ist nichts weiter als eine Abfolge von Kosten-Nutzen-Abwägungen. Wenn sie dabei vom »öffentlichen Wohl« und

»allgemeiner Wohlfahrt« reden, meinen sie meistens nur: Der Käufer trägt das Risiko. Wenn sich irgendein ungehobelter Außenstehender, wie etwa Charles Ferguson in *Inside Job*, bei der Dokumentation ihrer falschen Prognosen an »Interessenkonflikten« stößt, reagieren sie ähnlich wie der Harvard-Ökonom John Campbell in besagtem Film – vollkommen verdutzt über die ganze Aufregung, die sie partout nicht begreifen können. (Hinzu kommt eine kaum verhohlene Arroganz: *Sparen Sie sich Ihre billige Aufwiegelei des gemeinen Volkes – wir sind Harvard.*) Ein Glaubensübertritt in letzter Minute, dunkle Nächte der Reue und Zähneknirschen sind von der Ökonomenzunft nicht zu erwarten. Und dies verstärkt wiederum ihre Neigung, unabhängig von persönlichen politischen Überzeugungen eine geschlossene Front zur Beschwichtigung der Öffentlichkeit zu bilden, die mit ihrer irrwitzigen Philosophie der Sorglosigkeit bereits vertraut ist. Zu einer besseren Antwort auf die Schmach der Krise waren sie außerstande.

Agnotologie: Im Zweifel für die Ökonomenzunft

Kommen wir auf die wichtigste »doppelte Wahrheit« zurück, die wir am Ende von Kapitel 2 angesprochen haben: Ein Hauptziel des Neoliberalen Denkkollektivs ist es, Zweifel und Unwissenheit in der Bevölkerung zu säen, fördert dies doch die »spontane Ordnung«, auf die all seine Bemühungen zielen. Das ergibt sich aus dem oben betonten Aspekt: Aus dieser Perspektive, so insistieren die Neoliberalen, ist es vollkommen legitim, dass bezahlte Experten als Apologeten der sie anheuernden Interessengruppen auftreten, denn so funktioniert der Markt der Ideen nun einmal.

Das neoliberale Wissensverständnis hat für fast alle Forschungsgebiete weitreichende Folgen, besonders aber für die heutige Ökonomenzunft. Es bildet einen faszinierenden Schnittpunkt der Geschichte des Neoliberalismus und der wirtschaftswissenschaftlichen Orthodoxie. Ganz unvermutet bot die daraus resultierende Dynamik den Ökonomen jedoch abermals Schutz.

Meine Hauptthese lautet hier und im Rest des Buches, dass die Krise einen gravierenden epistemologischen Widerspruch ans Licht befördert hat, der im Zentrum der heutigen Wirtschaftswissenschaft gärt. Um ihn zu verdecken, wurden seit 1980 neue Praktiken und Institutionen entwickelt. Dass die Wirtschaftswissenschaft in den vergangenen Dekaden zunehmend neoliberal wurde, setzen wir als gegeben voraus, um uns einer der wichtigsten Folgen dieser Entwicklung zu widmen: nämlich einer tückischen, von der Krise näher an die Oberfläche beförderten Dynamik zwischen der Ökonomenzunft und der Öffentlichkeit. Kurz gesagt: Im Kontext der Wirtschaftskrise stellt die neoliberale Theorie das Selbstbild von Wirtschaftswissenschaftlern als öffentliche Intellektuelle vor Probleme.

Der neoliberalen Weltanschauung gelten Intellektuelle als von Natur aus zweifelhafte Gestalten, eben weil sie als bezahlte Denker und Schreiber Privatinteressen dienen – darin besteht ihr unentrinnbares Schicksal als Teilnehmer am Markt der Ideen. Was die breite Masse als Wahrheit betrachten sollte, darüber entscheidet – wenigstens im Lauf der Zeit – der Markt. Darin besteht die Quintessenz der Position von Robert Barro: Wir werden bezahlt, also liegen wir richtig. Für die Ökonomenzunft ergibt sich daraus ein Problem, treibt dies doch einen Keil zwischen das *Vertrauen in die Fähigkeit von Ökonomen*, Fragen von größtem allgemeinem Interesse zu klären, und das *Vertrauen in die Fähigkeit des Marktes*, bewährtes Wissen hervorzubringen. Diese epistemische Spannung wird zum schroffen Widerspruch, sobald es um die Möglichkeit eines Zusammenbruchs des Marktes selbst geht. Stellt man sich auf den harten neoliberalen Pol des Dilemmas, dann ist das komplexe Wirken des Markts wahrhaft unergründlich, von keiner einzelnen Person durchschaubar, und die Wirtschaftswissenschaftler sind folglich verachtenswerte Scharlatane, die zu wissen vorgeben, was sie gar nicht wissen können. Aus dieser Perspektive betrachtet hat der Markt niemals wirklich versagt, auch nicht in der aktuellen Krise; vielmehr haben die Ökonomen unsere Einsicht in die für sein Funktionieren notwendigen Anpassungen vernebelt. In diesem spezifisch neoliberalen Rahmen erscheinen die Ökonomen (mit wenigen Ausnahmen) eindeutig als Teil des Problems und nicht der Lösung. Stellt man sich jedoch stattdessen auf den »moderaten« Pol des Dilemmas, dann wurde die orthodoxe Wirtschaftslehre nie grundlegend falsifiziert, weil die Mängel auf Seiten des Marktes lagen – deren Behebung nur Ökonomen anvertraut werden kann. Dies beißt sich jedoch mit der für jedermann offenkundigen Tatsache, dass die orthodoxe Zunft von der Schwere der Krise wie aus heiterem Himmel getroffen wurde und sich in ihrer Perplexität und Verwirrung auf keine Diagnose, geschweige denn geeignete Gegenmaßnahmen, einigen konnte. Schlimmer noch: Dem Ausmaß des Marktversagens scheint keine Grenze gesetzt zu sein. Es gibt folglich keinen Grund, darin nicht auch ein Versagen der Wirtschaftswissenschaft zu sehen.

Da keiner der beiden Pole des Dilemmas besonders akzeptabel ist, hat die Ökonomenzunft nach dem Crash einfach beides zugleich versucht: Geht es nach ihr, dann lautet die Lehre aus der Krise, dass die Öffentlichkeit auf die Fähigkeit *sowohl* des Marktes *als auch* der Ökonomen vertrauen soll, sie aus dem Desaster zu erretten.[88] Dieser Widerspruch, der bei nominellen Linken wie nominellen Rechten festzustellen war, führte in der Öffentlichkeit zu wachsendem Unmut über die Fachdiziplin. In Kapitel 6 dokumentieren wir, wie Teile der Zunft, vor allem durch Kooperation mit neuen Schaltstellen des öffentlichen Diskurses wie Think-Tanks, Banken und Konzernen, versucht haben, zwischen den beiden Polen des Dilemmas zu vermitteln und den Spagat dergestalt durchzuhalten. Eine Folge dieses Versuchs besteht darin, dass der heroische öffentliche Intellektuelle, zumindest auf wirtschaftswissenschaftlichem Gebiet, nicht mehr als Leuchtturm der Vernunft inmitten der Wirren des politischen Diskurses auftreten kann. Stattdessen schwanken orthodoxe Ökonomen zumeist zwischen zwei unvereinbaren Positionen, je nachdem, welche gerade die günstigere für die sie beschäftigende Institution darstellt; doch *die einzige Art und Weise, in der sie dies bewerkstelligen können, ist die Förderung von Unwissenheit in der Bevölkerung, ihrem primären Adressaten.* Bei den Think-Tanks und Unternehmen, für die sie arbeiten, ist dies häufig sogar ausdrücklich Teil der Aufgabenbeschreibung: ein postmodernes Phänomen, das als »Agnotologie« bezeichnet wird. Ob willentlich oder nicht, Ökonomen sind zur Avantgarde der Verbreitung von Unwissen in wirtschaftlichen Fragen geworden, eben weil sie sich ihrem epistemischen Dilemma nicht stellen können. Die Krise hat die Kluft zwischen dem Vertrauen auf die Ökonomen und auf den neoliberalen Markt lediglich in ein grelles Licht gerückt.

Das wichtigste Moment in der Geschichte der Krise, das zumeist vernachlässigt wird, sind solche relativ systematischen Versuche gewesen, Zweifel und Konfusion in den öffentlichen Diskurs zu pumpen: Es wurden »Erklärungen« für die Krise und ihre Nachwirkungen als Testballons losgeschickt, aber keineswegs zur Überprüfung und vernünftigen Weiterentwicklung durch andere Wirtschaftswissenschaftler oder Intellektuelle, sondern als kalkulierte Eingriffe in den öffentlichen Diskurs, um Zeit zu gewinnen und die Unterschiede zwischen Positionen zu strittigen Fragen zu verwischen – ganz ähnlich wie auch die Skeptiker des Klimawandels vorgehen. Und dies ist keine marginale Anomalie, sondern fest in der konzeptuellen Struktur der heutigen Ökonomenzunft verankert.

Der orthodoxe Wirtschaftswissenschaftler muss versuchen, sein Publikum zu Vertrauen in den Markt und zugleich in seinen Berufsstand zu bewegen. Wie gezeigt, ist er zudem eng mit dem Finanzsektor verflochten. Ältere Vorstellungen vom »öffentlichen Intellektuellen« bezogen sich auf eine Figur, die Positionen zu Fragen von großem öffentlichen Interesse erläuterte und selbst verkörperte;[89] in der postmodernen Gegenwart haben wir es nun mit dem Aufkommen und der Förderung von Intellektuellen zu tun, die bereit sind, das öffentliche Bewusstsein zu vernebeln, wodurch sie politisches Handeln weitgehend durchkreuzen und verzögern und letztlich den *Status quo ante* aufrechterhalten. Darin bestand seit Beginn der Krise eines der Ziele des Finanzsektors, und die Ökonomen stehen bei dieser Desinformationskampagne an vorderster Front.

In der Literatur über Agnotologie geht es nicht, wie manchmal fälschlicherweise angenommen, um sämtliche Formen von Unwissen und Zweifel, sondern um deren gezielte Produktion zu bestimmten politischen Zwecken.[90] Sie unterscheidet sich deutlich von der älteren Soziologie der Propaganda, die während des Kalten Krieges aus Theorien über totalitäre Gesellschaften hervorging. Während Propaganda zumeist von einer einzigen Quelle ausgesendet wird, befasst sich die Agnotologie mit einem durchweg marktbasierten, aus den Bereichen Werbung und Public Relations stammenden und eng mit Denkfabriken und Lobbyfirmen verknüpften Spektrum von Techniken. Im Kern zielen sie auf die *Instrumentalisierung* und *Beeinflussung* akademischer Disziplinen, um bei Fragen, über die kaum ein ernstzunehmender Dissens besteht, den Eindruck einer unlösbaren Kontroverse zu nähren, Außenstehenden ein vollkommen falsches Bild des Zustands orthodoxer Lehrgebäude zu vermitteln und neue Sprecher und Vermittlungskanäle für Ideen, die den hinter den Kulissen verborgenen Interessengruppen genehm sind, aufzubauen. Im Namen der »Ausgewogenheit« wird eine Inflation von Disputen angezettelt, damit der Anschein entsteht, die Forscher seien sich völlig uneins. Diese Inszenierung potemkinscher Kontroversen zielt letztendlich auf die Lähmung politischen Handelns.

Die ersten Fälle von Agnotologie betrafen naturwissenschaftliche Probleme, namentlich die politischen Auseinandersetzungen um die krebserregende Wirkung des Rauchens, Raketenabwehrsysteme im Weltraum, die Evolutionstheorie, die Wirksamkeit von Medikamenten und die Folgen des Klimawandels.[91]

Agnotologie bietet gegenüber Propaganda den Vorzug, dass ihre charakteristischen Techniken von einer Hermeneutik des Zweifels leben, sodass die Bevölkerung die komfortable Fiktion aufrechterhalten kann, nicht von den hinter den agnotologischen Initiativen verborgenen Interessengruppen manipuliert zu werden. Darin ähnelt sie Reklamestrategien, die sich die in ihrer Zielgruppe vorherrschende Überzeugung, immun gegen die Verlockungen von Werbung zu sein, zunutze machen.[92] Wie es in einem bekannt gewordenen Memo des politischen Beraters Frank Luntz an die Republikaner hieß:

> »Die wissenschaftliche Debatte ist weiter offen. Die Wähler meinen, dass über den Klimawandel kein Konsens besteht. Sollte die Öffentlichkeit zu der Überzeugung gelangen, die wissenschaftlichen Fragen seien entschieden, werden sich ihre Ansichten über den Klimawandel entsprechend ändern. Deshalb müssen Sie den Mangel an wissenschaftlicher Gewissheit weiterhin zu einem vorrangigen Thema in der Debatte machen.«[93]

Für viele mag dies wie ein schwacher Versuch klingen, zur Stärkung wissenschaftlich dubioser Positionen marginale und diskreditierte Stimmen zu überhöhen. Neuere historische Untersuchungen haben jedoch gezeigt, dass Think-Tanks auch überaus prominente Forscher, von Nobelpreisträgern bis zu Präsidenten der Nationalen Akademie der Wissenschaften, für derartige Initiativen gewinnen konnten.[94] Viele Wissenschaftler geben sich gerade aufgrund ihrer ideologischen Überzeugungen dafür her: In ihren Augen fördert die etablierte Wissenschaft unzulässige staatliche Eingriffe in den Markt – oder unterstützt politische Gegner –, und politische Gesichtspunkte sind Grund genug, den bestehenden Konsens in Zweifel zu ziehen. Es ist wichtig festzuhalten, dass sie keine Verdrehungen oder Lügen über ihre eigentlichen wissenschaftlichen Überzeugungen verbreiten, sondern sich ein anderes Verständnis von »Wahrheit« zu eigen gemacht haben. Auf die Gefahr hin, das heikle Thema der individuellen Motive heraufzubeschwören, sei nochmals die einschlägige Stelle aus Friedrich Hayeks *Die Verfassung der*

Freiheit zitiert: »Auch wenn zu irgend einer Zeit das beste Wissen, das einige besitzen, allen verfügbar gemacht würde, ist kaum anzunehmen, daß das Ergebnis eine viel bessere Gesellschaft wäre. *Wissen und Unwissen sind sehr relative Begriffe*«.[95]

Viele Ökonomen, und vielleicht sogar Leser, neigen zu der Argumentation, der agnotologischen Forschung fehle es an einem realen Gegenstand – eine gezielte Produktion und Förderung von Unwissenheit gebe es überhaupt nicht, sondern nur Menschen unterschiedlicher Meinung und ein paar Gruppen, die diese bisweilen aus eigenen Beweggründen unterstützen. Ich habe Ökonomen behaupten gehört, »Agnotologie« sei ähnlich wie »Neoliberalismus« nur ein linkes Schimpfwort. Andere gehen nicht so weit, sondern betrachten die öffentliche Konfrontation zwischen intellektuellen Schwergewichten einfach als mediale Inszenierung. Journalisten neigen leider tatsächlich dazu, eine Aussage so lange als »wahr« anzusehen, wie eine vermeintliche Autorität sich mit ihr zitieren lässt, und verwechseln Objektivität häufig mit der Darstellung »beider Seiten« in einem Disput, weshalb sie gerne Experten zum Duell bitten. Charakteristisch für die Agnotologie ist, dass sie sich diese journalistischen Neigungen zunutze macht, um über schlichte Meinungsverschiedenheiten hinaus falsche »Autoritäten« aufzubauen und vorsätzliche Täuschungen einzufädeln, damit der Eindruck entsteht, in der exklusiven Welt der Intellektuellen tobten derart viele unlösbare Kontroversen, dass der arme Durchschnittsbürger auch einfach glauben kann, was ihm beliebt. Das ist das traurige Los des heutigen Medienkonsumenten: *Die eine Studie behauptet, Rotwein sei gut für meine Gesundheit, die andere behauptet das Gegenteil! John Cochrane sagt, schuld an der Krise sei allein die Regierung, während Joseph Stiglitz alles den Banken in die Schuhe schiebt!* Die mechanische Berufung von Journalisten auf eine objektive Darstellung »beider Seiten« wird für die Öffentlichkeit zum Freifahrtschein, über Wahrheit aus dem Bauch heraus zu entscheiden – zumindest bis der Markt der Ideen sein letztinstanzliches Urteil gesprochen hat. Agnotologie zielt weniger auf die Überzeugung der Unentschiedenen als auf die Vernebelung des Bewusstseins von jedem, dem es für eine gründliche Auseinandersetzung mit den jeweiligen Argumenten an Geduld mangelt (was praktisch für alle gilt).

Verstehen wir unter Agnotologie die vorsätzliche Produktion und Förderung von Unwissen, dann hat sie sich für die Ökonomen als vierter Reiter *der Rettung* vor der Apokalypse erwiesen. Ob es um den

Klimawandel, die Erschöpfung der Ölreserven oder Fracking geht, um die Leugnung der darwinschen Evolutionstheorie, die Ablehnung von Schutzimpfungen oder die Mängel des Keynesianismus – ein historisch beispielloses Ergebnis der Großen Rezession sind deutlich verstärkte Bemühungen gewesen, in den Massenmedien Störgeräusche zu erzeugen, um die verärgerte und unruhige Bevölkerung zu verwirren. Ausgesendet werden sie großenteils, wie bereits argumentiert, von jenen Think-Tanks, die eine äußere Schicht der russischen Schachtelpuppe bilden.[96] Die dabei eingesetzten Techniken sind vielfältig: Es werden künstliche mediale Resonanzräume und potemkinsche Forschungseinheiten geschaffen, die Namen von Prominenten für halbverdeckte politische Programme kooptiert, *Astroturf*-Organisationen ins Leben gerufen und die orthodoxen Diskurse in unterschiedlichen akademischen Disziplinen falsch dargestellt.

Wie wir im nächsten Kapitel genauer zeigen werden, nimmt Agnotologie zahlreiche Formen an. Eine der wichtigsten Techniken besteht in der Finanzierung seriöser und unseriöser Forschung aus ein- und demselben Topf, um die Palette von Erklärungen für ein bestimmtes Problem zu erweitern und so die für den Auftraggeber belastenden Ursachen herunterzuspielen. Wie Robert Proctor erklärt:

> »Es ist weniger bekannt, aber Tabakunternehmen haben auch hochwertige biomedizinische Forschung auf Feldern wie Virologie, Genetik und Immunologie mit erheblichen Summen gefördert. Die Arbeit mehrerer Nobelpreisträger wurde von ihnen finanziert […]. Dies diente jedoch nur der Ablenkung. Der Gedanke dahinter war, einen Korpus von Arbeiten über mögliche nicht auf das Rauchen zurückführbare Ursachen von Krankheiten aufzubauen. In Gerichtsprozessen hoben die Anwälte der Tabakindustrie stets virale Risiken, die Prädisposition bestimmter Familien und dergleichen hervor, um die Gefahren des Rauchens kleinzureden.«[97]

Ersetzt man »Krankheit« durch »Große Rezession«, »Rauchen« durch »finanzielle Innovation« und »biomedizinisch« durch »wirtschaftswissenschaftlich«, werden die Parallelen sofort deutlich.

Man könnte meinen, agnotologische Interventionen in eine akademische Disziplin würden als unwillkommene Einmischung betrachtet; so mancher Klimaforscher zum Beispiel bedauert es heute vielleicht, dass das Neoliberale Denkkollektiv auf ihn aufmerksam wurde. Wie so oft stellt die Wirtschaftswissenschaft aber auch in dieser Hinsicht einen Sonderfall dar, denn das Korps der orthodoxen Ökonomen hat von der zunehmenden Kakofonie insofern ganz erheblich profitiert, als sie ihm Schutz vor dem Zorn der ernüchterten Bevölkerung geboten hat. Aufgrund der oben geschilderten materiellen und intellektuellen Bedingungen sehen sie in dem Strom schmutzigen Geldes und den dubiosen Umtrieben, die seit der Krise in der Zitadelle der Wirtschaftswissenschaft zu verzeichnen sind, zumeist nichts besonders Anstößiges. Kurzum: Die gezielt geförderte Unklarheit darüber, »was orthodoxe Wirtschaftswissenschaftler wirklich meinen«, hat sich als willkommene Nebelwand erwiesen, hinter der die Ökonomen vor dem aufgebracht die Mistgabeln schwingenden Volk in Deckung gehen können, während sie ihren Auftraggebern wie gehabt nach dem Munde reden.

5

Der Schock des Neuen

Haben neoklassische Ökonomen aus der Krise irgendetwas gelernt?

Wer starke Unlust verspürt, in den Nachwehen der jüngsten Krise den Ideenkorpus der neoklassischen Orthodoxie zu begutachten, hat mein volles Verständnis. Das Skelett der Lehrsätze unter die Lupe zu nehmen, die Fehltritt auf Fehltritt bewirkten, käme äußerstem Bathos, wenn nicht einer fadenscheinigen Ablenkung gleich. Jeder ernsthafte Streifzug würde rasch auf einen weiteren historischen Abriss der orthodoxen Makroökonomie hinauslaufen – ein gewaltiges Unternehmen, das besser andere durchführen sollen.[1] Hier geht es uns um etwas anderes. Da wir letztendlich die absurde Beharrungskraft der neoliberalen Weltanschauung und den Beitrag der Ökonomen zu ihr verstehen wollen, werden wir uns auf einige Aspekte der Wirtschaftstheorie konzentrieren, die im Tohuwabohu der Krise und danach bestimmte ökonomische Erkenntnisse verdunkelt haben. Dabei werden wir das im vorhergehenden Kapitel thematisierte Phänomen der »Agnotologie« weiter erforschen, welches aus dem grundlegenden inneren Widerspruch hervorgeht, dass man auf die Krisenlösungskompetenz der Wirtschaftswissenschaftler vertrauen soll und zugleich auf die Selbstheilungskräfte der Märkte. Natürlich mögen manche Ökonomen in den Wirren der globalen Krise die Orientierung verloren und Dinge gesagt haben, die sie in ruhigeren Zeiten bereuen würden. Wir haben bereits auf Leon Festingers Theorie der kognitiven Dissonanz hingewiesen; dass sich ein beträchtlicher Teil der gläubigen Ökonomen in einen Zustand der Verleugnung zurückzieht, überrascht uns folglich nicht. Ein Minimum an einfühlender Nachsicht (oder wenigstens neutraler Beobachtung) ist unerlässlich, wenn unsere Intellectual History der Krise nicht zu einer Reihe fruchtloser Entlarvungen verkommen soll.

In diesem Sinne lassen sich die Antworten von Ökonomen auf die Krise grob in drei Kategorien unterteilen. Erstens: *Die Orthodoxie lag durchweg richtig.* Es ist nichts geschehen, was die Tragfähigkeit ihrer theoretischen Grundlagen anfechten würde. Zweitens: Orthodoxe Ökonomen mögen in der jüngeren Vergangenheit einige unheilvolle theoretische Entscheidungen getroffen haben, doch die Krise hat uns ernüchtert, und *wir arbeiten hart daran, die Fehler zu korrigieren*, während wir den seriösen, zeitlosen und bewährten Elementen der Neoklassik die Treue halten. Drittens: Man sollte die neoklassische Lehre am besten vollständig aufgeben *und ausgehend von einer anderen Tradition der Wirtschaftstheorie einen Neuanfang machen.* Die erste Reaktion wurde vor allem in Kapitel 4 behandelt. Die zweite lässt sich schwieriger zusammenfassen und bildet das Thema des vorliegenden Kapitels. Die dritte ist das Projekt, dem dieses Buch als Vorarbeit dient: Sie folgt dem Gedanken, dass nur die Abkehr von der Neoklassik einen Weg eröffnet, um der zombiehaften Konsolidierung des heutigen Neoliberalismus entgegenzuwirken. Gerade weil die dritte Option eine weithin verachtete Minderheitenposition darstellt, müssen wir zunächst daran arbeiten, sie attraktiver zu machen. Um ihr den Boden zu bereiten, werden wir uns der heutigen Mehrheitsposition widmen, man solle bei der Ablehnung des Neoliberalismus nicht gleich das Kind mit dem Bade ausschütten, denn es bestehe aller Grund zu der Annahme, dass sich die neoklassische Makroökonomik in Ordnung bringen lässt und man die heutige Orthodoxie weiterführen kann. So lautet die Überzeugung vieler Vertreter der heutigen Linken – seien es John Quiggin (wie in Kapitel 1 skizziert), Joseph Stiglitz, Simon Johnson, Paul Krugman oder auch, was seltsamer erscheinen mag, das Gros der Teilnehmer an den INET-Treffen. Sie existiert in zahlreichen Varianten, und man darf erwarten, dass sie sich auf eine detaillierte Auseinandersetzung mit Aspekten der heutigen Wirtschaftstheorie stützt.

Anders als im bisherigen Verlauf dieses Buches werden wir nun einige neuere makroökonomische Auffassungen sehr eingehend erörtern. Für ein breiteres Publikum jenseits der Ökonomenzunft könnte dies deshalb von Interesse sein, weil nach dem Crash kaum ein Wirtschaftswissenschaftler ernsthaft den Gedanken in Betracht ziehen mochte, dass die vorherrschende makroökonomische Theorie durch das Zudecken von Instabilitäten im Vorfeld der Krise zu dieser beigetragen und später notwendige Korrekturen blockiert hat.[2] Dabei handelt es sich um ein unterschätztes Phänomen, wobei zur wachsenden Verwirrung noch beitrug, dass Journalisten sich von einem ausgewählten Kreis an Informanten dazu verleiten ließen, eine ganze Reihe von Irrtümern über die derzeitige Verfasstheit der Wirtschaftstheorie zu wiederholen. Diese ist schwerlich so solide wie behauptet, was abermals in direktem Zusammenhang mit den neun Leben des Neoliberalismus steht.

Das Mantra »There Is No Alternative« (TINA) hat sich als ungemein wirkungsvolle Losung aus dem Arsenal des Neoliberalismus erwiesen; wie in Kapitel 2 gezeigt, spielt Unwissenheit in seiner Theorie eine bedeutende Rolle. Da es unendlich viele Möglichkeiten gibt, die Neoklassik zu revidieren und reparieren (schließlich weist sie unendlich viele Mängel auf), erstaunt es, wie wenige in dem mit der Krise einsetzenden Diskurs darüber präsent waren, was jenseits sturen Leugnens der Probleme mit der Wirtschaftswissenschaft geschehen sollte. Man könnte auch erwarten, dass sich durch Stellungnahmen aus der Zunft das Spektrum an Vorschlägen mit der Zeit erweitern würde; doch das ist nicht geschehen. So gelangt man bei der zweiten Option zu einem erstaunlichen und überaus signifikanten Befund, der selbst erklärungsbedürftig ist: Warum sind die Bemühungen um eine »Reparatur« der Orthodoxie seit dem Crash so folgenlos geblieben?

Es gibt zumindest zwei Antworten auf diese Frage. Man könnte erstens behaupten, dass bestimmte Züge der neoklassischen Tradition eine ernsthafte Auseinandersetzung mit der Gestalt der gegenwärtigen Krise grundsätzlich ausschließen, da sie die Suche nach den wirklichen Ursachen blockieren; und zweitens, dass das Gros der Zunft eine »antrainierte Unfähigkeit« zur Entwicklung tatsächlich neuartiger theoretischer Ansätze auszeichnet. Beiden Thesen wird im vorliegenden Kapitel nachgegangen. Doch so begründet sie scheinen mögen, über die eigentümliche Rolle der Fachrichtung bei der Verstärkung der Abwehrmechanismen des Neoliberalismus geben sie wenig Aufschluss. Das verweist auf eine dritte Teilerklärung für den geringen Erfolg bei der aktuellen Rekonstruktion der orthodoxen Makroökonomie, die deren langjährige unterirdische Verbindung mit dem Neoliberalen Denkkollektiv betrifft.

Mein Vorschlag lautet, der im vorigen Kapitel erörterten Möglichkeit nachzugehen, dass während der Krise recht systematische Bemühungen zur Verbreitung von Zweifel und Konfusion im öffentlichen Diskurs zutage getreten sind: Bestimmte »Erklärungen« für die Krise und ihre Folgen sollten gar nicht ernsthaft geprüft und weiterentwickelt werden, sondern dienten allein dem Zweck, Zeit zu gewinnen und die unterschiedlichen Positionen zu strittigen Themen zu verwischen. Mit anderen Worten: Die Wirtschaftswissenschaft ist meines Erachtens insofern dem neoliberalen Drehbuch gefolgt, als sie weithin den Eindruck erweckt hat, furchtlose Ökonomen seien emsig mit der Ausarbeitung »neuer Wirtschaftstheorien« befasst, obwohl die meisten in Wirklichkeit eine Abwehrhaltung eingenommen hatten und weder orthodoxe Annahmen aufgaben noch freiwillig Fehler einräumten.

Wenn agnotologische Methoden, so der Gedanke in diesem Kapitel, in der Politik und der Biologie immer wieder festzustellen sind, warum sollte es dann unvorstellbar sein, dass man sie auch in der Wirtschaftswissenschaft findet? Viel überraschender wäre es angesichts der neoliberalen Entwicklung der Disziplin in den letzten drei Dekaden, wenn der Trend zur Agnotologie vollständig an ihr vorbeigegangen wäre. Besonders die gekonnt inszenierte Debatte zwischen treuen Anhängern der guten alten Neoklassik und Verfechtern einer behutsamen Revision der Makroökonomie bietet uns ein weiteres paradigmatisches Beispiel für belanglosen Disput und künstlich erzeugten Zweifel, der nur dem Zweck dient, die breite Bevölkerung in einem Zustand der Bewusstlosigkeit zu halten: Wenn sie den Eindruck gewinnt, dass die neoklassische Orthodoxie in puncto Krise nicht mit einer Stimme spricht, wächst ihre Skepsis gegenüber den Ökonomen, und folglich kann kein konkreter Reformvorschlag auf große Unterstützung zählen. Die Ökonomen basteln an ihren Modellen, Rom (wie Athen) brennt, und das Neoliberale Denkkollektiv wird nur noch stärker.

Die agnotologische Förderung von Unwissenheit geschieht in unterschiedlichen Größenordnungen; auf der Ebene einzelner Personen lässt sie sich viel leichter dokumentieren als beispielsweise auf der Ebene der Makroökonomie insgesamt. Nehmen wir den individuellen Fall des Joseph Stiglitz, der zur Zielscheibe eines solchen Manövers wurde. In den Jahren 2010/11 flossen erhebliche Geldbeträge in die Finanzwissenschaft, um die drohende Regulierung des Derivatemarkts abzuwenden. Viele Denkfabriken und PR-Firmen behaupteten in »Positionspapieren«, jede Einschränkung des Sektors würde desaströse Folgen haben. Eines dieser Auftragsforschungsinstitute war Keybridge Associates. Dessen Bericht fand viel Beachtung, weil er als »Berater« namhafte Wissenschaftler aufführte: zum einen Professor Stiglitz, zum anderen David Laibson von der Harvard University. Das Problem war nur, dass beide Honoratioren, als sie von dem Bericht erfuhren, sich zu einer Distanzierung genötigt sahen.[3] Keybridge hatte ihnen für andere Aufgaben einen Vorschuss gezahlt und dann einfach ihre Namen für einen Bericht, den sie normalerweise kaum gutheißen konnten, verwendet, ohne sie darüber zu informieren. War dies ein Versuch, die Positionen von Joseph Stiglitz zu beeinflussen? Keineswegs. Keybridge folgte schlicht dem agnotologischen Standardverfahren, die Öffentlichkeit über seine Ansichten zu verwirren. Dass dies nur ein Element einer umfassenden agnotologischen Offensive war, zeigte eine parallel dazu von ähnlichen Einrichtungen inszenierte *Astroturfing*-Kampagne, die dazu aufrief, sich in Briefen an die Commodities Futures Trading Commission gegen neue den Derivatemarkt betreffende Auflagen für die Banken zu wenden.[4] All dies sind reguläre Praktiken aus dem agnotologischen Drehbuch, orchestriert von Firmen, die außerhalb der akademischen Sphäre, aber nah an den politischen Entscheidungszentren angesiedelt sind. Und wenn es um die Regulierung des Derivatehandels ging, führte das große Geld das Wort, ununterbrochen.

In den vergangenen Jahren wurde eine Vielzahl ähnlicher agnotologischer Initiativen lanciert: der künstliche Wirbel um die Frage, ob staatliche Ausgabenkürzungen Wachstum hervorbringen können, die Behauptung, die nach dem Crash verlängerte Bezugsdauer von Arbeitslosengeld sei schuld an der anhaltend hohen Arbeitslosigkeit in den Vereinigten Staaten, oder auch die, das Troubled Asset Relief Program (TARP) zur Rettung des Finanzsektors sei ein Riesenerfolg gewesen und habe den Steuerzahler keinen Cent gekostet. Doch anstatt das bunte Durcheinander solcher Interventionen, die kaum einen gemeinsamen Nenner haben, detailliert zu dokumentieren, geht es in diesem Kapitel eher um die Darstellung intellektueller (In-)Aktivität auf einer allgemeinen Ebene. Zweierlei gilt es zu belegen: Erstens, dass die theoretische Substanz der in Reaktion auf die Krise vorgeschlagenen Verbesserungen der neoklassischen Makroökonomik vergleichsweise dürftig und folgenlos geblieben ist; und zweitens, dass der potemkinsche Streit zwischen den fundamentalistischen Verteidigern und den vermeintlichen Reformern der Orthodoxie Verbindungslinien zum Neoliberalen Denkkollektiv aufweist. In Kapitel 4 wurde gezeigt, dass die Ökonomenzunft auch dank eines oftmals verborgenen neoliberalen Unterstützungssystems recht unbeschadet durch die Krise gekommen ist. Das vorliegende Kapitel dreht die Kausalbeziehung um: Es soll gezeigt werden, dass die mageren Reformbemühungen in der neoklassischen Makroökonomie auch deshalb existieren, weil sie den agnotologischen Zielen der Neoliberalen entgegenkommen.

Dieser Ansatz überwindet eine falsche Dichotomie: Entweder wird der heutigen Ökonomenzunft ein orthodoxer Konsens attestiert, der so stark ist, dass sie schlechterdings jedem eine neoliberale Politik aufzuzwingen vermag, oder ihre Lehrsätze gelten als derart fragmentiert und vielfältig, dass es albern wäre zu behaupten, sie würde eine bestimmte politische Position vertreten oder zumindest fördern.[5] Übersehen wird beide Male die entscheidende Tatsache, dass die heutige politische Ökonomie das Produkt der *Interaktionen* zwischen zwei unterschiedlichen Gruppen, dem NDK und der akademischen Orthodoxie, während des letzten halben Jahrhunderts ist. Auch wenn es innerhalb der Neoklassik eine gewisse Vielfalt geben mag, hat das stärker werdende NDK die entsprechenden Ansätze auf Bonsaigröße gestutzt oder sich selbst zunutze gemacht. Leitend war dabei der Gedanke, dass ein gewisses Maß an Pseudodebatte, innerhalb enggesteckter Grenzen, allen Beteiligten Vorteile bietet.

Wie Thomas Pynchon in *Die Enden der Parabel*, einem Klassiker des 20. Jahrhunderts, schrieb: »Wem es gelingt, dir falsche Fragen einzureden, dem braucht auch vor der Antwort nicht zu bangen.« Nicht anders als die Werbung posaunen die Medien unablässig das Neue aus, während sie uns in Wirklichkeit nur dieselbe alte Klapperkiste unter einem neuen Markennamen verkaufen. So sind Ökonomenzunft und NDK zu einer symbiotischen Zusammenarbeit gelangt, deren Ergebnis lautet, dass das Wirtschaftssystem und der Finanzsektor nach der schwersten Wirtschaftskrise seit den Dreißigerjahren praktisch unverändert weiterbestehen.

»Krisenprognostik« als unnütze Ablenkung

Nach dem Ausbruch der Finanzkrise von 2008 lautete das Thema Nummer eins: Warum haben die Ökonomen es nicht kommen sehen? Laien folgten damit dem verbreiteten Missverständnis, die primäre *raison d'être* der Wirtschaftswissenschaft bestehe in Investitionsberatung, Journalisten schlicht ihrer Angewohnheit, Berufsökonomen als preisgünstige Wahrsager zu betrachten. Die Überzeugung, die Vorhersage solcher Kalamitäten sei eine berufliche Verantwortung des Ökonomen, beschwor unter der Oberfläche jedoch weitreichende und ungelöste philosophische Fragen herauf, die das Wesen der Wirtschaftswissenschaft schlechthin betreffen, wie deutlich wurde, als sich etliche Ökonomen angesichts der über sie hereinbrechenden Wasserfälle an Spott zu einer Reaktion gezwungen sahen.

Selbst Medien, die der Disziplin normalerweise mit Respekt oder gar Unterwürfigkeit begegnen, erhoben nun Anklage. *Business Week* schrieb:

> »Die Wirtschaftswissenschaftler waren größtenteils außerstande, die schlimmste Wirtschaftskrise seit den Dreißigerjahren vorherzusagen. Nun können sie sich nicht auf eine Lösung einigen. So beginnen sich die Menschen zu fragen: Wozu sind Ökonomen überhaupt gut?
>
> Gerechterweise muss gesagt werden, dass man von ihnen keine exakten Vorhersagen verlangen kann. Dafür ist die Welt schlicht zu kompliziert. Doch gemeinsam sollten die Wirtschaftswissenschaftler zur Warnung vor drohenden Gefahren in der Lage sein. Und wenn eine Katastrophe eintritt, sollten sie wissen, was zu tun ist. Ihre kühne Behauptung, sie wüssten, wie man ein Abgleiten der Wirtschaft in eine erneute Große Depression verhindern kann, ist immerhin der Grund dafür, dass man sie beachtet. Doch siebzig Jahre nach der Depression sind die Ökonomen noch immer zu keinem Konsens über die Lehren aus ihr gelangt.«[6]

Darin fand keineswegs nur die Antipathie des einfachen Bürgers einen Widerhall. Aus drei wichtigen Gründen traf der Refrain, es sei ein vollständiges Versagen der Zunft, die Krise nicht vorhergesagt zu haben, auch auf den besseren Plätzen einen Nerv. Der erste ergab sich aus dem einzigen erklärtermaßen methodologischen Text, von dem die meisten zeitgenössischen Ökonomen je gehört haben: Milton Friedmans »Methodology of Positive Economics« (1953). Dass sein Verfasser eine der Ikonen des Neoliberalismus war, fiel dabei selbstverständlich ins Gewicht. Selbst Ökonomen, die den Aufsatz nie gelesen hatten, wussten grob, dass Friedman darin erklärt hatte, nicht auf die Gültigkeit von Annahmen, sondern allein auf den Erfolg der auf sie gegründeten Prognosen komme es an. Ob dies die »authentische« oder korrekte Lesart des Textes ist, sei dahingestellt; entscheidend ist, dass Friedmans Freifahrtschein Eingang in das Handbuch für den denkfaulen Ökonomen fand, da er bei dem gelegentlichen Erfordernis, vor einem halbgebildeten Publikum den »wissenschaftlichen Charakter« der Disziplin zu verteidigen, sehr gelegen kam. Dass die Ökonomen nicht in der Lage gewesen waren, die Krise vorherzusagen, drohte somit die letzten Reste dessen zu entwerten, was in der Ausbildung des Wirtschaftswissenschaftlers von heute als Philosophie gilt, und rückte dadurch zugleich die Chicago School in ein schlechtes Licht.

Ein zweiter, quälender Grund für die Relevanz des Themas war der wenig beachtete Umstand, dass viele Ökonomen – auch in der letzten Dekade – ihren Lebensunterhalt mit Prognosen der einen oder anderen Art verdienten. Auch wenn es auf den Kommandohöhen der angesehenen akademischen Elfenbeintürme inzwischen zum guten Ton gehörte, jeden Gedanken an die Möglichkeit zutreffender Prognosen zu belächeln, lautete die schlichte Wahrheit unten in den Schützengräben, wo die meisten Ökonomen leben, dass man zwecks Broterwerb Prognostik treibt.[7]

Das Gros der alltäglichen wirtschaftswissenschaftlichen Forschung musste in eine Prognose münden, auch wenn den meisten Beteiligten klar war, dass sie kaum mehr darstellte als einen wohlklingenden Schlussakkord. Wie ein Student am MIT berichtete:

> »Bei den Leuten, mit denen ich hier geredet habe, besteht die Haltung: Wenn sie ein Modell von uns wollen, dann können wir ihnen eines geben. […] Wir setzen uns hin, denken uns ein Modell aus und spielen damit so lange herum, bis es das gewünschte empirische Ergebnis liefert, auch wenn man mühelos eines hätte schreiben können, das zu einem anderen Resultat führt. In Seminaren hieß es sogar: ›Ich habe an einem Modell gearbeitet, das das voraussagt; ich hätte natürlich auch eins schreiben können, das das Gegenteil voraussagt, aber warum sollte ich das tun?‹ Grundsätzlich kann man mit einem Modell schlechterdings alles prognostizieren.«[8]

Wer für ein Unternehmen oder die Regierung arbeitete, von dem wurde erwartet, wie am Fließband Prognosen zu produzieren, ohne mit der Wimper zu zucken. Die Federal Reserve Bank of Philadelphia erfasste regelmäßig die Vorhersagen »professioneller« Prognostiker; für das Jahr 2008 wurden die meisten wie üblich im November des Vorjahres publiziert – sie rechneten im Durchschnitt mit einem BIP-Wachstum von 2,5 Prozent und einer Arbeitslosenquote von 4,9 Prozent, obwohl der Zusammenbruch der Finanzmärkte zu diesem Zeitpunkt bereits eingesetzt hatte. Wer Ambitionen als öffentlicher Intellektueller hatte, konnte keinen Kommentar schreiben, im Fernsehen oder Radio auftreten, ohne zu irgendeiner Prognose gedrängt zu werden. Wer das ablehnte, wurde nicht mehr eingeladen – Hunderte andere standen schon bereit, willens, ihre Prognosen abzugeben. Der alltägliche öffentliche Diskurs professioneller Ökonomen drehte sich vollständig um Prognosen, was immer sie in Universitätsseminaren oder akademischen Beiträgen über deren Sinn und Zweck sagen mögen. Interessanterweise ergab eine sorgfältige Auswertung der Vorhersagen von Wirtschaftswissenschaftlern bereits vor der Krise eine recht traurige Bilanz:

- Die Prognosen von Ökonomen sind im Durchschnitt so zuverlässig wie uninformiertes Raten. Prognosen des Beraterstabs der US-Regierung, des Fed-Vorstands und der Haushaltsbehörde des US-Kongresses waren oftmals noch schlechter als willkürliche Schätzungen.
- Ökonomen haben wiederholt unter Beweis gestellt, dass sie wirtschaftliche Wendepunkte nicht vorhersagen können.
- Es gibt keine Prognostiker, die durchweg richtiger liegen.
- Es gibt keinen Prognostiker, der bei einer bestimmten statistischen Größe durchweg die besseren Vorhersagen macht.
- Konsensfähige Prognosen sind nicht treffsicherer (auch wenn die Presse sie liebt – so viel zur Weisheit der Vielen).
- Zu guter Letzt gibt es keine Belege für eine Verbesserung der Wirtschaftsprognostik in den letzten Dekaden.[9]

Da diese ausgesprochen triste Realität weithin bekannt war, hätte es eigentlich keine solche Bestürzung auslösen dürfen, dass die Ökonomen die heraufziehende Krise übersehen hatten. Diese machte der Laienöffentlichkeit allerdings die fatale Tatsache einer *tendenziösen Orientierung* der Wirtschaftswissenschaft bewusst, die die Vorhersage eines globalen Zusammenbruchs des Systems, wie er von 2008 bis 2011 die Welt in Atem hielt, gar nicht zulässt. Was die Kundschaft zu kaufen meinte – neutrale Aufklärung über die nähere Zukunft, eine Art Frühwarnsystem –, entsprach schwerlich dem, was die Ökonomen tatsächlich boten.

Das führt uns zur dritten Büchse der Pandora, die durch die Schmach der Fehlprognosen geöffnet wurde. Wir können festhalten, dass die orthodoxe Makroökonomik seit den Achtzigerjahren eine Obsession für das Thema Prognostik entwickelt hatte. Während frühere Modelle des amerikanischen Keynesianismus historisch orientiert waren, schwenkten sowohl die orthodoxe Finanztheorie als auch die neue Makroökonomik auf die neoklassische Position ein, man solle die Vergangenheit auf sich beruhen lassen, sodass man seit dem Aufkommen der »permanenten Einkommenshypothese« beharrlich davon ausging, dass alle relevanten Entscheidungen auf den Zukunftserwartungen der Akteure basierten. Mehr noch: Laut der Theorie der rationalen Erwartungen und den späteren »dynamischen stochastischen allgemeinen Gleichgewichtsmodellen« kamen diese Erwartungen durch eben jene neoklassischen Modelle und ökonometrischen Methoden zustande, die die Orthodoxie selbst pflegte. Somit setzte sie die Vorhersagen des Ökonomen mit denen des Akteurs in eins und erhob dies zu einem Leitmotiv der modernen Wirtschaftstheorie. Gegen diesen gewagten theoretischen Schachzug hatten sich zwar immer gewisse Widerstandsnester behauptet, aber erst mit der Krise brachen die Zweifel daran offen hervor, sprach sie doch entschieden dagegen, dass sich die Akteure in ihren Erwartungen wie Klone der »rationalen« Ökonomen verhalten sollten. Wenn auch unbeabsichtigt, kratzte der Aufschrei über die Falschprognosen einige vergessene und verdrängte Wunden in der Philosophie des »rationalen Wirtschaftssubjekts« auf. Das erklärt vielleicht, warum die Journalisten unmittelbar nach dem Finanzcrash so eifrig die Wortführer der Theorie der rationalen Erwartungen anklagten.

Der Vorwurf prognostischen Versagens wog schwer genug, um die Wirtschaftswissenschaftler von ihrer üblichen Gleichgültigkeit zu Entrüstung zu bewegen, wie an ihren vollkommen schizophrenen Reaktionen ablesbar war: Während die einen ihre Profession mit Verweis auf die spärlichen treffenden Prognosen einiger weniger rechtfertigten, erklärten die anderen genauso hartnäckig, redliche Ökonomen hätten ohnehin nie die Fähigkeit zur Vorhersage wirtschaftlicher Entwicklungen beansprucht. Dies war abermals exemplarisch für die Neigung der Zunft, in Reaktion auf Verleumdungen gleichzeitig A und Nicht-A zu behaupten.

Die Suche nach »erfolgreichen Prognostikern« wurde von Journalisten eingeläutet. So betonte etwa der *Economist* (dessen Vorhaltungen die Ökonomen in der Regel eher beachteten, weil er zugleich mögliche Entschuldigungen anführte und den kursierenden Anklagen bescheinigte, sie gingen »zu weit«), manche Ökonomen hätten sehr wohl Warnungen abgegeben, und nannte als Beispiele Robert Shiller, Nouriel Roubini und »das Team der Bank für Internationalen Zahlungsausgleich«.[10] Das war der Startschuss für die alberne Ernennung unterschiedlichster Ökonomen zu legitimen Propheten und verkannten Wahrsagern, so als könne die Weitsicht der wenigen die Begriffsstutzigkeit der vielen wettmachen. Eine bunte Parade von Wirtschaftswissenschaftlern, die nicht nur der Orthodoxie entstammten, sondern vom Paläolibertären bis zum linken Postkeynesianer das gesamte politische Spektrum abdeckten, schaltete sich sodann in recht dreister Weise mit der Behauptung ein, sie selbst hätten die Krise in irgendeiner Weise vorausgesehen.[11] Schlimmer noch, im allgemeinen Gedränge begann sich jegliche Definition des Gegenstands der Prognose zu verflüchtigen. Schlechterdings jeder, der irgendwann in den Nullerjahren irgendetwas über irgendeine Art von Blase, Ungleichgewicht oder finanzielle Instabilität gesagt oder geschrieben hatte, beanspruchte nun plötzlich den Rang eines mit exquisiten Weissagungen befassten Orakels von Delphi. Namentlich einige Nobelpreisträger strapazierten diesen Trick über alle Maßen, indem sie die Prognostik im eigentlichen Sinne ausklammerten und stattdessen jeden Urheber eines mathematischen Modells, in dem ein Ansturm auf die Banken oder ein Finanzbetrug, irrationale Erwartungen, Schuldendeflation oder beliebige andere Themen vorkamen, als schlagenden Beweis dafür anführten, dass die Ökonomenzunft mitnichten von den Ereignissen überrascht worden sei.[12]

Die unausgesprochene Lektion lautete natürlich, dass schlechterdings niemand, der die Goldene Mitgliedskarte einer Eliteuniversität besaß und die »führenden Zeitschriften« als offenbarte Lehre anerkannte, kalt erwischt worden war. Das gesamte Unternehmen, die auserwählten Propheten unter den Wirtschaftswissenschaftlern ausfindig zu machen, lief schnell aus dem Ruder, weil es offenkundig verlogen war und bis zur Unkenntlichkeit entstellte, was »erfolgreiche Prognostik« überhaupt bedeutet. Im Zuge einer Art Reformationsbewegung durfte nunmehr jeder die Offenbarte Schrift – die führenden Zeitschriften – und die Omen der Krise nach Gutdünken auslegen und bekam Absolution erteilt, solange er einen Treueschwur auf die einzig wahre Neoklassik leistete.

Allerdings war dies nicht die einzige Reaktion auf den Vorwurf prognostischen Versagens. Es bildete sich auch eine Gegenreformationsbewegung, bestehend vor allem aus jenen Vertretern der Disziplin, die am meisten Prügel von den Journalisten bezogen: den Wortführern der makroökonomischen Theorie der rationalen Erwartungen. Inmitten des Krisengewitters scheuten sich auch Zeitschriften wie *Business Week* und *Economist* nicht, Namen zu nennen: »Diesem Lager ist Robert Barro von der Harvard University ebenso zuzurechnen wie Robert E. Lucas (Chicago University), Edward C. Prescott (Arizona State University) sowie Patrick J. Kehoe und V. V. Chari (University of Minnesota).«[13] Willem Buiter setzte mit einer Breitseite nach:

> »Die meisten theoretischen Innovationen der etablierten Makroökonomie (verbunden mit Namen wie Robert E. Lucas, Edward Prescott, Thomas Sargent, Robert Barro etc. sowie den neukeynesianischen Theorien von Michael Woodford und vielen anderen) haben sich bestenfalls als selbstreferenzielle, nach innen gerichtete Ablenkungen erwiesen. Die Forschung folgte innerer Logik, bereits investiertem geistigen Kapital und den kunstvollen Denksportaufgaben der gängigen Forschungsprogramme, nicht aber dem Drang, die Funktionsweise der Wirtschaft zu verstehen [...]. Die offenkundige Widerlegung der Effizienzmarkthypothese durch etliche wichtige Anlagemärkte war für praktisch jeden offenkundig, dessen Auffassungsgabe nicht durch das heutige angloamerikanische Promotionsstudium verbogen wurde.«[14]

Der Wortführer der Gegenreformation, Robert Lucas, antwortete postwendend im *Economist*, die Kritiker würden einen Maßstab anlegen, dem die Ökonomen laut ihren eigenen Theorien gar nicht gerecht werden könnten. Mit anderen Worten: Die Wirtschaftswissenschaft lehrt uns, dass Ökonomen niemals gute Prognostiker sein werden. Wie Lucas ausführte:

> »Was wir in Zukunft so wenig haben werden wie heute, sind Modelle, mit denen sich ein plötzlicher Einbruch finanzieller Vermögenswerte, wie er nach der Pleite von Lehman Brothers im September eintrat, vorhersagen lässt. Das ist keine Neuigkeit. Es ist seit mehr als vierzig Jahren bekannt und eine der Hauptimplikationen von Eugene Famas ›Effizienzmarkthypothese‹, die besagt, dass der Preis eines finanziellen Anlagepostens alle relevanten, allgemein verfügbaren Informationen enthält. Hätte ein Ökonom eine Formel, mit der sich Krisen beispielsweise eine Woche im Voraus zuverlässig vorhersagen ließen, dann würde diese Formel Teil der allgemein zugänglichen Informationen, und die Preise würden eine Woche früher fallen [...]. Als Beispiel für ein makroökonomisches Versagen werden im Bericht des *Economist* auch die ›beruhigenden‹ Simulationen angeführt, die Frederic Mishkin, da-

mals Vorstandsmitglied der Federal Reserve, im Sommer 2007 vorlegte. Der Vorwurf lautet, das FRB/US-Prognosemodell der Fed habe dabei versagt, die Ereignisse des September 2008 vorherzusagen. Die Simulationen wurden jedoch nicht als Versicherung präsentiert, dass keine Krise eintreten werde, sondern als Prognose darüber, was unter der Bedingung des Ausbleibens einer Krise zu erwarten ist.«[15]

Offensichtlich hätte man laut der Gegenreformation von den Wirtschaftswissenschaftlern nie erwarten dürfen, das große Ungemach vorherzusagen – dafür ist allein der Markt zuständig, der großartigste Informationsprozessor in der Geschichte der Menschheit. Ihr Zuschauer auf den billigen Plätzen, so der Tenor, versteht überhaupt nicht den Sinn der »Modelle«, die wir euch präsentieren: Unsere »Prognosen« gelten nur in ganz bestimmten Situationen, die denen ähneln, für die das Modell konstruiert wurde. *Caveat emptor.*

Die Gegenreformationsbewegung versteifte sich rasch auf die Linie, die Krise habe die orthodoxe Effizienzmarkthypothese durchaus bestätigt. Sehr deutlich zeigen dies die bereits im vorigen Kapitel erwähnten Interviews, die John Cassidy für den *New Yorker* mit Chicagoer Wirtschaftswissenschaftlern führte:

Ich fragte Fama, wie es seiner Ansicht der Theorie ergangen sei, nach der die Preise finanzieller Anlageposten alle verfügbaren Informationen über ökonomische Grunddaten korrekt abbilden.

Eugene Fama: Ich denke, sie hat sich in dieser Episode recht gut behauptet. Vor und während einer Rezession sinken Aktienpreise gewöhnlich. Die Rezession war diesmal besonders schwer. Die Preise begannen zu sinken, bevor man erkannte, dass es eine Rezession war, und sanken danach weiter. Daran war nichts ungewöhnlich. Genau das sollte man erwarten, wenn die Märkte effizient sind.

Viele Leute würden argumentieren, dass eine Ineffizienz in diesem Fall vor allem auf den Kreditmärkten, nicht dem Aktienmarkt, bestand – dass es eine Kreditblase gab, die größer wurde und schließlich platzte.

Ich weiß nicht mal, was das heißen soll. Wer einen Kredit aufnimmt, muss ihn irgendwoher bekommen. Heißt »Kreditblase«, dass in einer solchen Phase zu viel gespart wird? Ich weiß überhaupt nicht, was eine Kreditblase sein soll. Ich weiß nicht einmal, was eine Blase sein soll. Solche Wörter sind heute beliebt, aber meines Erachtens haben sie keine Bedeutung …

Zurück zur Effizienzmarkthypothese. Sie meinten vorhin, sie hätte sich in dieser Episode recht gut behauptet. Andere meinen, der Markt funktioniere vielleicht gut bei der relativen Preisbildung – also einer Aktie im Verhältnis zu einer anderen –, aber sehr schlecht bei der Bildung absoluter Preise, also dem Niveau des Marktes insgesamt. Was sagen Sie dazu?
Manche Leute behaupten das. Ich weiß nicht, auf welcher Grundlage. Wenn sie es wissen, müssten sie reich sein. Wie könnte man besser Geld verdienen, als wenn man das absolute Preisniveau exakt kennt?
Sie meinen also immer noch, dass der Markt auch auf der Gesamtebene hocheffizient ist?
Ja. Und falls er es nicht ist, könnte man das unmöglich wissen.[16]

Ähnlich äußerte sich John Cochrane vom neoliberalen Cato Institute:

In den Vereinigten Staaten hatten wir in zehn Jahren zwei riesige Spekulationsblasen. Wie sollte das mit der Effizienzmarkthypothese vereinbar sein?
John Cochrane: Schön, dann definieren Sie mir mal, was »Blasen« sind. Darauf warte ich seit zwanzig Jahren.[17]

Erinnert man sich, wie die Seeker reagierten, als die fliegenden Untertassen sie im Stich gelassen hatten, dann beginnt man zu ahnen, dass die Klage über das Unvermögen der Ökonomen zur Krisenprognose an deren Geisteshaltung nichts ändern wird.[18]

Vergebliche Versuche, das Scheunentor zu schließen, nachdem die Pferde durchgegangen sind

Im Gegensatz zur vollständigen Leugnung eines John Cochrane, Eugene Fama, John Taylor oder Robert Lucas waren viele neoklassische Wirtschaftswissenschaftler von der Krise so überraschend und hart getroffen worden, dass sie einen gewissen Reformbedarf der orthodoxen Theorie einräumten.[19] Ihnen war bewusst, dass sture Unnachgiebigkeit in der Öffentlichkeit keinen guten Eindruck machen würde. Wenn Journalisten sie um Aufklärung über die zu revidierenden Aspekte der Orthodoxie baten, nutzten sie als gewiefte Ökonomen deshalb die Gelegenheit zur Werbung für Forschungsstränge, an denen sie ohnehin gearbeitet hatten. Obwohl diesbezüglich viele Optionen bestanden, wurden nur wenige häufiger genannt, näher ausgeführt und der Öffentlichkeit nahegebracht. Als veritable Paladine der Erlösung setzten sich nur drei durch: In absteigender Ambitioniertheit genannt waren dies erstens die Verhaltensökonomie, zweitens die Ablehnung der Effizienzmarkthypothese und drittens die Reparatur der makroökonomischen Modelle des dynamischen stochastischen allgemeinen Gleichgewichts. Alle drei wurden eigenartigerweise ausgiebig in der Blogosphäre, populärwissenschaftlichen Büchern sowie Zeitungen und Zeitschriften diskutiert; waren sie für ein Verständnis der Krise doch vollkommen belanglos. Ihre hypnotisierende Kraft und gleichzeitige Folgenlosigkeit rechtfertigen es zusammengenommen, sie im vorliegenden Kapitel unter die Lupe zu nehmen. Um noch einmal auf die wiederholt unterstrichene Bedeutung der Agnotologie zurückzukommen: Es erfordert eine gewisse Mühe und Beharrlichkeit, nachzuvollziehen, wie die Bevölkerung hinters Licht geführt wurde. Wer Aufklärung über das Debakel suchte, wurde dazu verleitet, seine Zeit mit Theorien zu vertrödeln, die letztlich nur von den tieferen strukturellen Ursachen der Krise ablenken. Daron Acemoğlus seltsame Behauptung, die Krise habe »die Vitalität der Wirtschaftswissenschaft gesteigert«, war gelinde gesagt voreilig.[20]

1) Ein bisschen Irrationalität schadet nichts: Paradoxien des Abschieds von der wirtschaftswissenschaftlichen »Rationalität«

In den Annalen der Wirtschaftsgeschichte stößt man häufig auf das Phänomen, dass nach schweren Finanzkrisen eine gewisse Schwäche des menschlichen Erkenntnisvermögens beklagt und das pekuniäre Desaster auf einen endemischen »Wahn der Vielen« zurückgeführt wird.[21] In der heutigen neoliberalen Ära, in der häufig verzückt eine »Weisheit der Vielen« beschworen wird, bietet ein solches Beharren auf der geistigen Beschränktheit des einfachen Bürgers zudem eine bequeme Möglichkeit zur Bekundung von Dissens. Unter Ausklammerung struktureller Erklärungen lassen sich dadurch alle handfesten Probleme auf »falsche Entscheidungen« und in letzter Instanz auf moralische oder charakterliche Mängel bestimmter Personen zurückführen. Insofern überrascht es nicht, dass eine unmittelbare Reaktion auf die Krise von 2008 in der Behauptung bestand, ein Ausbruch von irrationalem Überschwang sei für den Schlamassel verantwortlich.

Allerdings lag der Wahn häufig im Auge des Betrachters selbst. In der orthodoxen Wirtschaftslehre ist der Begriff »Rationalität« sehr eng und eigentümlich ausgelegt worden: als Maximierung einer Einschränkungen unterliegenden Nutzenfunktion durch einen kognitiv schwachen und emotionslosen »Akteur«. Dieser unbefriedigende Rationalitätsbegriff war seit den Siebzigerjahren des 19. Jahrhunderts inner- wie außerhalb der Disziplin beständig kritisiert worden, wogegen sich im Lauf der Jahrzehnte wiederum zahlreiche Verteidigungslinien entwickelten, die solche Einwände angeblich berücksichtigten. Praktisch bedeutete die Ablehnung von »Rationalität« innerhalb der Orthodoxie, an der Nutzenfunktion und/oder ihrer Maximierung herumzubasteln. Die jüngsten Kompromissversuche stammen aus den Neunzigerjahren des 20. Jahrhunderts: Die sogenannte Verhaltensökonomik übernahm ein paar Elemente aus kleineren Teilgebieten der Psychologie (vor allem der Entscheidungstheorie), behielt den theoretischen Grundrahmen der Nutzenmaximierung aber bei. Psychologen sahen darin eher einen Versuch, die bisherige neoklassische Lehre zu retten, als eine Erforschung realer Denkprozesse in freier Wildbahn; doch die Ökonomen ignorierten sie.[22] Diese vermeintliche »Anreicherung« eines eher schlichten Rationalitätsbegriffs war vor der Krise sogar bis in die Finanzwissenschaft vorgedrungen; ihr prominentester Anwalt in jener Zeit der Unschuld war Larry Summers, was ein Hinweis darauf sein könnte, dass sich ihr revolutionäres Potenzial doch eher in Grenzen hielt. In der Finanzwissenschaft nährte die verhaltensökonomische Neuerung vor allem Modelle, die auf einer Zwei-Klassen-Welt basieren: Demnach gibt es (a) dumme Leute, freundlicher *noise trader* genannt, die auf den Finanzmärkten bestimmte Funktionen erfüllen (Liquidität, Abschwächung der Reaktionen auf Schocks), damit die (b) neoklassischen »rationalen« Akteure die von der bisherigen orthodoxen Theorie diktierten »eigentlichen« oder »fundamentalen« Werte einfacher ermitteln können. Nichts daran widerspricht dem orthodoxen Grundmodell substanziell. Wie Franck Jovanovic zusammenfasst: »Eine einheitliche verhaltensökonomische Finanztheorie existiert bis heute nicht.«[23]

Als die Krise ausbrach, warfen Journalisten erwartungsgemäß der Wall Street irrationales Verhalten (im lockeren, umgangssprachlichen Sinn) und der Wirtschaftswissenschaft ein Übermaß an Vertrauen in die Rationalität der Akteure vor. Einige Ökonomen wie Robert Shiller und Robert Frank, die vor dem Crash als lautstarke Verfechter verhaltensökonomischer Ansätze aufgetreten waren, sprangen mit Gastkommentaren auf den Zug auf, in denen sie angeborenen kognitiven Schwächen der Marktteilnehmer praktisch die gesamte Schuld an der Krise gaben.[24] Diese Linie verfestigte sich mit der Publikation von George Akerlofs und Robert Shillers Buch *Animal Spirits*: In völliger Missachtung der Geschichte der Wirtschafstheorie »reduzieren« sie darin die Botschaft von Keynes' *Allgemeiner Theorie* auf die These, dass Menschen bisweilen etwas irrational werden, was das System aus dem von der Neoklassik proklamierten vollen Gleichgewicht bringe.[25] Wie Akerlof und Shiller erläutern:

> »Die Vorstellung, dass Wirtschaftskrisen in erster Linie von einem Wandel der Denkmuster verursacht werden, ist dem gängigen ökonomischen Denken eher fremd. Die derzeitige Finanz- und Immobilienkrise bezeugt jedoch, dass solche mentalen Wandlungen eine Rolle spielen. Denn tatsächlich wurde die Krise durch nicht greifbare Veränderungen in den Köpfen der Menschen ausgelöst, durch die Flüchtigkeit des Vertrauens, durch Sehnsüchte, Neidgefühle, Verstimmungen und Illusionen [...]. Nach Keynes' Auffassung sind die *Animal Spirits* die wichtigste Ursache für Schwankungen der Konjunktur und für unfreiwillige Arbeitslosigkeit.«[26]

Die wenigen Journalisten, die das Buch tatsächlich lasen, bemerkten allerdings als Erstes, dass es, da großenteils vor 2008 geschrieben, kaum etwas von Belang über die aktuelle Krise enthält, und begannen enttäuscht an seiner Relevanz zu zweifeln. Zweitens stellten sie fest, dass es allerhand hochtrabende Behauptungen aufstellt, aber sehr wenig über kausale Mechanismen sagt. *Animal Spirits* erschöpft sich letztlich in altbekannter neoklassischer Kesselflickerei: Die Nutzenfunktion wird zeitlich dynamisch gefasst und »Vertrauen« getauft (während man in Chicago von einem »zeitlich variablen Diskontsatz« spricht), es wird auf starre Löhne und Preise verwiesen, deren Grund in der »Geldillusion« und Gerechtigkeitsstreben liege (von Neoliberalen »Neid« genannt), und ferner behauptet, in langen Wachstumsphasen nehme die Korruption zu (wie vom Chicagoer Theoretiker Gary Becker in seinem »Rational-Choice-Ansatz zur Erklärung kriminellen Verhaltens« dargelegt). Weit entfernt von einer mutigen Expedition freigeistiger, von alten Dogmen unbeschwerter Wirtschaftswissenschaftler in das unerforschte Dickicht realer Psychologie, folgt das Buch nur dem altbekannten Trick, an der »normalen« Nutzenfunktion herumzubasteln, bis das gewünschte Ergebnis herauskommt; hinter der großspurig verkündeten dramatischen Abweichung von der vorherrschenden Wirtschaftstheorie blieb es weit zurück.

Diese beliebige Formbarkeit der Nutzenfunktion rief einen Einwand hervor, der in der methodologischen Literatur seit Langem diskutiert wird: Ist »Irrationalität« im neoklassischen Wortschatz nicht ein Oxymoron, da sie, sobald man sie in der Nutzenfunktion formalisiert, faktisch Teil einer verdrehten Form von Metarationalität wird?[27] Richard Posner, ein ausgesprochen scharfsinniger konservativer Kritiker, machte dies in einer Rezension von *Animal Spirits* geltend.[28] In ihrer philosophisch dürftigen Replik zeigten sich Akerlof und Shiller außerstande, dieser Schwäche ins Auge zu sehen:

> »Wenn Posner argumentiert, es lasse sich nicht immer ohne Weiteres ausschließen, dass Menschen rational handeln – selbst wenn sie dies scheinbar nicht tun –, hat er natürlich Recht, denn dies haben auch die meisten akademischen Ökonomen vertreten. Eine solche Theorie, wonach Menschen ökonomisch vollkommen rational sind, lässt sich schwer widerlegen, weil sie recht unscharf ist: Welche Ziele Menschen verfolgen und über welche Informationen sie wirklich verfügen, gibt sie nicht näher an.«[29]

Dass Verhaltensökonomen am Problem der »Irrationalität« irre werden, erklärt sich aus ihrer Vermengung dieses ungemein komplexen Phänomens mit jeder noch so geringen Abweichung vom hyperrigiden Konstrukt einer reinen, deterministisch gefassten Maximierung der »normalen«, eigenständigen und invarianten Nutzenfunktion. Stillschweigend fassten Akerlof und Shiller den »irrationalen Überschwang« in einem rationalistischen Rahmen. Auch nach zwei Jahrzehnten hat die verhaltensökonomische Forschung keine Einigkeit über systematische Revisionen der *Mikroökonomie* erzielt, von der Makroökonomie ganz zu schweigen. Vielleicht schlimmer noch: Auch die übliche sadomasochistische Ausrede, durch schmerzhafte Verluste würden Individuen lernen, sich wie neoliberale Akteure zu benehmen, läuft ins Leere, denn »es existiert nahezu kein empirischer Beleg dafür, dass Individuen, die von ökonomischen Axiomen innerer Konsistenz abweichen […], tatsächlich wirtschaftlichen Schaden erleiden«.[30] Und wieso sollte man jenseits von Wunschdenken überhaupt meinen, der richtige Zugang zu einer makroökonomischen Krise eröffne sich durch ein willkürliches Bündel populärpsychologischer Kategorien? Erneut mussten Akerlof und Shiller zugeben, dass Posner sie dabei ertappt hatte, wie sie das Kaninchen in den Zylinder steckten:

»Posner macht die interessante Bemerkung, dass auch die meisten Verhaltensökonomen – die sich mit der Anwendung von Psychologie auf die Wirtschaft befassen – die Krise nicht vorhergesagt haben. Wir würden es etwas anders formulieren: Nur sehr wenige Verhaltensökonomen haben in der Öffentlichkeit nachdrücklich vor einer bevorstehenden Krise gewarnt. Der Grund dafür ist, dass nur sehr wenige Verhaltensökonomen überhaupt auf Makroökonomie spezialisiert sind, weshalb praktisch keiner von ihnen das Risiko einer definitiven Prognose eingehen mochte.«[31]

Der Einwand, gäbe es nur mehr Anhänger der Verhaltensökonomie, dann hätte sie mehr von ihren Versprechen eingelöst, ist kaum ein zwingender Grund für Begeisterung über diese Forschungsrichtung. Akerlof und Shiller mochten nicht eingestehen, dass sie keinerlei überzeugende theoretische Begründung dafür geliefert hatten, warum die Verhaltensökonomie mit Blick auf die Krise überhaupt von Belang sein sollte. Wie sie zum Beispiel das Aufkommen von Kreditausfallversicherungen und des Schattenbankensektors oder den Niedergang des herstellenden Gewerbes erhellen sollte, blieb völlig unklar. Und sosehr Akerlof und Shiller auch beteuerten, politisch in diametralem Gegensatz zu Neoliberalen wie Reagan und Bush zu stehen – worauf lief ihre Deutung der »animal spirits« denn sonst hinaus, wenn nicht darauf, die Schuld an der Rezession kurzerhand den Leidtragenden zu geben? Shiller hatte in früheren Büchern zwar tatsächlich ein potenzielles Problem in der Immobilienblase ausgemacht, seine »Lösungen« bestanden jedoch stets in noch obskureren Derivaten sowie darin, mehr Menschen tiefer denn je in die Finanzkreisläufe der Wall Street hineinzuziehen.[32] In *Märkte für Menschen*, einer ungenierten Apologie der Tricksereien des Finanzsektors, bekannte er schließlich politisch Farbe: Sein dort bekundeter Glaube an den Markt als Universallösung steht dem des glühendsten Reagan-Anhängers in nichts nach.[33]

Als einige Wirtschaftswissenschaftler darüber spekulierten, ob die Orthodoxie infolge der Krise einer »realistischeren« Verhaltensökonomie Platz machen würde, war dies somit vor allem ein Symptom des allgemeinen Unwillens, sich von den konventionellen Denkmustern zu lösen.[34] Hätte sich jemand die Mühe gemacht, die Schriften der Vordenker der verhaltensökonomischen »Bewegung« tatsächlich zu lesen, wäre schnell deutlich geworden, dass sie die Orthodoxie gar nicht abzulösen gedachten. Andrew Lo zum Beispiel hatte 2005, zu einem sehr unglücklichen Zeitpunkt, die Befunde der verhaltensökonomischen Finanztheorie mit der Effizienzmarkthypothese zu vermitteln versucht. Und die Komplexität der menschlichen Seele ist den meisten Verhaltensökonomen vollkommen gleich.[35] Aus ihrer Geringschätzung der akademischen Psychologie machen sie gar keinen Hehl:

> »Ich denke, wir sind um sparsame, strenge theoretische Erklärungen bemüht; das unterscheidet uns von den Psychologen [...]. Ökonomen wollen eine Theorie, die eine in sich geschlossene Erklärung für diese ›widersprüchlichen‹ Resultate bietet, während Psychologen viel eher bereit sind, zwei unterschiedliche Theorien dafür zu akzeptieren [...]. Das Argument, alles sei kontextabhängig, behagt mir nicht. Es ist vollkommen unbegründet. In dieser Hinsicht scheint mir die starke theoretische Emphase der Wirtschaftswissenschaft und unser Drang nach einheitlichen Erklärungen ungleich besser. Das unterscheidet uns deutlich von Biologen und Psychologen und gibt uns einen normativen Anker.«[36]

Fragt man Verhaltensökonomen, was all das Herumtüfteln an den konventionellen neoklassischen Nutzenfunktionen bewirken soll, erhält man die unmissverständliche Antwort, dass die Verhaltensökonomie »nicht auf einen grundlegenden Paradigmenwechsel in unserer Disziplin abzielt, sondern eher eine natürliche Erweiterung des Felds der Wirtschaftswissenschaft darstellt [...]. [Sie] baut auf der Prämisse auf, dass nicht nur die etablierten *Methoden* der Wirtschaftswissenschaft, sondern auch ihre *Annahmen* hervorragend sind.«[37]

Woher also rührte der verbreitete Eindruck, die Verhaltensökonomie könne uns hinsichtlich der Krise von den bisherigen Irrtümern der Orthodoxie erlösen? Schuld an ihm waren einerseits eine Handvoll prominente Wirtschaftswissenschaftler wie Shiller, Akerlof, Krugman und Lo, deren verhaltensökonomische Reputation innerhalb der Disziplin nicht gerade die beste ist, aber auch zahllose Journalisten, die meinten, wenn die Ökonomen nur ihre »Rational-Choice-Theorien« aufgeben würden, würden sich alle Fragen klären. Dieser Trend wurde so schlimm, dass zwei redliche Verhaltensökonomen sich genötigt sahen, in einem Beitrag für die *New York Times* jede Zuständigkeit für die Krise zurückzuweisen:

> »Jede Woche erscheint offenbar ein Buch oder ein langer Zeitungsartikel, in dem gezeigt wird, dass irrationale Entscheidungen zur Immobilienblase beigetragen haben [...]. Es wird deutlich, dass von der Verhaltensökonomie Lösungen für Probleme erwartet werden, für die sie gar nicht geschaffen wurde [...]. Die Verhaltensökonomie sollte die stichhaltigeren Beiträge der traditionellen Wirtschaftswissenschaft ergänzen, nicht ersetzen.«[38]

Schlussendlich begriffen dies auch klügere Journalisten: »Verhaltensökonomen und andere Kritiker haben das Theoriegebäude der rationalen Finanzmärkte zwar an vielen Stellen durchlöchert, waren aber nicht bereit, es zu verlassen.«[39] Es ist nicht einmal klar, ob sie auch nur bereit waren, einen Blick aus dem Fenster zu werfen. Der primäre Vorzug der Verhaltensökonomie bestand in dem erbaulichen Gefühl, man habe seine wirtschaftswissenschaftliche Linie geändert – ohne dass man wirklich von seinem Denken oder auch nur von seinen Modellen abweichen musste. Genau wie die Seeker.

2) Ablehnung der Effizienzmarkthypothese

Wer sich in den Turbulenzen des Jahres 2008 fragte, was eigentlich schiefgelaufen war, richtete den Blick verständlicherweise auf den Ort, der Katastrophen produziert hatte wie nur die Raupe den Faden: auf die Wall Street. Nicht nur war der Finanzsektor zum Schwergewicht der US-Ökonomie geworden, auf das 2007 rund 41 Prozent der Unternehmensgewinne entfielen, auch schien die Wirtschaftswissenschaft in ihm mehr Einfluss zu genießen als irgendwo sonst, hatten ihre formalen Modelle doch die »Rechtfertigung« für Verbriefungen, Optionspreisbestimmung, Risikomanagement und etliches mehr geboten.[40] Insofern überraschte es nicht, dass einige Ökonomen die hauptsächliche Fehlerquelle in der Finanztheorie ausmachten und recht bald eine einzige Lehre zum Sündenbock ernannten – die Effizienzmarkthypothese (EMH). Ein prominenter Vertreter dieser Linie wurde Paul Krugman mit seinem berühmt-berüchtigten Artikel »How Did Economists Get It So Wrong?«:

»Um das Jahr 1970 war die Finanzmarktforschung offenbar von Voltaires Dr. Pangloss übernommen worden, demzufolge wir in der besten aller Welten leben. Jede Erörterung der Irrationalität von Investoren, Blasen oder schädlicher Spekulation war aus dem akademischen Diskurs praktisch verschwunden. Dominiert wurde das Gebiet von der ›Effizienzmarkthypothese‹ [...], die besagt, dass Finanzmärkte auf der Grundlage aller öffentlich zugänglichen Informationen Anlageposten einen Preis zuweisen, der exakt ihrem wirklichen Wert entspricht [...]. Und in den Achtzigerjahren argumentierten Finanzökonomen, allen voran Michael Jensen von der Harvard Business School, da Finanzmärkte bei der Preisbestimmung immer richtig lägen, könnten Konzernlenker nicht nur im eigenen Interesse, sondern auch zum Wohl der Wirtschaft gar nichts Besseres tun, als ihre Aktienpreise zu maximieren. Mit anderen Worten: Finanzökonomen meinten, wir sollten die Kapitalentwicklung der Nation dem überantworten, was Keynes ›ein Casino‹ genannt hatte.«[41]

Journalisten bot die EMH eine unwiderstehliche Zielscheibe des Spotts. Munition für ein Dauerfeuer gab es mehr als genug, nicht zuletzt, weil die EMH seit den Achtzigerjahren in der Wirtschaftswissenschaft wiederholt kritisiert worden war. Was Journalisten und Kommentatoren wie Krugman indes verschwiegen, war, dass das Hin und Her zwischen theoretischen Attacken und empirischen Paraden *mehr als ein Jahrzehnt vor der Krise* mit einem Patt geendet hatte, wie von Andrew Lo und Craig MacKinlay glänzend geschildert:

»Ein alter Witz, den sich Wirtschaftswissenschaftler häufig erzählen, geht so: Ein Ökonom läuft mit einem Freund die Straße entlang. Da bemerken sie einen 100-Dollar-Schein auf dem Boden. Als sich der Freund gerade bücken will, sagt der Ökonom: ›Spar' dir die Mühe – wenn es ein echter 100-Dollar-Schein wäre, hätte ihn schon jemand aufgehoben.‹

Dieses amüsante Beispiel für eine absurde wirtschaftswissenschaftliche Logik dürfte beängstigend vertraut sein für den, der sich mit der Effizienzmarkthypothese auskennt, einer der wichtigsten und umstrittensten Thesen in den gesamten Sozialwissenschaften. Sie ist entwaffnend leicht darzulegen, hat weitreichende Konsequenzen für Wissenschaft wie Geschäftsmethoden und lässt sich empirisch dennoch erstaunlich schwer beweisen oder widerlegen. Auch nach drei Jahrzehnten Forschung und buchstäblich Tausenden von Zeitschriftenartikeln haben Ökonomen keinen Konsens darüber erzielt, ob Märkte – besonders Finanzmärkte – effizient sind oder nicht.

Welches Ergebnis können wir festhalten? Verblüffenderweise existiert unter Finanzökonomen bis heute keine Einigkeit über die Effizienzmarkthypothese. Trotz etlicher Fortschritte in der statistischen Analyse, Datenbanken und theoretischer Modelle hatten die vielen empirischen Studien in dieser Debatte vor allem den Effekt, *die Vertreter beider Seiten in ihrer jeweiligen Überzeugung zu bestärken.* Ein Grund dafür besteht in der Tatsache, dass die Effizienzmarkthypothese, für sich genommen, keine klar definierte und empirisch widerlegbare Hypothese ist. Um sie zu operationalisieren, muss man zusätzliche Strukturen angeben, etwa Investorenpräferenzen, Informationsstrukturen, Geschäftsumfeld etc. Damit aber wird jede Überprüfung der Effizienzmarkthypothese zugleich eine Überprüfung mehrerer Hilfshypothesen, und die Widerlegung einer solchen Gesamthypothese bietet kaum Aufschluss darüber, welche Komponente mit den Daten unvereinbar ist. Schwanken die Aktienpreise zu sehr, weil die Märkte ineffizient sind, oder ist dies Risikoaversion oder der Glättung von Dividendenausschüttungen geschuldet? Alle drei Annahmen stimmen mit den Daten überein. Nähme man zur Klärung weitere statistische Überprüfungen vor, bedürften diese zwangsläufig weiterer Hilfshypothesen, die wiederum infrage gestellt werden könnten.«[42]

Diese Immunität einer isolierten Hypothese gegen klare empirische Widerlegung sowie die entscheidende Rolle von Hilfshypothesen als Schutzzaun kennt man in der wissenschaftsphilosophischen Literatur als Duhems These. Das Abwälzen eines negativen Befunds auf unschuldige Hilfshypothesen ist prima facie keine unzulässige Operation; in den Naturwissenschaften geschieht dies allenthalben. Nicht der Rückgriff auf Immunisierungsstrategien stellte in diesem Fall das Problem dar, sondern die Tatsache, dass die EMH in der Makroökonomie wie der Finanzwissenschaft seit Jahrzehnten einen Ehrenplatz einnahm und sich in der orthodoxen Wirtschaftslehre und an Business Schools so hartnäckig festgesetzt hat, dass die meisten Ökonomen neuere Widerlegungsversuche schlicht ignorierten. Die Lehre für Krisenbeobachter daraus lautet, dass die EMH nicht ohne Weiteres zu beseitigen sein wird, innerhalb der neoklassischen Parameter der heutigen Wirtschaftswissenschaft vielleicht gar nicht. Deshalb sollten Nichtökonomen misstrauisch auf Behauptungen reagieren, wie sie etwa Joseph Stiglitz, der bekannteste EMH-Kritiker unter den Ökonomen, vertritt:

> »[Ein] beträchtlicher Teil [der Schuld] liegt bei der Wirtschaftswissenschaft. Die von Ökonomen mit Nachdruck vertretene Vorstellung, Märkte seien effizient und selbstregulierend, kam Regulierern wie Alan Greenspan, der an Regulierung überhaupt nicht glaubte, sehr gelegen [...].Wir sollten uns im Klaren darüber sein: Die [neoklassische] Lehre bot diesen marktradikalen Ansichten noch nie wirklich eine Grundlage. Theorien über unvollständige und asymmetrische Informationen auf Märkten hatten sämtliche Effizienzmarkt-Doktrinen unterminiert, bevor sie überhaupt in Mode kamen.«[43]

In Wirklichkeit jedoch schien jeder Schlag die EMH noch stärker zu machen. Ein Charakteristikum, das sie gegen Widerlegung immunisiert, ist die Ungenauigkeit von Befürwortern wie Kritikern hinsichtlich der Bedeutung von »Effizienz«. So setzen zum Beispiel sowohl Krugman wie Stiglitz in den eben zitierten Passagen zwei wichtige Konnotationen des Begriffs gleich: »Informationseffizienz« und »allokative Effizienz«. Erstere bezieht sich auf die Leistungsfähigkeit und Genauigkeit von Märkten als Informationsvermittlern; Letztere soll besagen, dass Marktpreise die »Fundamentaldaten« richtig erfassen und den Nutzen der Marktteilnehmer maximieren, indem sie stets dem einzigen arbitragefreien Gleichgewicht entsprechen. Mitunter wird vorausgesetzt, dass die erste die zweite Form von Effizienz impliziert – das ist der Kern der Behauptung, dass man niemals einen 100-Dollar-Schein auf der Straße finden wird. Formuliert man dies jedoch dahingehend um, dass man niemals wertvolle unverwendete Informationen auf der Straße finden wird, beginnt der Irrtum deutlich zu werden.[44] Um der Bedeutung dieses Unterschieds Rechnung zu tragen, befassen wir uns in diesem Abschnitt mit Reformern, die in Reaktion auf die Krise vorschlagen, dass die Orthodoxie die EMH im Sinne der Informationseffizienz aufgibt, und im nächsten Abschnitt mit jenen, die den Gedanken der allokativen Effizienz streichen wollen.

Zentral für die EMH ist die Annahme, es gebe grundsolide »Fundamentaldaten«, die den Gleichgewichtspreis bestimmen. Akzeptiert man dies, dann behaupten orthodoxe Finanzökonomen in einem nächsten Schritt, die EMH beschreibe lediglich »die überprüfbaren Implikationen der Arbitrage«. Selbst Chicagoer Ökonomen würden zugeben, dass die Preise von Anlagegütern unter bestimmten Bedingungen von diesen Fundamentaldaten abweichen können – und sofort hinzufügen, Ökonomen hätten theoretische Erklärungen für den zu beobachtenden Verlauf dieser Abweichungen gefunden. »Bislang hat die Krise keine wesentlichen neuen Erkenntnisse über die Abweichung der Märkte von den Fundamentaldaten geboten, sondern nur Belege für die Kosten solcher Abweichungen.« Dem würde auch Fed-Chef Bernanke zustimmen und lediglich ergänzen, dank der EMH wüssten wir, dass solche Abweichungen immer erst im Nachhinein als »Blasen« erkennbar seien, weshalb die einzig »rationale« Geldpolitik darin bestehe, später den Schlamassel zu bereinigen. Praktischerweise eignete sich die EMH außerdem als selbstreflexive Theorie der Ökonomenzunft: *Nach der Krise werden wir immer noch bezahlt, also müssen wir wohl etwas Richtiges tun!* »Wenn die definitive Geschichte der EMH einmal vorliegt, wird die Finanzkrise von 2007/08 keinen bedeutenden Wendepunkt darin markieren.«[45]

Der Journalist und Blogger Felix Salmon stellte während der Krise die entscheidende Frage: Wieso wurde die EMH jene Dulcinea, der die Ökonomenzunft im Zuge einer verhängnisvollen und offenbar unentrinnbaren Liebesaffäre verfiel? Um sich der Frage zu nähern, bedarf es gewisser historischer Kenntnisse. Die Rolle der EMH ist im Kontext des Wandels der Neoklassik zu sehen.[46] Kurz gesagt hat die neoklassische Lehre heute eine ganz andere Gestalt als in ihren Anfängen in den Siebzigerjahren des 19. Jahrhunderts. Bis zum Zweiten Weltkrieg war sie vor allem eine Theorie der Allokation knapper Mittel für gegebene Zwecke. Demnach steigerte der Handel den »Nutzen«, doch was die Marktteilnehmer über die Waren wussten und woher, ja wie sie überhaupt zu Informationen gelangten, wurde kaum erörtert. Mit der von der Großen Depression bis zum Fall der Berliner Mauer anhaltenden Debatte über die Wirtschaftsrechnung im Sozialismus änderte sich dies. Namentlich Friedrich Hayek argumentierte, die wahre Funktion des Marktes sei es, als der größte Informationsprozessor der Menschheitsgeschichte zu dienen. Obwohl Hayek bis zu den Achtzigerjahren eher wenig Anerkennung unter amerikanischen Wirtschaftswissenschaftlern fand, löste dieses Marktmodell in der zweiten Hälfte des 20. Jahrhunderts in weiten Teilen der neoklassischen Lehre allmählich das bisherige Modell der »statischen Allokation« ab. Wie man sich denken kann, nahm die Behauptung, der Markt funktioniere glänzend, damit zumindest innerhalb der Wirtschaftswissenschaft eine vollkommen neue Bedeutung an.[47] Unter »Effizienz« – ein bestenfalls unscharfer Begriff – wurde nun zunehmend verstanden, dass der Markt besser, als Planer es je vermöchten, Wissen bündele und an die richtige Adresse vermittele.

Sobald man diesen klaren Trend erkennt, erscheint die Erfindung der EMH durch Paul Samuelson und Eugene Fama im Jahr 1965 und ihre rasche Verbreitung in der Finanztheorie und Makroökonomie nicht länger als ein bloßer Zufall. Tatsächlich diente die EMH dem in den späten Sechzigerjahren entstehenden Feld der »Finanzökonomie« als ein erstes Basistheorem. Nahezu alle charakteristischen Modelle, vom Preismodell für Kapitalgüter bis zum Black-Scholes-Modell der Optionspreisbestimmung, basieren auf ihr. Den meisten akademischen Finanzwissenschaftlern gilt sie als unumstößliche Voraussetzung. Die Annahme einer korrekten Abbildung aller relevanten Informationen im Preis war der Inbegriff des neuen Marktverständnisses, das sich in der Neoklassik rasch durchsetzte, und das oberste Gebot für alle Modelle für Finanzanlagen. Später fand die EMH zudem Eingang in die für den Handel an allen wichtigen Börsen der Welt maßgeblichen Modelle.

Eine von Reformern goutierte neuere Ablehnung der EMH stammt von dem Harvard-Ökonomen Andrei Shleifer.[48] Ähnlich wie Larry Summers ist Shleifer ein Neoliberaler, der in Amerika als Linksliberaler durchgeht. Sein Modell scheint auf den ersten Blick die Tragfähigkeit bestimmter Typen von Derivaten in Zweifel zu ziehen, da es dem Markt eine Täuschung von Akteuren unterstellt, doch wie üblich steckt der Teufel im Detail. Shleifer verbindet einige Motive der Verhaltensökonomie mit dem neoklassischen Standardmodell, um die Krise den Investoren anzulasten, die das mit neu erfundenen Derivaten verbundene extreme Verlustrisiko in unverantwortlicher Weise ignoriert hätten. Mit anderen Worten: Es kommt zu einer Krise, weil die gut angepassten Akteure blind für deren Möglichkeit sind. (Das Kaninchen wird in den Zylinder gesteckt – und wieder hervorgezaubert.) Shleifers Modell stellt tatsächlich gar keine Widerlegung, sondern eine Bekräftigung der EMH dar, denn »der Markt« sendet weiterhin die richtigen Signale aus (die in seinen Formeln schlechterdings aus dem Nichts kommen); wie in den meisten neoliberalen Szenarien liegt die Schuld am Crash bei den Leidtragenden, die, von »lokalem Denken« (Shleifer) befallen, alle gleichzeitig hektisch ihre zweifelhaften Anlagen abzustoßen versuchten. Das reale Geschehen – von den neoliberalen Deregulierungswellen über die willfährigen Ratingagenturen und die zu »finanzieller Innovation« verharmloste Umgehung existierender Gesetze bis hin zu frisierten Bilanzen und regelrechtem Betrug – hinterlässt keine Spur in dem Modell: Im Zweifelsfall gebe man den Opfern die Schuld. Und dies wird mit viel Getöse als neue Realitätsnähe der Neoklassik verkauft.

Als prominentester Bannerträger der EMH-Kritik ist Joseph Stiglitz aufgetreten. Dabei muss man wissen, dass Stiglitz in den etablierten Medien als aufrechter Linker gilt, weil er sich mit seinen politischen Positionen bei den Mächtigen nicht immer beliebt gemacht hat; als die Journalisten hören wollten, die Krise sei erfolgreich eingedämmt und definitiv vorbei, hat er an pessimistischen Einschätzungen festgehalten. In deutlichem Gegensatz zu den meisten anderen Figuren in unserer Geschichte hat Stiglitz zudem wiederholt erklärt, dass die Ökonomen eine gewisse Verantwortung für die Krise übernehmen sollten. Selbst anerkennende Worte über die französischen Proteste gegen die Erhöhung des Renteneintrittsalters im Oktober 2010 waren von ihm zu hören. So gesehen hat sich Stiglitz in vorbildlicher Weise als kritischer Ökonom verhalten. Allerdings agiert er zugleich als ein bedeutender Verteidiger der Neoklassik, denn er behauptet, die EMH sei gar nicht tragend für das Theoriegebäude der Orthodoxie:

> »Normalerweise funktionieren die meisten Märkte von selbst ziemlich reibungslos. Das gilt jedoch nicht, wenn es externe Effekte gibt [...]. Die Märkte versagten, und das Vorhandensein starker externer Effekte ist einer der Gründe dafür. Aber es gibt noch weitere. Mehrfach habe ich auf die Inkongruenz der Anreize hingewiesen – die Anreize der Bankvorstände standen nicht im Einklang mit den Zielen anderer Anspruchsgruppen und der Gesellschaft im Allgemeinen. Käufer von Vermögenswerten verfügen nur über unvollständige Informationen [...]. Die Katastrophe, zu der diese finanziellen Fehlanreize führten, ist für uns Ökonomen sehr aufschlussreich: Unsere Modelle sagten übersteigerte Risikobereitschaft und kurzfristige Verhaltensorientierung voraus [...]. Letztlich wurde die Wirtschaftstheorie bestätigt.«[49]

Laien fällt es oft schwer, Stiglitz' Positionen einzuordnen, weil er es versteht, in ein- und demselben Vortrag stürmisch »eine Krise der Wirtschaftswissenschaft« auszurufen und in direktem Widerspruch dazu zu erklären, wir bräuchten »zum Glück die Lehrbücher nicht umschreiben«.[50] Stiglitz ist für sehr kluge Kommentare zu bestimmten Krisendeutungen bekannt, etwa für die Feststellung, dass die Krise keine Folge äußerer »Schocks« war, sondern von Menschen gemacht wurde. Eher rätselhaft bleibt, wie man ausgerechnet mit dem neoklassischen Standardmodell zu solchen Einsichten gelangen sollte.[51]

Auch Stiglitz weicht auf den Allgemeinplatz aus, man habe durchaus über Modelle verfügt, aus denen hervorging, dass die Krise im Anmarsch war. Dann stellt sich allerdings die Frage: Wieso nahmen diese Modelle *weder* in den makro- *noch* in den mikroökonomischen Lehrbüchern oder den Graduiertenseminaren nennenswerten Raum ein? In Stiglitz' Fall kommt ein besonderer Vorbehalt hinzu: Die von ihm gemeinten Modelle finden sich zumeist in seinen eigenen Publikationen. Auch wenn man Akademikern nicht verbieten kann, sich selbst über den grünen Klee zu loben, überzeugt es schwerlich, ein paar eigenwilligen Modellen mit auffällig niedrigem Neuheitsquotienten großartige Allgemeingültigkeit zuzusprechen. Stiglitz hat zwar seinen Nobelpreis gewiss verdient, aber weder den intellektuellen Trend gebremst, Märkte als fantastische Informationsprozessoren zu behandeln, noch eine vernichtende Kritik der EMH geliefert. So kommt es zu dem verstörenden Schauspiel, dass Stiglitz, die große Hoffnung der »seriösen Linken«, eine im Kern unveränderte neoklassische Krisendeutung offen verteidigt.

Wie Stiglitz zugibt, hat er seine Mission immer darin gesehen, den Marktfundamentalismus von innen auszuhöhlen:

> »Die effektivste Weise, das Paradigma anzugreifen, schien mir darin zu bestehen, so weit wie möglich innerhalb des Standardrahmens zu verbleiben [...]. Information kann nur auf eine Weise vollkommen, aber in zahlloser Weise unvollkommen sein. Ein Schlüssel zum Erfolg war das Formulieren von einfachen Modellen, durch die sich das relevante Bündel von Informationen vollständig spezifizieren lässt [...], die Verwendung hochgradig vereinfachter Modelle, die zur Klärung recht komplizierter Angelegenheiten beitragen.«[52]

Zu diesem Zweck entwickelte Stiglitz kleine, schlichte Modelle zur Maximierung der Standard-Nutzen- oder Produktionsfunktionen und baute ein oder zwei Störquellen in sie ein. Eine besondere Vorliebe zeigte er dafür, »Information« als konkreten käuflichen Gegenstand und »Risiko« als Standarddichtefunktion mit bekannten Parametern darzustellen. Ein kanonisches »allgemeines Stiglitz-Modell« gibt es nicht, sondern nur eine Reihe spezieller Übungen, die jeweils eine Schwachstelle und/oder Friktion untersuchen. Makroökonomie wird auf diese Weise einfach zu Mikroökonomie mit verschobenem Komma. Das unterscheidet Stiglitz von der weiter unten im dritten Abschnitt behandelten kleinen Gruppe von Forschern, die der Ansicht sind, dass der Trick, einen »repräsentativen Akteur« einzuführen, keine seriöse makroökonomische Theorie darstellt.[53]

In seinen akademischen Publikationen beansprucht Stiglitz vor allem unter Verweis auf zwei Beiträge, die EMH widerlegt zu haben: einen 1980 mit Sanford Grossman und einen 1993 mit Bruce Greenwald verfassten.[54] Die Quintessenz des ersten Beitrags fasste er in seiner Nobelpreisrede zusammen: »Wenn es keine Störgeräusche gibt, vermitteln Preise alle Informationen und es besteht kein Anreiz, Informationen zu kaufen. Aber wenn alle uninformiert sind, zahlt es sich für irgendein Individuum eindeutig aus, Informationen zu bekommen. Somit besteht kein Wettbewerbsgleichgewicht.«[55] Der zweite Beitrag soll die fundamentale Krisenursache darlegen. Demnach bestehen

> »die entscheidenden Fehler nicht nur auf dem Arbeitsmarkt, sondern auch auf den Finanzmärkten. Weil Verträge nicht adäquat preisindexiert sind, können Veränderungen des wirtschaftlichen Umfelds eine Serie von Pleiten verursachen, während die Angst vor der Pleite zu einem Stillstand der Finanzmärkte führt. Die daraus resultierende wirtschaftliche Zerrüttung beeinträchtigt sowohl die aggregierte Nachfrage wie das aggregierte Angebot, und eine Erholung davon ist nicht einfach – ein Grund dafür, dass meine Wirtschaftsprognose auf kurze Sicht so düster ausfällt.«[56]

Beide entscheidenden »Erkenntnisse« fußen tatsächlich auf einer sehr enggefassten Version der deutlich breiter gefächerten Orthodoxie. Hätte Stiglitz oder einer seiner Kollegen ein allgemeines Unmöglichkeitstheorem aufgestellt, beispielsweise analog zu Gödels Unvollständigkeitssatz oder Turings Berechenbarkeitstheorie, wäre das in der Tat bemerkenswert gewesen, doch Stiglitz hat es ausdrücklich abgelehnt, mit dem Walras'schen Gleichgewichtsmodell zu arbeiten oder wie die Chicago School auf Transaktionskosten zu rekurrieren, und die spieltheoretischen Versionen strategischer Erkenntnis zieht er nicht ernsthaft in Betracht. Es wäre eine heroische Leistung, aus irgendeinem seiner spielzeugartigen Modelle eine allgemeine These abzuleiten. Auch dies gibt Stiglitz zu, wenn er nicht gerade mit Werbung für sein Informationsprogramm beschäftigt ist.[57]

Der vielleicht irritierendste Aspekt dieser von Stiglitz als schlagende Widerlegung des Neoliberalismus betrachteten Modelle besteht darin, dass man aus ihnen – wenn man sich die Mühe macht, sie zu verstehen – gar nichts Stichhaltiges über die aktuelle Krise erfährt. Nehmen wir den Beitrag von Grossman und Stiglitz.[58] Die Probleme des Finanzsystems im Jahr 2007 rührten in keiner Weise daher, dass den Marktteilnehmern die richtigen Anreize zum Kauf von »Informationen« gefehlt hätten, aus denen der dubiose Charakter der forderungsbesicherten Schuldverschreibungen und anderer undurchsichtiger Anlagen, die die Bilanzen des Finanzsektors belasteten, hervorgegangen wäre. Vielmehr kauften sie von Ratingagenturen, Bilanzprüfern oder Investitionsberatern Informationen, die vollkommen verzerrt waren, weil sie der vorsätzlichen Irreführung glückloser Kunden und der Umgehung gesetzlicher Bestimmungen dienten. Vielleicht waren die »Informationen« schon aufgrund ihres Charakters als Handelsgut verzerrt. Da Stiglitz in sämtlichen Modellen einen großen Bogen um Epistemologie macht – Philosophie verschmäht er genauso wie der nächstbeste neoklassische Ökonom –, befasst er sich nie wirklich mit Fragen von Wahrheit und Unwahrheit. Seine Akteure gleichen Maschinen, die unbedenkliche Informationsbrocken kaufen (oder nicht).

Schlimmer noch: Das von ihm wiederholt diagnostizierte »Marktversagen« hat mit einem Versagen im landläufigen Sinne gar nichts gemein. Genau wie Krugman, Solow und andere Stargäste in der *New York Review of Books* versteht Stiglitz darunter, dass nicht der volle Nutzen realisiert wird, der laut dem neoklassischen Standardmodell möglich wäre – in der Zunft als Pareto-Optimum bekannt und in einem imaginären Universum angesiedelt, das weder einen plötzlichen Marktstillstand noch einen weitreichenden Zusammenbruch des Vertrauens in die Gültigkeit von Preisen kennt. Auch der Beitrag von Stiglitz und Greenwald geht am Zusammenbruch des Finanzsektors von 2008 vollkommen vorbei. Wie Stiglitz erläutert: »[W]ir zeigten, dass es im Grunde immer einfache Staatseingriffe gab, die für einige Individuen vorteilhaft und für niemanden nachteilig sind. Die unserem Ergebnis zugrunde liegende Einsicht lautete, dass Handlungen bei unvollkommenen Informationen immer Externalitäten ähnelnde Effekte zeitigen.«[59] Stiglitz vermengt durchweg »Vermögensverlust« mit einem Versagen des Wirtschaftssystems und Marktzusammenbruch – eine Travestie, die in auffälligem Kontrast steht zu klugen Beiträgen aus seiner Feder, die ohne Modelle auskommen und stattdessen die Mängel konkreter Maßnahmen von realen Institutionen analysieren und ihre verheerenden Folgen aufzeigen. Das Pareto-Optimum ist sicherlich das Letzte, was man braucht, um das heillose Durcheinander zu begreifen, das die hektischen Improvisationen der Fed und die Debatten im US-Kongress über die Bankenrettung auf dem Höhepunkt der Krise begleitete – so wie es auch nichts dazu beiträgt, geeignete »Staatseingriffe« zur Bewältigung des Kollapses zu bestimmen. So unglaublich es klingen mag, im Modell von Greenwald und Stiglitz wird *nicht einmal Geld* ausdrücklich berücksichtigt, obwohl ein wesentliches Moment des Crashs von 2008 in einer Kreditkrise bestand. Doch nicht in der Möglichkeit eines Zusammenbruchs des Finanzsystems, sondern in der eines rationalen Investitionsrückgangs auf Seiten der Unternehmen verorten sie die entscheidende Schwäche des kapitalistischen Systems.[60]

Stiglitz stimmt immer wieder Grabreden auf die EMH an, findet damit in der Ökonomenzunft jedoch wenig Gehör, weil er nicht begreift, dass dem einen recht, was dem anderen billig ist. »Die Chicago School und ihre Anhänger wollten glauben, dass der Informationsmarkt genauso beschaffen sei wie jeder andere Markt.« Dieser Grundannahme folgen jedoch auch Stiglitz' eigene Modelle. »Der weitverbreitete Glaube an die Hypothese effizienter Märkte spielte beim Versagen der Federal Reserve eine Rolle. Würde diese Hypothese stimmen, dann gäbe es keine Blasen.« Das zeugt nur von einer ungenauen Auslegung. Für die Fed wie die Zunft widersprechen Blasen überhaupt nicht der, richtig verstandenen, EMH – nur kann man sie eben nicht erkennen, bis sie schließlich platzen. Die neoliberale Lehre vom Markt als Informationsprozessor aber weist Stiglitz nie wirklich zurück: »Der Preismechanismus steht im Zentrum des Marktprozesses der Sammlung, Verarbeitung und Weitergabe von Informationen.« An diesem Prozess vermag er nichts Selbstzerstörerisches zu erkennen. Hat irgendein führender Vertreter der Orthodoxie je etwas anderes behauptet?[61]

Das endlose Bemühen, die EMH aus den Zehn Geboten der Neoklassik zu streichen, ist nahezu der Inbegriff einer leeren Geste innerhalb der Orthodoxie.

3) Abschied vom DSGE-Modell

Eine dritte Reaktion auf die Krise besteht darin, von einer Anklage der gesamten Orthodoxie abzusehen und stattdessen, da die Krise zuvorderst ein »makroökonomisches« Ereignis gewesen sei, ausschließlich den mit der Makroökonomik befassten Teil der Zunft für das Versagen haftbar zu machen. Demnach muss man sich nur von dem paradigmatischen, aus makroökonomischen Lehrbüchern bekannten Modell verabschieden – dem Modell des sogenannten dynamischen stochastischen allgemeinen Gleichgewichts (DSGE). Die Krise deutet aus dieser Perspektive nicht im Entferntesten auf einen »Tod der Wirtschaftswissenschaften«, sondern nur auf ein ganz gewöhnliches »Modellversagen« hin – weshalb man einfach das Modell ersetze.

Ich kann mir gut vorstellen, wie die Leser nun die Augen verdrehen – selbst wer die bisherige Erörterung technischer Aspekte ertragen hat, wird wenig Neigung zur mühsamen Auseinandersetzung mit einem bestimmten mathematischen Modell verspüren, und sei es noch so zentral für das Selbstverständnis der Ökonomenzunft. Hinzu kommt, dass das DSGE-Modell in der Presse, verglichen mit ihren erregten Attacken auf den »rationalen Homo oeconomicus« und die EMH, kaum eine Rolle gespielt hat. Doch die Diskussionen um dieses Modell lassen die verbreitete Annahme, Ökonomen könnten aus ihren Fehlern lernen, erst recht zweifelhaft erscheinen.

Deutlich macht dies eine Begebenheit im Jahr 2010, die in der Geschichte der amerikanischen Wirtschaftstheorie buchstäblich beispiellos ist. Anhörungen über diverse Fragen angewandter Wirtschaftswissenschaft sind im US-Kongress nichts Ungewöhnliches, und natürlich treten dabei regelmäßig Ökonomen auf. Noch nie hatte der Kongress meines Wissens aber eine ganze Anhörung der Kritik an einem mathematischen Modell der Wirtschaftstheorie, nicht seinen angeblichen Anwendungen, gewidmet. Eben dies tat er am 20. Juli 2010, als er eine Art Hohes Gericht einberief, um das DSGE-Modell an den Pranger zu stellen.

Der Ausschuss erläuterte das Modell für ein Laienpublikum wie folgt:

> »Das seit einiger Zeit dominierende makroökonomische Modell ist das des dynamischen stochastischen allgemeinen Gleichgewichts, oder DSGE-Mo-

dell, dessen Name auf einige wichtige Grundzüge verweist. ›Allgemein‹ heißt, dass es sich auf alle Märkte der Wirtschaft bezieht. ›Gleichgewicht‹ verweist auf die Annahme, dass Angebot und Nachfrage sich immer rasch ausgleichen und auf Märkten, die nicht von Engpässen, Überschüssen oder unfreiwilliger Arbeitslosigkeit beeinträchtigt sind, Wettbewerb herrscht. ›Dynamisch‹ bedeutet, dass das Modell die Wirtschaft nicht in einem isolierten Moment, sondern über einen Zeitraum hinweg betrachtet. ›Stochastisch‹ bezieht sich auf eine bestimmte Art von handhabbarer Zufälligkeit, die in das Modell eingebaut ist und unvorhergesehene Ereignisse wie etwa Ölpreisschocks oder technologische Veränderungen zulässt, wobei jedoch angenommen wird, dass die Akteure solchen Ereignissen eine richtige mathematische Wahrscheinlichkeit zuweisen und sich entsprechend gegen sie versichern können. Ereignisse, denen sich keine Wahrscheinlichkeit zuweisen lässt und die somit tatsächlich ungewiss sind, werden ausgeschlossen.

Die Akteure, die die DSGE-Modelle bevölkern, seien es Personen oder Unternehmen, sind mit einer Art Hellsichtigkeit ausgestattet. Als unsterbliche Wesen sehen sie bis ans Ende der Zeit und sind sich aller zu irgendeinem Zeitpunkt eventuell eintretenden Ereignisse sowie der Wahrscheinlichkeit ihres Eintretens bewusst; ihre Entscheidungen erfolgen stets unverzüglich, sind aber nie falsch, und sie hängen nie von früheren Entscheidungen ab oder beeinflussen spätere. Ebenfalls unterstellt wird im DSGE-Grundmodell, dass alle Akteure desselben Typs – also Personen oder Unternehmen – identische Bedürfnisse und Geschmäcker haben, denen sie als ›Optimierer‹ mit schrankenlosem Eigeninteresse, und in voller Kenntnis dieser Bedürfnisse, nachgehen. Indem es den sogenannten ›repräsentativen Akteur‹ einführt und ihm diese standardisierten Eigenschaften zuschreibt, schließt das DSGE-Modell nahezu jede bedeutsame Vielfalt und Ungewissheit aus der modellierten Wirtschaft aus – Eigenschaften, die die wirkliche Wirtschaft in vieler Hinsicht erst zu dem machen, was sie ist. In seinem Universum existiert kein Unterschied zwischen dem Gleichgewicht des Systems, also einem Ausgleich von ungleichgewichtigen Kräften auf der Ebene der Akteure, der die Makroökonomie im Gleichgewicht hält, und einem vollständigen Gleichgewicht der Akteure, bei dem sich jeder Einzelne in der Wirtschaft im Gleichgewicht befindet. Damit werden Phänomene wegdefiniert, die in der Wirtschaft gang und gäbe sind: unfreiwillige Arbeitslosigkeit und die Tatsache, dass sich Preise und Löhne an Veränderungen im Verhältnis von Angebot und Nachfrage nicht augenblicklich anpassen. Solche Phänomene gelten als außergewöhnlich und erfordern eine gesonderte Erklärung.«[62]

Auch wenn dieser Abriss Skepsis gegenüber dem DSGE-Modell verrät, fiel er bei Weitem nicht so vernichtend aus wie die Kritik, die man in Privatgesprächen und auf Blogs vernehmen konnte. Besonders die Annahme eines einzigen unsterblichen repräsentativen Akteurs, der die gesamte Wirtschaft überblickt, wird oft mit Unglauben quittiert. Auf dem Treffen des Institute for New Economic Thinking im April 2010 hörte ich zum Beispiel einen bekannten Wirtschaftswissenschaftler ausführen, in DSGE-Modellen seien Fehlkoordinationen damit vergleichbar, dass die rechte Hand nicht weiß, was die linke tut, und Ungewissheit mit beginnendem Alzheimer. Dass »Informationen« in einem so solipsistischen Modell recht bizarre Formen annehmen, kann man sich denken: Wie sollte der gottgleiche Akteur noch etwas Neues erfahren? Ein schöner DSGE-Witz aus der Blogosphäre lautet: »Auf der Basis aller verfügbaren Informationen habe ich die rationale Erwartung, dass DSGE-Modelle für eine unendliche Zahl zukünftiger Perioden Müll sein werden; und da ich ein repräsentativer Akteur bin, sehen das alle so.«

Ökonomenwitze mögen nicht umwerfend komisch sein, dafür lassen sich aus dem Zwist um das DSGE-Modell aber ein paar philosophische Einsichten gewinnen. Erstens, dass die Suche der Zunft nach einer goldenen Mitte keine Gewähr für überzeugende Theorien bietet. Denn das DSGE-Modell war das Ergebnis einer langen Reihe von Kompromissen, die auf eine die Ökonomen über drei Jahrzehnte währende plagende Phase von Streit, Zwietracht und Rangelei um die korrekte makroökonomische Theorie folgten.[63] Mitte der Neunzigerjahre wurde dann eine große Übereinkunft verkündet und mit der These der »Großen Mäßigung« vermählt, und das Kind dieser Ehe war das DSGE-Modell. Selbstzufriedenheit in der Theorie bedingte Selbstzufriedenheit in den Institutionen. Der damalige IWF-Chefökonom Olivier Blanchard feierte die immensen Fortschritte der Makroökonomie und erklärte: »DSGE-Modelle sind allgegenwärtig geworden. Dutzende von Forscherteams beteiligen sich an ihrer Konstruktion. Fast jede Zentralbank hat eines oder würde gerne eines haben.«[64] Und erstaunlicher noch: Alle Zentralbanken haben *bis heute* eines. Das illustriert nochmals die im letzten Kapitel vertretene These, dass die Federal Reserve und andere Zentralbanken deutlich mehr Einfluss auf die Ökonomenzunft besitzen als oftmals angenommen. Aber vielleicht deutlicher noch illustriert es den Charakter des DSGE-Modells als eines Versuchs, es allen recht zu machen; es entstand nicht durch einen freiwilligen Waffenstillstand, sondern wurde von einer Handvoll »führender« Wirtschaftsfakultäten gewissermaßen von oben durchgesetzt. Die gedankenlose Konstruktion des DSGE-Modells begünstigte seinen späteren Fall aus schwindelerregender Höhe.

Während gute historische Darstellungen darüber vorliegen, wie die Theorie der rationalen Erwartungen und die sogenannte Lucas-Kritik dem Keynesianismus der Sechziger- und Siebzigerjahre den Garaus machten, ist soziologisch kaum aufgearbeitet worden, wie die Wirtschaftswissenschaft danach zum DSGE-Modell gelangte. Zunächst wurde unter dem Banner der »Konsistenz« auf eine vollständige Austauschbarkeit von neoklassischer Mikro- und Makroökonomik gepocht. In einem zweiten Schritt setzten orthodoxe Makroökonomen »rational sein« damit gleich, so zu denken wie einer von ihnen. Das implizierte, dass die Akteure das einzig »wahre Modell« der Wirtschaft kennen (das praktischerweise mit der Mikroökonomie identisch sein sollte); und da sie alle dasselbe wussten, konnte man ihnen zu Zwecken der Modellkonstruktion auch gleich noch eine weitgehende Gleichartigkeit attestieren. Die Wirtschaft so darzustellen, als spiele sie sich im Kopf einer einzigen Person ab, erschien somit keineswegs als theoretische Absurdität, sondern durchaus plausibel (und erlaubte außerdem eine willkommene Vereinfachung der Mathematik). Aus diesem Grund stellt die Fiktion des »repräsentativen Akteurs« das Ergebnis fundamentaler Festlegungen der orthodox-wirtschaftswissenschaftlichen Elite dar. Und deshalb wurde sie zum Gemeingut von Neoliberalen, die an die natürlichen Heilungskräfte des Marktes glauben, und Neukeynesianern, die nach den Ursachen von Krisen suchen.

Im DSGE-Modell wird Konsens oft mit Gruppendenken verwechselt – ganz ähnlich wie in der realen Ökonomenzunft. Eine von substanzieller und anhaltender Uneinigkeit über Grundfragen ausgehende Suche nach Wahrheit vermag sich der »Akteur« im DSGE-Modell wie in der amerikanischen Wirtschaftswissenschaft nicht vorzustellen. So wie es den Akteuren in orthodoxen Modellen verboten ist, »sich darauf zu einigen, uneins zu sein«, müssen sich auch Ökonomen unterordnen, um nicht in Verruf zu geraten. Deren regelrechter Abscheu vor jeder wirklichen Heterodoxie und die Angst, nach außen hin »unwissenschaftlich« zu erscheinen, führten letztlich zu einem Hauen und Stechen in den eigenen Reihen, das viel beschämender und delegitimierender war, als es eine scharfe Debatte in der Öffentlichkeit gewesen wäre. Tatsächlich bestand ein Effekt der Krise darin, bislang unterdrückte Dispute zum Ausbruch zu bringen.

Als die Annahme der Allwissenheit in sich zusammenbrach, machten sich die Folgen der Verdrängung methodologischer Selbstreflexion bemerkbar: Sowohl die Kritiken wie die Verteidigungen des DSGE-Modells, in den Kongress-Anhörungen und an anderer Stelle, fielen beängstigend schlicht aus. Robert Solow erklärte vor dem Kongress, die DSGE-Modelle hätten »den Geruchstest nicht bestanden«, womit er ein neuartiges olfaktorisches Kriterium für die Wahl wissenschaftlicher Modelle einführte. Die dort zum Besten gegebene Verteidigung des Modells durch V. V. Chari zeugte ebenfalls von der theoretischen (und rhetorischen) Armseligkeit heutiger Wirtschaftswissenschaftler:

> »Ein interessantes Modell muss also in jedem Fall ein DSGE-Modell sein. Aus dieser Perspektive betrachtet gibt es überhaupt keine Alternative. Moderne makroökonomische Modelle, die in der Makroökonomie oft DSGE-Modelle genannt werden, haben einige weitere Gemeinsamkeiten. Bei allen wird darauf geachtet, dass sie mit den Daten über Volkseinkommen und Bruttosozialprodukt übereinstimmen. Das heißt, die Rechnung muss aufgehen. Alle legen klar dar, wie Menschen Entscheidungen treffen. Alle stellen die Einschränkungen der Entscheidungen von Haushalten, Unternehmen und Regierungen durch die Natur, die Struktur der Märkte und die verfügbaren Informationen dar. Aus dieser Perspektive betrachtet ist im Land des DSGE für viele Platz. Die einzige Alternative sind Modelle, die nicht klar angeben, wie Menschen Entscheidungen treffen. Warum sollten wir Unklarheit der Klarheit vorziehen? Meine Beschreibung des Stils der modernen Makroökonomik macht klar, dass moderne Makroökonomen eine gemeinsame Sprache verwenden, um ihre Gedanken zu formulieren, und dass dieser Stil substanzielle Meinungsverschiedenheiten über die Substanz von Gedanken zulässt. Eine nützliche Spruchweisheit in der Makroökonomie lautet: ›Wenn du einen interessanten und kohärenten Gedanken darstellen willst, kannst du es mit einem DSGE-Modell tun. Wenn du das nicht kannst, ist dein Gedanke inkohärent.‹«[65]

Die Verfechter der Theorie der rationalen Erwartungen nahmen größtenteils eine von zwei gegensätzlichen Positionen ein. Der einen zufolge konnte man ohne DSGE-Modelle nicht rational denken, nach der anderen nicht *mit* ihnen über die Krise nachdenken: »Diese Modelle wurden zur Beschreibung aggregierter wirtschaftlicher Fluktuationen in normalen Zeiten entworfen [...], sie sind nicht als Theorien über Finanzkrisen konzipiert.«[66] Vielleicht entschieden sie sich auch je nach Publikum für eine der zwei Optionen.

Es ist eine Sache, zu erklären, man persönlich könne sich keine Auseinandersetzung mit der Makroökonomie jenseits der DSGE-Modelle vorstellen; etwas ganz anderes ist es, in der Öffentlichkeit, in Anhörungen darauf zu beharren, auch niemand anders käme ohne sie aus, ohne in inkohärentes Geplapper zu verfallen. Die sture Zombie-Antwort auf das DSGE-Problem lautete indessen, all die Einwände seien zwar berechtigt, aber da man nun einmal zum untoten Ökonomen auserkoren worden sei, habe es keinen Zweck, an intellektuellen Ansprüchen festzuhalten. Wie Alan Kirman berichtet:

> »Ein junger Wirtschaftswissenschaftler – von der University of California in Los Angeles, meine ich – schrieb mir nach der Veröffentlichung meines Beitrags ›Whom or What Does the Representative Agent Represent?‹. Er meinte: Sehr geehrter Herr Professor, ich stimme Ihnen vollkommen zu. Theoretisch haben Sie meines Erachtens absolut recht. Leider bin ich ein Nachwuchsökonom und arbeite als Dozent. Ich konstruiere Modelle auf der Basis des repräsentativen Akteurs. Ich weiß, wie man das macht, und ich weiß, wie ich das veröffentlichen kann. Und ich brauche einen Vertrag, der mir eine Professur in Aussicht stellt. Sobald ich den habe, kann ich vielleicht umdenken und Modelle in Betracht ziehen, die den repräsentativen Akteur nicht verwenden, aber leider fürchte ich, dass mir das bis dahin zur Gewohnheit geworden sein wird. Ich werde meine Artikel veröffentlichen, mir einen guten Ruf erarbeiten, befördert werden und wahrscheinlich nie mehr darüber nachdenken. Aber in jedem Fall vielen Dank für die Erkenntnis!«[67]

Was angesichts der über die Ökonomenzunft hereinbrechenden Flut von Zweifeln erstaunt, ist, wie selten orthodoxe Makroökonomen nach 2008 ihr Festhalten am DSGE-Modell rational zu begründen versucht haben. Eine der wenigen Ausnahmen findet sich in einer langen Besprechung von John Quiggins *Zombie Economics* durch Stephen Williamson.[68] Der monetaristische Ökonom grummelt darin zwar, Klagen über die Nutzlosigkeit von DSGE-Modellen seien »billig«, lässt sich aber gleichwohl dazu herab, der aufgebrachten Menge zu erklären, warum Makroökonomen den Ansatz so erbittert verteidigen. In rührender Offenheit beruft sich Williamson zunächst auf die »Effizienz«, will sagen: »Es wäre töricht, würden Makroökonomen die Gaben von [neoklassischen] Theoretikern ausschlagen.« Warum sollte man es sich nicht leicht machen? Sodann führt er die bekannte »Lucas-Kritik« an, der zufolge man kausale Faktoren danach unterscheiden muss, ob sie durch politische Eingriffe verändert werden oder nicht.[69] Das DSGE-Modell lobt Williamson, weil es diese Unterscheidung angeblich berücksichtigt – eine erstaunliche Verteidigung, wenn man bedenkt, dass Lucas und seine Freunde bestimmte Dinge, die in der Arrow-Debreu-Theorie aus mathematischen Gründen als unabhängige Stammfunktionen gesetzt werden, etwa Präferenzen, Ausstattungen, Technologie, unerklärlicherweise als etwas behandeln, das *in der Realität* durch makroökonomische Politik nicht tangiert werde: ein *Non sequitur* ersten Ranges. Weil Williamson zudem die Theorie der »Zeitinkonsistenz« von Finn Kydland und Edward Prescott für die profundeste Erkenntnis über Wirtschaftspolitik des gesamten letzten halben Jahrhunderts hält, insistiert er darauf, das Problem des Gegensatzes von Staat und Privatsektor werde allein in DSGE-Modellen so gefasst, dass Ersterer den Letzteren auszutricksen versuche. (Nur am Rande: Es erstaunt, wie selten in makroökonomischen Modellen Firmen den Staat und die Öffentlichkeit beschwindeln.) Außerdem, erklärt Williamson gähnend, haben wir das ganze pedantische Herumgekrittel längst bedacht und sind in der Literatur darauf eingegangen. Wir Orthodoxen machen vereinfachende Annahmen (repräsentativer Akteur, Rationalität, eindeutiges Gleichgewicht), weil es uns sinnvoll scheint, nicht weil wir solches Zeug glauben. In jedem Fall wird vom DSGE-Modell zu viel verlangt – unsere Interessen als orthodoxe Makroökonomen überschneiden sich nur selten mit den Themen, die wir nach Auffassung des Pöbels behandeln sollten: »Prognosen müssen nicht zwangsläufig das Erfolgskriterium eines ökonomischen Modells sein […]. Eine Finanzkrise ist ihrem Wesen nach ein unvorhersehbares Ereignis […]. Das grundlegende Konjunkturmodell wurde nicht zu dem Zweck entworfen, Finanzkrisen zu verstehen.« Während er die epistemologischen Kriterien und Erkenntnisinteressen aller anderen mit Hohn bedenkt, sieht sich Williamson bezeichnenderweise an keiner Stelle genötigt, seinen eigenen Lackmustest dafür zu erläutern, was legitime Zwecke eines Modells sind. Seine DSGE-Verteidigung macht jedoch klar, dass er ein *politisches* Kriterium anlegt – taugt ein Modell zur Befestigung der neoliberalen Weltanschauung, besteht es den Test mit Bravour. Unbewusst ist dies auch Williamson gegenwärtig, wirft er Quiggin doch vor, er behaupte, die Vertreter von DSGE-Modellen und der Zombie-Ökonomik im Allgemeinen »seien an einer Verschwörung zur Bereicherung der Reichen durch Ausrauben der Armen beteiligt«. Zur Widerlegung erklärt er, einige Ökonomen der Federal Reserve in Minneapolis (zur Erinnerung: die Brutstätte der Theorie der rationalen Erwartungen) hätten vor den Gefahren von Finanzinstituten gewarnt, die *»too big to fail«* seien, während manchen DSGE-Kritikern – er zitiert einen älteren Beitrag von Larry Summers – häufig eine Mitschuld an der Finanzkrise attestiert werde. So fragt Williamson allen Ernstes: »Zählt Quiggin Summers nun also zu den Guten oder den Bösen?«

Der Beitrag von Williamson zeigt: Wenn ein orthodoxer Makroökonom einmal darlegen muss, was ihm eingebimst wurde, bevor die offizielle Zunft ihm sein Zertifikat der Linientreue überreichte, geht es ausgesprochen gewunden und lückenhaft zu.

Das gilt sogar für namhafte Kritiker wie Joseph Stiglitz. In einer langen Abhandlung über die Mängel der Makroökonomik erklärt er, das DSGE-Modell sei ein falscher Ausgangspunkt für Formalisierungen gewesen, zumal selbst dann, wenn gutmeinende Keynesianer zwecks Beschwichtigung des Chors der Kritiker an ihm herumbasteln, »die Verbesserung in makroökonomischer Hinsicht damit einhergeht, dass zumindest bestimmte Angaben willkürlicher werden [...]. [D]ie DSGE-Modelle sind ein falscher Kompromiss, weil sie einige Komplexitäten fokussieren, die weniger wichtig als die von ihnen außer Acht gelassenen sind«. Im selben Beitrag offenbart Stiglitz jedoch seine ambivalente Position und schreibt: »niemand kann etwas gegen Modelle haben, welche die allgemeinen Gleichgewichtszüge dynamischer Wirtschaften, die endogenen wie exogenen Schocks ausgesetzt sind, annäherungsweise nachbilden, und insofern ist das DSGE-Modell auf einer bestimmten Ebene einwandfrei.« Niemand – außer denen, die die Malaise auf das neoklassische Modell selbst zurückführen.[70]

Dabei finden sich in der Literatur selbstverständlich etliche Alternativvorschläge von Ökonomen, die aus dem »vielen Platz bietenden« Gebäude der orthodoxen Makroökonomie ausziehen wollten. Umso stärker drängt sich die Frage auf: Warum halten so viele Wirtschaftswissenschaftler derart hartnäckig am DSGE-Modell fest? Auch hier kommen Trägheit und die drohende Entwertung intellektuellen Kapitals ins Spiel, aber auch noch etwas anderes: Ein solcher Starrsinn erklärt sich aus der Befürchtung, bei einem Herausoperieren des DSGE-Modells könnte die Wirtschaftswissenschaft verbluten – seine Ablehnung gilt als Anfang vom Ende der gesamten Orthodoxie. *Après DSGE, le déluge.*

Einige wenige Wirtschaftswissenschaftler hielten die monolithische Geschlossenheit der neoklassischen Makro- und Mikroökonomik zwar für einen Schwindel, genossen aber wenig Ansehen und wurden auch nicht zu der Anhörung vor dem Kongress eingeladen. Der wohl Bekannteste von ihnen ist der oben bereits zitierte europäische Ökonom Alan Kirman. Er legte mit einer Gruppe von Wissenschaftlern den »Dahlem Report« vor, in dem die Disziplin bereits zu einem frühen Zeitpunkt der Krise scharf kritisiert wurde, und erläuterte seine Position in einem viel gelesenen Blog-Beitrag.[71] Das Grundproblem der Makroökonomie fasste er als ein philosophisches: Die vielgerühmten Fundamente des DSGE-Modells, das vollständige allgemeine Gleichgewicht der Neoklassik, seien illusorisch. Zunächst führte Kirman einige technische Forschungsergebnisse aus den Siebzigerjahren an, wonach sich aus dem Verhalten einer Gruppe mannigfaltiger neoklassischer Akteure kaum allgemeine Aussagen ableiten lassen und die Existenz eines eindeutigen oder stabilen allgemeinen Gleichgewichts nur unter sehr eng gefassten Bedingungen gewährleistet ist. DSGE-Modelle können laut Kirman allein deshalb ein volles makroökonomisches Gleichgewicht behaupten, weil die Fiktion einer Ein-Personen-Ökonomie einen der wenigen Fälle darstellt, in denen das Individuum (offenkundig) mit der Gesamtwirtschaft identisch ist und sich ein eindeutiges stabiles Gleichgewicht beweisen lässt. Deutlicher formuliert: Sie basieren auf dem *einzigen, willkürlich angenommenen Sonderfall,* der eine logische Versöhnung von neoklassischer Mikro- und Makroökonomik erlaubt. Dieses theoretische Problem trifft die Orthodoxie so tief ins Mark, dass sie es nur selten offen anerkennen kann. Nahezu jede verallgemeinernde Aussage über »Nachfrage« ist in einem wirklich allgemeinen Gleichgewichtsmodell ausgeschlossen; und schlimmer noch: Nahezu jede Aussage über Wohlstand wird wertlos, sobald die Existenz wirklich heterogener Akteure eingeräumt wird.[72] Da sich die gesamte Makroökonomie stark auf Pareto-Vergleiche alternativer Gleichgewichte als Messlatte stützt, würde sie sich durch eine wirkliche Verallgemeinerung vollständig in Luft auflösen.

Anstatt daraus den Schluss zu ziehen, dass die Ehe von Mikro- und Makroökonomik zum Scheitern verurteilt ist und das DSGE-Modell eine Totgeburt, legte sich die Zunft auf ein extravagantes Szenario fest und gab es als Realität der gesamten Welt aus. Es war so, als würde sich ein religiöser Fanatiker eine nur aus Christian-Science-Cyborgs bestehende, hermetisch abgeschlossene Welt schaffen, um nie jemandem begegnen zu müssen, der seinen Glauben an natürliche Heilung in Zweifel ziehen könnte. Wie Kirman bemerkt, »haben die Entwicklung des DSGE-Modells und der Effizienzmarkthypothese etwas gemeinsam – trotz empirischer Einwände und trotz theoretischer Schwächen schritt ihre Entwicklung weiter voran, als existiere die Kritik gar nicht«.[73] Aber zeichnet sich eine selbstbewusste Orthodoxie nicht genau dadurch aus, diese wahrzunehmen?

Ein scharfsinniger Beobachter hätte die ganze Aufregung um das DSGE-Modell als nebensächlich durchschaut, denn das bohrende tatsächliche Problem, dem die Orthodoxie aus dem Weg gehen wollte, war der krisenbedingte Legitimitätsverlust der neoklassischen Mikroökonomik. Anstatt sich mit den bitteren Folgen der Krise zu befassen, sahen sich Heerscharen von Makroökonomen dazu veranlasst, dieses bedrohliche, auf sie übergreifende Problem durch allerhand Nebelwerferei zu verdecken. Niemand, der seinen Rang in der akademischen Welt wahren wollte, zog die Möglichkeit in Betracht, dass eine Amputation des DSGE-Modells ein Verbluten des Patienten zur Folge haben könnte. Stattdessen wurden endlose kostspielige Beratungen über den Gesundheitszustand des Modells inszeniert – und selbst der US-Kongress ließ sich in dieses sinnlose Spiel hineinziehen.

Nach dem Ausbruch der Krise verfolgten orthodoxe Makroökonomen eine von zwei Optionen. Die erste bestand darin, die Verhöhnung des DSGE-Modells als schlichtweg ignorant abzutun: Alle Aspekte der Krise, die das Modell laut den Kritikern nicht erfassen konnte, seien in Wirklichkeit irgendwo in den einschlägigen Zeitschriften längst erörtert worden.[74] *Man verlangt Heterogenität der Akteure? Die haben wir längst. Wir verfügen über Modelle mit Friktionen in Hülle und Fülle, und selbst mit begrenzter Irrationalität haben wir schon geliebäugelt. Man behauptet, in der Makroökonomie gebe es tiefe politische Gräben, und das DSGE-Modell drücke nur die neoliberale Fantasie selbstregulierender*

Märkte aus – aber diese Gräben gibt es überhaupt nicht, und die Orthodoxie hat für jedes politische Ideengebäude ein passendes Modell parat. Wir haben sogar ein paar Versionen des Modells im Angebot, in denen Banken und Kredite vorkommen.[75] *Die ganzen Nörgeleien sind vollkommen unbegründet und beruhen auf einem veralteten, aus den Achtzigerjahren stammenden Verständnis der Konjunkturtheorie.*

Diese Option, obwohl sehr verbreitet, führt letztlich zu gar nichts, und Teilen der Orthodoxie dämmert dies auch allmählich.[76] Ein philosophisch reflektierter Ökonom würde argumentieren, dass das kanonische DSGE-Modell eben deshalb eine so bizarre Form annimmt, weil seine mikroökonomischen Fundamente bewahrt werden sollen – aufgrund des unumstößlichen Gebots, dass neoklassische Makro- und Mikroökonomik eine in sich geschlossene Theorie darzustellen haben. Die vielen neueren Versuche, das Modell durch fragmentarische Ergänzungen »realistischer« – oder vielleicht für die Neukeynesianer politisch annehmbarer – zu machen, widersprechen sich letztlich selbst, weil sie auf die Abschwächung oder sogar Annullierung der von Anfang an gesetzten mikroökonomischen Fundamente zielen. So kommt es erneut dazu, dass Wirtschaftswissenschaftler unbekümmert zugleich A und Nicht-A behaupten. Abermals wird das Kaninchen mit der einen Hand in den Zylinder gesteckt und mit der anderen wieder hervorgezaubert: Das Ergebnis sind Modelle, die erheblich fragwürdiger und willkürlicher ausfallen, als es der Fall gewesen wäre, hätte man ihnen von vorneherein verwirrte heterogene Akteure, dubiose Banken, trügerische Derivate, mit Informationsvermittlung überforderte Märkte und all die anderen üblichen Verdächtigen in puncto Krisenverursachung zugrunde gelegt und auf die neoklassische Schaufensterdekoration sowie das Bekenntnis zum »Gleichgewicht« verzichtet. Ließe man solche Revisionen zu, würde man jedoch zu Modellen gelangen, die der Lucas-Kritik viel drastischer widersprächen als die früheren keynesianischen Modelle, die orthodoxe Makroökonomen aus ganzem Herzen hassen. Hinzu kommt die quälende Sorge, ähnlich wie durch eine Infragestellung von Gleichgewichten und Wohlstandsindizes könne der Formalismus dabei zuschanden gehen. Ein »realistischeres« DSGE-Modell entpuppt sich somit als Widerspruch in sich.

Die zweite, von namhaften DSGE-Kritikern wie Robert Solow und Paul Krugman bevorzugte Option bestand darin, die Uhr auf das Jahr 1969 zurückzudrehen und so zu tun, als hätte es die schließlich im

DSGE-Modell mündenden bitteren Entwicklungen nie gegeben. Dies wurde bisweilen als »Rückkehr zu Keynes« verkauft, obwohl ein Historiker einwenden könnte, dass die amerikanische Wirtschaftswissenschaft dem wirklichen Keynes und seinen Schriften noch nie besonders zugetan war.[77] Doch diese zweite Gruppe erwartete, die öffentliche Debatte werde weiterhin so verlaufen wie während der Turbulenzen von 2008, als noch kein Mensch an das DSGE-Modell dachte. Wie der Wirtschaftshistoriker Greg Clark beobachtete:

> »Die Debatte über die Bankenrettung und das Konjunkturprogramm hat sich ausschließlich um Fragen auf dem Niveau eines volkswirtschaftlichen Grundkurses gedreht. Wie groß ist der Multiplikator von Staatsausgaben? Verdrängen Staatsausgaben private Ausgaben? [...] Wer den entsprechenden Kurs am College mit einer eins abgeschlossen hat, ist in dieser Debatte ein Experte – einem Summers oder Geithner vollkommen ebenbürtig.«[78]

Die zweite Option war, wenn überhaupt, noch weniger plausibel als die Revision des DSGE-Modells. Eher würden die meisten Makroökonomen das Fach wechseln, als die völlige Nutzlosigkeit ihrer technischen Raffinesse einzuräumen und die zu Füßen von Robert Lucas und Thomas Sargent gelernten Lektionen zu vergessen. Die Disziplin ist von Leuten bevölkert, denen eine Verachtung für jede Keynes-Lektüre eingehämmert wurde und die der festen Überzeugung sind, dass die Modelle der Sechzigerjahre, etwa die altmodischen IS-LM- und Phillips-Kurven, vollkommen zu Recht auf dem Müllhaufen der Geschichte gelandet sind. Doch selbst wenn irgendein Zauberstab ihre generationenalte Trägheit verscheuchen würde und man noch einmal 1969 anfangen könnte, wäre keineswegs gewährleistet, dass die neoklassische Orthodoxie diese Modelle nicht erneut zurückweisen würde. Denn in einer Hinsicht hatten Lucas und Sargent recht: die damalige »keynesianische« Makroökonomie war tatsächlich mit der neoklassischen mikroökonomischen Theorie logisch unvereinbar – und zumindest in Amerika verzichtete man in diesem Fall lieber auf Keynes als auf die allgemeine Gleichgewichtstheorie. Somit sind wir auf einem längeren Umweg wieder bei der Hauptlektion dieses Abschnitts angelangt: Der wirkliche Streitpunkt ist nicht das DSGE-Modell an sich, sondern die Legitimität der neoklassischen Mikroökonomik.

Der US-Kongress verspielte bei der Anhörung von 2010 unter anderem dadurch die Gelegenheit, zu verstehen, wie das DSGE-Modell die Vorherrschaft erlangen konnte, dass er keinen Historiker oder Methodologen um einen Metakommentar zu den seltsamen Erklärungen der eingeladenen Wissenschaftler bat. Ein solcher Zeuge hätte vielleicht nicht nur die scheinbar eigenständigen Positionen von Solow, Chari, Page und Winter in ihren Kontext gerückt und ferner angemerkt, dass das Fehlen einer substanziellen Alternative zur Neoklassik in der Anhörung kein Zufall war, sondern außerdem die Mitschuld des Staates an der theoretischen Monopolstellung dieses Modells thematisiert. Worum es dabei gegangen wäre, zeigt eine andere Anhörung, die im März 1981 vor *demselben Ausschuss* stattfand und sich mit dem Vorhaben der Regierung Reagan befasste, die Fördermittel der National Science Foundation (NSF) für die wirtschaftswissenschaftliche Forschung zu kürzen. Der Harvard-Ökonom Zvi Griliches erklärte bei dieser Anhörung:

> »Wer auch immer diese Kürzungen vorgeschlagen hat, es ist eine traurige Ironie, dass er nicht einmal sieht, dass die meisten neueren ›konservativen‹ Ideen in der Wirtschaftswissenschaft – über die Wichtigkeit ›rationaler Erwartungen‹ und die Ohnmacht konventioneller makroökonomischer Politik, die Fehlanreize verschiedener Einkommensbeihilfen, den Umfang der Last der Regulierung und die Argumente für eine Deregulierung – allesamt aus NSF-geförderten Studien hervorgegangen sind oder durch sie unterstützt wurden.«[79]

Griliches sprach nur aus, was auf der Hand liegt: »Seriöse« Ökonomen produzieren – im Rahmen ihrer theoretischen Traditionen – das von den Auftraggebern gewünschte Wissen, und zu diesen Auftraggebern zählen neoliberale Figuren im Staatsapparat sowie ihre Verbündeten in bestimmten angesehenen Wirtschaftsfakultäten und Denkfabriken. Die Abgeordneten sollten heute nicht so tun, als wäre das DSGE-Modell ahnungslosen Regulierungsbehörden und einer unschuldigen Öffentlichkeit von gebieterischen Ökonomen aufgedrängt worden. Weitgehend bekamen die Amerikaner genau das, wofür sie bezahlt hatten.

Die hohe Theorie als Retterin

Es scheint somit, dass die von Journalisten aufgebauschten Bemühungen um eine »Reparatur« der orthodoxen neoklassischen Theorie kaum nennenswerte Ergebnisse zeitigten. Ob beabsichtigt oder nicht: Ihr Effekt bestand darin, die Bevölkerung zu dem Eindruck zu verleiten, neoklassische Ökonomen würden für ihre Sünden pflichtgemäß Buße tun und frühere Auffassungen überdenken, obwohl nichts dergleichen geschah. Da bereits die Vorstellung, Nobelpreisträger seien aufgrund ihrer weihevollen Auszeichnung für eine grundlegende Erneuerung der Wirtschaftswissenschaften besonders geeignet, an Irrwitz grenzt, und eben diesen Nobelpreisträgern aus bereits geschilderten Gründen eine bedeutsame Rolle in den Geschichten der Journalisten zufiel, stand das triste Ergebnis letztlich von vornherein fest. Die Verhaltensökonomik, der Abschied von der Effizienzmarkthypothese und die Flickschusterei am DSGE-Modell waren allesamt völlige Fehlschläge. Eben damit wurde der Agnotologie aber ein Dienst erwiesen: Die Blogs widmeten sich eifrig belanglosen Themen, und die Journalisten gingen auf Gespensterjagd.

Eric Maskin veranstaltete im Juni 2011 eine »Summer School« in Jerusalem, um die vermeintlichen Glanzleistungen orthodoxer Krisendeutung zu präsentieren – es lohnt sich, den Videomitschnitt anzuschauen.[80] Wie nämlich schnell deutlich wird, ließen die versammelten Theoriefürsten, als sie ihre Krisenanalyse in zehn Minuten zusammenfassen mussten, alle raffinierten Modelle und technischen Details kurzerhand fahren und griffen auf recht simple, bereits aus der Presse bekannte Erklärungen zurück. Nobelpreisträger machten zumeist eine wesentlich schlechtere Figur als Leute mit gewissen relevanten Erfahrungen. In klarsichtigen Momenten realisierten Teilnehmer, dass Verallgemeinerungen deutlich weniger Gültigkeit besitzen als viele Theoretiker meinen. Im Zeichen der Kompromissbereitschaft bedauerte ein illustrer Ökonom, dass »wir« die wirklichen Ursachen der Krise nicht kennen, und als fünf Teilnehmer mindestens acht verschiedene Krisengründe nannten, riet ein anderer zu mehr Bescheidenheit.[81]

Diese Veranstaltung verdeutlicht meines Erachtens etwas sehr Wichtiges: Die Konstruktion neoklassischer mathematischer Modelle im 21. Jahrhundert ist ein recht eigentümliches Vergnügen für Menschen mit extravagantem Geschmack; niemals sollte man sie mit einer Erklärung des realen wirtschaftlichen Geschehens verwechseln. Häufig scheinen die Modelle ohnehin nur eine nachträgliche Rationalisierung für Positionen zu bieten, zu denen die Wissenschaftler auf anderem Wege gelangt sind. Das bedeutet nicht, dass sie gänzlich überflüssig wären; in erster Linie demonstrieren sie jedoch, dass es beinahe unmöglich ist, landläufige Vorstellungen von Krisenursachen in neoklassischen Modellen unterzubringen und zugleich dem unverrückbaren orthodoxen Gebot zu gehorchen, die Existenz eines – im Idealfall eindeutigen – Gleichgewichts nachzuweisen.

Neoliberale Agnotologie der harten Art

Wir haben eine beschwerliche Tour de Force durch die theoretische Kritik an neueren orthodox-neoklassischen Krisenmodellen hinter uns gebracht. Schön war es nicht. Warum soll man sich mit solchen Mainstream-Geschichten abquälen? Vielleicht erkennt der Leser an, dass ich bewusst diejenigen Abweichungen innerhalb der Orthodoxie ausgewählt habe, die in den Nachwehen der Krise von Journalisten und Bloggern am ausgiebigsten diskutiert wurden – die potemkinschen Kontroversen, die in der öffentlichen Debatte den meisten geistigen Sauerstoff eingesaugt haben. Was man in dieser leidvollen Geschichte allerdings vermissen könnte, sind Beweise für die zu Beginn des Kapitels aufgestellte Behauptung, die daraus resultierende Verwirrung diene den Zwecken des Neoliberalen Denkkollektivs, das seine politischen Ziele auch durch die Verbreitung von Zweifel und Konfusion verfolgt. Wir sind zwar einzelnen MPS-Mitgliedern und Think-Tank-Vertretern begegnet, aber das ist bei einem Streifzug durch die heutige Ökonomenzunft auch zu erwarten. Ein unvoreingenommener Beobachter könnte deshalb einwenden, es gebe gar keine Hexenmeister, die dieses *ballet mécanique* hinter den Kulissen dirigieren. Vielleicht handelt es sich einfach um gewöhnliches Wunschdenken, trüben theoretischen Konservatismus und wirre Reaktionen, wie sie jede Gruppe, die ein Schock von den Ausmaßen der aktuellen Krise trifft, an den Tag legen würde.

Anstand und Besonnenheit verlangen, dass wir unsere Gegner wohlwollend behandeln und Verschwörungstheorien vermeiden. Allerdings ziehen wir einen Fall von Agnotologie hier deshalb in Betracht, weil inzwischen selbst in etablierten Medien offen darüber spekuliert wird, dass Krisenanalysen seit geraumer Zeit aus zwielichtigen Motiven heraus manipuliert werden. Zitieren wir nur zwei unverdächtige Quellen. Die erste ist ein Beitrag von Joe Nocera, Finanzjournalist bei der *New York Times*:

»So also funktioniert die Große Lüge. Zunächst legt man eine oberflächlich betrachtet plausible Hypothese vor. Dann sucht man sich einen Verbündeten, dessen Hintergrund ihn als ›Experten‹ ausweist; er saugt sich die passenden ›Daten‹ aus den Fingern. Man schreibt Artikel für sympathisierende Publikationen, in denen man die Daten endlos wiederholt; einige dieser Publikationen übernehmen die Hypothese mit der Zeit. Ähnlich denkende Kongressabgeordnete greifen das Mantra auf und man wird zu Anhörungen eingeladen. Man wird für einen Untersuchungsausschuss zu einem verwandten Thema ausgewählt. Wenn andere Mitglieder, nach Begutachtung der Belege, die Hypothese zurückweisen, behauptet man, sie täten dies aus ideologischen Gründen. Auch dies wiederholen die Verbündeten. Aus dem so geschaffenen Resonanzraum erklingen bald abweichende Meinungen; sogar Präsidentschaftskandidaten beginnen die Große Lüge zu wiederholen.«[82]

Paul Krugman, unsere zweite Quelle, pflichtete Nocera bei:

»Im Grunde gelangt Joe zu der Einschätzung, die ich seit dem Jahr 2000 vertrete: In der Diskussion über die Wirtschaft (und andere Fragen, etwa die Rechtfertigung von Kriegen) geht es nicht einfach darum, dass unterschiedliche Leute dieselben Fakten betrachten, aber zu unterschiedlichen Schlüssen kommen. Stattdessen stehen wir vor der Situation, dass das eine Lager in der Debatte schlichtweg kein Interesse an der Wahrheit hat und die vermeintliche Wissenschaft in Wirklichkeit nur Propaganda darstellt.

Wer das festhält, gilt natürlich als ›schrill‹ und wird als voreingenommen denunziert; es wird erwartet, dass man so tut, als hätten wir eine zivilisierte Diskussion zwischen Leuten mit guten Absichten. Ferner wird erwartet, dass man Republikaner und Demokraten gleichermaßen attackiert, so als wären beide gleich verlogen. Tut mir leid, das sind sie nicht. Die Demokraten sind keine Engel; sie sind Menschen und mitunter korrupt – aber sie betreiben nicht ununterbrochen eine Lügenmaschine, wie es die heutigen Republikaner tun.«[83]

Nocera und Krugman können schwerlich als großspurige Blogger abgetan werden. Allerdings ist das Phänomen, das sie skandalisieren und den Republikanern anlasten wollen, wesentlich komplexer und schwerwiegender als irgendein parteipolitischer Streit oder machiavellistischer Trick: Wie sollte es als weltweites Phänomen auch ein »republikanisches« Komplott darstellen? Viele NDK-Mitglieder verachten republikanische Politiker sogar zutiefst. Eine Handvoll staatsnahe Think-Tanks allein wäre kaum zu einer permanenten Lähmung unseres Denkens imstande. Außerdem legt die Rede von einer »Großen Lüge« eine Verwandtschaft mit der Propaganda im Kalten Krieg nahe; doch wie wir wiederholt unterstrichen haben, lässt sich das gegenwärtige Phänomen mit konventionellen Vorstellungen von Propaganda nicht einmal ansatzweise erfassen.

Das Politikverständnis von Krugman und Nocera fällt angesichts des umfassenden Charakters der globalen Krise viel zu provinziell aus. Da sie sich häufig als Meister der nüchternen, schonungslosen Analyse der Wirklichkeit erweisen, befremdet es, wie sie an der Durchdringung der mehrgleisigen Anstrengungen, den öffentlichen Diskurs in bestimmte Richtungen zu lenken, scheitern und sich von deren merkwürdigen Schlenkern verwirren lassen. Vielleicht schlimmer noch: Einen Krugman würde es bestimmt aus der Fassung bringen, würde man ihm mitteilen, dass er genauso ein Rädchen in dieser Maschine ist wie John Cochrane oder irgendein anderes schwarzes Schaf. Eben deshalb mussten wir in Kapitel 2 darauf beharren, dass die zentrale Doktrin des Neoliberalismus in der unhinterfragbaren Überlegenheit des Marktes der Ideen besteht, allerdings gestützt auf den Begriff eines Marktes, der *unablässiger Überwachung und Interventionen* bedarf; deshalb haben wir in Kapitel 4 nachgezeichnet, wie die Neoklassik mehr und mehr unter die Fuchtel des Neoliberalismus geraten ist, ob sie dies anerkennen mag oder nicht; und deshalb wurde im vorliegenden Kapitel gezeigt, dass sich Krugmans Analysen kaum von den oberflächlichen Nullachtfünfzehn-Reaktionen der übrigen Zunft auf die Krise unterscheiden. Um zu verstehen, wie das NDK sowohl Wissen wie Unwissenheit über die Krise effektiv herstellt, müssen wir uns den Prinzipien der Agnotologie zuwenden.

Agnotologie nimmt viele Formen an. Sie kann sich in einem kleinen Nebenschauplatz in der großen Kakofonie des Internets erschöpfen oder auch in einem Vorwurf von Interessenkonflikten, der die Öffentlichkeit nur von den wirklichen Interessen ablenkt, die in der betreffenden Angelegenheit im Spiel sind. Doch die Praxis der Agnotologie, die eine langfristige Wirkung entfaltet, operiert auf einer viel tieferen Ebene des Wissens. Weit über die Diskreditierung dieser oder jener Person hinausgehend, soll sie Dinge, die wir für selbstverständlich halten, fragwürdig erscheinen lassen und umgekehrt ein ganz gezielt konstruiertes Narrativ als selbstverständlich proklamieren. Der Öffentlichkeit stellt sich dies nicht als offene, schrille Propaganda dar, sondern als befreiend, als Erweiterung des Spektrums zulässiger Erklärungen in einer Zeit der Streiterei und Unklarheit. Die Prozedur besteht aus zwei Schritten: Zunächst gilt es in der öffentlichen Diskussion über den geeigneten Rahmen für eine Kontroverse möglichst viel Störgeräusche zu erzeugen; sodann muss der Eindruck entstehen, dass das gewünschte Zielnarrativ von einer Vielzahl anerkannter Stimmen gleichzeitig vertreten wird – je allgegenwärtiger es ist, umso zwingender erscheint es. Damit die Rechnung aufgeht, muss man beides tun: den Eindruck von Unentschiedenheit und Zweifel auf Seiten der Experten verstärken und das gewünschte Narrativ als eines darstellen, das Beachtung verdient. Der Zweifel ist das Produkt, der schließlich hergestellte Konsens aber der Profit des Unternehmens.

Deshalb behaupte ich, dass der Wahnsinn Methode hat – dass sich hinter dem Wirrwarr und Tumult ein Ziel verbirgt: Er hilft zu großen Teilen die erste Phase im agnotologischen Drehbuch einzuläuten. Unabhängig von individuellen Motiven fördern die larmoyanten Exkulpationen der orthodoxen Ökonomen meistens Zweifel und Skepsis in der Öffentlichkeit und locken ahnungslose Blogger in Dispute, die zu nichts führen. Die Aufregung um das DSGE-Modell, Rationalitätskonzepte oder die EMH bereiten der Implantation einer oder mehrerer klarer, simpler neoliberaler Alternativen den Boden. Natürlich lässt sich bei solchen technischen Fragen ein direkter Zusammenhang zwischen abstrakter Theorie und den Interessen einflussreicher Gruppen schwer nachweisen (wobei die Beziehung des DSGE-Modells zu seinen Förderern in der Federal Reserve und europäischen Zentralbanken ein Gegenbeispiel sein könnte). Deutlicher als bei den wirkungslosen Bemühungen um eine »Reform« der Orthodoxie tritt der Zusammenhang etwa bei den ungenierten Versuchen zutage, die Erfindung immer obskurerer Derivate als »finanzielle Innovation« zu präsentieren, als eine gleichsam natürliche Wirkkraft wie die gewöhnliche technologische Innovation, die sich frei entfalten muss und Anerkennung verdient. Theoretische Ansätze wie die Verhaltensökonomik oder die Rettung des DSGE-Modells sind in ihrer politischen Stoßrichtung weniger durchsichtig. Die Zusammenhänge stellen sich erst durch mehrere Vermittlungsschritte her – die EMH zum Beispiel drückt insofern die Weltanschauung der Neoliberalen aus, als sie Hayeks zentrale Doktrin des Marktes der Ideen in die stochastischen Formalismen der neoklassischen Finanztheorie übersetzt. Auf den ersten Blick jedoch scheinen Verhaltensökonomik, das DSGE-Modell oder auch Krugmans »Fisher-Minsky-Modell« kaum bestimmten Interessengruppen und ominösen Geldgebern entgegenzukommen, ja in ihrer Ausrichtung nicht einmal besonders neoliberal zu sein.

Die Grundsätze der Agnotologie sprechen dafür, dass die orthodoxe Wirtschaftswissenschaft, indem sie den öffentlichen Krisendiskurs mit Unmengen von Lärm und Zweifeln ausfüllt, neoliberalen Projekten nützt. Solange sie belanglose »Revisionen« der Kernlehre verbreitet und die Leute ablenkt, indem sie ein beruhigendes Umdenken dort vermuten lässt, wo keines stattfindet, und solange sie sogar Fachleute über die angesichts der Krise notwendige Neuorientierung der Disziplin verwirrt, bekommt das NDK für sein Geld eine angemessene Gegenleistung. Das Einzige, was der orthodoxen Zunft zu denken geben könnte, wäre die Entstehung einer fundierten antineoliberalen Theorie, die die Zustimmung einer signifikanten Zahl von Ökonomen gewinnt und so eine wirkliche Herausforderung der neoliberalen Hegemonie darstellt. Bislang ist nichts dergleichen geschehen.

Wodurch ließe sich belegen, dass die orthodoxen Wirtschaftswissenschaftler diese agnotologische Funktion erfüllen? Untersuchen könnte man zum Beispiel, wie es ihnen gelungen ist, in der Phase der Einsparungen nach dem Crash von 2007/08 ihren Gehaltsvorsprung gegenüber allen anderen Disziplinen auszubauen, wie Tabelle 5.1 zeigt. Sollte dies tatsächlich der Leistung des jeweiligen Humankapitals entsprechen? Wenn die Ökonomen, wie wir argumentiert haben, bei der Erklärung der Krise völlig einfallslos waren und stattdessen abgetakelte Motive als neue Erkenntnisse recycelt haben, was könnte dann der Grund für solche üppigen Gehaltssteigerungen sein? Ist ein orthodoxer Wirtschaftswissenschaftler wirklich so viel wertvoller als ein Molekularbiologe? Gewohnheit allein oder auch die verhüllte Drohung der Ökonomen, jederzeit in die Privatwirtschaft abwandern zu können, bieten kaum eine hinreichende Erklärung dafür.

Tabelle 5.1: Gehaltsunterschiede von Professoren gegenüber einem Professor für englische Sprach- und Literaturwissenschaft (1980/81–2009/10)

Studienfach	*1980–81*	*1985–86*	*1991–92*	*1996–97*	*2001–02*	*2005–06*	*2009–10*
Bildende und darstellende Kunst	-8.8%	-9.6%	-7.9%	-9.7%	-11.1%	-12.2%	-12.4%
Erziehungswissenschaften	-4.0%	-8.0%	-1.2%	-0.8%	-2.5%	-3.8%	-4.3%
Fremdsprachen und ausländische Literatur	0.9%	-1.8%	-1.5%	0.5%	-3.9%	-4.5%	-4.1%
Kommunikationswissenschaft	-3.3%	-6.7%	2.6%	1.9%	-2.9%	-3.3%	-3.2%
Philosophie	2.3%	-4.8%	2.0%	1.1%	-2.9%	0.0%	2.1%
Bibliothekswissenschaft	-1.5%	-0.6%	9.9%	6.6%	3.5%	-2.1%	3.6%
Mathematik	7.6%	4.4%	11.0%	11.5%	6.8%	6.8%	7.2%
Psychologie	5.0%	1.6%	9.5%	9.7%	8.3%	9.0%	8.9%
Physik	7.7%	8.0%	14.9%	14.5%	12.8%	12.1%	12.9%
Durchschnitt aller Studienfächer (einschließlich Medizin)	4.8%	5.1%	13.3%	13.9%	12.2%	12.0%	13.4%
Sozialwissenschaften	4.8%	3.2%	9.0%	8.7%	9.2%	14.1%	16.8%
Gesundheitswesen	20.3%	19.8%	34.3%	36.4%	31.3%	18.1%	18.9%
Ingenieurwesen	8.1%	14.3%	29.0%	27.8%	24.0%	24.3%	25.2%
Informatik	13.4%	17.6%	32.2%	28.1%	28.7%	27.5%	28.4%
Wirtschaftswissenschaft	13.9%	11.3%	28.4%	25.7%	26.4%	32.4%	41.2%
Betriebswirtschaft und Management	11.4%	15.2%	33.8%	38.7%	40.8%	46.5%	50.9%
Rechtswissenschaft	33.2%	41.0%	54.2%	58.4%	53.5%	54.0%	59.5%

Quelle: »Faculty Salary Survey by Discipline« Office of Institutional Research and Information Management, Oklahoma State Universität

Die plausibelste Antwort lautet vielmehr, dass die Wirtschaftswissenschaftler für agnotologische Zwecke rekrutiert wurden. Ob es ihnen bewusst ist oder nicht: Das Spektakel folgenloser Disputationen über ohnehin unerhebliche Modelle zählt zu den effektiveren Interventionen in die Öffentlichkeit, weil sie von weitaus beunruhigenderen Erklärungen für die Krise ablenkt – von Erklärungen wie der, dass der Finanzsektor einen Zustand erreicht hat, in dem er die übrige Wirtschaft kannibalisiert; dass die Wirtschaftswissenschaft zur Erfindung und Rechtfertigung der bizarrsten Derivate sowie zur Änderung regulierender Gesetze beigetragen hat; dass die neoliberale Agnotologie mittlerweile selbst die allgemein konsultierten Wirtschaftsstatistiken erfasst hat; dass es »den Markt« nicht gibt, sondern nur ein Gefüge unterschiedlich leistungsstarker Märkte; dass einzelne Märkte in diesem Gefüge Zusammenbruchstendenzen aufweisen, die das gesamte System bedrohen; und dass »Freihandel« die Losung einer Klasse kosmopolitischer Reicher ist, die meinen, sie könnten sich allen lokalen Folgen eines Kollapses des Systems entziehen. Vielleicht sollen die belanglosen Debatten der Wirtschaftswissenschaftler sogar den in Kapitel 6 diskutierten Ansatz der Neoliberalen begünstigen, ein breitgefächertes Spektrum von politischen Vorschlägen zu vertreten.

Die Erzeugung von Lärm im öffentlichen Krisendiskurs bildet somit die erste Phase des agnotologischen Projekts, und ihr Nutzen rechtfertigt die anderweitig unerklärliche Gehaltszulage für das Gros der orthodoxen Wirtschaftswissenschaftler. Doch das ist nur die halbe Geschichte. Die andere Hälfte lässt sich wesentlich genauer dokumentieren.

Phase zwei setzt ein, wenn die Ökonomen offen mit dem Widerspruch kämpfen, dass sie die Öffentlichkeit einerseits zu einem Vertrauen in den Markt, andererseits zu einem Vertrauen in die Ökonomen zu bewegen versuchen. In dieser Phase wurde ein alternatives Krisennarrativ erfunden und verbreitet, und zwar eines, das ansehnlich aufpoliert und vereinfacht gut auf ein Plakat passt und sich für den Teleprompter eignet – und mit den Fingerabdrücken des NDK übersät ist. Natürlich sollte an allem der Staat schuld sein.

Fannie Mae und Freddie Mac waren's!

Man muss es ihm lassen: Das NDK benötigte keine langen Nachtschichten, um die spätere Lieblingsgeschichte der amerikanischen Konservativen auszutüfteln, die die gesamte Krise zu einem hübschen, handlichen Paket zusammenschnürt. Kern des Problems war demnach eine Immobilienblase, deren Platzen gewisse unschöne Folgen hatte. Ein Haufen Versager, der nie die Chance auf ein Eigenheim hätte bekommen dürfen, war in den Genuss von Krediten gekommen. Die Grundlage dafür bildete der 1977 von den Demokraten verabschiedete Community Reinvestment Act (CRA). Und vergeben wurden die Kredite an die Versager von den staatlich geförderten Unternehmen Fannie Mae (offiziell Federal National Mortgage Association) und Freddie Mac (Federal Home Loan Mortgage Corporation). Sowohl auf Nachfrage- wie Angebotsseite hatte die Regierung somit den Hypothekenmarkt durcheinandergebracht, dadurch die Immobilienblase und schließlich den Crash verursacht. Die Schuld für die gesamte Krise lag bei der Regierung. Punkt.

Fannie und Freddie gerieten als recht eigentümliche »staatlich-private« Finanzunternehmen zu Beginn der Krise, als die Preise von Immobilien und hypothekenbesicherten Wertpapieren einbrachen, in akute Schieflage und wurden infolgedessen von der Regierung Bush am 6. September 2008 verstaatlicht. Ein kleiner Schönheitsfehler der neoliberalen Dämonisierung des Staates bestand somit darin, dass sie vorher gar keine rein staatlichen Unternehmen gewesen waren. Erstaunlicher ist allerdings, dass die NDK-Mitglieder Charles Calomiris (Hoover- und Cato Institute) und Peter Wallison (American Enterprise Institute, AEI) einen guten Monat später im *Wall Street Journal* als Erste die Geschichte verbreiteten, Fannie und Fredie hätten sogar *die Krise verursacht.*[84] Dieser Testballon erschien anfangs sowohl denen, die aus nächster Nähe sahen, wie Wall-Street-Giganten gleich Kegeln umfielen, als auch Experten aus beiden politischen Lagern nicht besonders vielversprechend. Alan Greenspan zum Beispiel lehnte die Behauptung, Fannie und Freddie seien die »primäre Ursache« der Finanzkrise, ebenso wie der damalige Chef der Börsenaufsicht, Christopher Cox, ausdrücklich ab. Auch Paul Krugman roch den Braten recht schnell:

»Fannie und Freddie hatten mit der explosionsartigen Zunahme hochriskanter Kreditgeschäfte vor ein paar Jahren nichts zu tun […]. Nach einem rapiden Wachstum in den Neunzigerjahren verschwanden beide auf dem Höhepunkt der Immobilienblase sogar weitgehend von der Bühne. Das lag auch daran, dass die Behörden ihnen in Reaktion auf Bilanzskandale zeitweilig Beschränkungen auferlegten, die ihre Kreditvergabe genau zu Beginn des deutlichen Anstiegs der Immobilienpreise begrenzten.«[85]

An dieser Stelle kamen agnotologische Instrumente ins Spiel. Das NDK gibt eine schmackhafte These nicht gleich auf, nur weil ihr ein paar Fakten widersprechen und sie auf starken Einspruch stößt. Stattdessen schickt es geschwind mehrere Testballons los, beobachtet, woher der Wind weht, und entscheidet sich dann für die, die offenbar in der Luft bleiben und den politischen Verbündeten zupass kommen. Die Fannie/Freddie-Geschichte war nicht die einzige vom NDK in Betracht gezogene Krisenerklärung, aber im Amerika der Nachkrisenzeit machte sie sich prächtig, besonders angesichts der Tea-Party-Bewegung, die ihrerseits von diversen Vorfeldorganisationen der neoliberalen Koch Foundation gekapert worden war. Das Cato Institute unterstützte die Geschichte mit großem Eifer. Dann warf das AEI, angeführt von Wallison, sein Gewicht in die Waagschale, und der mediale Resonanzraum begann zu funktionieren. Natürlich wurden auch zahlreiche Wirtschaftswissenschaftler zur Untermauerung der Geschichte rekrutiert. Doch der wirkliche agnotologische Durchbruch erfolgte, als Gretchen Morgenson, eine scheinbar außerhalb der russischen Schachtelpuppe stehende, angesehene Journalistin – obendrein von der *New York Times*, für die Rechte eine Art Mordor –, auf die Idee verfiel, Fannie und Freddie in einem Buch ebenfalls als böse Zwillinge darzustellen, die für alle Fehlentwicklungen verantwortlich seien.[86] Die wenigen vagen Zahlen, die in dem dürftig belegten, fußnotenfreien Buch angeführt werden, stützen sich größtenteils eindeutig auf die Daten, die Edward Pinto vom AEI zusammenmontiert hatte. Als schließlich auch noch der New Yorker Bürgermeister Michael Bloomberg in seinen Tiraden gegen die Occupy-Wall-Street-Bewegung das Motiv übernahm, war das NDK am Ziel. Beharrlichkeit, Wiederholungen und kleine Finanzspritzen hatten sich ausgezahlt – die Fannie/Freddie-»Erklärung« hatte Eingang in die Blogosphäre und den allgemeinen Diskurs gefunden, besonders republikanische Präsidentschaftskandidaten verhalfen ihr zu immenser Verbreitung. Als die Börsenaufsicht im Dezember 2011 Klage gegen sechs ehemalige Manager von Fannie und Freddie einreichte, durfte Wallison im *Wall Street Journal* triumphierend erklären, er und seine Gefährten hätten recht gehabt.

Diese Abfolge von Ereignissen veranlasste Joe Nocera von der *New York Times* zu seiner bereits oben zitierten Klage über die Verbreitung der »Großen Lüge«:

> »So hat Peter Wallison, Wissenschaftler am American Enterprise Institute und ehemals Mitglied des Untersuchungsausschusses zur Finanzkrise, beinahe im Alleingang den Mythos geschaffen, Fannie Mae und Freddie Mac hätten die Finanzkrise verursacht. Sein Komplize ist ein weiterer AEI-Forscher, Edward Pinto, der vor vielen Jahren die Kreditabteilung von Fannie Mae leitete. Pinto behauptet, bis Juni 2008 seien 27 Millionen ›riskante‹ Immobilienkredite vergeben worden – ›und ein Löwenanteil davon befand sich in den Bilanzen von Fannie und Freddie‹, wie er kürzlich schrieb. Da tut es nichts zur Sache, dass seine sehr weite Definition von ›riskant‹ sowohl Kredite mit extrem niedriger Ausfallrate als auch solche mit einer Ausfallrate von beinahe 30 Prozent umfasst. Diese zweite Gruppe kam durch die unheilige Allianz von Subprime-Kreditgebern und Wall Street zustande. Pintos Zahlen sind die primäre Datenbasis der Großen Lüge.«[87]

Die publizierten Einsprüche waren allerdings selbst an den Standards der Krisenliteratur gemessen meist so schwach, dass man sie kaum sinnvoll zusammenfassen kann.[88] Angreifbar machte sie unter anderem die Tatsache, dass die Zurückweisung der neoliberalen Fannie/Freddie-Erzählung oft mit einer Verteidigung von Praktiken und Struktur der beiden Unternehmen verwechselt wurde – wozu sich kein vernünftiger Mensch, egal welcher politischen Couleur, hinreißen lassen würde. Ein anderer Schwachpunkt war, dass sich fast niemand mit den Details der Geschichte von Fannie und Freddie, endlosen pedantischen Streitereien um die richtigen Zahlen oder anderen von Journalisten und Bloggern häufig übersehenen Feinheiten abmühen mochte. Zum Beispiel stimmt es zwar nachweislich, dass die Hypothekenverbriefung vor mehreren Jahrzehnten von Fannie und Freddie erfunden wurde – weshalb sie aber noch lange nicht für alle obskuren Weiterentwicklungen verantwortlich sind, zu denen sie häufig auch Abstand hielten. Eine Krisendeutung, die auf eine Postkarte passt und potenzielle Stolpersteine kurzerhand ausspart, galt dem NDK als der Heilige Gral. Und schlussendlich funktionierte der Trick.

Der wichtigste Einwand gegen die Fannie/Freddie-Erzählung lautet, dass beide von 2002 bis Ende 2006 auf dem Subprime-Markt Anteile an Privatunternehmen verloren – denn die Haupttriebkraft hinter dem Subprime- und Immobilienboom der Nullerjahre war die privatwirtschaftliche Verbriefungsmaschine. Darüber fanden die wirklich erbitterten Schlachten zwischen den neoliberalen Think-Tanks und ihren Gegnern statt. Die Fakten scheinen jedoch eindeutig: Laut Zahlen der Fed ging der Marktanteil von Fannie und Freddie ab 2002 zurück, während private Anbieter von hypothekenbesicherten Wertpapieren und andere Finanzinstitute ihren Anteil von den Neunzigerjahren deutlich und ab 2002 in noch höherem Tempo ausbauten.[89] Wie die meisten Analysten um 2006 bemerkten, hatte dies den Grund, dass Fannie und Freddie das riskantere Subprime-Segment des Marktes mieden, und dies auch aufgrund ihrer staatlichen Richtlinien, die auf die Vermeidung von Kreditausfällen zielten. Bernanke argumentierte vor der Krise sogar, der CRA sei wirkungslos, weil weniger als 30 Prozent des Portfolios der beiden Unternehmen auf Immobilienkredite für im weitesten Sinne einkommensschwache Gruppen entfielen.[90] Wie Moody's 2006, unmittelbar vor dem Platzen der Blase, berichtete: »Freddie Mac hat (zusammen mit Fannie Mae) auf dem Sekundärmarkt für Hypotheken lange Zeit eine zentrale Rolle gespielt. In den vergangenen Jahren haben beide Unternehmen auf dem Gesamtmarkt Anteile verloren, weil Verbraucher zunehmend Kredite mit flexiblen Zinsraten und andere hybride Produkte bevorzugen.«[91]

Kongressabgeordnete drängten Fannie und Freddie zwar zu einem stärkeren Engagement auf dem Subprime-Markt, allerdings erst kurz vor dem Platzen der Immobilienblase. Wie viele minderwertige Kredite die beiden Unternehmen in diesem kurzen Zeitraum aufhäuften, ist höchst umstritten. Ein wichtiger Einwand gegen die neoliberale Erzählung, die Demokraten hätten sie auf Abwege geführt, lautet in jedem Fall, dass weder Fannie noch Freddie einen Kurswechsel bekanntgaben, sondern solche riskanten Geschäfte wenn überhaupt zu niedrig auswiesen. Das ist ein Hauptgrund dafür, dass die meisten Analysten die Immobilienblase auf die Privatwirtschaft zurückführen, besonders auf spezialisierte Subprime-Anbieter wie Countrywide und Ameriquest und die Finanzinstitute, die solche Hypotheken zu undurchsichtigen Wertpapieren bündelten; selbst profitable Tochterfirmen von »Industrieunternehmen«, etwa die Autobank GMAC und GE Capital, Teil von General Electrics, gerieten dadurch ins Straucheln. Folglich »war die stärkste Triebkraft hinter dem Subprime-Boom die Verbriefung«.[92]

Ein weiterer Einwand gegen die neoliberale Erzählung lautet, dass sich auch auf dem Markt für Geschäftsimmobilien eine Blase bildete, an der Fannie und Freddie gar keine Schuld tragen konnten. Dieser Trend ging Hand in Hand mit einem anderen in den Großbanken: Wachsende Teile ihres Gewinns erwirtschafteten sie nicht mehr durch die eigentliche Kreditvergabe, sondern zum Beispiel mit Gebühren für das Bündeln von Hypotheken (oder auch Zahlungsansprüchen aus dem Kreditkartengeschäft, Automobilkrediten oder Darlehen für Studenten) zu forderungsbesicherten Wertpapieren, dem Verkauf solcher Wertpapiere oder auch der Gründung von Zweckgesellschaften, die sie als forderungsbesicherte Schuldverschreibungen abermals neu verpackten. Einer Schätzung zufolge stiegen die Einnahmen der Geschäftsbanken aus solchen Aktivitäten von 24 Prozent des Gesamtgewinns im Jahr 1981 bis 1990 auf 31 Prozent und bis 2003 auf 48 Prozent.[93] Da überdies der Konzentrationsprozess auf dem Hypothekenmarkt drastisch voranschritt, sodass die 25 größten Anbieter 2007 rund 90 Prozent des Marktes kontrollierten, setzte sich in der Interpretation der Vorgänge allmählich der Konsens durch, dass der Hypothekenboom Teil eines umfassenden Wandels des privaten Finanzsektors war – und nicht durch Trickserein und falsche Angaben einer neuen Schicht von Immobilienkäufern entstand.

Damit die neoliberale Fannie/Freddie-Geschichte aufging, musste dieser entstehende Konsens zurückgedrängt werden. Eine wichtige Arena, in der dies auch tatsächlich gelang, war der Untersuchungsausschuss des Kongresses zur Finanzkrise. Letztlich setzte sich gegen eine Flut von sachhaltigen Analysen, und das endlose Kauderwelsch der Ökonomen, die sture Beharrlichkeit des NDK durch, das den öffentlichen Diskurs prägen konnte. Ist es ein Wunder, dass unter Leuten, die sich nicht näher mit der Krise befasst haben, der Eindruck vorherrscht, schuld sei der Staat, und irgendwie steckten hinter allem Fannie und Freddie?

6

Einblicke in das neoliberale Drehbuch

Nachdem ich mehrere hundert Seiten lang argumentiert habe, die Ökonomenzunft habe sich durch ihr Verhalten in der Krise als hoffnungslos korrupt erwiesen, und dem Neoliberalen Denkkollektiv sei es gelungen, die durch den Niedergang der Wirtschaftswissenschaft entstandene Leerstelle im politischen Diskurs vollständig auszufüllen und so die Krise zu überstehen, mag es überraschen, wenn ich nun zunächst einem bekannten Mitglied der Mont Pèlerin Society (eingeschränkt) zustimme. Hernando de Soto erklärte im Rückblick auf die Krise, es sei bei ihr »nicht um Blasen, sondern um die Organisation von Wissen« gegangen.[1] Für ein NDK-Mitglied war dies natürlich nicht ganz untypisch: Der Neoliberalismus stellte in der Geschichte reaktionärer Bewegungen schon immer insofern einen Sonderfall dar, als er auf der Einsicht beruht, dass seine zentralen Überzeugungen nicht einfach »konservativ«, kapitalistisch oder traditionalistisch, sondern epistemologischer Natur sind. Dennoch scheint mir de Sotos Bemerkung mehr zu offenbaren, als er selbst vielleicht einräumen würde. Sie verweist auf die durch den Triumphzug des Neoliberalismus aufgeworfene Schlüsselfrage: Was ist es eigentlich, das Märkte in den Augen ihrer Gegner überhaupt an »Wissen« bereitstellen können, und umgekehrt, was können Menschen wissen, das nicht in den Bereich dieser Märkte mit ihrer vermeintlichen Allwissenheit und Fähigkeit zur Informationsverarbeitung fällt? Inwieweit kann sich ein zukunftsorientiertes politisches Programm auf bestimmte wirtschaftliche Fähigkeiten und Kompetenzen stützen, die sich nicht auf simples Profitstreben reduzieren lassen?

In den Tausenden von Büchern und Artikeln zur bis heute andauernden Krise ist es zu einem faden Ritual geworden, abschließend mit einem Maßnahmenkatalog zur Überwindung der Misere aufzuwarten. Auch darin weicht das vorliegende Buch von der bisherigen Literatur ab. Es ist Zeit anzuerkennen, dass sich das Pflichtgenre der markigen Programme als traurig wirkungslos, wenn nicht gar als Ausdruck immenser Naivität erwiesen hat. Herzerwärmende Appelle à la »Vergesst die

Krise! Warum wir jetzt Geld ausgeben müssen« sind zum untrüglichen Kennzeichen für den Trug, den faulen Zauber einer weithin zweifelhaften Riege von Wirtschaftswissenschaftlern geworden. Die Neoliberalen haben im Angesicht dieser Kakofonie auch deshalb gesiegt, weil die Patentrezepte ihrer nominellen Gegner von erheblicher Ahnungslosigkeit zeugen. Immer wieder hat sich der Widerstand gegen die neoliberale Welle Hilfe von der orthodoxen Wirtschaftslehre erhofft, und immer wieder hat diese ihn im Stich gelassen. Jenseits der Orthodoxie hat sich selbst das Plädoyer für eine Rückkehr zu Keynes, Marx oder Minsky als Allheilmittel gegen die Krise als gehaltlos entpuppt. Nicht nur fehlen der Linken klare politische Ziele, auch hat sie sich wiederholt über den Charakter des neoliberalen politischen Projekts getäuscht und wurde folglich von ihm kooptiert, sofern die Folgen nicht noch schlimmer ausfielen. Dieses Buch predigt eine einfache Botschaft: Kenne deinen Feind, bevor du dich Tagträumereien über eine bessere Welt hingibst. In dieser einen Hinsicht hatte Carl Schmitt recht.

Die Privatisierung des Protests und die Occupy-Bewegung

Das gegenwärtige Problem linker politischer Bewegungen, was immer der umnebelte Begriff heute bezeichnen mag, lautet, dass sie in Diskussionen über die Krise in die Falle einer hoffnungslosen Rückwärtsgewandtheit getappt sind: Sie predigen die »Rückkehr« zu einer wirklichen »Regulierung«, zur Gestalt des Staates, wie er Mitte des 20. Jahrhunderts existierte, zu einer »gerechten«, weniger ungleichen Einkommensverteilung oder auch Schuldenerlasse und eine weniger stark vom Finanzsektor dominierte Wirtschaft ähnlich wie in der unmittelbaren Nachkriegszeit. Manche pflegen eine Nostalgie für den New Deal, andere idealisieren die Sechzigerjahre. Damit fallen sie hinter eine Binsenweisheit zurück, die Konservative schon lange begriffen haben: »Um die Ordnung zu retten, muss der Konservative sie neu erschaffen.«[2] Namentlich die Neoliberalen sind der Linken durch die Einsicht überlegen, dass es kein Zurück gibt – vor allem deshalb, weil sie bestimmte politische Veränderungen selbst unumkehrbar gemacht haben. Um nur ein bezeichnendes Beispiel zu nennen: Wenn die Hunderte von Lobbyisten und die mit Millionenbeträgen geförderten Kampagnen nicht mehr ausreichen sollten, um jede Reform des amerikanischen Finanzsektors zu blockieren, würden sich die Banker einfach auf die zweite Verteidigungslinie zurückziehen, jedes Reformgesetz verstoße gegen das NAFTA- und andere »Freihandelsabkommen«, die im Rahmen einer transnationalen neoliberalen Ordnung in der Vergangenheit unterzeichnet wurden.[3]

Es mag unhöflich klingen, doch die Implosion der Occupy-Bewegung von 2011/12 war in erster Linie der seit Langem diskreditierten Vorstellung geschuldet, politisches Handeln könne ohne jede theoretische Orientierung und Unterscheidung von kurz- und langfristigen Zielen Kontinuität und Wirkungskraft erreichen. Man muss sich vergegenwärtigen, dass das erste Occupy-Wall-Street-Camp am 17. September 2011 durch einen Aufruf von Adbusters entstand, einem »globalen Netzwerk von *culture jammers*« aus Vancouver, das sich um ein Medienkollektiv und ein Hochglanzmagazin schart. Ihr Gründer Kalle Lasn erklärte: »Wir versuchen eine neue Form von sozialem Aktivismus zu entwickeln, die die Macht der Massenmedien dafür einsetzt, nicht Produkte, sondern Ideen zu verkaufen.« Auf der Adbusters-Website wird verkündet: »Der Sinn des Lebens ist es nicht, sich selbst zu finden, sondern sich zu verlieren.«[4] Neoliberalere Einstellungen sind kaum vorstellbar. Auf der Website findet sich auch eine Rubrik Wirtschaftswissenschaften, in der Paul Samuelson, George Akerlof, Joseph Stiglitz und Herman Daly als »Querdenker« vorgestellt werden. Kalle Lasn Associates hat außerdem das Gegen-Lehrbuch *No More Bull Shit. Die Zukunfts-Werkstatt für die 99 Prozent* veröffentlicht, das unter anderem Beiträge von George Akerlof und Joseph Stiglitz enthält; wenigstens die Illustrationen sind radikal.[5] Ähnliche Ideen verbreitet ein Buch mit dem seltsamen Titel *Occupy Handbook*, für das Raghuram Rajan, Tyler Cowen, Martin Wolf, David Graeber, Jeffrey Sachs und Robert Shiller Texte beisteuerten.[6] Entzückt von der millenaristischen Idee eines Neuanfangs, und ohne jede Ahnung von der Geschichte von Protest und politischer Organisierung, machten Neoliberale und neoklassische Ökonomen im Nu jede politische Neugier und radikale Neigung zunichte, die die gutmeinenden Protestierer möglicherweise gehabt hatten. Die Rebellen schimpften gegen die Macht der Konzerne, ohne zu wissen, wie sie funktioniert. Das Ergebnis war wie vorherzusehen ein Scheitern auf ganzer Linie. Zum Beispiel gelang die proklamierte Besetzung der Wall Street zu keinem Zeitpunkt – das Camp im Zuccotti Park befand sich mehrere Straßen weiter entfernt. Als der Sicherheitsapparat binnen weniger Tage an mehr als 18 Orten in Aktion trat, wurde am 15. November 2011 auch der Zuccotti Park geräumt und die Bewegung brach praktisch zusammen.

Couragierte Aktivisten erfanden zwar neue Formen zivilen Ungehorsams, griffen in ihren Tweets und Blogs jedoch meist auf Motive zurück, die wir bereits von den üblichen Verdächtigen in diesem Buch kennen. Sofern sie nicht, wie mit dem Aufruf zur »Rückeroberung des amerikanischen Traums«, offen an eine untergegangene Welt appellierten, propagierten sie »Reformvorschläge« aus den Achtzigerjahren wie die Tobin-Steuer auf Finanztransaktionen, eine »Fairness-Regel« für politische Reklame oder die letztlich wirkungslose öffentliche Finanzierung von Wahlkämpfen. Trotz aller Hitze der Bewegung waren die Debatten über die Krise und den Finanzsektor weitgehend von rückwärtsgewandten Bestrebungen und Nostalgie für seligere Zeiten beherrscht. Slogans wie »Wir sind die 99 Prozent« verwechselten Breite mit Demokratie: Sie sollten möglichst inklusiv wirken und blieben zahnlos. Außerdem fiel der sehnsüchtige Blick zurück selektiv aus. Die Occupy-Bewegung verschmähte engere Beziehungen zu den Gewerkschaften, nur um im Mai 2012 ihren Traum eines eigenen Generalstreiks zerrinnen zu sehen. Eine obsessive Angst vor Vereinnahmung durch politische Organisationen führte letztlich in die völlige Isolierung. Die Protestierer verachteten den Staat, und der Staat revanchierte sich mit Überwachungsmaßnahmen, Verhaftungen und einer Neutralisierung ihrer Medienpräsenz. Stark libertär, »anarchistisch« und neoliberal geprägt, meinte die Bewegung, endloses Diskutieren und Gestikulieren auf Vollversammlungen sei hinreichend für nachhaltigen politischen Erfolg – und wusste keine Antwort auf Polizeieinsätze, juristische Schikanen, ihren organisatorischen Zusammenbruch und das flüchtige Medieninteresse. Sehr bald realisierte sie enttäuscht, dass die politische Spielart von »spontaner Ordnung«, zu der sie sich bekannte, gescheitert war.[7] Trotzdem hielten die Beteiligten offenbar an der Überzeugung fest, im Leben, zumal in Nähe von Kameras, gehe es vor allem darum, sich selbst auszudrücken, anstatt sich mit langem Atem für ein durchdachtes politisches Projekt einzusetzen. Wie ein Journalist bemerkte: »Sie sahen sich als eine Gegenkultur, und um dies zu bleiben, durften sie sich nicht von der Kultur infizieren lassen, die sie ablehnten [...]. Die Anliegen der Kerngruppe von Aktivisten waren insofern eher kulturell als politisch, als sie den Blick der Menschen auf ihr eigenes Leben verändern wollten.«[8] Das allerdings würde voraussetzen, überhaupt einen klaren Begriff der neoliberalen Existenzweise zu haben. Das »menschliche Mikrofon«, Markenzeichen der Bewegung, zeugte von einer Orientierung an Medientechnologien, nicht an gemeinsamer politischer Mobilisierung, und die Faszination für Twitter, Facebook und andere neoliberale Social-Media-Technologien des Selbst von mangelnder Vertrautheit mit den Ideen des nominellen Gegners.

Tatsächlich scheint mir das offenkundige Scheitern der Occupy-Bewegung die Relevanz der im 3. Kapitel entfalteten These zu belegen: Die neoliberale Weltanschauung hat die heutige Kultur derart durchdrungen, dass gutmeinende Aktivisten, als sie auf die katastrophalen Fehlentwicklungen des Weltwirtschaftssystems aufmerksam machen wollten, ihre Protestcamps ohne das zur Unterfütterung ihrer Anklage nötige Wissen bezogen. Genauso wenig war ihnen klar, was ihre Gegner über Märkte und Politik wussten oder dachten, ganz zu schweigen von dem, was die Märkte selbst über ihren versuchten Widerstand »wussten«. Mit großzügiger Hilfe von Ökonomen, Libertären und allerlei Experten wurden die neoliberalen Tendenzen der Bewegung verstärkt, die ersten Ansätze zu einer politischen Organisierung hingegen, die das NDK effektiv herausfordern könnte, im Keim erstickt.[9]

Der Gedanke, ihr Bild der Realität könne auf dem Kopf stehen, widerstrebt Menschen naturgemäß; das beharrliche Vertrauen auf das eigene Erkenntnisvermögen zählt zu den anrührenden Schwächen der Gattung. Doch wenn Linke handeln wollen, müssen sie sich zunächst damit auseinandersetzen, dass ihre herkömmlichen Vorstellungen von politischem Protest durch Privatisierung und Kommerzialisierung ausgehöhlt wurden. Das beginnt bei ihren Gegnern, betrifft aber auch sie selbst.

Ein hervorragendes Beispiel für diese Metamorphose des Protests bietet die Tea-Party-Bewegung. Nicht nur wurde sie durch professionelles *Astroturfing* seitens einiger großer, dubioser Organisationen wie Americans for Prosperity, American Majority, Tea Party Express und FreedomWorks gesteuert, auch gewann sie einen Großteil ihres Schwungs dadurch, dass sie die Basis dazu ermunterte, als Kleinunternehmer an den zahllosen Kundgebungen, Bustouren, Broschüren, Konferenzen, Protestaktionen und sonstigen Zusammenkünften in irgendeiner Weise Geld zu verdienen.[10] Wie bei einem Pyramidenspiel wurden die Unzufriedenen zunächst von konzernartigen Großorganisationen finanziert und dirigiert, bekamen sodann ein Gefühl der Ermächtigung, indem sie dasselbe in kleinerem Maßstab taten, und wurden schließlich dazu motiviert, neue Leute für die Bewegung zu rekrutieren. Auf der Tea-Party-Konferenz in Phoenix im Februar 2011 zum Beispiel wurden 41 Prozent der Stände kommerziell betrieben, weitere 35 Prozent repräsentierten die Interessen von Unternehmen wie Philip Morris und Exxon Mobil. Das geschäftstüchtige Treiben der Basis verdeckte die Lenkung der Bewegung von oben. Unbekümmert um den vertrackten Charakter der Krise trompeteten die Kernorganisationen hinter der Tea Party beharrlich simple Erklärungen für die wirtschaftlich Ungebildeten heraus, vor allem die im letzten Kapitel behandelte, der Staat und ganz besonders Fannie und Freddie seien an allem Schuld, während sie für die dazu noch unter Gedächtnisschwund Leidenden noch bizarrere Vorstellungen parat hatten – auch Obamas Wahlsieg wurde als Krisenursache präsentiert. Für die flüchtig mit Hayek Vertrauten erklärten sie die Bewegung mit Unschuldsmiene zu einem wunderbaren Beispiel für eine »spontane Ordnung«, für die nahezu gänzlich Unbelesenen zum Ausdruck des unbezwingbaren populistischen Geistes der von unten aufgebauten amerikanischen Demokratie, wie ihn die Gründerväter verkörpert hatten.[11]

Als sich die Occupy-Bewegung im Zuccoti Park niederließ, hoffte sie der Tea Party den Titel des wahren Populismus streitig zu machen, offenbarte aber beinahe sofort, dass sie gar nicht recht wusste, wie sie sich von ihr unterscheiden könnte. Tatsächlich waren viele ihrer Lieblingsthemen und teilweise selbst ihre Sprache ein befremdliches Spiegelbild des vermeintlichen Gegners. Sie verkaufte zwar keine T-Shirts, Dreispitze und Plakate, doch ihr Aufruf zur Selbstermächtigung an die breite Masse von Krisenopfern entbehrte einer überzeugenden Erzählung. Um eine reinere Form von Demokratie bemüht, lehnte sie existierende Strukturen ab und ließ folgerichtig die vielen gewerkschaftlich organisierten Arbeiter im Stich, die von finanziell klammen Bundesstaaten und Gemeinden auf die Straße gesetzt wurden. Die Staatsablehnung war eines der Motive, mit denen sie die Tea Party praktisch plagiierte. Zeitgleich mit der Occupy-Bewegung tobten beispielsweise in Ohio und Wisconsin heftige politische Konflikte im öffentlichen Sektor, dessen Beschäftigte sich gegen Angriffe auf ihre gewerkschaftlichen Rechte wehrten, doch eben weil es die Gewerkschaften betraf, tat die Bewegung weitestgehend so, als fänden sie nicht statt. Noch schwerer wog allerdings, dass die Tea Party bewusst darauf ausgerichtet war, ihren Anhängern durch kommerzialisierten Protest Betätigungsfelder und erbauliche politische Identitäten zu bieten, während die Occupy-Bewegung nur die endlose Simulation eines anarchistischen Indianerfestes anbot, Zeltlager inklusive. Das erinnerte an *Murketing*, nur gab es kein Verkaufsprodukt. Weil die Occupy-Bewegung Gestalt und Reichweite der politischen Organisation ihres Gegners so wenig verstand wie seine kulturellen Strategien, unternahm sie auch keine stimmigen Versuche zur Ausarbeitung einer Alternative. Boshafter formuliert: Sie glaubte die Gutenachtgeschichten über die Macht einer von unten entstehenden spontanen Ordnung – und tappte im Dunkeln, was die heutige Privatisierung des Protests betraf.

Mehrgleisige Strategien als Kennzeichen neoliberaler Politik

Die effektive Kombination einer Finanzierung und Organisation der Bewegung von oben mit der Förderung kommerzieller Aktivitäten an ihrer Basis bietet sicherlich eine wichtige Erklärung dafür, warum die Neoliberalen, zumindest in den Vereinigten Staaten, ihre Gegner während der Krise auf dem Feld der politischen Organisierung in den Schatten stellen konnten. Einen entscheidenden Vorsprung hatten sie jedoch noch aus einem anderen, umfassenderen Grund. Vielleicht dank seiner schachtelpuppenartigen Struktur konnte das NDK in politischen Kontroversen nicht nur einzelne punktuelle Vorschläge machen – etwa für die Privatisierung der Sozialversicherungen, mehr Anreize im Gesundheitswesen oder eine Schwächung der Gewerkschaften im öffentlichen Sektor –, sondern bei den entscheidenden Debatten ein ganzes Spektrum alternativer Maßnahmen ins Spiel bringen, das den gesamten öffentlichen Diskursraum ausfüllte. Seine geniale Einsicht lautete, dass eine utopische Vision allein keine hinreichende Motivation für politisches Handeln bietet, sondern der Sieg dem politischen Lager gehört, das eine ganze Palette scheinbar unverbundener politischer Vorschläge für den kurz-, mittel- und langfristigen Handlungshorizont gleichzeitig anbieten kann und dabei Wissensregime und Zwischenresultate so verbindet, dass sich die Gesellschaft im Ergebnis unausweichlich auf das gewünschte Endziel hinbewegt. Die ausgeklügelte Strategie, zugleich ein kurz- und ein langfristiges Projekt zu verfolgen, die für Nichteingeweihte im Widerspruch zueinander zu stehen scheinen, hinter den Kulissen aber durch übergreifende Ziele verbunden sind, dürfte die wichtigste Erklärung für den Triumph neoliberaler Politik in einer Situation sein, in der ihre Gegner ihre vollständige Niederlage erwarteten. Die Linke, einem überholten Pragmatismus und Kompromissstreben verpflichtet, sah ihre mageren Vorschläge zur Linderung der Krise kurzerhand blockiert.

Um die Scylla der Verschwörungstheorie und die Charybdis der Gutgläubigkeit gegenüber dem neoliberalen Bild von spontaner Ordnung zu umschiffen, ist zunächst festzuhalten, dass dieser mehrgleisige politische Ansatz von keinem der maßgeblichen neoliberalen Denker je irgendwo formuliert wurde. Er ergibt sich vielmehr direkt aus der Organisationsstruktur des Denkkollektivs und seiner Theorien über Wissen und Märkte. Anders gesagt: Die aus der MPS, Denkfabriken, Stiftungen, bestimmten Fakultäten und *Astroturf*-Kampagnen bestehende russische Schachtelpuppe ist vortrefflich für das Lancieren scheinbar unterschiedlicher Vorschläge geeignet; was ihr unternehmerisch-politisches Treiben zu einer monolithischen Agenda verschmilzt, ist eben die Soziologie des Wissens, die aus den epistemologischen Grundsätzen des NDK hervorgeht. Einige Historiker haben diese allgemeinen Mechanismen inzwischen erkannt, wenngleich eigenartigerweise weitaus häufiger in der Geschichte von Wissenschaft und Technik als in den scheinbar näherliegenden Gebieten der Politikwissenschaft und Soziologie.[12] Deshalb bietet es sich für unsere Darstellung an, die neoliberale Strategie der mehrgleisigen Offensive zunächst in einer politischen Kontroverse über ein naturwissenschaftliches Thema nachzuweisen – der Debatte über die zweite große Krise der Gegenwart, nämlich die Bedrohung durch den globalen Klimawandel aufgrund des Anstiegs der menschengemachten Co_2-Emissionen seit der industriellen Revolution.

Es mag als eine erhebliche Abschweifung vom Thema der globalen Wirtschaftskrise erscheinen, wenn wir die neoliberale Reaktion auf den Klimawandel über die letzten drei Jahrzehnte nachzeichnen, doch dieser Eindruck täuscht: Indem wir von Vorstellungen des »Natürlichen« ausgehen, gelangen wir direkt ins Zentrum der neoliberalen Philosophie.[13] Deshalb beschreiben wir das Muster neoliberaler politischer Intervention zunächst anhand des wohl am detailliertesten untersuchten Beispiels, um danach zu zeigen, dass es auch für die Wirtschaftskrise gilt.

Entgegen der Ansicht vieler Autoren, der heutige Neoliberalismus sei viel zu facettenreich, flexibel und ortsspezifisch, um eine einheitliche politische Bewegung darzustellen, werde ich darauf beharren, dass es sehr wohl ein allgemeines neoliberales Drehbuch für den Umgang mit großen politischen Herausforderungen gibt und darin der entscheidende Grund für die unbeschadete Fortexistenz des NDK nach der Wirtschaftskrise liegt. Dieses Drehbuch erhellt rückblickend auch einige in vorherigen Kapiteln geschilderte Vorgänge. Was aus der Nähe betrachtet chaotisch und unentschieden wirken mag, erweist sich so als geschickte, aus höchster Höhe orchestrierte Strategie.

Die neoliberale Antwort auf den Klimawandel

Neoliberale lassen die schlichten vom klassischen Liberalismus geerbten Dichotomien von Staat und Markt als abgegrenzter Sphären hinter sich: Sowohl die eigentliche Leistung des Marktes wie die Rolle des Staates in einem utopischen Idealzustand verstehen sie in einer neuartigen Weise. Wie in Kapitel 2 gezeigt, lehnen sie die ältere Konzeption des Marktes als Mittel zur Allokation von Gütern weitgehend ab und weisen ihm stattdessen übermenschliche Qualitäten der Informationsverarbeitung zu: Als vollendeter Cyborg ist er buchstäblich klüger als jedes menschliche Wesen und vermittelt in Echtzeit Informationen an die jeweils richtige Adresse. Er gilt weiterhin als ein besonderer Bestandteil der Natur – diese fixe Idee mag kein Neoliberaler aufgeben –, aber die Natur wird im Anschluss an Kybernetik und Systemtheorie als unendlich komplex gefasst: als sich verändernd, anpassungsfähig, nichtlinear, chaotisch. Diese Ontologie bildet den Kern der neoliberalen Kritik des Sozialismus: Die menschliche Intelligenz kann das sie umgebende scheinbare Chaos niemals in einem für wirtschaftliche Planung hinreichenden Maß begreifen, weil sie den Phänomenen, die sie zu meistern sucht, an Komplexität unterlegen ist. Im Gegensatz zu ihren libertären Weggefährten bekennen sich die Neoliberalen aber auch zur Notwendigkeit eines starken Staates, der die Welt der Märkte erschaffen und schützen kann, was aus ihrer Sicht mit der Vision einer immer größeren Freiheit durchaus vereinbar ist. Dass das existierende Marktsystem mitunter zu versagen scheint, räumen sie ein – aber die Antwort darauf besteht stets in einer weiteren Entfesselung von Marktkräften, denn nur sie können die Komplexität der Evolution bewältigen. Sicher und erfolgreich umsetzen kann dieses Rezept allerdings nur ein starker Staat. Da außerdem die Wähler immerzu Brot und Spiele verlangen, was aus neoliberaler Sicht dem Ziel der wirtschaftlichen Optimierung zuwiderläuft, muss ein wachsamer starker Staat sie in Schach halten – im Idealfall ein von neoliberalen Politikern geführter Staat. Uneingeweihte verwirrt dies manchmal: Sie verstehen nicht, wie Neoliberale den Staat so eifrig verteufeln und zugleich als notwendig anerkennen können.

Jeremy Walker und Melinda Cooper haben das Verdienst, die neoliberalen Anleihen bei modernen wissenschaftlichen Disziplinen wie der Ökologie beschrieben zu haben, die zu einem Verständnis von Gesellschaften als komplexen adaptiven Systemen führen. Dabei betonen sie besonders den Begriff der »Resilienz«, der von Crawford Holling in die Theorie der Ökosysteme eingeführt wurde:

> »Hayek definiert die radikale Freiheit des Marktes durch seine Indifferenz gegenüber allen äußeren Schranken und transzendentalen Gesetzen [...]. Die Marktgesetze beruhen auf keinerlei vorgängigem Fundament: Ihre Resilienz beweist dies in derselben Weise, wie das Gesetz der natürlichen Auslese die Tragfähigkeit zufälliger Mutationen in der Natur beweist oder widerlegt.«[14]

Was Walker und Cooper allerdings nicht ausreichend hervorheben, ist, dass Hayek und seine Anhänger dem Markt eine solche transzendentale Legitimität nur deshalb zuschreiben können, weil sie einer selten untersuchten ontologischen Annahme folgen: Regeln (für Hayek gleichbedeutend mit »Gesellschaft«) verändern sich wie die Natur durchaus; der Markt hingegen gilt als einheitlich und unwandelbar. Diesem Grundgedanken folgt auch die Chicago School. Der Markt kann Erfolg oder Misslingen menschlichen Tuns verlässlich sanktionieren, weil er der Fels ist, an dem sich der komplexe, chaotische Mahlstrom bricht; er dient als der Nullpunkt, an dem alle Bewegung und Veränderung gemessen wird. Er selbst ist niemals chaotisch, weil er außerhalb der Zeit existiert. Er muss ein ganz eigenes, unverrückbares Wesen sein, denn wäre er (wie Gesellschaft und Natur) vollständig in die historische Zeit eingelassen, könnte er das wahre Telos menschlichen Strebens im Grunde genauso verkennen wie irgendein Mensch: Er könnte *sich irren.*

Damit weichen Neoliberale substanziell von der orthodox-neoklassischen Umweltökonomik ab. Diese deutet Probleme in der Biosphäre als Symptome von Marktstörungen – ein gewiss schwacher, unterentwickelter Begriff von Marktversagen, aber immerhin. Neoliberale würden dies niemals unterschreiben. Auf eine einfache Formel gebracht: Für neoklassische Wirtschaftswissenschaftler ist die Natur einfach und ewig; Marktstörungen gründen in eben dieser Natur (externe Eigenschaften von Waren); die Lösung lautet, dass der Staat so agiert, wie es ein idealer Markt getan hätte. Neoliberale dagegen führen Umweltprobleme auf die wesenhafte Komplexität und chaotische Entwicklung von Natur wie Gesellschaft zurück, die sich einem adäquaten wissenschaftlichen Verständnis grundsätzlich entziehen. An solchen Problemen, darauf beharren sie, ist niemals der Markt schuld. Auch wenn die Menschen auf mutmaßliche Umweltkrisen verständlicherweise immer mit Versuchen zur Änderung der Wirtschaft reagieren werden, täuschen sie sich und müssen zu harmlosen Bemühungen verleitet werden. Kurz gesagt: Neoliberale trauen Menschen grundsätzlich kein Urteil darüber zu, ob sich die Biosphäre in einer Krise befindet oder nicht, denn Natur wie Gesellschaft sind beängstigend komplex und verändern sich ständig; die Lösung lautet folglich, dass ein starker Staat es dem Markt ermöglicht, selbst den Weg zur besten Lösung zu finden. Leisten kann der Markt dies nur dann, wenn sich sein invarianter Charakter in seiner ganzen prächtigen Resilienz entfalten darf.

Dem neoliberalen Staat fällt somit eine dreifache Rolle zu: Er soll die beunruhigte Öffentlichkeit, die den Markt einschränken oder neutralisieren will, besänftigen, das neoliberale Patentrezept, jedes (zu Unrecht) festgestellte Marktversagen durch noch mehr Markt zu beheben, anwenden und es schließlich dem Markt erleichtern, die zur Überwindung einer Umweltkrise geeignete Transformation von Natur und Gesellschaft zu ermitteln. Im Gegensatz zur neoklassischen Orthodoxie folgt daraus nicht ein bestimmter politischer Vorschlag, sondern gleich eine ganze Palette, die insgesamt darauf abgestimmt ist, eine Kapitulation vor der überlegenen Weisheit des Marktes herbeizuführen. Meine These lautet, dass einer der Gründe für den Triumphzug der Neoliberalen in den letzten Dekaden in ihrer Fähigkeit liegt, über den schlichten Gedanken einer einzigen »Lösung« für ein gegebenes Problem hinauszugehen und stattdessen stets ein breites Spektrum unterschiedlicher Maßnahmen ins Spiel zu bringen, vom wirkungslosen kurzfristigen Notbehelf über eine mittelfristig ausgerichtete Politik bis hin zu utopischen Projekten in einem langfristigen Horizont. Außenstehende mögen darin grundverschiedene Vorschläge unterschiedlicher Akteure sehen, in Wirklichkeit aber erweisen sie sich als so passgenau miteinander verzahnt, dass sie letztlich in der Kapitulation von Natur und Gesellschaft vor dem Markt resultieren. Die Linke hat kein auch nur annähernd so ausgeklügeltes Projekt hervorgebracht – weder in diesem noch im Fall der globalen Wirtschaftskrise, auf den wir zum Abschluss noch einmal zurückkommen werden.

Auf einer abstrakten Ebene lässt sich die mehrgleisige neoliberale Strategie, die als Allheilmittel gegen jedwedes Übel in Anschlag gebracht wird, schwer fassen, zumal wenn die Natur als so unergründlich gilt wie die Gesellschaft. Es findet sich auch bei keinem neoliberalen Autor ein umfassendes Beispiel dafür – Hayek zum Beispiel bekundete bloß die Meinung, mit der Zeit würden Marktprozesse der Umweltprobleme Herr werden.[15] Es bedurfte ganzer Legionen von Spezialisten in den neoliberalen Denkfabriken und mehrerer Jahrzehnte, um die verschiedenen ineinandergreifenden Komponenten auszutüfteln. Am konkreten Fall des globalen Klimawandels lässt sich das neoliberale Drehbuch am besten verdeutlichen.

Kaum einer der Linken realisiert wirklich, dass die Phänomene der »Wissenschaftsleugnung«, des »Emissionsrechtehandels« und der neuen Wissenschaft des »Geoengineering« nicht drei unverbundene oder sogar konkurrierende Patentrezepte, sondern zusammengenommen die mehrgleisige neoliberale Antwort auf die Klimaerwärmung darstellen. Neoliberal nennen wir sie aus zweierlei Gründen: Alle drei Komponenten wurden in Think-Tanks und universitären Zweigstellen des NDK erdacht, und sofern alle drei zum Einsatz kommen, lautet das Ergebnis, dass die Lösung des Problems nicht dem Staat, sondern dem Markt obliegt. Durch die Förderung der Wissenschaftsleugnung wird Zeit für die zwei anderen Optionen gewonnen; der Handel mit Emissionsrechten absorbiert mittelfristig die gesamte Aufmerksamkeit, während das Geoengineering bereitsteht, nach dem Scheitern der beiden ersten Optionen als techno-utopischer *deus ex machina* auf die Bühne niederzuschweben. Bei jedem Schritt stellen die Neoliberalen sicher, dass ihr Grunddogma in Kraft bleibt: Über jegliche Maßnahme gegen die Zerstörung der Biosphäre entscheidet der Markt, denn er weiß mehr über

Natur und Gesellschaft als jeder Mensch. Ein Bonus aus neoliberaler Sicht besteht darin, dass sich vielleicht sogar Teile der Linken, von der wunderlichen Idee getrieben, sie könnten eine oder mehrere dieser Optionen durch das Eintreten für eine andere wirksam blockieren, also beispielsweise Wissenschaftsleugnung und Geoengineering durch Befürwortung des Emissionsrechtehandels bekämpfen, schlussendlich als nichts ahnende Fußsoldaten für den Langen Marsch des Neoliberalismus rekrutieren lassen.

Jede der drei Komponenten beruht fest auf der neoliberalen Wirtschaftslehre und erfüllt dergestalt eine spezifische Funktion. Wie Untersuchungen über den Klimaskeptizismus gezeigt haben, soll die Wissenschaftsleugnung in diesem Fall jeden unmittelbaren Impuls zur Reaktion lähmen und Zeit für die Ausarbeitung einer unternehmensfreundlichen, marktförmigen Antwort auf die globale Erwärmung gewinnen.[16] Die schlichte Leugnung des Klimawandels kostet nicht viel, ist propagandatauglich und lenkt von der Frage adäquater Gegenmaßnahmen ab. Dass sie die wissenschaftliche Debatte langfristig gewinnen können, glauben die zuständigen neoliberalen Think-Tanks gar nicht – so wie auch die Tabakkonzerne niemals hofften, den Zusammenhang zwischen Rauchen und Krebs widerlegen zu können. Gerade eine solche Wissenschaftsleugnung aber zeugt von Treue zur neoliberalen Lehre: Die erste Reaktion auf eine politische Herausforderung sollte immer auf dem Gebiet des Wissens erfolgen, indem man auf dem Markt der Ideen Zweifel und Verwirrung sät. Darin besteht der Kern des agnotologischen Unternehmens. Außerdem gilt die Wissenschaft ohnehin als außerstande, die Natur zu einem jeweils gegebenen Zeitpunkt vollständig zu begreifen. Eine ähnlich verächtliche Haltung haben Neoliberale seit Hayeks entsprechenden Attacken im Jahr 1949 gegenüber Intellektuellen eingenommen, und niemand empört sich so sehr über die mangelnde Demut der Intelligenzija wie der durchschnittliche Neoliberale.[17] Gegen neunmalkluge Wissenseliten zu Felde zu ziehen, gibt den Neoliberalen einen gewissen populistischen Anstrich und kommt der diffusen Ansicht des Ungebildeten entgegen, er könne ohnehin meinen, was ihm beliebt. Dieser politische Einsatz dient kurzfristigen Zielen. Die neoliberale Lehre besagt, jeder solle die Freiheit haben, noch die wackeligste Lüge zu glauben, weil über Wahrheit in letzter Instanz nicht eine Riege von anerkannten wissenschaftlichen Experten entscheidet, sondern der Markt. Kommt dies zufällig der Propaganda der Ölkonzerne entgegen, dann umso besser.

Die Institutionalisierung eines Marktes für Emissionsrechte stellt eine mittelfristig ausgerichtete Strategie dar, die eher neoliberalen Regierungen, NGOs und etwas gebildeteren Bevölkerungsschichten entgegenkommt – von der machtvollen Finanz- und Versicherungswirtschaft ganz zu schweigen. Es handelt sich um ein geschicktes Ablenkungsmanöver, weil politische Akteure, die den Staat ursprünglich auf die Bekämpfung des CO_2-Ausstoßes verpflichten wollten, sich stattdessen mit endlosen Detailfragen über die Regelung dieses Marktes aufhalten – dass die Emissionen unterdessen weiter rasant zunehmen können, ist keine unbeabsichtigte Folge. Auch Ökonomen werden als Fürsprecher des Modells mobilisiert, denn die Interessenverflechtungen sind in diesem Fall genauso umfangreich wie zwischen Wirtschaftswissenschaft und Finanzsektor. Als Urheber dieses neoliberalen Ansatzes gilt gewöhnlich das MPS-Mitglied Ronald Coase, der als Erster behauptet hatte, durch Marktmechanismen ließe sich die Umweltverschmutzung eindämmen.[18] Die wechselvolle Geschichte des Emissionsrechtehandels und der Methoden, mit denen gutmeinende Reformer für das Modell gewonnen wurden, hat Larry Lohmann in einer Reihe hervorragender Beiträge beschrieben, die mehr Bekanntheit unter Umweltschützern und Linken verdienen. Der Kürze halber werde ich nur sein Argument zusammenfassen, dass das System nicht funktioniert und dies auch nie beabsichtigt war.[19] Der entscheidende Trick besteht darin, nach der Einführung eines Handelssystems den neuen Markt durch die geballte Kraft von Lobbygruppen und Finanzinnovationen mit überzähligen Genehmigungen, Sondererlaubnissen und anderen Instrumenten zu fluten, sodass die CO_2-Emissionen trotz nomineller Deckelung weiter zunehmen können.[20] Dies führt wiederum zu einem anhaltenden Verfall der Zertifikatspreise, die ständig zu kollabieren drohen, wie etwa im EU-Emissionshandelssystem (ETS) seit 2005 mehrfach zu beobachten war.[21] In der ersten Phase des ETS fielen die Preise 2007 sogar auf null, und wie Abbildung 6.1 zeigt, sind sie seitdem erneut gefallen, trotz eines nur zu Beginn der Finanzkrise unterbrochenen Emissionswachstums. Solche heftigen Preisschwankungen beunruhigen Neoliberale jedoch nicht, denn sie denken längerfristig.

Abb. 6.1: Preisentwicklung im EU-Emissionshandelssystem, 2011

Quelle: Bloomberg

Der bewusst herbeigeführte Überschuss an Zertifikaten ist nicht nur temporärer Natur, denn momentan nicht benötigte Emissionsrechte können für spätere Jahre aufbewahrt werden, auch wenn das Horten eines in Preisverfall begriffenen Wertpapiers nicht die klügste Strategie sein mag. Solche Handelssysteme verstärken meistens die Macht von Oligopolen, da bei der Erstvergabe kostenloser Zertifikate die bisherigen Emissionen zugrunde gelegt und neue Marktteilnehmer entsprechend benachteiligt werden. Es ist auch bekannt, dass sie emissionssenkende technologische Maßnahmen hemmen. Geld, das man produktiv für einen Umbau des Energiesektors hätte verwenden können, wird in eine weitere Serie spekulativer Finanzinstrumente gepumpt, die zu Blasen, verzerrten Kapitalströmen und den übrigen Symptomen des Finanzmarktkapitalismus führen.[22]

Als Maßnahme gegen den globalen Klimawandel greift der Emissionshandel somit nicht – vor allem deshalb nicht, weil dies nie beabsichtigt war. Doch kaum kommt diese Erkenntnis auf, wird sie durch die langfristige neoliberale Lösung verdrängt. Dem Grunddogma folgend, ein entfesseltes Unternehmertum könne durch Akte schöpferischer Zerstörung für jedes Problem eine innovative Marktlösung finden, heißt das letzte Wort des Neoliberalismus Geoengineering. Dies ist seine spektakuläre, futuristische Science-Fiction-Seite, die männlichen

Jugendlichen und Silicon-Valley-Unternehmern fast genauso gut gefällt wie die Romane von Ayn Rand. Hinter dem Begriff verbergen sich unterschiedlichste weitreichende Eingriffe in das Klima, die häufig als Maßnahme gegen menschengemachte Veränderungen wie die globale Erwärmung vorgeschlagen werden. Seine Verfechter folgen unverhohlen dem neoliberalen Prinzip, falls die Wirtschaft entgleise, müsse man den bisherigen Kurs nur umso entschiedener verfolgen. Geoengineering umfasst die Beeinflussung der Sonneneinstrahlung (durch Beförderung reflektierender Partikel in die Stratosphäre, Weltraumspiegel, Abdecken von Wüsten), CO_2-Bindung (durch Eisendüngung der Meere, »Klimafarming«, neue genmanipulierte Organismen oder die CO_2-Abscheidung und -Speicherung direkt am Kraftwerk) und direkte Eingriffe in das Wetter (durch künstliche Wolken und Beeinflussung von Stürmen).

Dieses neue Feld ist eng mit dem NDK verbunden. Das American Enterprise Institute betreibt ein ständiges Projekt zum Geoengineering, andere neoliberale Denkfabriken wie das Cato Institute, die Hoover Institution und das Competitive Enterprise Institute haben Studien zum Thema erstellt. Von Vertretern der Chicagoer *SuperFreakonomics* ist Geoengineering aufs Wärmste begrüßt worden. Wenn Stimmen, die den Klimawandel bislang geleugnet haben, sich nun für solche technischen Gegenmaßnahmen starkmachen, mag dies etwas dreist erscheinen, aber es zeigt bloß, dass wir es mit einem mehrgleisigen neoliberalen Manöver zu tun haben. Das eigentliche Ziel lautet, die Idee in den allgemeinen politischen Diskurs einzuspeisen – und ein Indiz für den Erfolg dieser Bemühungen ist ein Artikel im *New Yorker* von 2012, der Geoengineering als ernstzunehmende Perspektive verhandelt.[23] Ausgeklammert werden darin bedauerlicherweise die vielen entmutigenden Tatsachen, die das gesamte Programm zu schierem Irrsinn machen: Es kann unmöglich im Voraus getestet werden, erfordert unilaterale Maßnahmen, die gegen etliche internationale Verträge verstoßen, es würde den gesamten Globus zugunsten kurzsichtigen Profitstrebens zur Geisel einer Handvoll Konzerne machen, und nicht zuletzt wären sämtliche Eingriffe bestenfalls kurzfristige Notmaßnahmen, denn keine von ihnen würde etwas am Grundproblem ändern – dem rasanten Wachstum der weltweiten CO_2-Emissionen. Geoengineering lenkt die Aufmerksamkeit auf Pflaster ab, während der Patient an Überhitzung stirbt. Aber vielleicht liegt genau darin der Zweck der Übung.

Keine der drei Komponenten des neoliberalen Programms ändert etwas an der globalen Erwärmung: Die schlichte Leugnung vertagt das Thema, der Emissionshandel führt in der Praxis zu keiner Reduktion des CO_2-Ausstoßes, und das Geoengineering behandelt lediglich die Symptome. Dieser scheinbar gravierende Mangel entpuppt sich aber gerade als wesentlich für das neoliberale Endziel. Wenn sich Natur und Gesellschaft in komplexer, undurchschaubarer Weise wandeln, dann muss die Menschheit daran gehindert werden, gemeinsam unilaterale Maßnahmen zur Lösung des mutmaßlichen Grundproblems zu ergreifen. Denn wer könnte schon wirklich verstehen, wohin der Markt uns führt? Jegliches politische Handeln sollte deshalb zugunsten des Marktes zurückgestellt werden, der beizeiten für eine Anpassung an die Veränderung der Natur sorgen wird. Bei einem reinen *Laissez-faire* würde dies jedoch niemals geschehen. Deshalb müssen Neoliberale den Staat unter ihre Kontrolle bringen und eine Palette an »Zwischenlösungen« durchsetzen, damit die Bevölkerung glaubt, es werde etwas gegen den Klimawandel unternommen, obwohl letztlich nichts dergleichen geschieht.

Die mehrgleisige neoliberale Strategie ist die Doktrin der doppelten Wahrheit in Aktion.

Die neoliberale Antwort auf die Wirtschaftskrise

Der fundamentale Gegensatz zwischen dem dynamisch-chaotischen Charakter von Natur und Gesellschaft und der unveränderlichen Solidität des Marktes erweist sich als Schlüssel zum Verständnis der neoliberalen Antwort nicht nur auf den Klimawandel, sondern auch auf die große Wirtschaftskrise des 21. Jahrhunderts. In einer ersten Annäherung erhellt er die sonderliche Position, die Krise habe keinerlei Marktmängel offenbart. Aus Sicht der Neoliberalen lassen sich Krisen nie auf Fehler der eigenen Politik zurückführen, sei es die Deregulierung des Finanzwesens, die Quasi-Privatisierung der Verbriefung neuerer Arten von Schulden oder die Deindustrialisierung; vielmehr resultieren sie aus der unaufhaltsamen und menschlicher Intelligenz nie ganz zugänglichen Evolution von Natur und Gesellschaft (zu der auch die neoliberalen Interventionen als bedeutendes Moment gehören). Die Dämonisierung der Regierung ist eine logische Konsequenz dieser Grundannahme:

Für sich genommen verursachten demnach der Hypothekenmarkt, die Kreditausfallversicherungen, die Megabanken, der Schattenbankensektor oder die Handelsungleichgewichte zwischen China und dem Rest der Welt keinerlei Probleme – erst als die Regierungen versuchten, solche Phänomene einzudämmen, zu fördern oder für Fehlentwicklungen haftbar zu machen, geriet alles durcheinander. Staatsbürokraten maßten sich die Kontrolle über Dinge an, die sie gar nicht vollständig begreifen können. Am Markt hatte sich nichts geändert; allein die Hybris der Regierenden brachte das System an den Rand des Zusammenbruchs. Die Veränderungen im Vorfeld der Krise galten als vollkommen natürlich; es hätte lediglich der demütigen Einsicht bedurft, dass ein solcher evolutionärer Wandel dem überforderten Beobachter oft chaotisch erscheint, und der Geduld, auf die richtige Anpassung des Marktes an Entwicklungen dieser Art zu warten.

Doch wenn ein Zusammenbruch der Weltwirtschaft zu drohen scheint, will die Öffentlichkeit natürlich nicht geduldig abwarten, sondern Maßnahmen sehen, und zwar sofort.[24] Um den irregeleiteten Vorschlägen ihrer Gegner etwas entgegenzusetzen, benötigen die Neoliberalen in einer solchen Situation ein mehrgleisiges Programm. Genau dies ließ sich in den Jahren seit dem Crash beobachten. Die Krisenpolitik der Neoliberalen lässt sich als Parallele zu ihrer Antwort auf den Klimawandel darstellen, weil die grobe Struktur aus kurz-, mittel- und langfristigen Maßnahmen im Kern dieselbe ist. Solche Ähnlichkeiten sprechen dafür, dass das neoliberale Projekt mittlerweile eine beachtliche Effektivität und Kohärenz erreicht hat: In vollkommen unterschiedlichen Kontexten können dieselben bewährten Strategien eingesetzt werden. Im Fall der Wirtschafskrise heißen sie Leugnung, marktbasierte Bankenrettung und finanzielle Innovation. Dieses breit angelegte Programm ermöglicht es uns, viele in den vorherigen Kapiteln geschilderte Ideen und Ereignisse in einer Gesamterzählung zusammenzuführen, um unsere zentrale Frage zu beantworten: Wieso sind die Neoliberalen nach der Krise noch stärker als vorher?

Das Phänomen der Leugnung wurde mit Blick auf die Ökonomenzunft in der Krise ausführlich in Kapitel 4 behandelt. Im Fall des Klimawandels mobilisierten Think-Tanks unterschiedliche Protagonisten dafür, die wissenschaftlichen Befunde eines Anstiegs der globalen Durchschnittstemperatur und seiner Verursachung durch CO_2-Emissionen zu bestreiten. Im Fall der Krise verhielt es sich etwas anders: Als die Wirtschaftswissenschaftler bemerkten, dass sich ihren orthodoxen Theorien rein gar nichts über den globalen Crash entnehmen ließ, mussten unterschiedliche Protagonisten leugnen, dass dies die Orthodoxie in irgendeiner Weise anfechte. Während im ersten Fall behauptet wurde, die existierende Wissenschaft verstehe die Natur nicht richtig, hieß es im zweiten trotz aller gegenteiligen Anzeichen, die Ökonomen verstünden die Krise sehr wohl. In beiden Fällen sollte die Leugnung die jeweilige Wissenschaft gar nicht wirklich langfristig beeinflussen – erinnern wir uns, dass die meisten an Hayek orientierten Neoliberalen der neoklassischen Theorie noch nie besonders viel abgewinnen konnten –, sondern die Öffentlichkeit über Ursachen und Bedeutung des jeweiligen Problems verunsichern. Das Mantra lautet, es sei einfach alles zu komplex, um es zu verstehen.[25] Selbst bei politisch brisanten Themen schaltet das Laienpublikum größtenteils irgendwann ab, wenn sie in einer »fairen und ausgewogenen« Weise als vollkommen ungeklärt dargestellt werden. Wie im vorliegenden Band wiederholt argumentiert, ist der Einsatz von Agnotologie ein Markenzeichen der Neoliberalen.

Aus dieser Perspektive stellt sich die Krise in erster Linie als ein epistemologisches Phänomen dar. Das Schöne an der Produktion von Unwissenheit ist, dass sie sich als optimale kurzfristige Reaktion auf unvorhergesehene Schwierigkeiten erweist: Tritt ein Desaster auf und die Reformer zücken sogleich ihre Patentrezepte, dann kann das Neoliberale Denkkollektiv sie durch Nebelkerzen ausbremsen und Zeit gewinnen. Da die neoliberale Kooptierung der orthodoxen Ökonomenzunft bereits vor dem Crash weit vorangeschritten war, gestaltete sich dies im vorliegenden Fall recht einfach. Die Zeitungen wollten die Ökonomen bluten sehen, und die Ökonomen setzten sich mit einer Fülle von Ausreden verbissen zur Wehr. Ist der Nebel dicht genug, wird beinahe alles möglich: Glenn Hubbard, in *Inside Job* erbarmungslos vorgeführt, wurde 2012 als führender Wirtschaftsberater im Wahlkampfteam von Mitt Romney rehabilitiert. Gary Gorton, Erfinder der Derivate, die AIG in den Ruin trieben, wurde in der Fachliteratur als einer der führenden Experten für Krisenursachen rehabilitiert. Ben Bernanke, Prophet der »Großen Mäßigung«, wurde als Retter der amerikanischen Wirtschaft rehabilitiert. Je emsiger die Ökonomen falsche Fährten legten und je mehr die Think-Tanks die Debatte mit ihren Elaboraten befeuerten, umso besser gefiel die Sache den Neoliberalen. Dass sie im allgemeinen

Nebel ihre völlig unglaubhafte Geschichte (»Fannie und Freddie waren's!«) besser platzieren konnten, kam ihnen ebenfalls sehr gelegen – sie wurde in der breiten Bevölkerung sogar eine der drei beliebtesten »Erklärungen« für die Krise.

Durch Leugnen wurde Zeit gewonnen, um als mittelfristige Strategie eine marktbasierte Bankenrettung ins Spiel zu bringen. Im Fall des Klimawandels bestand die mittelfristige Strategie darin, dass der Staat neue Märkte für Emissionsrechte einrichtete. Interessanterweise wurden während der Krise analog dazu neue Märkte für den Verkauf der »toxischen Wertpapiere« angeregt, die der Staat »zeitweilig« aus den Bilanzen der kollabierenden Banken übernahm. Marktberater sollten spezielle Auktionen austüfteln, um das labile Notkonstrukt des Bankenrettungsprogramms (TARP) zu untermauern. Auch wenn dieses spezifische Projekt schnell aufgegeben wurde, ist es für einen Vergleich aufschlussreich zu untersuchen, inwieweit der ursprüngliche Plan auch weiterhin als Richtschnur für die Finanzkriseneindämmung diente. Die Berater waren ihren Job aufgrund der turbulenten politischen Ereignisse zwar bald wieder los, doch der Grundansatz blieb bestehen und wurde lediglich in die immer zahlreicheren Notankaufsprogramme des Staates eingebettet.

Bei der hektischen Implementierung des TARP-Plans wurde ein Sammelsurium an Programmen mit undurchsichtigen Akronymen wie TALF, HAMP und PPIP initiiert, um die vom Staat zum Ankauf fauler Wertpapiere eingesetzten Gelder durch Privatinvestoren »hebeln« zu lassen.[26] In der Anfangsphase mögen die konkreten Schritte eher einem groben politischen Kalkül ähnlich dem des improvisierten »Paulson Put« gefolgt sein – der die schlimmsten Krisenfolgen auf die Zeit nach den Wahlen von 2008 verschieben sollte – als irgendeiner kohärenten Strategie.[27] Der naheliegende Gedanke, dass die Regierung die kollabierenden Banken übernimmt und sie zu Umstrukturierung, Erhöhung der Eigenkapitalquote und Verkleinerung zwingt, geriet dadurch aber dauerhaft ins Aus. Keine einzige große Bank oder Versicherung musste im Rahmen der genannten Programme Federn lassen oder auch nur ihr Führungspersonal austauschen. Dieses Muster des Staates als »Marktmacher der letzten Instanz« zeichnete sich erstmals ab, als die von Timothy Geithner geleitete New Yorker Fed in Absprache mit Finanzminister Henry Paulson für 30 Milliarden Dollar Schrottpapiere von Bear Stearns übernahm, sie günstig an JP Morgan weiterverkaufte und schließlich den Vermögensverwalter Black Rock zur Betreuung des Geschäfts anheuerte – eine »marktbasierte Rettung«, die man auch als Privatisierung der staatlichen Rettungsaktionen im Finanzsektor bezeichnen könnte.[28] Viele Programme wurden nicht nur an Privatfirmen wie Black Rock und TCW ausgelagert, sondern sogar von ihnen konzipiert. Die US-Regierung und später die Federal Reserve halfen mit »Krediten« und Bürgschaften und kauften gewaltige Mengen dubioser Wertpapiere zu Preisen, die den insolventen Banken und einigen Unternehmen (etwa der Automobilindustrie) sehr entgegenkamen – und folgten dabei immer dem Prinzip einer »marktbasierten Rettung«, bei der die Investitionen so weit wie möglich von Privatfirmen betreut und durchgeführt wurden. Bei den PIPP-Verfahren zum Beispiel konnten Unternehmen zum Preis von 1,67 Dollar »toxische Wertpapiere« für 100 Dollar kaufen; der Steuerzahler haftete dabei für bis zu 93 Prozent etwaiger Verluste.[29] Verdeckte Rettungsaktionen erfolgten auch durch das System der Federal Home Loan Bank, die Fannie und Freddie stützte, und eine ungewöhnliche Ausweitung der Fed-Bilanz. De facto legte die Regierung für ausgewählte Investoren direkt oder indirekt eine Preisuntergrenze für unterschiedlichste Wertpapiere fest, wie zweifelhaft oder bereits entwertet sie auch waren. Im Notfall mussten die Zentralbanken einspringen, um unter der euphemistischen Bezeichnung »quantitative Lockerung« ganz ähnlich zu agieren. In den wenigen Fällen einer Anteilsübernahme durch die Regierung galt der Vorbehalt, dass sie die betreffenden Firmen nicht wirklich »verstaatlichen« und die Anteile so bald wie möglich wieder abstoßen wolle. Als sich die Krise ausbreitete, war dasselbe Muster mit geringfügigen Variationen auch in Großbritannien und Ländern der EU zu beobachten.

Es ist wichtig festzuhalten, dass sich das Erbe Carl Schmitts genau an dieser Stelle des neoliberalen Programms geltend machte. In gewöhnlichen Zeiten hätte keine der staatlichen Institutionen die Macht oder Souveränität gehabt, mit einem Federstrich solche immensen Subventionen zu verteilen und dritte privatwirtschaftliche Parteien zu begünstigen: Eine derartige »Privatisierung« von Rettungsaktionen wäre undenkbar gewesen. Finanzminister Paulson und Fed-Chef Bernanke hatten zuvor sogar wiederholt erklärt, ihre Handlungsspielräume in der Krise seien gesetzlich begrenzt. Inmitten des Zusammenbruchs aber maßten sie sich als führende Neoliberale die Macht an, über den »Ausnahmezustand« zu entscheiden und sich in Zeiten der Not zum wirklichen politischen Souverän zu ernennen; und in diesem kritischen Augenblick setzen sie das neoliberale Prinzip einer Rettung der Wirtschaft durch mehr und neuartige »Märkte« durch. Dies ist der gemeinsame neoliberale Ursprung des scheinbaren Potpourris aus Bankenrettungen, Außerkraftsetzung von Regeln, Begünstigungen, Zwangsfusionen und dergleichen mehr.

Beschönigenden Erklärungen zufolge verhinderte dieses beispiellose Maßnahmenpaket eine Serie von Zusammenbrüchen mithilfe von Regierung und Zentralbank, die einen Großteil der Risiken und schlechten Wertpapiere entweder direkt oder durch Kredite und Bürgschaften virtuell in ihre Bilanzen übernahmen. Anstatt einen Markt wie jenen für Emissionsrechte zu schaffen, richtete man behelfsmäßig einen neuartigen Markt für quasi-staatliche, quasi-private Schulden ein. Wie oft kritisiert worden ist, blieben in der Praxis die Profite in privaten Händen, während sämtliche Risiken verstaatlicht wurden. Seltener bemerkt wurde, dass dies die Finanzkrise gar nicht dauerhaft löste, sondern bloß in die Staatshaushalte verlagerte: Die öffentlichen Schulden wuchsen explosionsartig, und die Zentralbanken wurden zu »Marktmachern« der letzten Instanz.[30] Mit dieser wackeligen Konstruktion einer Firmenrettung durch verdeckte staatliche »Ankäufe« von Wertpapieren im großen Maßstab mutierte der Kapitalismus zu einer neuen Form, deren Ursprung in dem neoliberalen Grundsatz liegt, vermeintliches Marktversagen lasse sich durch ein Mehr an Markt beheben.

Diese Rolle des Staates hatte aus neoliberaler Perspektive außerdem den willkommenen politischen Effekt, die öffentliche Aufmerksamkeit von der ursprünglichen Insolvenz der für ominöse Derivate und Kreditausweitung verantwortlichen Banken und Firmen auf den Staat zu verschieben, dessen Verschuldung infolgedessen bedrohlich außer Kontrolle geriet. In dieser Innovation könnte man eine Entwendung des linken Gedankens der Verstaatlichung von Unternehmen sehen, der dabei allerdings auf den Kopf gestellt wird – der Staat bekommt nur die faulen Eier, während sich das in privaten Händen verbleibende Unternehmen erneuter Profitabilität erfreut.

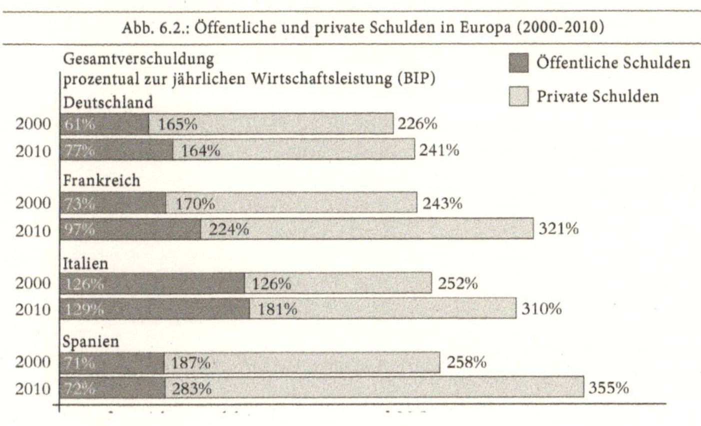

Abb. 6.2.: Öffentliche und private Schulden in Europa (2000-2010)

Quelle: Bank für Internationalen Zahlungsausgleich

Alternativ ließe sich in dem ambitionierten Modell auch die finanzielle Logik der zur Kaschierung erdrückender Schulden dienenden Zweckgesellschaft erkennen, die in diesem Fall dem Staat aufgezwungen wird. Gleichzeitig nötigen ihn neoliberale Parteien und internationale Institutionen, da das Vertrauen von Investoren in seine Anleihen schwindet und ein Staatsbankrott droht, zu allerlei Formen von »Austerität«, etwa zum hastigen Ausverkauf durchaus solider öffentlicher Güter und zu schroffen Attacken auf Löhne und Sozialleistungen. Tatsächlich deckt sich das Narrativ einer alleinigen Schuld des Staates an der Krise, von den Denkfabriken der russischen Schachtelpuppe bereits frühzeitig unermüdlich wiederholt, so verblüffend mit dem neoliberalen Drehbuch, dass es schwerfällt, im taktischen Einsatz des Staates als Marktmacher der letzten Instanz nicht ein genau auf dieses Ergebnis zielendes Manöver zu vermuten. Immerhin stammt die Idee zu einem solchen Einsatz aus Milton Friedmans Abhandlung über die Fehler während der Großen Depression der Dreißigerjahre, und nicht zuletzt wurden ihre Grundzüge in der aktuellen Krise von seinem Gefolgsmann Ben Bernanke implementiert.[31] Prächtig daran ist, dass es anderen Teilen des NDK eine scheinbare Rechtfertigung für ihre Attacken auf Regierung wie Fed bietet, sodass die politische Debatte im Ergebnis weitgehend von neoliberalen Positionen bestimmt wird. Die Tea Party zum Beispiel hätte es ohne diese »marktbasierte« Praxis, Schulden dem Staat zuzuschieben, Privatfirmen mit der Rettungsaktion zu betrauen und infolgedessen eine Legitimitätskrise des Staates heraufzubeschwören, nie gegeben. Einmal in Gang gesetzt, funktioniert diese Dynamik ganz von allein. Wie beim Emissionsrechtehandel übersetzt sich das Scheitern der mittelfristigen politischen Maßnahme in einen langfristigen politischen Erfolg für die Neoliberalen.[32]

Abb. 6.3: Öffentliche und private Schulden in den Vereinigten Staaten (1920–2011)

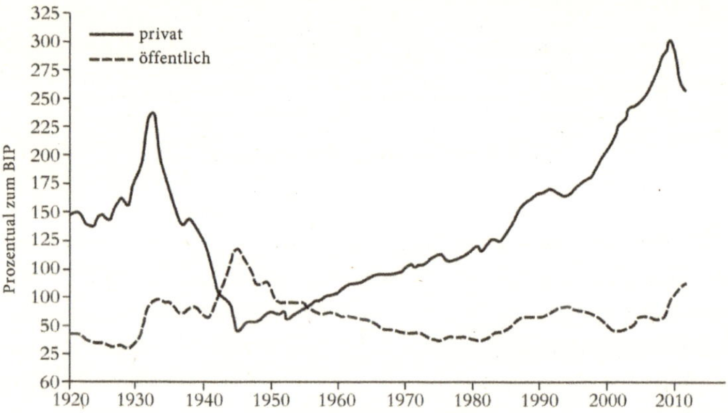

Quelle: debtdeflation.com/blogs

So wie der Emissionsrechtehandel vor allem eine wirkliche Reduktion des CO_2-Ausstoßes vereiteln soll, soll diese Politik, die den Staat zur Finanzmülldeponie macht, nur um hinter den Kulissen Privatunternehmen mit dem Management der Transaktion zu beauftragen, vor allem jeden ernsthaften, auf Verstaatlichung und Wertabschreibungen insolventer Unternehmen zielenden Eingriff in die Krise vereiteln. Angeschlagene Firmen können folglich weiterexistieren und Gewinne machen, aber am untragbaren Schuldenberg in der Gesellschaft insgesamt, dem zugrunde liegenden Problem, hat sich nichts geändert. Darin ähnelt der Vorgang deutlich dem »Private-Equity«-Modell der Ausschlachtung von Unternehmen. Wie auch immer private Überschuldung und zwielichtige Finanzinstrumente im Einzelnen zur Krise geführt haben – die Staatseingriffe in den Markt haben an den grundlegenden Konstruktionsfehlern solcher Instrumente fast nichts geändert. Auch nach der Krise geht die Verschuldung folglich ungebremst weiter, wie die Abbildungen 6.2 und 6.3 zeigen.

Kaum haben sich Regierungen für das »Marktmacher«-Modell entschieden, werden sie durch politische Verschiebungen zu Ausgabenkürzungen gezwungen. Die im Namen fiskalischer Disziplin betriebene Austeritätspolitik aber erschwert Bemühungen um ein *deleveraging* (Abbau riskanter Geschäfte mit Fremdkapital) in der Regel noch, und die Wirtschaft kehrte sogar zu den meisten Praktiken zurück, die für die Blase der Nullerjahre verantwortlich waren. Verlässliche Zahlen für den Direkthandel mit Kreditausfallderivaten liegen zwar nicht vor, aber Schätzungen gehen für Dezember 2008 von einem weltweit ausstehenden Volumen von über fünf Billionen und für 2011 von rund drei Billionen Dollar aus.[33] Das stärkste Wachstum unter den Derivaten verzeichneten allerdings vor wie nach der Krise die Zinsswaps, wie Abbildung 6.4 zeigt.

Weil der Staat aber vermutlich nicht auf ewig als Marktmacher der letzten Instanz agieren kann, kommt schließlich die langfristige Komponente des neoliberalen Programms ins Spiel: Als Pendant zum Geoengineering, und der Science-Fiction genauso nah, sollen uns Finanzinnovationen aus wirtschaftlicher Stagnation erlösen. Obwohl genau wie das Geoengineering nur ein unbegründetes Versprechen, spielt diese Perspektive eine wichtige politische Rolle. Die Propheten der Finanzinnovation geben sich Mühe, die Erfindung neuer pekuniärer Instrumente, Praktiken und Produkte als etwas dem wissenschaftlich-technischen Fortschritt Ebenbürtiges darzustellen – eine Apotheose des Marktes, der sich der natürlichen Evolution anpasst. Einer der Ersten, die eine solche Gleichrangigkeit finanzieller und technischer Innovationen behaupteten, war der Chicagoer neoliberale Ökonom Merton Miller, was abermals die direkten Zusammenhänge mit dem NDK belegt.[34] Obwohl Miller zugab, dass Finanzinnovationen vor allem bestehende Regeln umgehen sollten, wurden in späteren Diskussionen in erster Linie ihre angeblichen Beiträge zum allgemeinen Wohlstand betont, mit denen sie verbesserten Solarzellen oder Verbrennungsmotoren in nichts nachstünden. Während der Begriff an den Rändern der Wirtschaftswissenschaft schon lange präsent war, nahm die Öffentlichkeit erst mit der Krise Notiz von ihm, wie die Google Trends in Abbildung 6.5 zeigen. Dieses Vordringen von der Fachdiskussion in den allgemeinen Diskurs ist zentral für seine Funktion in der breit angelegten neoliberalen Strategie.

Abb. 6.4: Ausstehende Derivate (Direkthandel, in Billionen Dollar)

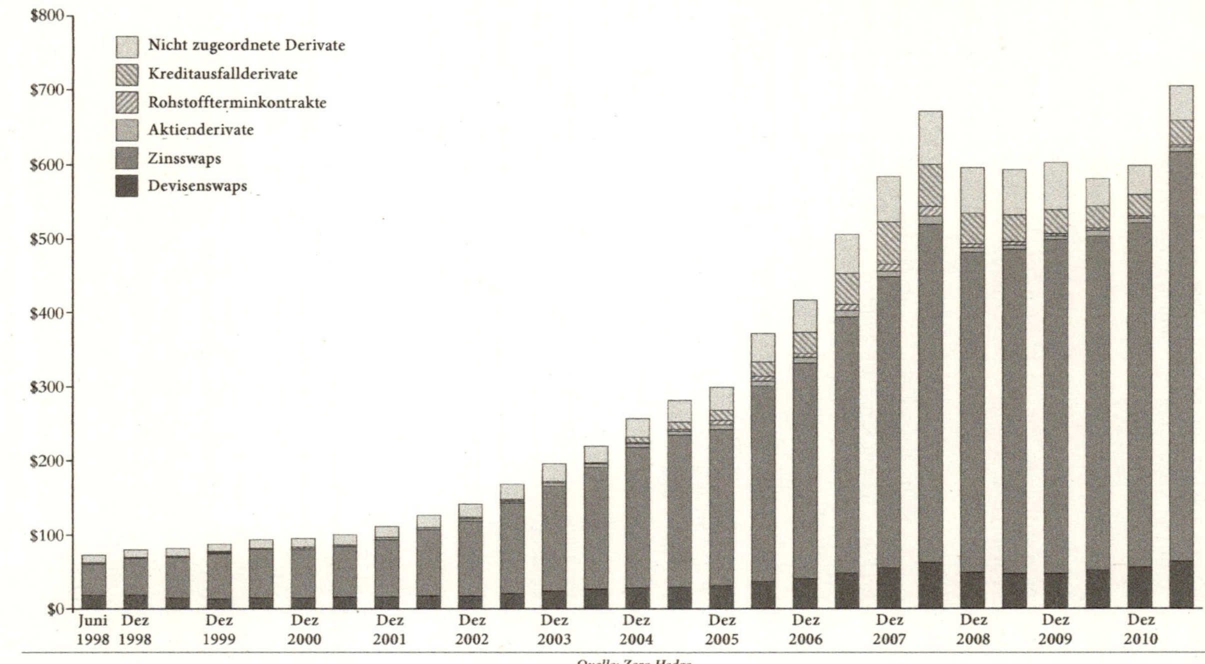

Quelle: Zero Hedge

Abb. 6.5: Google Trends für den Begriff »Financial Innovation«

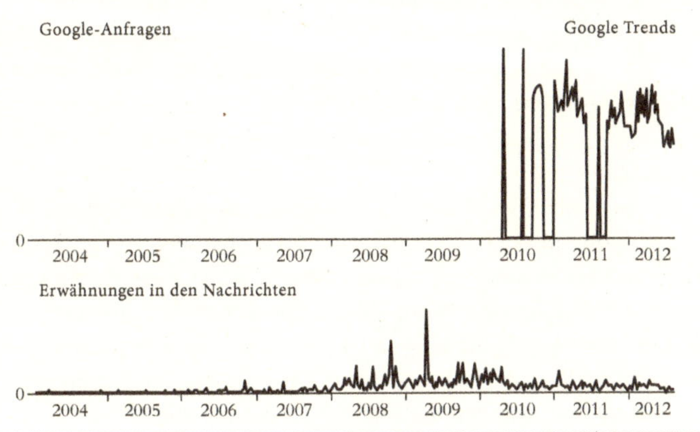

Die verquere Gleichsetzung von Optionspreisbestimmung und Ophthalmoskop beutete semiotisch geschickt die Konnotationen des Begriffs technologischer »Verbesserungen« aus, die auf irgendeine Weise Effizienz und Wirkungskraft steigern. Schon bald war von engagierten *financial engineers* (auch als *quants*, quantitative Analysten, bekannt) zu hören, die sich an der Wall Street und der Londoner Börse um die Feinabstimmung der Maschinerie kümmerten. Diese Gleichsetzung verbreitete sich: Auch Vertreter der »Wissenschaftsforschung«, mit der Beschreibung technischer Artefakte bestens vertraut, erblickten in dem Trend ein Beispiel für technologische Innovation und fühlten sich entsprechend zur Anwendung ihrer Expertise berufen. So erschienen etliche Monografien, die meist nur die Ansichten orthodoxer Ökonomen und Praktiker auf dem Gebiet nachbeteten und dadurch, vielleicht unbeabsichtigt, die Vorstellung einer im Bankenwesen wirkenden Logik des wissenschaftlichen Fortschritts unterfütterten.[35] Dass es ein Wissenschaftssoziologe war, der eine rein internalistische und technische, von politischer Ökonomie unbeschwerte Darstellung der Krisenursachen vorlegte, verwundert daher nicht.[36]

Ein anderes neoliberales Phänomen verstärkte diese Gleichsetzung von materieller Technologie und Finanzwesen noch. Wie ich in meinem Buch *Science-Mart* ausführlich beschreibe, fand in den Achtzigerjahren eine erhebliche Ausweitung des Patentsystems statt, und eine der wichtigsten neuen Kategorien geistigen Eigentums stellten dabei »Geschäftsmethoden« dar, besonders solche, die in Gestalt von Computerprogrammen vorlagen. Beinahe sofort kam es zu einer Patentierungswelle bei finanziellen Algorithmen, die dadurch den bereits vorher als geistiges Eigentum behandelten Technologien gleichgestellt wurden.[37] Was anfangs nur eine neue Klassifikation war, hatte somit reale Konsequenzen.

Die qualvolle Geschichte des Finanzsektors zu einer Science-Fiction-Erzählung über großartige Technologie umzudeuten, ist das eine; etwas anderes ist es, wenn dieses Narrativ in der mehrgleisigen neoliberalen Strategie zum ultimativen Heilsversprechen avanciert. Wie im Fall des Geoengineering erforderte dies die Rekrutierung von Wissenschaftlern, die sich mit ihrem Unvermögen zur Behebung von Krisenursachen abfinden und mit der Erfindung von Pflastern für die Symptombehandlung bescheiden. Der Wirtschaftswissenschaftler Paul Romer soll einmal gesagt haben: »Jedes gegebene System der Finanzmarktregulierung wird nach etwa zehn Jahren zu einer systemischen Finanzkrise führen.«[38] Wen interessiert schon die Geschichte der Praktiken von Maklern, die neoliberale Kaperung der Politik oder Wirtschaftsgeschichte überhaupt – der Markt wird periodisch immer Verdauungsstörungen bekommen. Optionen, potenzierte Derivate, Repo-Geschäfte, Kreditausfallversicherungen, Hochfrequenzhandel, Dark Pools, Rehypothekisierung, Schattenbanken, Zweckgesellschaften: Das Meer kann man nicht aufhalten. Die wachsende Komplexität des Finanzwesens ist so unentrinnbar wie die Gezeiten. Wenn die Natur niemals vollständig zu zähmen sein wird, sollten wir wenigstens Mittel zur Bewältigung ihrer chaotischen Komplexität finden. Woraus folgt, dass die Antwort auf scheinbare Marktmängel in umso mehr Marktmechanismen besteht.

Heutige Befürworter von *financial engineering* wie Robert Litan, Barry Eichengreen und Robert Shiller berufen sich in ihren Schriften ganz ungeniert auf die Natur.[39] Dabei gilt Shiller, von den Medien zum hellsichtigen Ökonomen ernannt, der vor der Immobilienblase gewarnt habe, in der Öffentlichkeit als linker Außenseiter der Zunft, obwohl er abgesehen von seiner zaghaften Kritik der Effizienzmarkthypothese ein so orthodoxer Wirtschaftswissenschaftler ist, wie man ihn heute nur finden kann. Schon seit geraumer Zeit beharrt er auf einem Verständnis des Finanzwesens als Technologie im buchstäblichen Sinne, und wann immer sich die Gelegenheit bietet, greift er zur Verdeutlichung seiner utopischen Vision auf entsprechende Vergleiche zurück.[40] Hier zum Beispiel antwortet Shiller auf eine Frage über die Banken und zeigt dabei unfreiwillig, dass er die Implikationen der von diesen während der Blase eingesetzten Instrumente nicht wirklich begreift:

> »Das ist ein Problem, und ich würde sagen, das ist ein Problem mit Technologie im Allgemeinen. Wenn jemand ein Flugzeug entwirft und das Ergebnis ist zu kompliziert, dann verstehen die Ingenieure es nicht mehr. Das hat mit Systemen zu tun; wenn man ein System zur Flugsicherungskontrolle entwirft, das zu kompliziert ist, wird es zu einem Unglück kommen. Andererseits denke ich, dass die moderne Zivilisation mithilfe von modernen Computern recht komplizierte Dinge schaffen kann. Ich denke da zum Beispiel an das Automobil. Das ist im Lauf der Jahre immer komplizierter geworden, und für den Hobbymechaniker wird es immer schwieriger, sein Auto selbst zu reparieren. Also bringt er es zu einem Händler, der ein computerisiertes Diagnosesystem hat. So ist die Gesellschaft, in der wir heute leben. Wir müssen uns immer vergegenwärtigen, dass es zu einer Katastrophe kommen kann, weil wir eine bestimmte Komplexität nicht verstehen, zweifellos. Andererseits sind wir meines Erachtens auf einem sicheren Pfad zu wachsender Komplexität, und ein wichtiger Grund dafür sind Computer. Das Leben wird immer komplexer und spezialisierter, das ist ziemlich unvermeidbar, wenn sich die Zivilisation weiterentwickelt.«[41]

Die Logik ist somit ganz ähnlich wie beim Geoengineering: Da niemand die Treibhausgase eindämmen kann, sollten wir einfach Schwefeldioxid in die Troposphäre pusten, auf dass es die Infrarotstrahlen zurückspiegele, und so ein wildes Wuchern CO_2-absorbierender Algen im Meer auslösen. Das mag unvorhergesehene Folgen haben und neue Probleme mit sich bringen, aber so ist das eben mit der verfluchten Komplexität. Und da niemand die Finanzialisierung der heutigen Wirtschaft eindämmen kann, sollten wir einfach neue »Finanzinstrumente« und Geschäftsmethoden erfinden, damit die Menschen ein bisschen mehr das Gefühl haben, der Markt sei auf ihrer Seite. Spielverderber wie Nouriel Roubini lehnen bestimmte Aspekte von Verbriefung nur deshalb ab, weil sie das nicht begreifen. Wie Shiller erläutert:

»Die Leute von Occupy Wall Street und Occupy London sagen: ›Wir sind die 99 Prozent‹. Es gibt einen wachsenden Unmut über die ungleiche Reichtumsverteilung, und als der Bösewicht gilt dabei immer der Finanzsektor. Das halte ich für falsch: Richtig eingesetzt, auf alle ausgeweitet, ist das Finanzwesen eine Technologie, die Ungleichheiten verringern kann. Deshalb denke ich, dass die Leute im Finanzsektor heute die moralische Verpflichtung haben, den Trend zu seiner Demokratisierung zu fördern.«[42]

Wie also wird uns mehr *financial engineering* aus dem Loch heraushelfen, das die globale Krise hinterlassen hat? Kritiker vermuten, die »Demokratisierung« der Wall Street und der Londoner Börse solle die Arbeiterklasse, als schwache Kompensation für den Abbau des Sozialstaats, zu größerer Kreditaufnahme bewegen, um die Verbriefungsmaschine mit einem beständig wachsenden Volumen von Schuldtiteln füttern zu können (die sodann ein AAA-Rating bekommen und leichtgläubigen Investoren untergejubelt werden). Leute wie Shiller meinen dagegen, noch mehr *financial engineering* könne Armut und Ungleichheit lindern. Seine Beispiele dafür, etwa eine »Sozialanleihe«, die eine Rendite abwirft, wenn ein bestimmtes soziales Ziel erreicht wird, oder das Crowdfunding öffentlicher Investitionen, beeindrucken jedoch schwerlich. Solche Feinheiten sind wie beim Geoengineering aber sekundär: Entscheidend ist, dass wir lernen, drängende soziale Probleme an Unternehmer auszulagern, denn nur sie können den Markt aufgrund ihrer Kompetenz in den Dienst großartiger Lösungen stellen. Insofern ist die Befürwortung von *financial engineering* ein vorsätzlich ideologisches Projekt. Nochmals Shiller:

»Viele Leute meinen, dass ich Fehlverhalten verteidigen würde. Keineswegs verteidige ich korruptes Verhalten, und mein Buch enthält ein Plädoyer für Inklusion, denn alle Menschen sind gleich erschaffen worden. Karl Marx' Kritik des Kapitalismus besagt im Kern, dass die Kapitalisten herrschen, weil sie Kapital besitzen, während die anderen, die Arbeiterklasse, keinen Zugang zu Kapital haben. Doch da die moderne Gesellschaft inklusiver wird, kann jeder, der sich finanzielle Kompetenzen aneignet, Zugang zu Kapital bekommen. Man muss dazu nicht reich geboren sein; wir haben einen Mechanismus der Kapitalallokation dafür, nämlich das Finanzsystem, wenn es optimal eingesetzt wird. Man muss nur wissen, wie man da hineinkommt. Man muss zum Beispiel wissen, wie man einen Geschäftsplan erstellt und einem Risikokapitalgeber präsentiert, und in modernen Wirtschaften interessiert es meines Erachtens niemanden, aus welcher gesellschaftlichen Klasse man stammt. Man kann durchaus aus der Arbeiterklasse kommen, und ehe man sich versieht, hat man mehrere Millionen Pfund zur Verfügung, und so funktioniert das auch immer häufiger. Das ist der Grundfehler im Denken von Marx: Er hielt die gesellschaftlichen Klassen für hoffnungslos unveränderlich. Heute sehen wir, dass dem nicht so ist. Wir sollten uns künftig für mehr Fortschritt, mehr Demokratisierung im Finanzwesen einsetzen.«[43]

Sie haben Schwierigkeiten mit dem Bildungsdarlehen? Werden Sie einfach eine Aktiengesellschaft, gewinnen Sie einen Risikokapitalgeber für Ihre neueste geniale Idee (sofern Sie eine haben), und dann finden Sie vielleicht einen Ausweg aus der Finanzklemme. Shiller hat es uns vorgemacht, indem er seine Ideen als Chefökonom bei MacroMarkets LLC in klingende Münze verwandelte![44] Die Herkunft dieses moralischen Narrativs kennen wir aus Kapitel 3.

Warum sie gewonnen haben – vorläufige Version

Das vorliegende Buch sollte die Frage beantworten, warum die Neoliberalen nach der Krise stärker sind als jemals zuvor. Aus genau diesem Grund haben wir andere, durchaus strittige Themen weitgehend ausgeklammert, etwa:

- Was waren die Hauptursachen der Krise?
- Haben Ökonomen irgendeiner Couleur eine – wenigstens bislang – kohärente, plausible Erklärung der Krise vorgelegt? Welche Rolle haben heterodoxe Wirtschaftswissenschaftler in der Debatte gespielt?
- Worin bestehen die größten politischen Schwächen der heutigen neoliberalen Bewegung?
- Welche Gestalt hat das Neoliberale Denkkollektiv aktuell?
- Was sollte die Linke von den Neoliberalen lernen und was besser nicht?
- Wie könnte ein lebendiger Gegenentwurf zur Epistemologie der Neoliberalen aussehen?
- Gibt es einen stimmigen alternativen Erklärungsrahmen dafür, wie die Finanzialisierung der Wirtschaft und die größeren Konjunkturen der Wirtschaftswissenschaft in den globalen Transformationen des Kapitalismus ineinandergreifen?

Das sind ernsthafte Fragen, die fundierte Positionen und langwierige Debatten erfordern (und als Forum dafür vielleicht eine andersgeartete Mont Pèlerin Society?), und sie sollten auf der Agenda der Linken stehen. Der Luxus, dafür mehrere Jahrzehnte Zeit zu haben, wie die Neoliberalen seit den Vierzigerjahren, dürfte dabei angesichts der Verschärfung der Klimakrise und der wachsenden Konzernmacht entfallen. Im vorliegenden Band wurden meines Erachtens immerhin einige verbreitete Vorstellungen widerlegt, die einem solchen Projekt im Weg stehen. Für den Sieg der Neoliberalen in der globalen Wirtschaftskrise wären demnach sechs Gründe zu nennen.

Erstens reagierten einzelne Neoliberale auf die krisenbedingte kognitive Dissonanz genauso, wie laut Sozialpsychologie zu erwarten. Selbst an eindeutiger Widerlegung nahm ihre Weltanschauung keinen Schaden.

Weit davon entfernt, sich vom intellektuellen Schlachtfeld zurückzuziehen, verstärkten die Neoliberalen *zweitens* ihre Anstrengungen, die Wirtschaftswissenschaften zu beeinflussen und zu kapern, was zugleich den Ökonomen Schutz vor etwaigen Krisenfolgen bot. Dass eine Zerschlagung des insolventen Finanzsektors in nahezu allen Ländern verhindert wurde, war die entscheidende Weichenstellung, die sowohl der transnationalen orthodoxen Ökonomenzunft als auch dem Neoliberalen Denkkollektiv den Rücken gestärkt hat. Ohne die Rettung der müßiggängerischen Klasse und ohne weitere Finanzspritzen für die Vermögenden hätte sich die politische Situation vollkommen anders dargestellt. Zwischen der Immunität des Finanzsektors und der Beharrungskraft wirtschaftswissenschaftlicher Auffassungen bestand ein direkter Zusammenhang.

Drittens: Da die Ökonomen vom Krisenausbruch überrascht wurden, mussten Journalisten und Öffentlichkeit anfangs auf landläufige Deutungen des Desasters und kulturell dominierende Vorstellungen über die Wirtschaft zurückgreifen. So diente der in den vorherigen Dekaden tief in die Kultur eingesickerte »alltägliche Neoliberalismus« als Bollwerk, bis das schließlich mobilisierte Neoliberale Denkkollektiv mit weiteren Antworten aufwarten konnte.

Viertens hat das NDK im industriellen Maßstab Unwissenheit über die Krise produziert, wobei es sich auf die bewährte Strategie der Tabakkonzerne (vgl. Kapitel 4) stützte. Die Ausreden der um die Ehrenrettung ihres Berufsstandes bemühten Ökonomen trugen dazu erheblich bei. Eine strategische Analyse sollte die Parallelen zwischen dem aufkeimenden Widerstand gegen jede wirksame Bekämpfung des Klimawandels und dem aufkeimenden Widerstand gegen jede wirksame Krisenbekämpfung sowie die vergleichbare Rolle der orthodoxen Ökonomen in beiden Fällen herausstellen. Die Agnotologie hat sich als eine effektive und kostengünstige kurzfristige Strategie zur Lähmung politischen Handelns erwiesen.

Fünftens haben die Neoliberalen eine relativ neuartige Weise der Kooptierung von Protestbewegungen entwickelt, indem sie sie von oben hierarchisch lenken und zugleich von unten kommerzialisieren und privatisieren. Damit wird die Praxis des *Murketing* auf politisches Handeln ausgeweitet. Die popkulturelle Faszination für die Rolle von Social Media in Protestbewegung verstärkt diese Entwicklung nur noch.

Sechstens schließlich ist das Neoliberale Denkkollektiv wiederholt dem erkennbaren Muster gefolgt, in Reaktion auf gravierende Krisen eine breite Palette an politischen Maßnahmen ins Spiel zu bringen: kurzfristige Leugnung (siehe Punkt 4), mittelfristige Durchsetzung staatlich geförderter Märkte und langfristige Gewinnung von Unternehmern für utopisch anmutende wissenschaftliche Projekte, die das Mensch-Natur-Verhältnis transformieren sollen. Die einzelnen Komponenten werden dabei oft von unterschiedlichen Abteilungen des NDK vertreten und scheinen sich auf den ersten Blick zu widersprechen, was dazu beiträgt, dass neoliberale Vorschläge in der öffentlichen Diskussion den gesamten Raum einnehmen und andere Optionen an den Rand gedrängt werden. Häufig greifen sie außerdem zeitlich und bei der Kooptierung von Gegnern so ineinander, dass sie das gewünschte Endresultat hervorbringen: die Freiheit des Marktes, seine eigene, unergründliche Antwort auf die Krise zu finden.

Viele Elemente der mehrgleisigen neoliberalen Strategie kann nur ein starker Staat in Momenten eines »Ausnahmezustands« durchsetzen, wenn jedes an Regeln gebundene Regieren suspendiert ist. Die Neoliberalen mögen die Herrschaft des Gesetzes predigen und in der Öffentlichkeit über die unfähige Regierung spotten, aber den Sieg sichern sie sich, indem sie den Ausnahmezustand dazu nutzen, unbelastet von rechtlicher oder demokratischer Rechenschaftspflicht bestimmte Komponenten ihres Programms zu verwirklichen. Wir sehen dies in der globalen Wirtschaftskrise und können gewiss damit rechnen, es bei einer weiteren Zuspitzung der Klimakatastrophe erneut zu erleben. Gerade hier zeigt sich, wie sehr die Neoliberalen das Erbe Carl Schmitts beherzigen. Sie wissen, wie man aus einer schweren Krise Kapital schlägt und die Untoten am Leben hält.

Anmerkungen

1 Alptraum auf Alptraum: Die Krise, die kaum etwas änderte

1 Wer Zugang zu einem Filmarchiv hat, dem würde ich *The Descent* (2006) oder, näher an unserem Thema, Adam Curtis' *The Trap* (2007) empfehlen.

2 Videoaufzeichnungen der meisten Veranstaltungen finden sich im Internet unter ›http://ineteconomics.org/initiatives/conferences/bretton-woods‹, letzter Zugriff 26.10.2014.

3 Dies wurde 2011 nochmals deutlich, als der Europäische Gerichtshof für Menschenrechte die Entscheidung eines französischen Gerichts von 2002 bestätigte, Soros wegen Insiderhandels zu verurteilen (Max Colchester, »Setback for Soros in Paris«, in: *Wall Street Journal*, 07.10.2011). Im Beirat des INET sitzen einige Neoliberale, darunter auch das eine oder andere MPS-Mitglied. Vgl. die Mitgliederliste unter ›ineteconomics.org/about/leadership‹, letzter Zugriff 26.10.2014.

4 Auf der Konferenz sprachen zwei der vier Ökonomen, denen der *Economist* im selben Jahr die Weihe verlieh, »die wichtigsten Ideen für die Welt nach der Krise« zu haben (Raghuram Rajan, Robert Shiller, Kenneth Rogoff und Barry Eichengreen). Dass alle vier als Apologeten der Orthodoxie aufgetreten waren, teilte die Zeitschrift ihren Lesern nicht mit. Ihre Auffassungen werden im vorliegenden Buch behandelt. Allerdings waren auch die an der Österreichischen Schule orientierten Heterodoxen des INET stark auf der Konferenz vertreten. Die Demonstranten der Tea Party vor dem Konferenzgebäude bezeugten somit wieder einmal, dass sie die praktische Politik von Soros und seiner Organisation eher schlecht als recht verstanden.

5 Zu den Rednern zählten Deepak Lal, Amity Shlaes, John B. Taylor, Peter Boettke, Steve Forbes, Niall Ferguson, Hannes Gissurarson, Timothy Congdon, Martin Wolf und Gary Becker. Die Beiträge waren zeitweilig auf der Website der MPS nachzulesen, wurden später aber entfernt. Näher hierzu: Dieter Plehwe, »Neoliberal Think Tanks and the Crisis«, Beitrag zur 7. Pan-European International Relations Conference, Stockholm 2010. Die dominierende neoliberale Erzählung über die Krise, die sich bis 2010 durchgesetzt hatte und die gesamte Schuld den Regierungen gibt, wird in Kapitel 5 dargestellt.

6 Die vielen vorgeblichen »Reformen«, vom Dodd-Frank-Gesetzesentwurf in den USA bis zur internationalen Bankenregulierung Basel III, berücksichtigt dieser Befund. Vgl. dazu Ruben Lee, *Running the World's Markets. The Governance of Financial Infrastructure*, Princeton 2011; Sue Konzelmann u.a., »Governance, Regulation and Financial Market Instability«, in: *Cambridge Journal of Economics* 34 (2010), S. 929–954; Michael Konczal (Hg.), *Will It Work? How Will We Know? The Future of Financial Reform*, New York 2010.

7 Diese Geschichte ist noch nicht abgeschlossen: ›www.huffingtonpost.com/2013/03/12/aig-hankgreenberg-lawsuit-bailout_n_2862195.html‹, letzter Zugriff 26.10.2014.

8 Adam Curtis, »The Economists' New Clothes«, ›www.bbc.co.uk/blogs/adamcurtis/2010/02/the_economists_new_clothes.html‹, letzter Zugriff 26.10.2014.

9 Maureen Tkacik, »Journals of the Crisis Year«, in: *The Baffler* 18 (2010).

10 Ezra Klein, »What ›Inside Job‹ Got Wrong«, in: *Washington Post*, 22.06.2011.

11 John Maynard Keynes, *Allgemeine Theorie der Beschäftigung, des Zinses und des Geldes*, übers. v. Fritz Wagner, Berlin 1974, S. 323.

12 John Quiggin, *Zombie Economics*, Princeton 2012.

13 Colin Crouch, *Das befremdliche Überleben des Neoliberalismus*, übers. v. Frank Jakubzik, Berlin 2011, S. 246.

14 Die bei Weitem beste systematische Darstellung der allmählichen Korruption des gesamten Finanzsystems, von den Hypothekenbanken über die Ratingagenturen und zuständigen Behörden bis zu Bankungetümen wie Goldman Sachs, bietet der Bericht des Untersuchungsausschusses des US-Senats, *Wall Street and the Financial Crisis* (2011), im Internet unter ›hsgac.senate.gov/public/_files/Financial_Crisis/FinancialCrisisReport.pdf‹, letzter Zugriff 26.10.2014. Die Website nakedcapitalism.com hat sehr verdienstvoll viele technische Aspekte der Krise verfolgt. Weitere hervorragende Darstellungen der Krise sind Matt Taibbi, *Griftopia. Bubble Machines, Vampire Squids, and the Long Con*, New York 2010; Kathleen Engel, Patricia McCoy, *The Subprime Virus. Reckless Credit, Regulatory Failure and Next Steps*, New York 2011; Adrian Buckley, *Financial Crisis. Causes, Context, Consequences*, Harlow 2011; Charles Ferguson, *Predator Nation*, New York 2012. Bezeichnenderweise taucht keiner dieser Titel im »Überblick« des orthodoxen Ökonomen Lo über die Literatur zur Krise auf (Andre Lo, »Reading About the Financial Crisis«, in: *Journal of Economic Literature*, 50 [2012], S. 151–178).

15 In einer Besprechung von Simon Johnsons und James Kwaks *13 Bankers* (New York 2010) hat der Ökonom Guillermo Calvo die neoliberale Argumentation hübsch zusammengefasst: »Die Autoren schildern weitschweifig das Hin und Her zwischen dem Lager der Gier und dem Lager der Regulierungsbefürworter, die beide beharrlich von sich behaupten, sie hätten systemische Probleme in den Griff bekommen, und die sich damit beide zwangsläufig blamieren. […] Hier scheinen die Autoren an der Schwelle zu der Erkenntnis zu stehen, dass das Problem die Dynamik als solche ist – dass die Alternative von Gier und Regulierung eine falsche ist, weil der Walzer von Bankern und Regulierern in einem Kuddelmuddel auf dem Parkettboden endet, während sich der Markt in heillosem Chaos befindet.« (Guillermo Calvo, »Yes, as the Rich Will Drive Recovery«, in: *The Economist*, 06.09.2010, ›www.economist.com/economics/by-invitation/guest-contributions/yes_rich_will_drive_recovery‹, letzter Zugriff 14.12.2014).

16 Zuletzt hat dies Bernard Harcourt betont, und auch er räumt ein, dass sich

die entscheidende Erkenntnis bis zu Karl Polanyis *The Great Transformation* (1944) und sogar amerikanischen Institutionalisten wie Warren Samuels sowie dem frühen Rechtsrealismus zurückverfolgen lässt (Bernard Harcourt, *The Illusion of Free Markets*, Cambridge, Mass., 2011; Warren Samuels, *Essays in the Economic Role Of Government*, New York 1992; ders., »The Economy as a System of Power: Legal Economics of Robert Lee Hale«, in: *University of Miami Law Review* 27 [1973], S. 261–371). Weitere klare Aussagen von Historikern und Politologen bieten David Roberts, *Victorian Origins of the British Welfare State*, New Haven 1960; John Campbell, Ove Pedersen (Hg.), *The Rise of Neoliberalism and Institutional Analysis*, Princeton 2001.

17 In einem Interview hat Graeber dies ausdrücklich formuliert: »In einer Krise muss man sich als Erstes fragen: Was ist die größere Rhythmik oder Zeitstruktur, in der diese Ereignisse auftreten? Deshalb habe ich mich dafür entschieden, mein Netz so weit wie möglich auszuwerfen, um zu fragen: Was, wenn dies zu einem wirklich weltgeschichtlichen Umbruch gehört, wie er etwa alle 500 Jahre vorkommt – das ist mein Gedanke einer langen Oszillation zwischen Phasen des Kredits« (Rachel Jones, »Bookforum Talks with David Graeber« [2012], ›bookforum.com/interview/9154‹, letzter Zugriff 14.12.2014). Hier sehen wir, wie Graeber als der Kenneth Rogoff der Linken fungiert: »Die Vorstellung, dass wir in einem totalisierenden System leben, ist der entscheidende ideologische Gedanke, den wir überwinden müssen.« Rogoffs und Reinharts reißerische Verallgemeinerung, dass die Wirtschaft immer geschrumpft sei, wenn die Staatsschuld mehr als 90 Prozent des Bruttoinlandsprodukts erreichte, basiert auf verdächtigen »Fehlern« in ihren Datenanalysen, wie Herndon u.a. gezeigt haben (Thomas Herndon u.a., »Does High Public Debt Consistently Stifle Economic Growth? A Critique of Reinhart and Rogoff«, PERI Working Paper 332, April 2013). Rogoff stellte nicht nur die Geschichte falsch dar, unwillentlich offenbarte er auch, dass er die historische Wahrheit als etwas betrachtet, das den neoliberalen Imperativen anzupassen ist.

18 Vgl. Friedrich A. von Hayek, *Die Verfassung der Freiheit*, Tübingen 1971, S. 481–497; James M. Buchanan, *Why I, Too, Am Not a Conservative*, Cheltenham 2005.

19 John Quiggin, »Heterodoxy is not my Doxy«, ›crookedtimber.org/2007/06/01/heterodoxy-is-not-my-doxy/‹, letzter Zugriff 26.10.2014.

20 Paul Krugman auf ›krugman.blogs.nytimes.com/2010/11/26/the-instability-of-moderation/?_php=true&_type=blogs&_r=0‹, letzter Zugriff 26.10.2014.

21 Vgl. etwa Samuelsons Brief an Assar Lindbeck, 14.2.1977, in Box 4, Folder »Nobel Nominating Committee«, Paul Samuelson Papers, Perkins Library, Duke University.

22 Es erschienen derart viele Bücher und Texte dieser Art, dass hier nur eine repräsentative Auswahl aufgeführt wird: Roger Backhouse, *The Puzzle of Modern Economics. Science or Ideology?*, Cambridge 2010; William Brock, David Colander, »Complexity, Pedagogy, and the Economics of Muddling Through«,

in: Alan Kirman, Massimo Salzano (Hg.), *Economics Complex Windows*, Berlin 2005; David Colander, »The Death of Neoclassical Economics«, in: *Journal of the History of Economic Thought* 22 (2000), S. 127–143; David Colander u.a., »Live and Dead Issues in the Methodology of Economics«, in: *Journal of Post Keynesian Economics* 30 (2007), S. 303–312; dies., »The Changing Face of Mainstream Economics«, in: *The Long Term View* 7 (1) (2008), S. 31–42; John Davis, »The Turn in Economics. Neoclassical Dominance to Mainstream Pluralism?«, in: *Journal of Institutional Economics* 2 (2006), S. 1–20; ders., »The Turn in Recent Economics and the Return of Orthodoxy«, in: *Cambridge Journal of Economics* 32 (2008), S. 349–366; ders., »The Change In and Recent State of Economics«, in: *The Long Term View* 7 (1) (2008), S. 7–13; Barry Eichengreen, »The Last Temptation of Risk«, in: *National Interest*, 28.04.2009.

23 Christian Arnsperger, Yanis Varoufakis, »What Is Neoclassical Economics?«, in: *Post-Autistic Economics Review* 38 (2006), S. 2–12.

24 Simon Bowmaker (Hg.), *Economics Uncut. A Complete Guide to Life, Death and Misadventure*, Cheltenham 2005; Jonah Lehrer, »Can We Prevent the Next Bubble?«, in: *Wired*, Juni 2011; Colin Camerer u.a., »Neuroeconomics. How Neuroscience Can Inform Economics«, in: *Journal of Economic Literature* 43 (2005), S. 9–64; Philip Mirowski, *Science-Mart. Privatizing American Science*, Cambridge, Mass., 2011; George Akerlof, Rachel Kranton, *Identity Economics. Warum wir ganz anders ticken, als die meisten Ökonomen denken*, übers. v. Helmut Dierlamm, München 2011; Roland Bénabou, Jean Tirole, »Identity, Dignity and Taboos«, CEPR Discussion Paper 6123 (2007), ›www.vwl.tuwien.ac.at/hanappi/AgeSo/rp/Benabou_2007.pdf‹, letzter Zugriff 14.12.2014.

25 Steven D. Levitt, Stephen J. Dubner, *Freakonomics. Überraschende Antworten auf alltägliche Lebensfragen*, übers. v. Gisela Kretzschmar, München 2006.

26 »Doch wir haben es mit einer Chicago-Ökonomie zu tun, nicht mit einer neoklassischen.« (Crouch, *Das befremdliche Überleben des Neoliberalismus*, S. 174). Dies trifft zwar weitgehend zu, dennoch ist die Situation erheblich komplizierter, als Crouchs Bild eines privatisierten Keynesianismus nahelegt.

27 Quiggin, *Zombie Economics*, S. 122.

2 Die Schock-Block-Strategie: Neoliberalismus als Denkkollektiv und politisches Programm

1 Einige repräsentative Beispiele: Clive Barnett, »The Consolations of ›Neoliberalism‹«, in: *Geoforum* 36 (1) 2005; Bruce Caldwell, »The Chicago School, Hayek, and Neoliberalism«, in: Robert van Horn u.a. (Hg.), *Building Chicago Economics*, New York 2011; Taylor Boas, Jonas Gans-Morse, »Neoliberalism. From New Liberal Philosophy to Anti-Liberal Slogan«, in: *Studies in* Comparative *International Development* 44 (2) (2009), S. 137–161; Catherine Kingfisher, Jeff Maskovsky, »Introduction: The Limits of Neoliberalism«, in: *Critique of Anthropology* 28 (2008).

2 Wichtige Quellen, auf die wir uns stützen werden, sind Richard Cockett, *Thinking the Unthinkable. Think-tanks and the Economic Counter-revolution, 1931–83*, London 1995; Philip Mirowski, Dieter Plehwe (Hg.), *The Road from Mont Pèlerin. The Making of the Neoliberal Thought Collective*, Cambridge, Mass., 2009; Bernhard Walpen, *Die offenen Feinde und ihre Gesellschaft. Eine hegemonietheoretische Studie zur Mont Pèlerin Society*, Hamburg 2004; Angus Burgin, »The Political Economy of the Early Mont Pèlerin Society«, Vortrag vor der History of Economics Society, 2007; ders., *The Return of Laissez-Faire*, Dissertation an der Harvard University, 2009; Bruno Amable, »Morals and Politics in the Ideology of Neo-Liberalism«, in: *Socio-Economic Review* (2010); Ben Jackson, »At the Origins of Neo-Liberalism. The Free Economy and the Strong State, 1930–1947«, in: *The Historical Journal* 53 (1) (2010); Bernard Harcourt, *The Illusion of Free Markets*, Cambridge, Mass., 2011; John O'Neill, *The Market. Ethics, Knowledge and Politics*, London 1998; Cornel Ban, *Neoliberalism in Translation. Economic Ideas and Reforms in Spain and Romania*, Dissertation an der University of Maryland, 2011; Loïc Wacquant, »Der neoliberale Leviathan. Eine historische Anthropologie des gegenwärtigen Gesellschaftsregimes«, in: *Prokla* 169 (2012), S. 677–698; Peter-Wim Zuidhof, *Imagining Markets. The Discursive Politics of Neoliberalism*, Dissertation an der Erasmus Universität Rotterdam, 2012; Mitchell Dean, »Rethinking Neoliberalism«, in: *Journal of Sociology* (2012); Daniel Stedman Jones, *Masters of the Universe. Hayek, Friedman and the Birth of Neoliberal Politics*, Princeton 2012.

3 Herausgeber, »On Your Marx«, in: *n+1* 8 (2010).

4 Jamie Peck u.a., »Postneoliberalism and its Malcontents«, in: *Antipode* 41 (2009), S. 94–116, hier S. 94.

5 Kean Birch, Vlad Mykhnenko (Hg.), *The Rise and Fall of Neoliberalism. The Collapse of an Economic Order?*, London 2010, S. 255.

6 Alfred Gusenbauer, »Ein Markt braucht klare Regeln«, 06.10.2008, ›www.project-syndicate.org/commentary/la-strada-on-wall-street/german‹, letzter Zugriff 14.12.2014.

7 Joseph Stiglitz, »Das Ende des Neoliberalismus?«, 07.07.2008, ›www.project-syndicate.org/commentary/the-end-of-neo-liberalism-/german‹, letzter Zugriff 14.12.2014.

8 Saskia Sassen, »Too Big to Save«, ›www.opendemocracy.net/article/too-big-to-save-the-end-of-financial-capitalism-0‹, letzter Zugriff 16.11.2014.

9 David Harvey, »Is This Really the End of Neoliberalism?«, ›www.counterpunch.org/2009/03/13/is-this-really-the-end-of-neoliberalism/‹, letzter Zugriff 16.11.2014.

10 Sue Konzelmann u.a., »Governance, Regulation and Financial Market Instability«, in: *Cambridge Journal of Economics* 34 (2010), S. 929–954.

11 John Campbell, »Neoliberalism in Crisis. Regulatory Roots of the U.S. Financial Meltdown«, in: *Research in the Sociology of Organizations* 30B (2010), S. 65–101.

12 Vgl. bspw. Alex Callinicos, *Bonfire of Illusions*, Cambridge 2010; John Cassidy, *How Markets Fail*, New York 2009; Justin Fox, *The Myth of the Rational Market*, New York 2010; Donald Westbrook, *Out of the Crisis*, Boulder 2010; Yves Smith, *Econned*, London 2010; Paul Mason, *Meltdown. The End of the Age of Greed*, London 2009; Anatole Kaletsky, *Capitalism 4.0*, New York 2010; Joseph Stiglitz, *Im freien Fall. Vom Versagen der Märkte zur Neuordnung der Weltwirtschaft*, übers. v. Thorsten Schmidt, München 2010.

13 Die unterschiedlichen sozial-epistemologischen Ansätze in der philosophischen Literatur sind faszinierend. Ohne eine bestimmte Position einzunehmen, empfehle ich zum Überblick: Alvin Goldman, Dennis Whitcomb (Hg.), *Social Epistemology*, New York 2011; Janet Kourany, *Philosophy of Science after Feminism*, New York 2010; Martin Kusch, *Knowledge by Agreement. The Programme of Communitarian Epistemology*, Oxford 2002; Helen Longino, *The Fate of Knowledge*, Princeton 2002; Miriam Solomon, *Social Empiricism*, Cambridge, Mass., 2001; Steve Fuller, *Social Epistemology*, Bloomington 2002; Sandra Harding (Hg.), *Can Theories Be Refuted? Essays on Duhem-Quine Thesis*, Boston 1976.

14 Leon Festinger u. a., *When Prophecy Fails*, Minneapolis 1956, S. 3.

15 Charles Lord u. a., »Biased Assimilation and Attitude Polarization: The Effects of Prior Theories on Subsequently Considered Evidence«, in: *Journal of Personality and Social Psychology* 37 (1979), S. 2098–2109.

16 Jones, *Masters of the Universe*, S. 7.

17 A. J. Nicholls, *Freedom with Responsibility: The Social Market Economy in Germany 1918–1963*, Oxford 1994, S. 96; R. M. Hartwell, *A History of the Mont Pèlerin Society*, Indianapolis 1995, S. 84, 93; Walpen, *Die offenen Feinde und ihre Gesellschaft*, S. 1072, 1074.

18 Ich danke Anette Nyqvist und Jamie Peck für die Übersetzung dieses Dokuments aus dem Norwegischen.

19 Milton Friedman, »Capitalism and Freedom«, in: *New Individualist Review* 1 (1961), S. 3–10.

20 Selbst mit dem Neoliberalismus sympathisierende Historiker sind zu dem Schluss gekommen, dass Hayeks Wissensverständnis eine direkte Abstammung von Hume ausschließt (Chandran Kukathas, *Hayek and Modern Liberalism*, Oxford 1989; Christina Petsoulas, *Hayek's Liberalism and Its Origins*, London 2001). Dass Smith niemals der neoliberalen Politik zugestimmt hätte, ist ein altbekanntes Thema in der Geschichte der Wirtschaftstheorie.

21 Zit. n. Hartwell, *History of the Mont Pèlerin Society*, S. 33.

22 Milton Friedman, »Best of Both Worlds«, Interview von Max Doherty, in: *Reason*, Juni 1995.

23 Milton Friedman, »Preface: Economic Freedom behind the Scenes«, in: James Gwartney u. a., *Economic Freedom of the World. Annual Report 2002*, Vancouver 2002. Eine gute Einführung in das kompromisslose libertäre Denken von Hans-Hermann Hoppe und anderen bietet Andrew Dittmer, »Journey into a Libertarian Future« (2001), ›www.nakedcapitalism.com/2011/11/journey-

into-a-libertarian-future-part-i-%E2%80%93the-vision.html‹, letzter Zugriff 14.12.2014.

24 Dieser entscheidende Aspekt ist auch für ansonsten scharfsinnige Historiker der Bewegung ein Stolperstein. Ein Beispiel: »Unter transatlantischem Neoliberalismus wird in diesem Buch die Ideologie des auf individueller Freiheit und einer Einschränkung der Regierung basierenden freien Markts verstanden, die menschliche Freiheit mit den Handlungen des rationalen, eigennützigen Subjekts im Marktwettbewerb verknüpft« (Jones, *Masters of the Universe*, S. 2).

25 Wendy Brown, *Edgework*, Princeton 2005, S. 40.

26 Vgl. etwa Brown, *Edgework*; Campbell, »Neoliberalism in Crisis«; Ben Jackson, »At the Origins of Neo-liberalism: The Free Economy and the Strong State, 1930–1947«, in: *The Historical Journal* 53 (1) (2010), S. 129–51; Zuidhof, *Imagining Markets*; Dieter Plehwe u.a. (Hg.), *Neoliberal Hegemony. A Global Critique*, London 2006; Mirowski/Plehwe, *The Road from Mont Pèlerin*; Jamie Peck, *Constructions of Neoliberal Reason*, Oxford 2010; Walpen, *Die offenen Feinde und ihre Gesellschaft*.

27 Vgl. Jackson, »At the Origins of Neo-liberalism«, S. 135ff.; Pierre Dardot, Christian Laval, *La nouvelle raison du monde. Essai sur la société néolibérale*, Paris 2009. Hayek schrieb in *Der Weg zur Knechtschaft* (München 2003): »Nichts dürfte der Sache des Liberalismus so sehr geschadet haben wie das starre Festhalten einiger seiner Anhänger an gewissen groben Faustregeln, vor allem an dem Prinzip des Laisser-faire.« (S. 37) Wacquant weist in »Der neoliberale Leviathan« darauf hin, dass Neoliberale *laissez-faire* nur für die Reichen und Mächtigen, nicht aber die Subalternen befürworten.

28 James M. Buchanan, »Man and the State«, MPS Presidential Talk, 31.08.1986, S. 2, 11. LAMP, 1986, Saint Vincent, Italy, Meeting Records. Im Folgenden werden alle Primärquellen zu MPS-Versammlungen mit Genehmigung des Liberaal Archief (Gent, Belgien) als [LAMP, Datum] zitiert. Der Bestand dieser Sammlung ist aufgeführt unter ›www.liberaalarchief.be/MPS2005.pdf‹, letzter Zugriff 16.11.2014.

29 Als später entstandene vierte Strömung wäre noch die Virginia School der Public-Choice-Theorie zu nennen. Ein Versuch eines Insiders zur Unterscheidung von Hayekianern und der Chicago School ist Mark Skousen, *Vienna and Chicago*, Washington 2005. Einen Überblick über die Ordoliberalen bietet Nicholls, *Freedom with Responsibility*. Zur Geschichte der Public-Choice-Theorie: Sonja Amadae, *Rationalizing Capitalist Democracy*, Chicago 2003.

30 Hayek an Arthur Seldon, 13.5.1985, zit. n. Hans Jörg Hennecke, *Friedrich August von Hayek. Die Tradition der Freiheit*, Düsseldorf 2000, S. 316.

31 Michael Howard, J. E. King, *The Rise of Neoliberalism in Advanced Capitalist Economies*, London 2008, S. 11.

32 Jones, *Masters of the Universe*.

33 Peck, *Constructions of Neoliberal Reason*, S. 72.

34 Zuidhof, *Imagining Markets*.

35 Zit. n. Burgin, *Return of Laissez-Faire*, S. 180.

36 Hayek an de Jouvenel, 4.10.1950, zit. n. ebd., S. 206.

37 Hartwell, *History of the Mont Pèlerin Society*, S. 44.

38 Vgl. den Brief von Smedley an Antony Fisher vom 25.06.1956, zit. in Cockett, *Thinking the Unthinkable*, S. 131: »Wir dürfen in unserer Literatur auf keinen Fall einen Hinweis darauf geben, dass wir in unserer öffentlichen Bildungsarbeit gewisse Linien verfolgen, die als politisch tendenziös gedeutet werden könnten [...] das könnte es unseren Feinden ermöglichen, den gemeinnützigen Charakter unserer Motive infragezustellen.« Auch Leonard Read hat dies zugegeben: vgl. Jennifer Burns, *Goddess of the Market*, New York 2009, S. 116.

39 Burgin, *Return of Laissez-Faire*, S. 306.

40 Einige wichtige Beispiele: Heritage Foundation (USA), Manhattan Institute (USA), Mercatus Center (USA), Fraser Institute (Kanada), Stiftung Marktwirtschaft (Deutschland), Center for a New Europe (Brüssel). Es gibt sogar neoliberale Think-Tanks, die sich auf die Wissenschaftspolitik spezialisiert haben, etwa das George C. Marshall Institute, das Annapolis Center, das Heartland Institute und das Ethics and Public Policy Center – man beachte die nichtssagenden Namen, die die politische Orientierung verbergen.

41 Näher zur Atlas Foundation und Antony Fisher: ›atlasnetwork.org‹, letzter Zugriff 16.11.2014; Gerald Frost, *Antony Fisher, Champion of Liberty*, London 2002; Nicole Hoplin, Ron Robinson, *Funding Fathers. The Unsung Heroes of the Conservative Movement*, Washington 2008, Kapitel 6; Bob Burton, »Atlas Economic Research Foundation. The Think Tank Breeders«, in: *PR Watch* 3 (2004).

42 Eine interessante Darstellung der byzantinischen Politik des Murdoch-Empires ist Adam Curtis', »Rupert Murdoch – a Portrait of Satan«, ›www.bbc.co.uk/blogs/adamcurtis/2011/01/rupert_murdoch_-_a_portrait_of.html‹, letzter Zugriff 16.11.2014.

43 Sally Covington, »Moving Public Policy to the Right«, in: Daniel Faber, Deborah McCarthy (Hg.), *Foundations for Social Change*, Lanham 2005, S. 91 f.; vgl. auch Thomas Medvetz, *Think Tanks in America*, Chicago 2012.

44 Dokumentiert wird dies in dem Film *(Astro) Turf Wars* (2010).

45 Max Thurn, 1964 Meeting Records, LAMP, meine Hervorhebung.

46 Das Beharren auf diesen Aspekt ist eine der großen Stärken der von Foucault inspirierten Tradition der Neoliberalismusanalyse. Sehr überzeugend vertritt dieses Argument Jacques Donzelot, »Michel Foucault and Liberal Intelligence«, in: *Economy and Society* 37 (2008), S. 115–134. Ein wichtiges Thema ist dies auch in Brown, *Edgework*.

47 Zit. n. Cockett, *Thinking the Unthinkable*, S. 112.

48 Sehr schön zeigt dies Dean, »Rethinking Neoliberalism«.

49 Robert van Horn, Philip Mirowski, »The Rise of the Chicago School and the Birth of Neoliberalism«, in: Mirowski/Plehwe (Hg.), *The Road from Mont Pèlerin*; Robert van Horn, Matthias Klaes, »Chicago Neoliberalism Versus Cowles

Planning. Perspectives on Patents and Public Goods«, in: *Journal of the History of the Behavioral Sciences* 47 (2011), S. 302–321.

50 David Kaiser, *How the Hippies Saved Physics*, New York 2011; Helge Kragh, *Higher Speculations*, Oxford 2011.

51 Neil Brenner u.a., »Variegated Neoliberalization. Geographies, Modalities, Pathways«, in: *Global Networks* 10 (2010), S. 182–222; Naomi Klein, *Die Schock-Strategie. Der Aufstieg des Katastrophen-Kapitalismus*, übers. v. Hartmut Schickert u.a., Frankfurt/M. 2007.

52 Genaue Ausführungen darüber, welche Personen welche einzelnen Positionen jeweils teilen oder nicht, vermeide ich im vorliegenden Buch vor allem deshalb, weil eine solche detaillierte historische Arbeit uns von unserem Fokus auf die Krise abbringen würde. Das bedeutet allerdings keineswegs, dass ich sie für unwichtig halten würde.

53 Michel Foucault, *Geschichte der Gouvernementalität II: Die Geburt der Biopolitik*, übers. v. Jürgen Schröder, Frankfurt/M. 2004, S. 188.

54 Sheldon Wolin, *Politics and Vision*, Princeton 2004, S. 314.

55 Vgl. Jack Wiseman, *Cost, Choice and Political Economy*, Cheltenham 1989; James M. Buchanan, Viktor Vanberg, »Constitutional Choice, Rational Ignorance and the Limits of Reason«, in: Viktor Vanberg (Hg.), *Rules and Choice in Economics*, London 1994.

56 Ausführlicher dazu: Bruce Caldwell, *Hayek's Challenge*, Chicago 2004; Philip Mirowski, *Machine Dreams. Economics Becomes a Cyborg Science*, New York 2002; ders., »Naturalizing the Market on the Road to Revisionism: Bruce Caldwell's *Hayek's Challenge*«, in: *Journal of Institutional Economics* 3 (2007), S. 251–372.

57 Ralf Ptak, »Neoliberalism in Germany«, in: Mirowski/Plehwe (Hg.), *The Road from Mont Pèlerin*, S. 98–138; Werner Bonefeld, »Freedom and the Strong State«, in: *New Political Economy* 17 (2012), S. 633–656.

58 Näher dazu: Philip Mirowski, »On the origins (at Chicago) of some species of evolutionary economics«, in: Van Horn u.a. (Hg.), *Building Chicago Economics*, S. 237–278. Zu den Ursprüngen der »Cyborg-Wissenschaften«: Jack Vroman, »Allusions to Evolution«, in: ebd., S. 208–236; Mirowski, *Machine Dreams*.

59 Melinda Cooper, *Life as Surplus*, Seattle 2008; Majia Nadesan, *Governmentality, Biopower and Everyday Life*, London 2008.

60 Vgl. etwa Susan McKinnon, *Neo-liberal Genetics*, Chicago 2005; Matt Ridley, *The Agile Gene*, New York 2003; ders., *Wenn Ideen Sex haben. Wie Fortschritt entsteht und Wohlstand vermehrt wird*, übers. von Gabriele Gockel u. Barbara Steckhan, München 2011; Andrew Pickering, *The Cybernetic Brain*, Chicago 2010, sowie meine Rezension des letztgenannten Titels in *Technology and Culture* (2012).

61 Melinda Cooper, »Complexity Theory after the Crisis. The Death of Neoliberalism or the Triumph of Hayek?«, in: *Journal of Cultural Economy* 4 (2011), S. 371–385; dies., Jeremy Walker, »Genealogies of Resistance«, in: *Security Dialogue* 42 (2011), S. 143–160.

62 Peck, *Constructions of Neoliberal Reason*, S. xiii.

63 Neoliberale halten Demokratie meist nur insoweit für erstrebenswert, wie ihre Institutionen das von ihnen befürwortete Wirtschaftssystem fördern. Dies wurde bereits von Carl J. Friedrich bemerkt und ist Thema vieler Kommentare zum neoliberalen Projekt. Vgl. Carl J. Friedrich, »The Political Thought of Neo-Liberalism«, in: *American Political Science Review* 2 (1955), S. 509–525; Brown, *Edgework*; Plehwe u.a., *Neoliberal Hegemony*; Richard Robison (Hg.), *The Neoliberal Revolution. Forging the Market State*, London 2006; Rachel Turner, *Neo-liberal Ideology*, Edinburgh 2008; Dean, »Rethinking Neoliberalism«.

64 Michael Power, *The Audit Society*, Oxford 1997; Jan-Erik Lane, *New Public Management*, London 2000.

65 Zum heutigen Trend zur Privatisierung militärischer Funktionen, vgl. Peter W. Singer, *Die Kriegs-AGs. Über den Aufstieg der privaten Militärfirmen*, übers. v. Karl Heinz Siber, Frankfurt/M. 2000; Jeremy Scahill, *Blackwater. Der Aufstieg der mächtigsten Privatarmee der Welt*, übers. v. Bernhard Jendricke, München 2008. Die ständige Klage über den Umfang des Staates ist eine Win-win-Situation für Neoliberale: Sie monieren seine Ausweitung, die sie selbst gefördert haben, nutzen die von ihnen angefachte Empörung für die »Privatisierung« weiterer Funktionen, wodurch die Ausgaben noch zunehmen und die Infrastruktur staatlicher Operationen noch ausgreifender wird. Diese Dynamik ist gegenwärtig bei der fortschreitenden Privatisierung und »Rationalisierung« des staatlichen Gesundheitswesens europäischer Länder am Werk.

66 Friedrich A. von Hayek, »Das moralische Element in der Unternehmerwirtschaft«, in: ders., *Grundsätze einer liberalen Gesellschaftsordnung. Aufsätze zur Politischen Philosophie und Theorie. Gesammelte Schriften in deutscher Sprache, Bd.* 5, Tübingen 2002, S. 294–301, hier S. 295.

67 In dieser Hinsicht ist die nominell linksliberale Tradition der »Sozialwahltheorie« (Kenneth Arrow, Amartya Sen, John Rawls) letztlich genauso neoliberal wie die rechte Tradition der Public-Choice-Theorie von Buchanan, Tullock und der Virginia School. Vgl. Amadae, *Rationalizing Capitalist Democracy*; Christian Arnsperger, *Critical Political Economy*, London 2008.

68 Raymond Plant, *The Neo-liberal State*, Oxford 2010.

69 Foucault, *Geburt der Biomacht*, S. 314.

70 John Davis, *The Theory of the Individual in Economics*, London 2003; ders., *Individuals and Identity in Economics*, New York 2011.

71 Milton Friedman in: ders., Paul Samuelson, *Friedman and Samuelson Discuss the Responsibility of Government*, College Station 1980, S. 5.

72 »Der Neoliberalismus versteht unter Interesse sowohl die psychologische Triebkraft rationaler Entscheidungen wie auch den durch diese Entscheidungen erreichten Nutzen. Subjektive und objektive Interessen werden somit nahtlos kompatibel gemacht: Fragen nach falschem Bewusstsein einerseits, eines nicht in den Marktentscheidungen der Subjekte aufgehenden ›wirklichen

Interesses‹ andererseits, werden nicht beantwortet, sondern erscheinen als sinnlos.« (Dean Mathiowetz, *Appeals to Interest. Language, Contestation and the Shaping of Political Agency*, University Park 2011).

73 Friedrich A. von Hayek, *Die Verfassung der Freiheit*, Tübingen 1971, S. 100; Plant, *The Neoliberal State*, S. 67; Friedman, »Economic Freedom Behind the Scenes«.

74 Es gibt allerdings Ausnahmen von dieser Regel. Das MPS-Mitglied Gary Becker hat zum Beispiel vorgeschlagen, das Problem der illegalen Einwanderung durch den »Verkauf« des Rechts auf Staatsangehörigkeit zu lösen. Staatliche Funktionen werden auf diese Weise restlos auf eine Ware reduziert. Es ist interessant, dass sich nur wenige Neoliberale für diese vollständige Auflösung nationaler Identität ausgesprochen haben, obwohl man durchaus behaupten könnte, dass sie sich logisch aus den anderen Punkten ihres Programms ergibt. Was sollte Nationalität für eine Person ohne feste Identität auch schon bedeuten?

75 Vgl. Eric Helleiner, *States and the Re-emergence of Global Finance*, Ithaca 1994; Christian Weller, Laura Singleton, »Peddling reform. The Role of Think Tanks in Shaping the Neoliberal Policy Agenda for the World Bank and International Monetary Fund«, in: Plehwe u.a., *Neoliberal Hegemony*, S. 70–86; Benedict Thirkell-White, »The Wall Street, Treasury, IMF Complex After Asia: Neo-Liberalism in Decline?«, in: Robison, *The Neoliberal Revolution*, S. 135–155.

76 Dieter Plehwe, »The Origins of Neoliberal Economic Development Discourse«, in Mirowski/Plehwe (Hg.), *The Road from Mont Pèlerin*. Vgl. auch Jeffrey Chwieroth, *Capital Ideas. The IMF and the Rise of Financial Liberalization*, Princeton 2010.

77 Friedrich A. von Hayek, »Grundsätze einer liberalen Gesellschaftsordnung«, in: ders., *Grundsätze einer liberalen Gesellschaftsordnung*, S. 69–87, hier S. 81.

78 Beiträge und Daten dazu können heruntergeladen werden unter ›elsa.berkeley.edu/~saez/‹, letzter Zugriff 16.11.2014.

79 Rajan Raghuram, *Fault Lines – Verwerfungen. Warum sie noch immer die Weltwirtschaft bedrohen und was jetzt zu tun ist*, übers. v. Almuth Braun, München 2012.

80 Vgl. Van Horn/Mirowski, »Rise of the Chicago School«.

81 Ted Nace, *Gangs of America*, San Francisco 2003.

82 Michael Jensen, William Meckling, »Theory of the Firm. Managerial Behavior, Agency Costs, and Ownership Structure«, in: *Journal of Financial Economics* 3 (1976), S. 305–360.

83 Edward Nik-Khah, »A Tale of Two Auctions«, in: *Journal of Institutional Economics* 4 (2008), S. 73–97.

84 Vgl. zu diesem unglückseligen Projekt »Pentagon to Start Futures Market for Terror Attacks«, ›www.sfgate.com/cgi-bin/article.cgi?file=/c/a/2003/07/29/MN126930.DTL‹, letzter Zugriff 16.11.2014, sowie Justin Wolfers, Eric Zitzewitz, »Prediction Markets in Theory and Practice«, ›www.dartmouth.edu/~ericz/palgrave.pdf‹, letzter Zugriff 16.11.2014.

85 Ungeniert vorgetragen wird dieses neoliberale Argument u.a. von Robert Litan, »In Defense of Much, but Not All, Financial Innovation«, ›www.brookings.edu/research/papers/2010/02/17-financial-innovation-litan‹, letzter Zugriff 14.12.2014; ders., *The Derivatives Dealers' Club and Derivates Market Reform. A Guide for Citizens*, Washington 2010; Robert J. Shiller, *Märkte für Menschen. So schaffen wir ein besseres Finanzsystem*, übers. v. Petra Pyka, Frankfurt/M. und New York 2012. Ein etwas skeptischeres Résumé bietet Ewald Engelen u.a., *After the Great Complacence*, Oxford 2011.

86 Harcourt, *Illusion of Free Markets*, S. 147.

87 Posner, zit. n. ebd., S. 149.

88 Hayek, *Die Verfassung der Freiheit*, S. 80; ders., *Studies in Philosophy, Politics and Economics*, New York 1967, S. 155; Hartwell, *History of the Mont Pèlerin Society*, S. 47; Hayek, *Die Verfassung der Freiheit*, S. 86 f.

89 Hayek, »Das moralische Element in der Unternehmerwirtschaft«, S. 295.

90 James M. Buchanan, *Ideas, Persons and Events*, Indianapolis 2001; Amable, »Morals and Politics in the Ideology of Neo-Liberalism«.

91 Vgl. bspw. Damon Linker, *The Theocons*, New York 2006; Sara Diamond, *Roads to Dominion*, New York 1995; Wilfried ver Eecke, »Ethics in Economics. From Classical Economics to Neoliberalism«, in: *Philosophy and Social Criticism* 9 (1982), S. 145–168. Hayek ließ auf einer MPS-Versammlung am 4. April 1947 unfreiwillig durchblicken, wie er die allgemeine Philosophie des Neoliberalismus versteht: »Setzt der Liberalismus ein Bündel von Werten voraus, die allgemein als Glaube akzeptiert werden, sich aber nicht rational beweisen lassen?« (MPS Archives, 1947 Meeting). Späteren Schriften nach zu urteilen scheint klar, dass er dies auch für eine zutreffende Charakterisierung des Glaubens an die Überlegenheit der Marktordnung hielt.

92 Steven Smith (Hg.), *Cambridge Companion to Leo Strauss*, Cambridge 2009, S. 18.

93 William Davies, »The Emerging Neo-communitarianism«, in: *Political Quarterly* 83 (2012), S. 767–776.

94 Henry Oliver Jr., »German Neoliberalism«, in: *Quarterly Journal of Economics* 74 (1960), S. 117–149.

95 Aus der unveröffentlichten Rede »The Prospects of Freedom«, zit. n. Burgin, *Return of Laissez-Faire*, S. 180. Meine Hervorhebung.

96 Popper an Hayek, 11.1.1947. Karl Popper Papers, Hoover Institute, Stanford California, Box 305, Folder 13.

97 Vgl. etwa seine Rede »Towards a Liberal Theory of Public Opinion« (1954), zit. in Burgin, *Return of Laissez-Faire*, S. 186 f.

98 Vgl. zum Konflikt zwischen Popper und Hayek: Richard Vernon, »The Great Society and the Open Society. Liberalism in Hayek and Popper«, in: *Canadian Journal of Political Science* 9 (1976), S. 261–276; Kukathas, *Hayek and Modern Liberalism*. Zur Ablehnung von Poppers Wissens- und Wissenschaftskonzeption: Imre Lakatos, *Criticism and the Growth of Knowledge*, Cambridge 1970.

99 Karl R. Popper, *Die offene Gesellschaft und ihre Feinde. Bd. 1: Der Zauber Platons*, übers. v. Paul K. Feyerabend, Tübingen 1992, S. 333; ders., *After »The Open Society«*, London 2008, S. 137, 239.

100 Vgl. Milton und Rose Friedman, *Chancen, die ich meine. Ein persönliches Bekenntnis*, übers. v. Isabel Mühlfenzl, Berlin, Frankfurt/M. u.a. 1980; dies., *Two Lucky People*, Chicago 1998; Milton Friedman, *Bright Promises, Dismal Performances*, Sun Lakes 1983.

101 Ein schönes kurzes Beispiel für Friedmans Stil findet sich in seiner Diskussion mit Samuelson: »Ich habe das Publikum oft aufgefordert, ein einziges relevantes staatliches Programm der Einkommensumverteilung von oben nach unten zu nennen, das sein Ziel erreicht.« (*Friedman and Samuelson Discuss the Responsibility of Government*, S. 13).

102 Friedrich A. von Hayek, »Die Intellektuellen und der Sozialismus«, in: ders., *Wissenschaft und Sozialismus. Aufsätze zur Sozialismuskritik. Gesammelte Schriften in deutscher Sprache, Bd. 7*, Tübingen 2004, S. 3–15; hier S. 3; Burgin, *Return of Laissez Faire*, S. 194; Friedrich A. von Hayek, *Recht, Gesetzgebung und Freiheit. Bd. 1: Regeln und Ordnung*, übers. v. Martin Suhr, Landsberg am Lech, Kapitel 2.

103 Hayek, *Recht, Gesetzgebung und Freiheit*, S.69.

104 Ebd., 74 f.

105 Luis Zingales, *A Capitalism for the People*, New York 2012.

106 Friedman im Gespräch mit Craig Freedman (1997), zit. n. Craig Freedman, *Chicago Fundamentalism. Ideology and Methodology in Economics*, Singapur 2008, S. 12.

107 George Stigler, »The Intellectual and His Society«, in: Richard Selden (Hg.), *Capitalism and Freedom. Problems and Prospects*, Charlottesville 1975, S. 312.

108 »Die große Masse der Bevölkerung hält es nicht für wirtschaftlich lohnend, sich eingehend mit den Folgen politischer Maßnahmen zu befassen, die für jeden nicht durch sie Begünstigten geringfügige negative Auswirkungen haben.« (George Stigler, »Schools in Science«, unveröffentlichter Text, zit. n. Edward Nik-Khah, »George Stigler, the Graduate School of Business, and the Pillars of the Chicago School«, in: van Horn u.a. [Hg], *Building Chicago Economics*, S. 140).

109 Manches spricht für Stiglers Position: In einer Reihe von Ländern waren es nominell sozialistische Parteien, die einige der entscheidenden neoliberalen Reformen durchgeführt haben. Vgl. Ban, *Neoliberalism in Translation*; Zuidhof, *Imagining Markets*.

110 Nik-Khah, »George Stigler«.

111 Teile dieses Abschnitts wurden bereits in Mirowski, *Science-Mart*, veröffentlicht.

112 Hayek, *Verfassung der Freiheit*, S. 37 f.

113 Hayek, *Verfassung der Freiheit*, S. 134 f.

114 Ebd., S. 84 ; Arnsperger, *Critical Political Economy*, S. 90.

115 Hayek, *Weg zur Knechtschaft*, S. 207.

116 Hayek, *Verfassung der Freiheit*, S. 462; ders., Die Verwertung des Wissens in der Gesellschaft (1945), in: *Wirtschaftstheorie und Wissen. Aufsätze zur Erkenntnis- und Wissenschaftslehre. Gesammelte Schriften in deutscher Sprache, Bd. 1*, Tübingen 2007, S. 57–70, hier S. 57.

117 Hayek, *Verfassung der Freiheit*, S. 39; ders., *Weg zur Knechtschaft*. Was in der Wissenschaftsforschung als ungemein radikal gilt, wird vom Hayek-Flügel der Neoliberalen als durchaus konservative Position vertreten.

118 Hayek, *Verfassung der Freiheit*, S. 464, meine Hervorhebung. Das erklärt auch, warum Neoliberale zumeist von ihren Vorläufern abweichen: Laut Hayek waren »die meisten Liberalen des 19. Jahrhunderts von einem übermäßigen naiven Vertrauen in das durch bloße Wissensübermittlung Erreichbare geleitet« (ebd.).

119 Hayek, *Weg zur Knechtschaft*, S. 254 f.

120 Hayek gefiel sich in der Rolle des kompromisslosen Denkers, der jeden Dritten Weg ablehnte – besonders den Sozialstaat, der eben nur den »Weg zur Knechtschaft« darstellte. Das unterscheidet ihn von Zeitgenossen wie Walter Lippmann und Keynes sowie ihren Epigonen, etwa Cass Sunstein und Joseph Stiglitz.

121 Hayek, *Verfassung der Freiheit*, S. 464, 135, 30.

122 Louis Schneider, »The Role of the Category of Ignorance in Sociological Theory«, in: *American Sociological Review* 27 (1962), S. 492–508, hier S. 498.

123 In *Missbrauch und Verfall der Vernunft* (Tübingen 2004; Orig. 1952) versuchte Hayek die »Ingenieure« für das Scheitern des neoliberalen Projekts haftbar zu machen, später schien es ihm jedoch politisch unklug, eine für die Wirtschaft des 20. Jahrhunderts so gewichtige Gruppe zu dämonisieren. Vgl. Mirowski, »Naturalizing the Market«.

124 Hayek, *Weg zur Knechtschaft*, S. 204.

125 Hayek, »The Intellectuals and Socialism«, in: *University of Chicago Law Review* 16 (1949), S. 417–33, hier S. 417 [Die Formulierung ist direkt aus der englischen Version des Textes übersetzt und weicht von der deutschen Ausgabe (»Die Intellektuellen und der Sozialismus«), auf die hier sonst zurückgegriffen wird, ab. *Anm. d. Übers.*]. Angriffe auf »Intellektuelle« waren auch abgesehen von Hayek ein wiederkehrendes Motiv in der Geschichte der Mont Pèlerin Society. Vgl. bspw. Hartwell, *A History of the Mont Pèlerin Society*, S. 161; Friedman, *Kapitalismus und Freiheit*, S. 30. Natürlich lehnen die Neoliberalen nicht *jedes* Expertentum ab – nur jenes, das ihnen nicht passt.

126 Friedrich A. von Hayek, »Grundsätze einer liberalen Gesellschaftsordnung«, S. 78. Vgl. auch Renato Cristi, »Hayek and Schmitt on the Rule of Law«, in: *Canadian Journal of Political Science* 17 (1984), S. 521–535, hier S. 532; William E. Scheuerman, *Carl Schmitt. The End of Law*, Lanham 1999, Kapitel 8.

127 Hayek, »Grundsätze einer liberalen Gesellschaftsordnung«, S. 70.

128 Hayek, *Verfassung der Freiheit*, S. 17 f.

129 Friedrich A. von Hayek, »Wahrer und falscher Individualismus«, in: ders., *Grundsätze einer liberalen Gesellschaftsordnung*, S. 3–32, hier S. 25.

130 Interessanterweise lehnte Hayek an dieser Stelle Nutzenmaximierung als neoklassisches Standardkonzept des Gleichgewichts ab. Märkte bewirken nicht das größtmögliche Glück; entscheidend ist vielmehr, dass wir »durch den Gebrauch des Marktmechanismus mehr verstreutes Wissen der Gesellschaftsmitglieder aktivieren können als durch irgendeine andere Methode« (»Grundsätze einer liberalen Gesellschaftsordnung«, S. 83).

131 Scheuerman, *Carl Schmitt*, S. 216.

132 William Davies, »When is a Market Not a Market?«, in: *Theory, Culture and Society* 2 (2013), S. 32–59.

133 Carl Schmitt, »Starker Staat und gesunde Wirtschaft«, in: ders., *Staat, Großraum, Nomos. Arbeiten aus den Jahren 1916–1969*, hg. v. Günther Maschke, Berlin 1995, S. 71–91, hier S. 81; Hayek, *Verfassung der Freiheit*, S. 42.

134 Renato Cristi, *Carl Schmitt and Authoritarian Liberalism*, Cardiff 1998, S. 23.

135 Friedman in einem Interview, auszugsweise nachzulesen unter ›hellocoolworld.com/media/TheCorporation/Friedman.pdf‹, letzter Zugriff 16. 11. 2014.

136 Arnsperger, *Critical Political Economy*.

137 Vgl. meine Ausführungen in dem Video »Why Is There a Nobel Memorial Prize in Economics?«, ›www.youtube.com/watch?v=dLtEo8lplwg‹, letzter Zugriff 16. 11. 2014.

138 Adam Davidson, »Prime Time for Paul Ryan's Guru (the One That's Not Ayn Rand)«, in: *New York Times*, 21. 08. 2013; Justin Lahart, »The Glenn Beck Effect: Hayek Has a Hit«, in: *Wall Street Journal*, 17. 06. 2010.

3 Alltäglicher Neoliberalismus

1 Jim McGuigan, »Neoliberalism, Culture and Policy«, in: *International Journal of Cultural Policy* 11 (2005), S. 229–241, hier S. 229; Michael Sandel, »What Isn't for Sale?«, in: *The Atlantic*, April 2012.

2 Martijn Konings, »Social Scientists and Economic Life at the Start of the Twenty-First Century«, in: *Australian Journal of Political Science* 4 (2010), S. 713–718, hier S. 715 f. Ein Indiz dafür, dass es zu kurz greift, Privatisierungen als strikten Gegensatz zu Regulierung zu begreifen, ist das historische Faktum, dass Privatisierungen älter sind als der Neoliberalismus: Die italienische faschistische Bewegung führte von 1922 bis 1925 ein breit angelegtes Privatisierungsprogramm durch. Vgl. Germà Bel, »The First Privatisation: Seeling SOEs and Privatizing Public Monopolies in Fascist Italy«, in: *Cambridge Journal of Economics* 5 (2011), S. 937–956.

3 Michael Walzer, *Sphären der Gerechtigkeit. Ein Plädoyer für Pluralität und Gleichheit*, übers. v. Hanne Herkommer, Frankfurt/M., New York 1992; Margaret Jane Radin, *Contested Commodities. The Trouble with Trade in Sex, Children, Body Parts, and Other Things*, Cambridge, Mass., 1996; Debra Satz, *Why Some Things Should Not Be for Sale*, Oxford 2010; Sandel, »What Isn't for Sale?«.

4 Gary Shteyngart, *Super Sad True Love Story*, übers. v. Ingo Herzke, Reinbek bei Hamburg 2011, S. 129–132.

5 Wie Foucault im Manuskript für seine erste Vorlesung im Januar 1979 notierte: »Den Liberalismus als allgemeinen Rahmen der Biopolitik untersuchen.« (Michel Foucault, *Geschichte der Gouvernementalität II: Die Geburt der Biopolitik*, übers. v. Jürgen Schröder, Frankfurt/M. 2004, S. 43) Allerdings ist selten bemerkt worden, dass der Begriff Biopolitik – eine freie Übersetzung des ordoliberalen Terminus Vitalpolitik – auf eine nationalsozialistische Genealogie verweist (Astrid Deuber-Mankowsky, »›Nichts ist politisch. Alles ist politisierbar‹: Biomacht und mediale Öffentlichkeit«, in: Felix Heidenreich [Hg.], Technologien der Macht. Zu Michel Foucaults Staatsverständnis, Baden-Baden 2011, S. 111–138, hier S. 117).

6 Foucault, *Geburt der Biopolitik*, S. 187.

7 Ebd., S. 333 f.

8 Ebd, S. 368, 372; Bethany Moreton, *To Serve God and Wal-Mart*, Cambridge, Mass., 2009, S. 156.

9 Das folgende Zitat mag dem scheinbar widersprechen, führt meines Erachtens aber zu diesem Gedanken hin: »Die Ökonomie ist eine atheistische Disziplin; die Ökonomie ist eine Disziplin ohne Gott; die Ökonomie ist eine Disziplin ohne Totalität; die Ökonomie ist eine Disziplin, die nicht nur die Nutzlosigkeit, sondern die Unmöglichkeit einer souveränen Perspektive manifestiert.« (Foucault, *Geburt der Biopolitik*, S. 387).

10 Zit. n. Christopher Payne, *The Consumer, Credit and Neoliberalism. Governing the Modern Economy*, London 2012, S. 91; Jason Hackworth, *Faith Based: Religious Neoliberalism and the Politics of Welfare in the United States*, Athens 2012, S. 9.

11 Foucault, *Geburt der Biopolitik*, S. 316–318.

12 Ebd., S. 346–359.

13 Ebd., S. 384, 388.

14 Oder noch besser: Auf Grundlage von Wells' *Die Insel des Dr. Moreau.*

15 Zu den erhellenderen Auseinandersetzungen mit dieser Frage zählen Ute Tellmann, »Foucault and the Invisible Economy«, in: *Foucault Studies* 6 (2009), S. 5–24; Michael Behrent, »Liberalism Without Humanism. Foucault and the Free Market«, in: *Modern Intellectual History* 6 (2009), S. 539–568; Clive Barnett, »The Consolations of ›Neoliberalism‹«, in: *Geoforum* 1 (2005), S. 7–12; Deuber-Mankowsky, »Nichts ist politisch. Alles ist politisierbar«; Ulrich Bröckling u. a. (Hg.), *Gouvernementalität der Gegenwart. Studien zur Ökonomisierung des Sozialen*, Frankfurt/M. 2000.

16 Die »Analyse der Reichtümer« war laut Foucault »für die Politische Ökonomie das, was die allgemeine Grammatik für die Philologie und die Naturgeschichte für die Biologie sind« (*Die Ordnung der Dinge. Archäologie der Humanwissenschaften*, übers. v. Ulrich Köppen, Frankfurt/M. 1974, S. 213).

17 Foucault, *Geburt der Biopolitik*, S. 54, 35, 30, 133–138.

18 Behrent verweist auf die französische Wirtschaftskrise von 1973 sowie auf

Foucaults Antihumanismus und Argwohn gegenüber staatlicher Macht – beides wichtige Themen für die Neoliberalen. Paras spricht Foucaults Unterstützung der iranischen Revolution an. Cooper argumentiert, er habe neoliberale Gedanken mit einer Bewunderung für die islamische Unterdrückung der weiblichen Sexualität verbunden. Donzelot und Gordon führen seinen Bruch mit Vertretern der französischen Sozialistischen Partei an. Vgl. Behrent, »Liberalism Without Humanism«, S. 545 ff.; Eric Paras, *Foucault 2.0. Beyond Power and Knowledge*, Boston 2006; Melinda Cooper, »Foucault, Neoliberalism and the Iranian Revolution«, in: Vanessa Lemm, Miguel Vatter (Hg.) *The Government of Life. Michel Foucault and Neoliberalism*, New York 2012; Jacques Donzelot, Colin Gordon, »Governing Liberal Societies – the Foucault Effect for the English-speaking World«, in: *Foucault Studies* 5 (2008), S. 48–62.

19 Michel Foucault, *Überwachen und Strafen. Die Geburt des Gefängnisses*, übers. v. Walter Seitter, Frankfurt/M. 1977, S. 250.

20 Donzelot hat dies indirekt eingeräumt: »In angelsächsischen Ländern, in denen ab Beginn der Achtzigerjahre der Neoliberalismus eingeführt wurde, boten Foucault-Studien ein Mittel für anspruchsvolle Kritik, wenngleich eines, das es offenkundig nicht erlaubte, Alternativen vorzuschlagen. Verurteilt diese politische Ambivalenz den Begriff der Gouvernementalität nicht dazu, eine ideologische Funktion zu erfüllen?« (Donzelot/Gordon, »Governing Liberal Societies«, S. 55 f.).

21 Das sind keine Erfindungen: Ich versichere, dass ich das alles am Abend des 18. Dezember 2008 auf ABC News gehört habe. Die Reporterin Gigi Stone präsentierte dies als reale Lösungen für wirtschaftliche Not.

22 Tyler Cowen, *Create Your Own Economy*, New York 2009.

23 Thomas Frank, *Was ist mit Kansas los? Wie die Konservativen das Herz von Amerika eroberten*, übers. v. Friedrich Griese, Berlin 2005, S. 140 f.

24 Vgl. Barbara Ehrenreich, *Qualifiziert und arbeitslos. Eine Irrfahrt durch die Bewerbungswüste*, übers. v. Gabriele Gockel u. Sonja Schuhmacher, München 2006; Bruce Schulman, Julian Zelizer (Hg.), *Rightward Bound*, Cambridge, Mass., 2008; Frank, *Was ist mit Kansas los?*, S. 251.

25 Vgl. etwa Larry Bartels, »What's the Matter with ›What's the Matter with Kansas‹?«, in: *Quarterly Journal of Political Science* 1 (2006), S. 201–226; Stephen Ansolabehere u. a., »Purple America«, in: *Journal of Economic Perspectives* 20 (2006), S. 97–118.

26 Thomas Frank, *Arme Milliardäre. Der große Bluff oder Wie die amerikanische Rechte aus der Krise Kapital schlägt*, übers. v. Thomas Wollermann, München 2012, S. 160.

27 Michel Foucault, *Hermeneutik des Subjekts. Vorlesung am Collège de France (1981/82)*, übers. v. Ulrike Bokelmann, Frankfurt/M. 2004, S. 313.Vgl. auch Hackworth, *Faith Based*.

28 Vgl. etwa Catherine Kingfisher, Jeff Maskovsky, »Introduction: The Limits of Neoliberalism«, in: *Critique of Anthropology* 28 (2008), S. 115–126; Aihwa

Ong, *Neoliberalism as Exception*, Durham 2006; John Clarke, »Living with/in and without Neoliberalism«, in: *Focaal* 51 (2008), S. 135–147; und die von Ilana Gershon in »Neoliberal Agency«, in: *Current Anthropology* 52 (2011), S. 537–555, angeführte Literatur.

29 Radin, *Contested Commodities*, S. 58, 60.

30 Vgl. zu dieser Tendenz Emily Martin, *Flexible Bodies*, Boston 1994; dies., »Designing Flexibility. Science and Work in an Age of Flexible Accumulation«, in: *Science as Culture* 6 (1997), S. 327–362; Stephen Fox, Elaine Swan, »Becoming Flexible. Self-flexibility and Its Pedagogies«, in: *British Journal of Management* 20 (2009), S. 149–159; Elaine Swan, *Worked-up Selves*, New York 2010; Bonnie Urciuoli, »Skills and Selves in the New Workplace«, in: *American Ethnologist* 35 (2008), S. 211–228; Gershon, »Neoliberal Agency«; Moreton, *To Serve God and Wal-Mart*.

31 Arlie Hochschild, *The Outsourced Self*, New York 2012.

32 Urciuoli, »Skills and Selves«, S. 217; Martin, *Flexible Bodies*; Ehrenreich, *Qualifiziert und arbeitslos*, S. 87.

33 Swan, *Worked-up Selves*, S. 140.

34 Ehrenreich, *Qualifiziert und arbeitslos*, S. 112 und Kapitel 5; Moreton, *To Serve God and Wal-Mart*, S. 94.

35 Zu der besseren ethnografischen Literatur hierüber zählen Sherry Turkle, *Life on the Screen. Life in the Age of the Internet*, New York 1995; dies., *Alone Together*, New York 2011; Ilana Gershon, »Un-friend My Heart. Facebook, Promiscuity, and Heartbreak in a Neoliberal Age«, in: *Current Anthropology* 52 (2011), S. 537–555.

36 Gershon, »Un-friend My Heart«.

37 Simon Bowmaker (Hg.), *Economics Uncut. The Complete Guide to Life, Death and Misadventure*, Cheltenham 2005; Barton Lipman, »Why Is Language Vague?«, Boston University Working Paper, 2009.

38 Sehr deutlich zeigt dies John Davis, *The Theory of the Individual in Economics*, London 2003; ders., *Individuals and Identity in Economics*, New York 2011.

39 Den meisten Ökonomen ist offenbar entgangen, dass der Rückgriff auf solche Tautologien dem obersten Gebot des Pareto-Optimums jede Bedeutung genommen hat. In jedem Fall ist auch das vermeintlich feste Repertoire an Rollen und Typen, an denen sich der Akteur orientieren soll, aufgrund der neoliberalen Vorherrschaft erodiert. Dies ist ein weiteres Beispiel dafür, wie die neoklassischen Zombies ziellos umherirren.

40 Davis, *Individuals and Identity in Economics*; Philip Mirowski, *Machine Dreams. Economics Becomes a Cyborg Science*, New York 2002, S. 443–452.

41 MPS-Mitglieder haben dem Klassenbegriff in etlichen Publikationen jede Bedeutung abgesprochen. So schreibt zum Beispiel Lord Peter Bauer, Britannien sei »rund acht Jahrhunderte lang keine geschlossene und erst recht keine Kastengesellschaft gewesen« und habe beim Zugang zum Reichtum kaum Klassenbarrieren gekannt. Als das Land in den Nachkriegsjahren an Offenheit und Flexibilität verlor, »bedurfte es der Reformen der Thatcher-Regierung, um

wieder Chancen zu schaffen« (*Class on the Brain. The Cost of a British Obsession*, London 1997).

42 Owen Jones, *Prolls. Die Dämonisierung der Arbeiterklasse*, übers. v. Christophe Frickler, Mainz 2012, S. 199.

43 Zahlen nach ›quickfacts.census.gov/qfd/states/00000.html‹, letzter Zugriff 14.12.2014.

44 David Linden, »Addictive Personality? You Might Be a Leader«, in: *New York Times*, 23.07.2011.

45 John Gravois, »Too Important to Fail«, in: *Washington Monthly*, Juli 2012.

46 Das Video findet sich unter ›www.youtube.com/watch?v=bEZB4taSE0A‹, letzter Zugriff 14.12.2014. Vgl. auch Frank, *Arme Milliardäre*, S. 52 f.

47 Allgemein hierzu: Sarah Quinn, »The Transformation of Morals in Markets. Death Benefits and the Exchange of Life Insurance Policies«, in: *American Journal of Sociology* 114 (2008), S. 738–780.

48 Quinn, »Transformation of Morals«, S. 771.

49 Die drei großen Verbraucherratingagenturen in den USA – TransUnion, Equifax und Experian – verwenden zwar leicht unterschiedliche Algorithmen, gelten aber als vergleichbar, weil alle die FICO-Instrumente nutzen.

50 Dean Foust, Aaron Pressman, »Credit Scores. Not so Magic Numbers«, in: *Business Week*, 07.02.2008.

51 Martha Poon, »From New Deal Institutions to Capital Markets. Commercial Consumer Risk Scores«, in: *Accounting, Organization and Society* 34 (2009), S. 654–674.

52 Wie mir versichert wurde, handelte es sich nicht um den Versuch eines Revivals des Dead-Kennedys-Songs von 1979. Und es ist erwähnenswert, dass die Limousine nicht durch Harlem oder die Bronx fuhr.

53 Friedrich Nietzsche, *Zur Genealogie der Moral*, in: *Werke in sechs Bänden, Bd. 4*, München, Wien 1980, S. 761–900, hier S. 805 f.

54 Nick Couldry, »Reality TV, or the Secret Theatre of Neoliberalism«, in: *Review of Education, Pedagogy and Cultural Studies* 30 (2008), S. 3–13.

55 Benjy Sarlin, »Nebraska AG Jon Bruning Compares Welfare Recipients to Scavenging Raccoons09.08.2011, ›http://talkingpointsmemo.com/dc/nebraska-ag-jon-bruning-compares-welfare-recipients-to-scavenging-raccoons‹, letzter Zugriff 14.12.2014.

56 Ein Beispiel im Internet: ›www.youtube.com/watch?v=TchWaX8qFC8‹, letzter Zugriff 21.11.2014. Wie Stephen Schwarzman, Vorstandschef der Blackstone Group, dieses Motiv wiederholt, dokumentiert Mike Lofgren, »Revolt of the Rich«, in: *American Conservative*, September 2012. David Weigel zeigt, wie die Kampagne von einer äußeren Schicht der russischen Schachtelpuppe, der sogenannten Tax Foundation, orchestriert wurde (»Republicans for Tax Hikes«, in: *Slate*, 22.08.2011, ›www.slate.com/id/2302131‹, letzter Zugriff 14.12.2014).

57 Martin Konings, *The Great Credit Crash*, London 2010.

58 Ebd., S. 120 f.

59 Antonin Artaud, *Das Theater und sein Double*, übers. v. Gerd Henniger, Berlin 2012, S. 130.

60 Barbara Ehrenreich, »On Turning Poverty into an American Crime«, in: *The Nation*, 09.08.2011.

61 John Kenneth Galbraith, *Die moderne Industriegesellschaft*, übers. v. Norbert Wölfl, München, Zürich 1968, S. 226 f.

62 Rob Walker, *Buying In*, New York 2008, S. 64–104.

63 David Foster Wallace, *In alter Vertrautheit. Storys*, übers. v. Ulrich Blumenbach u. Marcus Ingendaay, Köln 2006, S. 86.

64 Walker, *Buying In*, S. 168–173, 179.

65 Christian Marazzi, *The Violence of Financial Capitalism*, Los Angeles 2010; Andrew Ross, »A Capitalist's Dream«, in: *London Review of Books* 33 (10) (2011), S. 33–35.

66 Trevor Pinch, Filip Kessler, »How Aunt Ammy Gets Her Free Lunch. A Study of the Top Thousand Customer Reviews at Amazon.com« (2011), ›lammgl.files.wordpress.com/2011/03/how-aunt-ammy-gets-her-free-lunch-final.pdf‹, letzter Zugriff 14.12.2014.

67 »Ein Praktikum bei Versace wurde für 5000 Dollar versteigert, das Recht, zeitweilig auf *Huffington Post* zu bloggen, für 13000 Dollar, und für ein einwöchiges Praktikum bei *Vogue* zahlte jemand sogar 42500 Dollar.« Ross Perlin, *Intern Nation*, New York 2011.

68 Larry Lohmann, »The Endless Algebra of Climate Markets«, in: *Capitalism Nature Socialism* 22 (2011), S. 93–116; Lisa Richey, Stefano Ponte, *Brand Aid. Shopping Well to Save the World*, Minneapolis 2001.

69 Colleen Haight, »The Problem with Fair Trade Coffee«, in: *Stanford Social Innovation Review*, Sommer 2011, ›www.ssireview.org/articles/entry/the_problem_with_fair_trade_coffee‹, letzter Zugriff 14.12.2014.

70 Benoit Daviron, Stefano Ponte, *The Coffee Paradox*, London 2005; Gavin Fridell, »Fair-Trade Coffee and Commodity Fetishism. The Limits of Market-Driven Social Justice«, in: *Historical Materialism* 15 (2007), S. 79–104, hier S. 92, 97.

71 Haight, »The Problem with Fair Trade Coffee«.

72 Kenneth Arrow, »Invaluable Goods«, in: *Journal of Economic Literature* 35 (1997), S. 757–765, hier S. 761 (Rezensionsessay zu Radin, *Contested Commodities*). Arrow gilt unter Wirtschaftswissenschaftlern nicht nur als Erfinder des Arrow-Debreu-Modells und der neoklassischen »Gesundheitsökonomik«, sondern auch als jemand, der von neoliberalen Ansichten so weit entfernt ist, wie es ein angesehener orthodoxer Ökonom nur sein kann – was lediglich die im ersten Kapitel aufgestellte Behauptung illustriert, dass die Ökonomenzunft unbewusst neoliberal geworden ist und die zentralen Probleme der Gegenwart kaum mehr zu fassen vermag. Arrow antizipierte die Position der bekennenden Neoliberalen Gary Becker und Julio Elías (»Introducing Incentives in the Market for Live and Cadaveric Organs«, in: *Journal of Economic Perspectives* 3 [2007], S. 3–24.)

73 Nikolas Rose, »The Neurochemical Self and Its Anomalies«, in: R. Ericson; A. Doyle (Hg.), *Risk and Morality*, Toronto 2003, S. 407–437; ders., *The Politics of Life Itself*, Princeton 2006.

74 Giovanni Frazzetto, Suzanne Anker, »Neuroculture«, in: *Nature Reviews Neuroscience* 19 (2009), S. 815–821.

75 Vgl. Colin Camerer u. a., »Neuroeconomics. How Neuroscience Can Inform Economics«, in: *Journal of Economic Literature* 43 (2005), S. 9–64; Dan Ariely, *Denken hilft zwar, nützt aber nichts. Warum wir immer wieder unvernünftige Entscheidungen treffen*, übers. v. Maria Zyback u. Gabriele Gockel, München 2008; George Akerlof, Robert J. Shiller, *Animal Spirits. Wie Wirtschaft wirklich funktioniert*, übers. v. Ute Gräber-Seißinger u. a., Frankfurt/M. 2009. Der Versuch einer solchen Versöhnung war offenbar ein Irrweg, der in der Diskussion über die Krisenursachen in eine Sackgasse geführt hat (vgl. Kapitel 5).

76 Nikhil Hutheesing, »Better Trading Through Science«, *Bloomberg News*, 31.08.2011, ›www.bloomberg.com/news/2011-08-31/better-trading-through-science.html‹, letzter Zugriff 23.11.2014.

77 Margaret Talbot, »Brain Gain«, in: *The New Yorker*, 27.04.2009.

78 Ebd., S. 43.

79 Vgl. Clark Havighurst, »Trafficking in Human Blood«, in: *Law and Contemporary Problems* 72 (2009), S. 1–16; Kieran Healy, *Last Best Gifts. Altruism and the Market for Human Blood and Organs*, Chicago 2006; Harriet Washington, *Deadly Monopolies. The Shocking Corporate Takeover of Life Itself*, New York 2011, Kapitel 7; Kenneth Arrow, »Gifts and Exchanges«, in: *Philosophy and Public Affairs* 1 (1972), S. 343–362. Eine Geschichte der Debatte bietet Philippe Fontaine, »Blood, Politics and Social Science«, in: *Isis* 93 (2002), S. 401–434; Nancy Scheper-Hughes, Loïc Wacquant (Hg.), *Commodifying Bodies*, London 2002; Kimberly Krawiec, »Show Me the Money. Making Markets in Forbidden Exchange«, in: *Law and Contemporary Problems* 72 (2009), S. i–xiv.

80 Debora Spar, *The Baby Business*, Cambridge, Mass., 2006; Melanie Thernstrom, »Meet the Twiblings«, in: *New York Times Magazine*, 29.12.2010.

81 »›Experten sind sich nicht sicher, was es für ein Kind bedeutet, zu entdecken, dass es nur eines von fünfzig ist – oder von noch mehr [aufgrund von In-vitro-Fertilisation]. Darüber reden Experten nicht, wenn sie unfruchtbare Menschen beraten‹, sagte Frau Kramer. ›Wie baut man zu so vielen Geschwistern eine Beziehung auf? Was bedeutet Familie für solche Kinder?‹« (Jacqueline Mroz, »One Sperm Donor, 150 Offspring«, in: *New York Times*, 05.09.2011).

82 Krawiec, »Show Me the Money«, S. xii.

83 Michael Bess, »Blurring the Boundary Between ›Person‹ and ›Product‹. Human Genetic Technologies«, in: *Hedgehog Review* 13 (2011), S. 56–67.

84 Ebd., S. 63.

85 Cowen, *Create Your Own Economy*, S. 117.

4 Kauderwelsch und Konfusion. Die bedürftige Reaktion der Ökonomenzunft auf die Krise

1 Teile dieses Abschnitts erschienen bereits in *Hedgehog Review* 12 (2010).

2 Da ich mitunter im Verdacht unzulässigen Verallgemeinerns stehe, sei dies hiermit für Stiglitz belegt: »Wir sollten uns im Klaren darüber sein: Die [neoklassische] Lehre bot diesen marktradikalen Ansichten noch nie wirklich eine Grundlage. Theorien über unvollständige und asymmetrische Informationen auf Märkten hatten sämtliche Effizienzmarkt-Doktrinen unterminiert, bevor sie überhaupt in Mode kamen« (Stiglitz, »The Non-Existent Hand«, in: *London Review of Books*, 22.04.2010). Beispiele für die Rechte bieten die Interviews, die John Cassidy in Chicago geführt hat (Cassidy, John. »Rational Irrationality. Chicago Interviews«, in: *The New Yorker*, 21.01.2010) sowie John Taylor, »How Government Created the Financial Crisis«, in: *Wall Street Journal*, 03.02.2009. Im wirtschaftswissenschaftlichen Disput stirbt die Geschichte stets zuerst.

3 Die Antwort der Ökonomen findet sich unter ›www.britac.ac.uk/events/archive/forum-economy.cfm‹, letzter Zugriff 14.12.2014. Mit der Anfrage der Queen befasst sich auch John Kay, »The Map Is Not the Territory«, 04.10.2011, ›www.johnkay.com/2011/10/04/the-map-is-not-the-territory-an-essay-on-the-state-of-economics‹, letzter Zugriff 14.12.2014.

4 Vgl. etwa Jane Smileys Roman *Moo*, übers. v. Ulrike Becker u. Claus Varrelmann, Frankfurt/M. 1995, und Olivier Assayas' Film *L'heure d'été* (2008).

5 Guy Sorman, »The Free Marketers Strike Back«, in: *City Journal* (Manhattan Institute), Sommer 2010.

6 Mark Thoma, »What Caused the Financial Crisis? Don't Ask an Economist«, in: *Fiscal Times*, 30.08.2011, ›www.thefiscaltimes.com/Columns/2011/08/30/What-Caused-the-Financial-Crisis-Dont-Ask-an-Economist‹, letzter Zugriff 14.12.2014.

7 Der Ökonom David Levine schrieb an Krugman: »Ich habe Ihren Artikel ›How Did Economists Get It So Wrong?‹ gelesen. Wer sind diese Ökonomen, die sich so geirrt haben? Sprechen Sie für sich selbst, mein Guter. Und da Sie sich geirrt haben – warum sollten wir Ihren diskreditierten Theorien glauben?« (›www.huffingtonpost.com/david-k-levine/an-open-letter-to-paul-kr_b_289768.html‹, letzter Zugriff 4.12.2014). Jagdish Bhagwati wählte ein anderes Register und nannte Joseph Stiglitz – ein Kollege von ihm an der Columbia University – einen »unbedeutenden Verleumder des Kapitalismus« (›www.worldaffairsjournal.org/article/feeble-critiques-capitalisms-petty-detractors‹, letzter Zugriff 4.12.2014). Eugene Fama meinte im Interview mit John Cassidy im *New Yorker*: »Krugman will der Zar der Welt sein. Es gibt keine Ökonomen, die er mag [lacht]. – *Und Larry Summers?* Welche Position sollte er sonst vertreten, ohne seinen Job zu verlieren?« (›www.newyorker.com/news/john-cassidy/interview-with-eugene-fama‹, letzter Zugriff 4.12.2014). Robert Waldmann über John Cochrane: »Man kann gar nicht so ignorant sein

[…] und übersehen, dass Geschäftsbanken strengeren Regeln unterliegen als Investmentbanken […]. Cochrane mag nicht die leiseste Ahnung von makroökonomischer Literatur haben […], aber er sollte zumindest wissen, dass Investmentbanken dramatischere Verluste erlitten haben als Geschäftsbanken« (›angrybearblog.com/2009/10/cochrane-vs-krugman.html‹, letzter Zugriff 4.12.2014). Paul Krugman: »Zumindest Eugene Fama, und vielleicht auch Cochrane, haben diese Debatte aus einer Position völliger Ignoranz angefangen – sie haben die Logik keynesianischer Modelle überhaupt nicht verstanden (und sei es, um sie zu widerlegen) und meinen, die Identität von Ersparnissen und Investitionen impliziere zwangsläufig einen hundertprozentigen Verdrängungseffekt. Eine tiefere Logik hatte das nicht. Und was wir seitdem beobachten, ist schlicht Sturheit, der Unwille, einen Fehler einzuräumen. Ich denke nicht, dass Cochrane auch nur über ein grobes Modell von Maximierung und Gleichgewicht verfügt, das seine Aussagen rechtfertigen würde.« (›krugman.blogs.nytimes.com/2010/02/23/brad-delongs-foolishness/?_r=0‹, letzter Zugriff 4.12.2014). Brad DeLong warf Robert Lucas im Sommer 2009 vor, noch vor wenigen Monaten habe er sich »die Aussage von Romer und Bernanke, das Konjunkturprogramm werde wahrscheinlich wirken, nur dadurch erklären können, dass sie korrupt seien, und einfach ›nicht wirklich verstanden‹, worin die bedeutenden Beiträge von Bernanke zur Wirtschaftswissenschaft bestehen« (›www.economist.com/blogs/freeexchange/2009/08/lucas_roundtable_a_change_in_t‹, letzter Zugriff 4.12.2014). Thomas Sargent im Gespräch mit Art Rolnick: »Verzeihung, Art, aber abgesehen von den albernen und denkfaulen Bemerkungen über Mathematik zeugen alle von Ihnen genannten Kritiken entweder von völliger Ignoranz oder von vorsätzlicher Verachtung großer Teile der modernen Makroökonomie und ihrer Leistungen.« (Art Rolnick, »Interview with Thomas Sargent« (2010), ›www.minneapolisfed.org/publications/the-region/interview-with-thomas-sargent‹, letzter Zugriff 4.12.2014).

8 Yves Smith, *Econned*, London 2010, S. 19.

9 Robert Barro, »*Lucas* Roundtable. Don't Fault the Economists«, 09.09.2009, ›www.economist.com/blogs/freeexchange/2009/08/lucas_roundtable_dont_fault_th‹, letzter Zugriff 14.12.2014. Barros Beitrag war Teil einer Online-Diskussion über Robert Lucas, »In Defense of the Dismal Science«, in: *The Economist*, 06.08.2009.

10 Tom Abate, »After Calamity, Economic Leaders Rethink Strategy«, in: *San Francisco Chronicle*, 20.12.2010; Rajan Raghuram, »Bankers Have Been Sold Short by Market Distortions«, in: *Financial Times*, 02.06.2010.

11 Diese Entwicklung kann hier nicht ausführlich dokumentiert werden. Den Ton gab Paul Samuelson in den Siebzigerjahren vor: »Wer es kann, betreibt Wissenschaft; wer es nicht kann, plaudert über Methodologie.« (zit. n. Randall Holcombe, *Economic Models and Methodology*, New York 1989). Mit Samuelsons Einstellung zur Intellectual History und Philosophie der Wirtschaftswissenschaft befasse ich mich in »Does the Victor Enjoy the Spoils?

Paul Samuelson as Historian of Economic Thought«, in: *Journal of the History of Economic Thought* 35 (2013), S. 1–17.

12 Aus unterschiedlichen Blickwinkeln schildern diese Dynamik Roy Weintraub (Hg.), *The Future of the History of Economics*, Supplement zu *HOPE* 24 (2002), und Frederic Lee, *A History of Heterodox Economics*, London 2009.

13 Tiago Mata, »Reckonings«, in: *Fortnight Journal*, 12.02.2012.

14 Barry Eichengreen, Kevin O'Rourke, »A Tale of Two Depressions«, 08.03.2010, ›www.voxeu.org/index.php?q=node/3421‹, letzter Zugriff 14.12.2014. Für die großzügige Bereitstellung der aktualisierten Daten danke ich Professor O'Rourke.

15 Zu den Siebzigerjahren des 19. Jahrhunderts: Philip Mirowski, *More Heat Than Light. Economics as Social Physics*, New York 1989; zum Zweiten Weltkrieg: ders., *Machine Dreams*. »Die Intellectual History der Wirtschaftswissenschaft ließe sich als eine Abfolge unterschiedlicher Weisen beschreiben, Konzeptionen der Natur in gesellschaftliche zu übersetzen.« (Donald Westbrook, *Out of the Crisis*, Boulder 2010, S. 78).

16 Vgl. Larissa MacFarquahar, »The Deflationist. How Paul Krugman Found Politics«, in: *The New Yorker*, 01.03.2010.

17 Noch überraschender dürfte sein, dass dies aus seinem meistzitierten Werk stammt: *Allgemeine Theorie der Beschäftigung, des Zinses und des Geldes*, übers. v. Fritz Wagner, Berlin 1974, S. 28.

18 Angefangen bei Joan Robinson über Axel Leijonhufvud und Robert Clower bis zun französischen Regulationstheoretikern.

19 George Eaton, »Osborne's Supporters Turn on Him«, in: *The New Statesman*, 15.08.2012.

20 Die Liste der Unterzeichner bietet ein Mitgliederverzeichnis des harten rechten Flügels des NDK: ›www.speaker.gov/UploadedFiles/Economists-11-8-11.pdf‹, letzter Zugriff 14.12.2014.

21 Zit. n. Andrew Bowman u.a., *Scapegoats Aren't Enough. A Leveson for the Banks?*, CRESCR Policy Brief, Juli 2012. Neoliberale, die sich vielleicht in Bedrängnis fühlen, tun solche Überlegungen schnell als »Verschwörungstheorien« ab (so etwa Arnold Kling, »Economics: A Million Mutinies Now«, 27.02.2012, ›www.aei.org/publication/economics-a-million-mutinies-now/‹, letzter Zugriff 14.12.2014).

22 Vgl. etwa Andrea Imperia, Vincenzo Maffeo, »As If Nothing Were Going to Happen. A Search in Vain for Warnings about the Current Crisis in Economic Journals with the Highest Impact Factors«, Beitrag zur Konferenz »The World Economy in Crisis – The Return of Keynesianism?«, Berlin, 31.10.2009; Dean Baker, »The Soft Bigotry of Incredibly Low Expectations. The Case of Economists«, 15.09.2010, ›rwer.wordpress.com/2010/09/15/‹, letzter Zugriff 14.12.2014.

23 Willem Buiter, »The Unfortunate Uselessness of Most ›State of the Art‹ Academic Monetary Economics«, 2009, ›www.voxeu.org/article/macroeconomics-crisis-irrelevance‹, letzter Zugriff 14.12.2014.

24 Carlos *Ibáñez, The Current State of Macroeconomics*, Basingstoke 1999, S. 180.

25 Olivier Blanchard, »The State of Macro«, NBER Working Paper 14259 (2008).

26 John Cassidy, »After the Blowup«, in: *The New Yorker*, 11.01.2010. Einige der Interviews lassen sich mithilfe der Suchfunktion auf der Website der Zeitschrift (www.newyorker.com) in voller Länge finden.

27 »Wir haben einen Sieg vernünftiger Ideen erlebt und davon in Gestalt makroökonomischer Leistung profitiert. Der kostspielige Irrweg der Theorie und der Makropolitik in den Sechziger- und Siebzigerjahren wurde korrigiert und die Zukunft verheißt Stabilität.« (Christina Romer, 2007, zit. n. George DeMartino, *The Economist's Oath*, New York 2011, S. 165).

28 Westbrook, *Out of the Crisis*, S. 60; Donald MacKenzie, *An Engine, Not a Camera. How Financial Models Shape Markets*, Cambridge, Mass., 2006; ders., »The Credit Crisis as a Problem in the Sociology of Knowledge«, in: *American Journal of Sociology* 116 (2011), S. 1778–1841; Perry Mehrling, *Fischer Black and the Revolutionary Idea of Finance*, New York 2005.

29 MacKenzie, *An Engine*; Cathy O'Neil, »Black Scholes and the Normal Distribution«, 14.03.2013, ›www.nakedcapitalism.com/2013/03/cathy-oneil-black-scholes-and-the-normal-distribution.html‹, letzter Zugriff 14.12.2014; Gabriel Sherman, »Revolver«, in: *New York Magazine*, April 2011.

30 Penn Bullock, »Friedman Economics«, in: *Reason Magazine*, September 2009; Anne Khademian, »The Pracademic and the Fed«, in: *Public Administration Review* 70 (2010), S. 142–150, hier S. 142; Bernanke im Untersuchungsausschuss des US-Kongresses, 20.07.2006, ›www.federalreserve.gov/newsevents/testimony/bernanke20060719a.htm‹, letzter Zugriff 14.12.2014.

31 Tatsächlich wurde der Begriff 2002 von den Harvard-Ökonomen James Stock und Mark Watson geprägt.

32 Ben Bernanke, »The Great Moderation« (2004), ›www.federalreserve.gov/boarddocs/speeches/2004/20040220/‹, letzter Zugriff 14.12.2014.

33 Ben Bernanke im Untersuchungsausschuss des US-Kongresses, 28.03.2007, ›www.federalreserve.gov/newsevents/testimony/bernanke20070328a.htm‹, letzter Zugriff 14.12.2014; Andrew Leonard, »Alan Greenspan's Housing Bubble Coffee Break«, 14.01.2011, ›www.salon.com/2011/01/14/alan_greenspan_housing_bubble_coffee_break/‹, letzter Zugriff 14.12.2014; Olivier Coibion, Yuriy Gorodnichenko, »Does the Great Recession Really Mean the End of the Great Moderation?«, ›www.voxeu.org/article/does-great-recession-really-mean-end-great-moderation‹, letzter Zugriff 14.12.2014.

34 Zit. nach Bullock, »Friedman Economics«.

35 U.S. Government Accounting Office, »Opportunities Exist to Strengthen Policies and Processes for Managing Emergency Assistance«, 2011, ›www.gao.gov/assets/330/321506.pdf‹, letzter Zugriff 14.12.2014.

36 Bernanke vor dem Untersuchungsausschuss, 2007.

37 Ben Bernanke, »On the Implications of the Financial Crisis for Economics«, 24.09.2010, ›www.federalreserve.gov/newsevents/speech/bernanke20100924a.htm‹, letzter Zugriff 14.12.2014.

38 Ben Bernanke, »Global Imbalances. Links to Economic and Financial Stability«, ›www.federalreserve.gov/newsevents/speech/bernanke20110218a.htm‹, letzter Zugriff 14.12.2014.

39 Dean Baker, *The End of Loser Liberalism*, Washington 2011, S. 59.

40 Vgl. den Überblick bei der Fed: ›www.federalreserve.gov/faqs/about_14986.htm‹, letzter Zugriff 14.12.2014.

41 Renee Adams, »Who Directs the Fed?«, SSRN Working Paper, 2011. Banken, die einen Fed-Direktor stellten, erhielten während der Krise offenbar eher staatliche Rettungsgelder (Ran Duchin, Denis Sosyura, »The Politics of Government Investments«, in: *Journal of Financial Economics* 106 (2012), S. 24–48.

42 Robert Auerbach, *Deception and Abuse at the Fed*, Austin 2008, S. 141.

43 Ryan Grim, »Priceless. How the Federal Reserve Bought the Economics Profession« (2009), ›www.huffingtonpost.com/2009/09/07/priceless-how-the-federal_n_278805.html‹, letzter Zugriff 14.12.2014; DeMartino, *The Economist's Oath*, S. 25; Auerbach, *Deception and Abuse*, S. 145.

44 Vgl. die Erklärung der Ökonomen unter: ›netrightdaily.com/2011/06/150-economists-call-for-spending-cuts-that-exceed-debt-limit-hike/‹, letzter Zugriff 14.12.2014. Die Nobelpreisträger waren Robert Mundell und Vernon Smith.

45 Ron Suskind, *Confidence Men. Wall Street, Washington, and the Education of a President*, New York 2011, S. 56 f.

46 Kristopher Gerardi u. a., »Reasonable People Did Disagree«, Boston Fed Working Paper (2010), ›www.bostonfed.org/economic/ppdp/2010/ppdp1005.pdf‹, letzter Zugriff 14.12.2014.

47 »Influential Economists«, in: *The Economist*, 10.02.2011.

48 Kenneth French u. a., *The Squam Lake Report*, Princeton 2010.

49 Die Squam-Lake-Papiere sind auf der Website des Greenberg Center archiviert, ›www.cfr.org/thinktank/cgs/index.html‹, letzter Zugriff 14.12.2014. Woher das Geld für die Übung wirklich kam, wird natürlich nicht angegeben. Mit den Verbindungen der Autoren zur Finanzwelt befassen sich Gerald Epstein, Jessica Carrick-Hagenbarth, »Financial Economists, Financial Interests and the Dark Corners of the Meltdown«, PERI Working Paper 239, 2010. Wir kommen weiter unten darauf zurück.

50 Eric Dash, »Feasting on Paperwork«, in: *New York Times*, 21.08.2012.

51 Philip Mirowski, *The Effortless Economy of Science?*, Durham 2004.

52 Vgl. etwa die Diskussionen auf Paul Krugmans Blog, 19.02.2011, ›krugman.blogs.nytimes.com/2011/03/19/disagreement-among-economists‹, und auf dem Blog von Peter Dorman, ›econospeak.blogspot.com/2011/08/its-political-economy-stupid.html‹, letzter Zugriff 17.12.2014.

53 Alan Blinder, *Hard Heads, Soft Hearts*, Reading 1987.

54 Orthodoxe Wirtschaftswissenschaftler mögen partout nicht einräumen, dass die Krise ihrer Mikroökonomik genauso drastisch widerspricht wie ihrer Makroökonomik. »In gewissem Sinn sind Zeiten wie diese für Ökonomen, was Kriege für Militärs sind. Nun gut, die Mikroökonomen kann ich vielleicht

noch aus der Verantwortung entlassen.« (Paul Krugman, »The Profession and the Crisis«, in: *Eastern Economic Journal* 37 [2011], S. 307–312, hier S. 307).

55 Der vorläufige Bericht der Börsenaufsicht findet sich unter › www.sec.gov/sec-cftc-prelimreport.pdf‹. Der abschließende Versuch, einen Konsens herzustellen, wurde fünf Monate später veröffentlicht: U.S. SEC, *Findings Regarding the Market Events of May 6, 2010*, ›www.sec.gov/news/studies/2010/marketevents-report.pdf‹, letzter Zugriff 17.12.2014. Der Streit hält dennoch an. Vgl. Andrei Kirilenko u. a., »The Flash Crash. The Impact of High Frequency Trading on an Electronic Market« (2011), ›papers.ssrn.com/sol3/papers.cfm?abstract_id=1686004‹, letzer Zugriff 17.12.2014; David Easley u. a., »The Microstructure of the Flash Crash«, in: *Journal of Portfolio Management* 37 (Winter 2011), S. 118–128.

56 Diese Einstellung ist beinahe zu allgegenwärtig, um sie umfassend zu dokumentieren. Ausgewählte Beispiele bieten Diane Coyle, »The Public Responsibilities of the Economist«, Tanner Lectures, Oxford, 18./19.05.2012, ›www.bnc.ox.ac.uk/downloads/news/tanner_lecture_2012_text.pdf‹, letzter Zugriff 17.12.2014; Paul Krugman, *Vergesst die Krise! Warum wir jetzt Geld ausgeben müssen*, Frankfurt/M. und New York 2012; John Quiggin, *Zombie Economics.*

57 Vgl. Jeff Zeleny, »Financial Industry Paid Millions to Obama Aide«, in: *New York Times*, 04.04.2009; Matthew Skomarovsky, »Evidence of an American Plutocracy. The Larry Summers Story«, 10.01.2011, ›blog.littlesis.org/2011/01/10/‹, letzter Zugriff 17.12.2014; Charles Ferguson, »Larry Summers and the Subversion of Economics«, in: *Chronicle of Higher Education*, 03.10.2010; William Cohan, »Endless Summers«, in: *Vanity Fair*, Dezember 2009; Louise Story, »A Rich Education for Summers«, in: *New York Times*, 05.04.2010.

58 Rick Schmitt, »Prophet and Loss«, in: *Stanford Magazine*, März 2009; Skomarovsky, »Evidence of an American Plutocracy«; Philip Mirowski, *ScienceMart*, S. 343–349.

59 Suskind, *Confidence Men.*

60 Lawrence Summers, »The Great Liberator«, in: *New York Times*, 19.11.2006.

61 Welche Rolle Staatsausgaben und -verschuldung im Spektrum neoliberaler Krisenpolitik spielen, schildern wir in Kapitel 6.

62 Ezra Klein, »Larry Summers: ›I Think Keynes Mistitled his Book‹«, Interview, 26.07.2011, ›www.washingtonpost.com/blogs/wonkblog/post/larry-summers-i-think-keynes-mistitled-his-book/2011/07/11/gIQAzZd4aI_blog.html‹, letzter Zugriff 17.12.2014.

63 Charles Ferguson, *Predator Nation*, Kapitel 8.

64 Nell Henderson, »AIG Scandal Could Hurt Official's Chances«, in: *Washington Post*, 12.05.2005

65 Ferguson, *Predator Nation*, S. 260.

66 Zit. n. Carrick Mollenkamp u. a., »Behind AIG's Fall, Risk Models Failed to Pass Real World Test«, in: *Wall Street Journal*, 31.10.2008.

67 Ebd.

68 Michael Corkery, »Ben Bernanke's Labor Day Reading List«, in: *Wall Street*

Journal, 02.09.2010; Douglas Clement, »Interview with Gary Gorton«, in: *Minneapolis Federal Reserve* Report, Dezember 2010, S. 1, unter ›https://www.minneapolisfed.org/publications/the-region/interview-with-gary-gorton‹; Suskind, *Confidence Men*, S. 86–91.

69 Gerald Epstein, Jessica Carrick-Hagenbarth, »Dangerous Interconnectedness: Conflicts of Interest, Ideology and the Financial Crisis«, in: *Cambridge Journal of Economics* 36 (2012), S. 42–63, ›cje.oxfordjournals.org/content/36/1/43.full.pdf+html‹, letzter Zugriff 14.12.2014.

70 Simon Johnson, »Raubtierkapitalisten und Professoren« (2012), ›www.project-syndicate.org/commentary/predators-and-professors/german‹, letzter Zugriff 14.12.2014.

71 Ebd.

72 Matt Taibbi, »Glenn Hubbard, Leading Academic and Mitt Romney Advisor, Took $ 1200 an Hour to Be Countrywide's Expert Witness«, *Rolling Stone* Blog, 12.12.2012, ›www.rollingstone.com/politics/news/glenn-hubbard-leading-academic-and-mitt-romney-advisor-took-1200-an-hour-to-be-countrywides-expert-witness-20121220‹, letzter Zugriff 14.12.2014.

73 Ferguson, *Predator Nation*, Kapitel 8.

74 Mehr über die Pew Group unter www.pewfr.org.

75 Epstein/Carrick-Hagenbarth, »Dangerous Interconnectedness«, S. 59.

76 Ebd.

77 Mirowski, *ScienceMart*.

78 Viele dieser Ökonomen wurden natürlich später von Nachfolgern aus anderen Disziplinen abgelöst. Nachdem ich kürzlich zahlreiche Interviews mit Beauftragten für Technologietransfer durchgeführt habe, scheint mir allerdings außer Frage zu stehen, dass sie ihr Verständnis der Aufgaben der Universität in der gesamten Verwaltung verankern konnten.

79 Richard Bradley, *Harvard Rules*, New York 2005, S. 67.

80 Joni Hersch, Kip Viscusi, »Law and Economics as a Pillar of Legal Education«, Vanderbilt Discussion Paper, 2011; David Frank, Jay Gabler, *Reconstructing the University*, Stanford 2006, S. 202 f.; Marion Fourcade, »The Construction of a Global Profession«, in: *American Journal of Sociology* 117 (2006), S. 145–149.

81 Rakesh Khurana, »Why Are There Business Schools in Universities?« (2011), ›publicsphere.ssrc.org/khurana-why-are-there-business-schools-in-universities/‹, letzter Zugriff 17.12.2014.

82 Einige repräsentative Beispiele: Daniel Cook u.a., »Reporting Science and Conflicts of Interest in the Lay Press«, in: *PLoS One* 12 (2007), e1266; Justin Bekelman u.a., »Scope and Impacts of Financial Conflicts of Interest in Biomedical Research«, in: *Journal of the American Medical Association*, 284 (2003), S. 454–465; Sergio Sismondo, »Pharmaceutical Company Funding and Its Consequences. A Qualitative Systematic Review«, in: *Contemporary Clinical Trials* 29 (2008), S. 109–113; Sheila Slaughter u.a., »U.S. Research Universities' Institutional Conflict of Interest Policies«, in: *Journal of Empirical Research Ethics* 4 (2009), S. 3–20; Thomas Murray, Josephine Johnston (Hg.), *Trust*

and Integrity in Biomedical Research. The Case of Financial Conflicts of Interest, Baltimore 2010; Don Moore u. a. (Hg.), *Conflicts of Interest*, New York 2005; Mirowski, *Science-Mart*, S. 233–239; Miran Epstein, »How Will the Economic Downturn Affect Academic Bioethics?«, in: *Bioethics* 24 (2010), S. 226–233.

83 Bekelman u. a., »Scope and Impacts«, S. 43.

84 Murray/Johnston, *Trust and Integrity*, S. 138.

85 U.S. Senate, *Wall Street and the Financial Crisis* (2011), im Internet unter ›hsgac.senate.gov/public/_files/Financial_Crisis/FinancialCrisisReport.pdf‹, letzter Zugriff 17. 12. 2014.

86 Geoffrey Hodgson, Shuxia Jiang, »The Economics of Corruption and the Corruption of Economics«, in: *Revista de Economía Institucional* 18 (2008).

87 DeMartino, *Economist's Oath*, Kapitel 5.

88 William Davies, Linsey McGoey, »Rationalities of Ignorance. On the Financial Crisis and the Ambivalence of Neoliberal Epistemology«, in: *Economy and Society* 41 (2012), S. 64–83, hier S. 77.

89 Richard Posner, *Public Intellectuals. A Study of Decline*, Cambridge, Mass., 2003.

90 Robert Proctor, Londa Schiebinger (Hg.), *Agnotology. The Making and Unmaking of Ignorance*, Stanford 2008. Agnotologie ist strikt zu unterscheiden von Agnoiologie, »der Lehre von den Dingen, über die wir zwangsläufig unwissend sind« (S. 27).

91 Einige aufschlussreiche Beispiele bieten Naomi Oreskes, Erik Conway, *Merchants of Doubt. How a Handful of Scientists Obscured the Truth on Issues from Tobacco Smoke to Global Warming*, New York 2010; David Michaels, *Doubt Is Their Product. How Industry's Assault on Science Threatens Your Health*, Oxford 2008; Sergio Sismondo, »Corporate Disguises in Medical Science. Dodging the Interest Repertoire«, in: *Bulletin of Science, Technology and Society* (2011).

92 Walker, *Buying In*. Diese Werbestrategie wurde in Kapitel 3 analysiert.

93 Zit. n. Proctor/Scheibinger, *Agnotology*, S. 74.

94 Oreskes/Conway, *Merchants of Doubt*. Oreskes hat dieses wichtige Buch in einem Interview zusammengefasst: ›www.youtube.com/watch?v=jOnXL8ob_js‹, letzter Zugriff 17. 12. 2014.

95 Hayek, *Verfassung der Freiheit*, S. 464, meine Hervorhebung.

96 Mirowski, *Science-Mart*, Kapitel 7.

97 Zit. n. Stephane Foucart, »When Science Is Hidden Behind a Smokescreen«, in: *Guardian Weekly*, 28. 06. 2011.

5 Der Schock des Neuen. Haben neoklassische Ökonomen aus der Krise irgendetwas gelernt?

1 Zu den gelungensten neueren Versuchen zählen Brian Snowdon, Howard Vane, *Modern Macroeconomics. Its Origins, Development and Current State*, Cheltenham 2005; David Laidler, »Lucas, Keynes and the Crisis«, in:

Journal of the History of Economic Thought 32 (2010), S. 39–62; J. E. King, »Microfoundations for Macroeconomics? The Pre-history of a Dogma, 1936–75« (2010), ›www.hetsa.org.au/hetsa2010/pdf/king.pdf‹, letzter Zugriff 12.01.2015; Pedro Duarte, »Recent Developments in Macroeconomics. The DSGE Approach to Business Cycles«, in: John B. Davis, D. Wade Hands (Hg.), *The Elgar Companion to Recent Economic Methodology*, Cheltenham 2011. Eine knappe Sieben-Punkte-Version der Geschichte bietet Paul Krugman: ›krugman.blogs.nytimes.com/2011/09/26/lucas-in-context-wonkish‹, letzter Zugriff 12.01.2015.

2 Eine wichtige Ausnahme ist Joseph Stiglitz, »Rethinking Macroeconomics. What Failed, and How to Repair It«, in: *Journal of the European Economic Association* 9 (2011), S. 591–645, hier S. 593.

3 Andrew Sorkin, »Vanishing Act: ›Advisers‹ Seek Distance from a Report«, in: *New York Times Dealbook*, 14.02.2011.

4 Silla Brush, Clea Benson, »Forged Comment Letters Sent to U.S. Regulators Writing Swap Rules«, in: *Bloomberg News*, 30.11.2010, ›www.bloomberg.com/news/articles/2010-11-30/forged-comment-letters-sent-to-u-s-regulators-writing-derivatives-rules‹, letzter Zugriff 12.01.2015.

5 Beispiele für die erste Position sind Michel Callon, *The Laws of the Markets*, New York 1998; Donald MacKenzie u. a. (Hg.), *Do Economists Make Markets?*, Princeton 2008; Chwieroth, *Capital Ideas*. Die zweite Position vertreten etwa Monica Prasad, *The Politics of Free Markets*, Chicago 2006, und Marion Fourcade, *Economists and Societies*, Princeton 2009.

6 Peter Coy, »What Good Are Economists Anyway?«, in: *Business Week*, 16.04.2009.

7 William Sherden, *The Fortune Sellers*, New York 1998.

8 David Colander, *The Making of an Economist Redux*, Princeton 2007, S. 241.

9 Sherden, *The Fortune Sellers*.

10 »What Went Wrong with Economics?«, *The Economist*, 18.07.2009.

11 Zu den Kandidaten auf der Linken: James K. Galbraith, »Who Are These Economists, Anyway?«, in: *Thought and Action*, Herbst 2009, S. 85–97; zu Kandidaten auf der äußeren Rechten: ›www.freedomfest.com/2009/home.htm‹, letzter Zugriff 15.01.2015.

12 Robert Lucas, Nancy Stokey, »Liquidity Crisis«, *Minneapolis Economic Policy Papers* 2011, ›www.minneapolisfed.org/research/economic-policy-papers/liquidity-crises‹, letzter Zugriff 15.01.2015; David Warsh, »Last Week in Jerusalem« (2011), ›www.economicprincipals.com/issues/2011.07.03/1276.html‹, letzter Zugriff 15.01.2015.

13 Coy, »What Good Are Economists Anyway?«

14 Willem Buiter, »The Unfortunate Uselessness of Most ›State of the Art‹ Academic Monetary Economics« (2009), ›www.voxeu.org/article/macroeconomics-crisis-irrelevance‹, letzter Zugriff 15.01.2015.

15 Robert Lucas, »In Defense of the Dismal Science«, in: *The Economist*, 06.08.2009.

16 John Cassidy, »Interview with Eugene Fama«, ›www.newyorker.com/news/john-cassidy/interview-with-eugene-fama‹, letzter Zugriff 20.02.2015.

17 John Cassidy, »Interview with John Cochrane«, ›www.newyorker.com/news/john-cassidy/interview-with-john-cochrane‹, letzter Zugriff 20.02.2015.

18 »Das Unvermögen zu Prognosen bereitet mir nicht wirklich Sorge. Dass schwere Krisen ihrem Wesen nach unvorhersehbar sind, ist beinahe tautologisch.« (Ricardo Caballero, »Macroeconomics After the Crisis«, in: *Journal of Economic Perspectives* 24 (2010), S. 85–102, hier S. 85).

19 Simon Johnson, »The Economic Crisis and the Crisis in Economics«, Ansprache des Präsidenten an die Association for Comparative Economics, 2009, ›baselinescenario.com/2009/01/06/the-economic-crisis-and-the-crisis-in-economics/‹, letzter Zugriff 15.01.2015.

20 Daron Acemoğlu, »The Crisis of 2008. Structural Lessons for and from Economics«, *CEPR Policy Insight* Nr. 28 (2009), S. 3.

21 Diese Tendenz reicht zurück bis zu Charles Mackay, *Memoirs of Extraordinary Popular Delusions and the Madness of Crowds* (London 1852, dt. als *Zeichen und Wunder. Aus den Annalen des Wahns*, Frankfurt/M. 1992, übers. v. Jürgen Huch), wenn nicht gar bis zur Südseeblase von 1720.

22 Nathan Berg, Gerd Gigerenzer, »As-if Behavioral Economics. Neoclassical Economics in Disguise?«, in: *History of Economic Ideas* 18 (2010); S. 133–165; Tim Harford, »Why We Do What We Do«, in: *Financial Times*, 30.01.2011.

23 Franck Jovanovic, »Finance in Modern Economic Thought«, in: Alex Preda, Karin Knorr-Cetina (Hg.), *Oxford Handbook of the Sociology of Finance*, Oxford 2012.

24 Robert Frank, »Flaw in Free Markets: Humans«, in: *New York Times*, 14.09.2009.

25 Obwohl sie sich als Keynesianer bezeichnen, war ihr Verständnis der Schriften von Keynes so dürftig, dass sie dafür zur Rechenschaft gezogen wurden (von Richard Posner, »Shorting Reason«, in: *New Republic*, 15.04.2009, und D. Mario Nuti, »Akerlof and Shiller, Animal Spirits« (2009) ›www.dipecodir.it/upload/sn/5.pdf‹, letzter Zugriff 15.01.2015.) Das heißt nicht, dass kein Historiker eine Keynes-Interpretation vertreten würde, die dessen angebliche verhaltensökonomische Einsichten würdigt (vgl. Roger Backhouse, Bradley Bateman, »Methodological Issues in Keynesian Macroeconomics«, in: Davis/Hands [Hg.], *Elgar Companion to Recent Economic Methodology*, S. 447).

26 George Akerlof, Robert J. Shiller, *Animal Spirits. Wie Wirtschaft wirklich funktioniert*, übers. v. Ute Gräber-Seißinger u.a., Frankfurt/M., New York 2009, S. 21f., 10.

27 »Irrationalität ist die große Ausrede und zeugt schlicht von Einfallslosigkeit. Rationalität ist eine so schwache Anforderung, dass das Spektrum möglicher Erklärungen für ein bestimmtes Phänomen, das durch Rationalität gekennzeichnet sein soll, unbegrenzt ist.« (Stephen D. Williamson, »A Defense of Contemporary Economics: John Quiggin's *Zombie Economics* in Review«, in: *Agenda* 18 (3) (2011).

28 Posner, »Shorting Reason«.

29 George Akerlof, Robert J. Shiller, »Disputations. Our New Theory of Macroeconomics«, in: *New Republic*, 08.05.2009, ›www.newrepublic.com/article/books-and-arts/disputations-our-new-theory-macroeconomics‹, letzter Zugriff 15.01.2015.

30 Berg/Gigerenzer, »As-if Behavioral Economics«, S. 148.

31 Akerlof/Shiller, »Disputations«.

32 Robert J. Shiller, *Irrationaler Überschwang. Warum eine lange Baisse an der Börse unvermeidlich ist*, übers. v. Brigitte Kleidt, Frankfurt/M., New York 2000.

33 Robert J. Shiller, *Märkte für Menschen. So schaffen wir ein besseres Finanzsystem*, übers. v. Petra Pyka, Frankfurt/M., New York, 2012.

34 Was nun wahrscheinlich geschehen wird – tatsächlich geschieht es bereits –, ist, dass die auf Mängel und Friktionen fokussierte Theorie vom Rand ins Zentrum der wirtschaftlichen Analyse rücken wird. Es gibt ein recht weit entwickeltes Beispiel für die Art von Wirtschaftswissenschaft, die mir vorschwebt: die verhaltensökonomische Finanztheorie« (Paul Krugman, »How Did Economists Get It So Wrong?«, in: *New York Times Magazine*, 06.09.2009).

35 Andrew Lo, »Reconciling Efficient Markets with Behavioral Finance. The Adaptive Markets Hypothesis«, in: *Journal of Investment Consulting* 7 (2005), S. 21–44; Andrew Caplin, Andrew Schotter, *The Foundations of Positive and Normative Economics*, Oxford 2008; Glenn Harrison, »The Behavioral Counter-revolution«, in: *Journal of Economic Behavior and Organization* 73 (2010), S. 49–57.

36 »Conversation. Ernst Fehr«, in: J. B. Rosser u.a., *European Economics at a Crossroads*, Cheltenham 2010, S. 72 f.

37 Matthew Rabin, »A Perspective on Psychology and Economics«, in: *European Economic Review* 46 (2002), S. 657–685, hier S. 659.

38 George Loewenstein, Peter Ubel, »Economics Behaving Badly«, in: *New York Times*, 14.07.2010.

39 Justin Fox, *The Myth of the Rational Market*, New York 2010, S. 301.

40 Joseph Stiglitz, *Im freien Fall. Vom Versagen der Märkte zur Neuordnung der Weltwirtschaft*, übers. v. Thorsten Schmidt, München 2010, S. 35.

41 Krugman, »How Did Economists Get It So Wrong?«

42 Andrew Lo, Craig MacKinlay, *A Non-Random Walk Down Wall Street*, Princeton 1999. Meine Hervorhebung.

43 Joseph Stiglitz, »The Non-Existent Hand.

44 Dieser Unterschied ist für einige aktuelle Verteidigungen der EMH entscheidend. Vgl. etwa Ariane Szafarz, »How Did Crisis-Based Criticisms of Market Efficiency Get It So Wrong?«, ›papers.ssrn.com/sol3/papers.cfm?abstract_id=1510444‹, letzter Zugriff 15.01.2015, oder Richard Thaler im Interview mit John Cassidy: »Ich betone immer, dass die Theorie zwei Elemente hat. Erstens: Der Marktpreis ist immer korrekt. Zweitens: Man bekommt nichts geschenkt – man kann den Markt nicht überlisten, ohne mehr Risiken einzugehen. Das zweite Element ist immer noch robust und wurde in keiner Weise

von den jüngeren Ereignissen erschüttert. Es könnte sogar gestärkt worden sein.« ›www.newyorker.com/news/john-cassidy/interview-with-richard-thaler‹, letzter Zugriff 15. 01. 2015.

45 Williamson, »A Defense of Contemporary Economics«; Luis Zingales, »Learning to Live with Not-So-Efficient Markets«, in: *Daedalus*, Herbst 2010, S. 1–10, hier S. 1, 9.

46 Die folgenden drei Absätze resümieren einige Gedanken aus Philip Mirowski, *Machine Dreams* und ders., »Why There Is (as Yet) No Such Thing as an Economics of Knowledge«, in: Don Ross, Harold Kincaid (Hg.), *Oxford Handbook of Philosophy of Economics*, Oxford 2009, S. 99–156.

47 Da, wie in Kapitel 2 erläutert, eine Kernlehre des Neoliberalismus lautet, dass der Markt in der Informationsverarbeitung jedem menschlichen Gehirn unendlich überlegen ist, bestätigt diese Entwicklung unsere Behauptung, dass die orthodoxe Wirtschaftswissenschaft im Lauf der Zeit neoliberaler und somit konservativer geworden ist.

48 Vgl. Nicola Gennaioli u. a., »Neglected Risks, Financial Innovation, and Financial Fragility«, NBER Working Paper 16068 (2010).

49 Stiglitz, *Im freien Fall*, S. 202 f., 206.

50 Beide Zitate stammen aus Stiglitz' Vortrag auf der Tagung der Nobelpreisträger in Lindau 2011: ›www.mediatheque.lindau-nobel.org/«/Video?id=622‹, letzter Zugriff 18. 01. 2015.

51 Stiglitz, »Rethinking Macroeconomics«, S. 593.

52 Joseph Stiglitz, »Information and the Change in Paradigm in Economics«, in: Richard Arnott u. a. (Hg.), *Economics for an Imperfect World*, Cambridge, Mass., 2003, S. 613, 583, 577.

53 Stiglitz ist für gelegentliche Geißelungen der Annahme des repräsentativen Akteurs bekannt (»Rethinking Macroeconomics«) – da sein gesamtes Werk auf solchen Modellen aufbaut (*Selected Works*, Oxford 2008), stellt dies den Leser vor Rätsel.

54 Nachgedruckt in *Selected Works* als Kapitel 21 und 26.

55 Stiglitz, »Information and the Change in Paradigm in Economics«, S. 395.

56 Stiglitz, »The Non-Existent Hand«.

57 Stiglitz, »Information and the Change in Paradigm«, S. 573, 580, 620. »Einen allgemeinen Beweis für irgendeine dieser Thesen konnten wir leider nicht erbringen. Was wir leisten konnten, ist die Analyse eines interessanten Beispiels.« (Sanford Grossman, Joseph Stiglitz, »On the Impossibility of Informationally Efficient Markets«, in: *American Economic Review* 70 [1980], S. 393–408).

58 Grossman/Stiglitz, »Impossibility of Informationally Efficient Markets«.

59 Stiglitz, *Selected Works*, S. 557.

60 »Während Keynes die *animal spirits* als *deus ex machina* dienten, um Investitionsschwankungen zu erklären, bietet unsere Theorie eine plausiblere Erklärung für das Phänomen.« (*Selected Works*, S. 647). »Die Instinkte zu beschwören wirkt nur begrenzt.« (*Im freien Fall*, S. 324) Diese Zitate zeigen,

warum Stiglitz nicht der oben erörterten Verhaltensökonomik zuzurechnen ist.

61 Stiglitz, *Im freien Fall*, S. 337, 339, 334.

62 Diese Einleitung zu der Anhörung und die Beiträge der Ökonomen (Sidney Winter, Scott Page, Robert Solow, David Colander und V. V. Chari) sind dokumentiert in: US House Committee on Science and Technology, Subcommittee on Investigations and Oversight (Hg.), *Building a Science of Economics for the Real World*, Washington 2010, ›www.gpo.gov/fdsys/pkg/CHRG-111-hhrg57604/pdf/CHRG-111hhrg57604.pdf‹, letzter Zugriff 15. 01. 2015.

63 Die qualvolle Geschichte der orthodox-neoklassischen Makroökonomie, von der »neoklassischen Synthese« über Friedmans Monetarismus, die »Theorie realer Konjunkturzyklen«, die »Neue Klassische Makroökonomik« und den »Neukeynesianismus« bis zum DSGE-Modell kann hier nicht rekapituliert werden. Zwei gute Quellen zu diesem umfangreichen Thema sind John Quiggin, *Zombie Economics* und Perry Mehrling, »A Tale of Two Cities«, in: *History of Political Economy* 42 (2010), S. 201–220.

64 Olivier Blanchard, »The State of Macro«, NBER Working Paper 14259 (2008), S. 2, 26, 24.

65 V. V. Chari, Statement bei der Anhörung vor dem US-Kongress, US House Committee (Hg.), *Building a Science of Economics for the Real World*, S. 35.

66 Art Rolnick, »Interview with Thomas Sargent« (2010),›www.minneapolisfed.org/publications/the-region/interview-with-thomas-sargent‹, letzter Zugriff 15. 01. 2015.

67 Alan Kirman, »The Economic Entomologist«, in: *Erasmus Journal for Philosophy and Economics* 4 (2) (2011), S. 42–66, hier S. 63.

68 Williamson, »A Defense of Contemporary Economics«.

69 Robert Lucas, »Econometric Policy Evaluation. A Critique«, in: *Carnegie-Rochester Conference Series on Public Policy* 1 (1976), S. 19–46.

70 Stiglitz, »Rethinking Macroeconomics«, S. 606 f., S. 597, Anm. 7.

71 David Colander u. a., »Beyond DSGE Models«, in: *American Economic Review, Papers and Proceedings* 98 (2) (2008), S. 236–240; Alan Kirman, »Economic Theory and the Crisis« (2009), ›www.voxeu.org/article/economic-theory-and-crisis‹, letzter Zugriff 15. 01. 2015.

72 Markus Brunnermeier u. a., »Macroeconomics with Financial Frictions. A Survey«, Beitrag zur 22. Jerusalem Summer School in Economic Theory, 2011, S. 38.

73 Kirman, »Economic Theory and the Crisis«.

74 So etwa die Argumentation von Chari in der erwähnten Anhörung sowie von Narayana Kocherlakota, *Modern Macroeconomic Models as Tools for Economic Policy*, Minneapolis 2010; Paul De Grauwe, »The Scientific Foundation of Dynamic Stochastic General Equilibrium (DSGE) Models«, in: *Public Choice* 144 (2010), S. 413–443; Eric Maskin, »Economic Theory and the Financial Crisis« (2009), ›fivebooks.com/interviews/eric-maskin-on-economic-theory-and-financial-crisis‹, letzter Zugriff 15. 01. 2015; Caballero, »Macroeconomics

After the Crisis«; Williamson, »A Defense of Contemporary Economics«, und Rolnick, »Interview with Thomas Sargent«. Alle im Haupttext geschilderten Reaktionen sind Paraphrasen von DSGE-Verteidigungen, die sich in diesen Quellen finden.

75 Vgl. etwa Brunnermeier u. a., »Macroeconomics with Financial Frictions«.

76 Auch wenn er unserer Argumentation nicht vollständig zustimmen würde, ließe sich zum Beispiel Ricardo Caballero anführen: »Wir vergraben uns mit jedem Schritt nur noch tiefer in einem Fantasiereich, in dem die wirtschaftlichen Akteure immer komplexere Probleme des mit allerhand Friktionen angereicherten stochastischen allgemeinen Gleichgewichts lösen können.« (»Macroeconomics After the Crisis«, S. 90).

77 Zur amerikanischen Feindseligkeit gegenüber Keynes: Philip Mirowski, »The Cowles Commission as an anti-Keynesian stronghold«, in: Pedro Duarte, Gilberto Lima (Hg.), *Microfoundations Reconsidered. The Relationship of Micro and Macroeconomics in Historical Perspective*, Cheltenham 2012. Robert Skidelsky ist der bekannteste Prophet der alten keynesianischen Religion.

78 Gregory Clark, »Dismal Scientists. How the Crash is Reshaping Economics« (2009), ›www.theatlantic.com/business/archive/2009/02/dismal-scientists-how-the-crash-is-reshaping-economics/614‹, letzter Zugriff 15.01.2015.

79 Zit. n. Tiago Mata, Tom Scheiding, »National Science Foundation Patronage of Social Science, 1970s and 1980s«, in: *Minerva* 50 (2012), S. 423–449.

80 Eine Podiumsdiskussion auf der Konferenz ist hier dokumentiert: ›www.youtube.com/watch?v=6NkBODcJSX4‹, letzter Zugriff 15.01.2015. Eine knappe Zusammenfassung der Konferenz bietet Warsh, »Last Week in Jerusalem«.

81 Warsh, »Last Week in Jerusalem«.

82 Joe Nocera, »The Big Lie«, in: *New York Times*, 23.12.2011.

83 Paul Krugman, »Joe Nocera Gets Mad«, ›krugman.blogs.nytimes.com/2011/12/24/joe-nocera-gets-mad‹, letzter Zugriff 15.01.2015.

84 Charles Calomiris, Peter Wallison, »Blame Fannie Mae and Congress for the Credit Mess«, in: *Wall Street Journal*, 23.10.2008.

85 Paul Krugman, »Fannie, Freddie, and You«, in: *New York Times*, 14.07.2008.

86 Gretchen Morgenson, Joshua Rosner, *Reckless Endangerment*, New York 2011.

87 Nocera, »The Big Lie«.

88 Zu den besten Beispielen zählen Kathleen Engel, Patricia McCoy, *The Subprime Virus. Reckless Credit, Regulatory Failure and Next Steps*, New York 2011; Paul Muolo, Matthew Padilla, *Chain of Blame*, New York 2008.

89 ›www.washingtonpost.com/realestate/fannie-and-freddie-dont-deserve-blame-for-bubble/2012/01/23/gIQAn3LZMQ_story.html‹, letzter Zugriff 15.01.2014.

90 Bernanke im Untersuchungsausschuss des US-Kongresses, 28.03.2007, ›www.federalreserve.gov/newsevents/testimony/bernanke20070328a.htm‹, letzter Zugriff 15.01.2014.

91 Vgl. ›www.freddiemac.com/investors/pdffiles/fm2006_moodys.pdf‹, letzter Zugriff 15.01.2015.

92 Engel/McCoy, *Subprime Virus*, S.17.

93 Neil Fligstein, Adam Goldstein, »A Long Strange Trip. The State and Mortgage Securitization, 1968–2010«, in: Alex Preda, Karin Knorr-Cetina, *Oxford Handbook of the Sociology of Finance*, Oxford 2012.

6 Einblicke in das neoliberale Drehbuch

1 Hernando De Soto, »The Destruction of Economic Facts«, in: *Business Week*, 28.04.2011.

2 Corey Robin, *The Reactionary Mind*, New York 2011, S. 24.

3 Andrew Sorkin, »Volcker Rule Stirs Up Opposition Overseas«, in: *New York Times Dealbook*, 20.01.2012.

4 Andrew Fleming, »Adbusters Sparks Wall Street Protest«, in: *Vancouver Courier*, 27.09.2011; Lasn zit. n. Jim Motavalli, »Cultural Jammin'«, in: *E – The Environmental Magazine* 7 (1996) (3), S. 41; Adbusters-Website: adbusters.org.

5 Kalle Lasn, Darren Fleet (Hg.), *No More Bull Shit. Die Zukunfts-Werkstatt für die 99 Prozent*, übers. v. Elisabeth Liebl u. Joannis Stefanidis, München 2012.

6 Janet Byrne (Hg.), *The Occupy Handbook*, Boston 2012.

7 Zum anarchistisch inspirierten Konzept der »direkten Aktion«, das Mittel und Zwecke offenkundig vermengt, vgl. Benjamin Kunkel, »Forgive Us Our Debts«, in: *London Review of Books*, 10.05.2012.

8 Michael Greenberg, »What Future for Occupy Wall Street?«, in: *New York Review of Books*, 09.02.2012, S. 46–48, hier S. 47.

9 »[Jackie DiSalvo] hoffte, Occupy Wall Street werde bei den Wahlen 2012 Kandidaten aufstellen, so wie die Tea Party im Jahr 2010. Andererseits räumte sie ein: ›Occupy würde sie niemals unterstützen‹.« (Greenberg, »What Future for Occupy Wall Street?«, S.47).

10 In linken Darstellungen der Tea Party wird dies häufig bemerkt (vgl. etwa Thomas Frank, *Arme Milliardäre. Der große Bluff oder Wie die amerikanische Rechte aus der Krise Kapital schlägt*, übers. v. Thomas Wollermann, München 2012; Anthony DiMaggio, *The Rise of the Tea Party*, New York 2011). Der nächste Schritt der Analyse – zu erkennen, dass dies charakteristisch für neoliberale politische Mobilisierung ist – bleibt jedoch aus. Die beste kurze Einführung zum Thema Astroturfing und Tea Party ist der Film *(Astro)Turf Wars* von Taki Oldham.

11 DiMaggio, *Rise of the Tea Party*, S. 212, 76.

12 Ich denke hier besonders an Naomi Oreskes, Erik Conway, *Merchants of Doubt. How a Handful of Scientists Obscured the Truth on Issues from Tobacco Smoke to Global Warming*, New York 2010; Robert Proctor, *Golden Holocaust*, Berkeley 2012; Melinda Cooper, Jeremy Walker, »Genealogies of Resilience«, in: *Security Dialogue* 42 (2011), S. 143–160.

13 Wie der Kongressabgeordnete Paul Ryan im August 2012 in der Rede sagte,

mit der er seine Nominierung zum Vizepräsidentschaftskandidaten annahm: »Unsere Rechte stammen von der Natur und Gott, nicht dem Staat.«

14 Walker/Cooper, »Genealogies of Resilience«. S. 150. Besonders Melinda Cooper hat untersucht, wie die Neoliberalen für die Konstruktion ihrer heutigen Politik auf die Natur zurückgreifen (*Life as Surplus*, Seattle 2008).

15 Vgl. Eric Aarons, *Market Versus Nature. The Social Philosophy of Friedrich Hayek*, Melbourne 2008, S. 62 f.

16 Vgl. etwa Oreskes/Conway, *Merchants of Doubt*.

17 Friedrich A. von Hayek, »Die Intellektuellen und der Sozialismus«, in: ders., *Wissenschaft und Sozialismus. Aufsätze zur Sozialismuskritik. Gesammelte Schriften in deutscher Sprache, Bd. 7*, Tübingen 2004.

18 Ronald Coase, »The Problem of Social Cost«, in: *Journal of Law and Economics* 3 (1960), S. 1–44.

19 Vgl. Larry Lohmann, »Carbon Trading: A Critical Dialogue«, in: *Development Dialogue* Nr. 48 (September 2006); ders., »Carbon Trading, Climate Justice, and the Production of Ignorance«, in: *Development* 51 (2008), S. 359–365; ders., »The Endless Algebra of Climate Markets«, in: *Capitalism Nature Socialism* 22 (2011), S. 93–116; ders., »Neoliberalism and the Calculable World«, in: Kean Birch, Vlad Mykhnenko (Hg.), *The Rise and Fall of Neoliberalism. The Collapse of an Economic Order?*, London 2010; ders. »Toward a Different Debate in Environmental Accounting: The Cases of Carbon and Cost-Benefit«, in: *Accounting, Organization and Society* 34 (2009), S. 499–534; Friends of the Earth, *The EU Emissions Trading System: Failing to Deliver* (2010), ›ec.europa.eu/clima/consultations/docs/0005/registered/9825553393-31_friends_of_the_earth_europe_en.pdf‹, letzter Zugriff 15. 01. 2015; Alexander Jung, »Heiße Luft »› in: *Der Spiegel* 7/2012, S. 74 ›http://magazin.spiegel.de/EpubDelivery/spiegel/pdf/83977235‹, letzter Zugriff 15. 01. 2015.

20 Das gilt etwa für das 2009 vom US-Repräsentantenhaus angenommene Gesetz (American Clean Energy and Security Act), das der Senat schließlich blockierte. Es sah die kostenlose Vergabe von 83 Prozent der Zertifikate vor, wobei die schlimmsten CO_2-Verursacher überschüssige Kapazitäten im Wert von 134 Milliarden Dollar erhalten hätten (Jeff Goodell, »As the World Burns«, in: *Rolling Stone*, 21. 01. 2010).

21 Friends of the Earth, *The EU Emissions Trading System*.

22 Laut UBS Investment Research hat das ETS bis 2011 rund 287 Milliarden Dollar gekostet und »beinahe gar keine Auswirkungen« auf die Gesamtemissionen in der EU gehabt. Eine gezielte Verwendung dieses Betrags, etwa für Nachbesserungen an den Kraftwerken, hätte sie dagegen um 40 Prozent senken können«, vgl. Sid Maher, »Europe's $287 Billion Carbon Waste«, in: *The Australian*, 23. 11. 2011.

23 Michael Specter, »The Climate Fixers«, in: *The New Yorker*, 14. 05. 2012.

24 Schön auf den Punkt gebracht wird dies in einem zur Zeit der Occupy-Bewegung erschienenen Cartoon: Ein klischeehafter Banker schaut aus dem Fenster auf die Straße, wo ein Demonstrant ein Schild mit der Aufschrift »Der

Himmel stürzt ein!« hochhält. Der Banker dreht sich um und ruft: »Kauft den Himmel!«

25 So etwa Ezra Kleins Attacke auf den Film *Inside Job* (vgl. Kapitel 1) und Andrew Haldane in seinem Beitrag in Jackson Hole, Wyoming, im August 2012, »The Dog and the Frisbee«, ›www.bankofengland.co.uk/publications/Documents/speeches/2012/speech596.pdf‹, letzter Zugriff 15.01.2015.

26 Die beste Darstellung solcher Programme (etwa P-PIP und Term Asset-Backed Securities, Loan Facility) und ihres dubiosen Charakters bietet Neil Barofsky, *Bailout*, New York 2012. Vgl. aber auch die Berichte des Generalinspekteurs des TARP-Programms (unter www.sigtarp.gov) sowie U.S. Government Accountability Office, *Opportunities Exist to Strengthen Policies and Processes for Managing Emergency Assistance* (2011), ›www.gao.gov/new.items/d11696.pdf‹, letzter Zugriff 15.01.2015.

27 So lautet etwa die Interpretation von Thomas Ferguson, Robert Johnson, »Too Big to Bail«, Teil 1 und 2, in: *International Journal of Political Economy* 38 (2009) (1), S. 3–34; (2), S. 5–45. Bestritten wurde sie später von Henry Paulson, *On the Brink*, New York 2010.

28 Ferguson/Johnson, »Too Big to Bail«, Teil 2, S. 16.

29 Barofsky, *Bailout*, S. 129–131.

30 Perry Mehrling (*The New Lombard Street*, Princeton 2011) ist einer der wenigen, die diese neuere Verschiebung bemerkt haben, nur um sie als naheliegende Erweiterung des bereits von Walter Bagehot vertretenen Grundsatzes, Zentralbanken sollten als Kreditgeber der letzten Instanz agieren, zu loben. Dass es sich um einen integralen Bestandteil der neoliberalen Strategie handelt, würde Mehrling vermutlich nicht gefallen.

31 Milton Friedman, Anna Schwartz, *A Monetary History of the United States, 1867–1960*, Princeton 1963.

32 Ich bin selbstverständlich nicht der Erste, der die verdrehte Genialität dieser Strategie erkennt. Vgl. etwa Ha-Joon Chang, »The Revival – and the Retreat – of the State?«, in: *Red Pepper*, Juni 2011.

33 Vgl. Michael MacKenzie, Telis Demos, »Credit Default Swap Trading Drops«, in: *Financial Times*, 01.05.2012. Diese Schätzung könnte allerdings geografisch beschränkt sein und ist vermutlich zu niedrig.

34 Merton Miller, »Financial Innovation. The Last Twenty Years and the Next«, in: *Journal of Financial and Quantitative Analysis* 21 (1986), S. 459–471.

35 Donald MacKenzie, *An Engine, Not a Camera*; ders. u.a. (Hg.), *Do Economists Make Markets?*; Alex Preda u.a. (Hg.), *Handbook of the Sociology of Finance*. Wie solche Wissenschaftsstudien die ideologische Interpretation von Finanzinnovationen befestigen, kritisieren Ewald Engelen u.a., »Reconceptualizing Financial Innovation. Frame, Conjuncture and Bricolage«, in: *Economy and Society* 39 (2010).

36 Donald MacKenzie, »The Credit Crisis as a Problem in the Sociology of Knowledge«, in: *American Journal of Sociology* 166 (2011), S. 1778–1841. MacKenzie argumentiert, eine Verschiebung im Fokus der Ratingagenturen von

verbrieften Unternehmensanleihen zu den neuen auf Hypotheken basierenden Derivaten habe mit Blick auf die Gefahren der Letzteren zu einigen »Fehlern« geführt. Wie unglaubhaft dieses Narrativ »technischer Fehler ist, weiß auch MacKenzie (S. 1830 ff.), doch indem er bereitwillig den beschränkten Horizont der Analysten und Trader auf den unteren Ebenen einnimmt, entgeht ihm das im vorliegenden Band untersuchte Handeln zu größten Teilen.

37 Robert J. Shiller, *Märkte für Menschen. So schaffen wir ein besseres Finanzsystem*, übers. v. Petra Pyka, Frankfurt/M. und New York 2012, S. 33 f.

38 Zit. n. Floyd Norris, »The Crisis Is Over, but Where's the Fix?«, in: *New York Times*, 11. 03. 2011.

39 Vgl. Robert Litan, »In Defense of Much, but Not All, Financial Innovation«, ›www.brookings.edu/research/papers/2010/02/17-financial-innovation-litan‹, letzter Zugriff 14. 12. 2014; ders., *The Derivatives Dealers' Club and Derivatives Market Reform. A Guide for Citizens*, Washington 2010; ders., Peter Wallison, *Competitive Equity. A Better Way to Organize Mutual Funds*, Washington 2007; Barry Eichengreen, »The Crisis in Financial Innovation« (2010), Rede vor der International Schumpeter Society, ›eml.berkeley.edu/~eichengr/crisis_finan_innov.pdf‹, letzter Zugriff 15. 01. 2015; Robert Shiller, »Radical Financial Innovation«, Cowles Foundation Discussion Paper Nr. 1461 (2004); ders. »In Defense of Financial Innovation«, in: *Financial Times*, 27. 09. 2009; ders. *Märkte für Menschen.*

40 Shiller, »Radical Financial Innovation« und »In Defense of Financial Innovation«.

41 Romesh Vaitilingam, »Finance and the good society: An interview with Nobel laureate Robert Shiller«, ›voxeu.org/vox-talks/finance-and-good-society-interview-nobel-laureate-robert-shiller‹, letzter Zugriff 15. 01. 2015.

42 Ebd.

43 Ebd.

44 Wenn Shiller den Case-Shiller-Index und seine anderen Finanz-Erfindungen anpreist, befindet er sich als Mitgründer der Firma MacroMarkets LLC in einem Interessenkonflikt. Er ist auch Miteigentümer der Case Shiller Weiss, Inc. Man mag einwenden, Shiller sei kein Mitglied des NDK. Das stimmt zwar, viele vergleichbare Befürworter von Finanzinnovationen sind dies aber durchaus, etwa Robert Litan, Forschungsdirektor der Kauffman Foundation und Mitverfasser von *Competitive Equity*. Shiller zitiere ich hier deshalb so ausführlich, weil er ein bekannter Kommentator zur Krise ist.

Ausführliches Inhaltsverzeichnis

Philip Mirowski ist einer der wichtigsten kritischen Wirtschaftswissenschaftler der USA. Er ist Professor für Wirtschaftswissenschaft, Geschichte und Philosophie der Wissenschaften an der University of Notre Dame in Indiana. Sein Forschungsinteresse gilt der Verschränkung von wirtschaftlichen Interessen und Denkmodellen der Wissenschaft.

Felix Kurz hat Soziologie, Philosophie und Geschichte in Freiburg und Sussex studiert. Seit 2007 übersetzt er wissenschaftliche Literatur, Essays und Sachbücher aus dem Englischen und Französischen.

Matthes & Seitz Berlin · Paperback · 018

Erste Auflage dieser Ausgabe 2019

MSB Matthes & Seitz Berlin Verlagsgesellschaft mbH
Göhrener Straße 7, 10437 Berlin
info@matthes-seitz-berlin-de

Never Let a Serious Crisis Go to Waste.
How Neoliberalism Survived the Financial Meltdown
Verso/New Left Books

Umschlaggestaltung: Pauline Altmann, Berlin
Druck und Bindung: GGP Media GmbH, Pößneck
ISBN 978-3-95757-813-6
www.matthes-seitz-berlin.de

POLITISCHE THEORIE BEI MATTHES & SEITZ BERLIN

Peter Trawny

Technik.Kapital.Medium
Das Universale und die Freiheit

191 Seiten, gebunden mit Schutzumschlag
Reihe Batterien Neue Folge 026

»Anders als der Kapitalismus hat der Kommunismus die Verbindung zwischen Technik, Kapital und Medium nie verstanden. Das ist einer seiner größten Fehler. Er kann noch korrigiert werden.«

Sinnentleerte Betriebsamkeit, vorgefertigte Lebensperspektiven, massenhaftes Elend und Ausbeutung: Der Zustand der Welt ist ein Skandal, doch die große Empörung bleibt aus. Warum erhebt sich kein Widerstand, warum drängt es uns, diese faule Freiheit sogar zu verteidigen? Gegen die verkehrte Ordnung hilft keine Aufstandsbeschwörung. Wenn jedes noch so kritische Aufbäumen den Zustand noch festigt, erweist sich die illusionslose Vermessung der Welt der unbegrenzten Möglichkeiten als letztes großes Wagnis und als erster Schritt auf dem Pfad der Unmöglichkeit. Mit *Technik. Kapital. Medium* betreibt Peter Trawny die Grundlagenforschung dieser Gesellschaft, die getragen ist von einer Freiheit, von der wir nicht lassen wollen, obwohl sie sich als vollendete Unfreiheit erweist.

POLITISCHE THEORIE BEI MATTHES & SEITZ BERLIN

Franco »Bifo« Berardi

Der Aufstand
Über Poesie und Finanzwirtschaft

Aus dem Englischen von Kevin Vennemann
187 Seiten, gebunden mit Schutzumschlag

Wie lässt sich ein Wirtschaftssystem erklären, in dem Geld durch Geld erzeugt wird? Angesichts eines Informationskapitalismus, in dem Warenproduktion und körperliche Arbeit meist nur noch in der Theorie existieren, zeigt der italienische Philosoph ›Bifo‹ Berardi, dass wir es mit einem System zu tun haben, das bereits vor hundert Jahren von Dichtern wie Mallarmé und Rimbaud antizipiert wurde: Der Signifikant hat den Bezug zu seinem Referenten verloren, Schulden sind ein bloßer Akt der Sprache, ein Versprechen.
Wir müssen zunächst lernen, die Zeichen zu lesen, sie so zu interpretieren, wie man Poesie interpretiert. Der Akt der Interpretation lehrt uns Empathie, er ist der erste Schritt zu einer neuen Solidarität. Ausgehend von der Finanzkrise 2008 und dem europäischen Kollaps dekonstruiert Berardi die Sprache und die Mythen des Neoliberalismus und ruft zu einer Revolution der Langsamkeit und des Rückzugs auf, mit der wir den Niedergang des derzeitigen Systems nicht zu fürchten brauchen.

»Berardis Betrachtungen treffen eine Gegenwartserfahrung, die wir noch viel zu wenig begriffen haben.«
Lina Brion, *Die Zeit*

»Ein fulminanter Essay!«
Die Tageszeitung

REIHE FRÖHLICHE WISSENSCHAFT
BEI MATTHES & SEITZ BERLIN

Paul Lafargue

Die Religion des Kapitals

Aus dem Französischen von Andreas Rötzer
174 Seiten, Klappenbroschur

Eine todernste Satire über die Einführung des Kapitalismus als Religion, deren Aktualität dem Leser das Lachen gefrieren lässt. Orwells Animal Farm war nach einigen Jahren von der Realität eingeholt, Lafargues Utopie aber scheint seiner Zeit 120 Jahre voraus gewesen zu sein. In diesem Pamphlet stellt Paul Lafargue die Macht des Kapitals als religiöses System dar – und regte damit an, die Religion im Rahmen der Geschichte der Entfremdungsformen umgekehrt als Vorläufer des Kapitals zu verstehen. Lafargue, der mit seinem Buch Recht auf Faulheit auch in Deutschland bekannt wurde, schlägt in seiner Kapitalismuskritik eine andere Richtung als sein Schwiegervater Karl Marx ein und geht in gewisser Weise über ihn hinaus. So sieht er das Religiöse nicht in der Ideologie, sondern im materiellen Aufbau des Kapitals.

»Diese Schrift braucht an Witz und sprachlicher Brillanz den Vergleich mit großen politischen Satirikern des 19. Jahrhunderts wie Heinrich Heine oder Charles Dickens nicht zu scheuen.«
Michael Böhm, *Die Tageszeitung*

»Diese Satire ist todernst und ihrer Zeit weit voraus. Lafargue war kein Nachbeter und auch kein billiger Epigone. Es gilt, ihn wiederzuentdecken, als das, was er wirklich war: ein souveräner und überaus gewitzter Geist.«
Christoph Pollmann, *Titel-Magazin*

Paul Lafargue

Die Pflichten des Kapitalisten

Leseprobe aus: *Die Religion des Kapitals*

---

§ 1

1.

Viele sind berufen, aber wenige auserwählt. Jeden Tag reduziere ich die Zahl der von mir Auserwählten.

2.

Ich gebe mich den Kapitalisten hin und ich teile mich unter ihnen auf. Jeder Erwählte erhält einen Teil des großen, einen und einzigen Kapitals zu seiner Verfügung. Aber er behält es nur, wenn er es vermehrt, wenn er es Zinsen tragen lässt. Das Kapital entzieht sich dem, der sein Gesetz nicht erfüllt.

3.

Ich habe den Kapitalisten dazu auserwählt, dass er Mehrwert herausschlägt. Seine Mission ist es, Profit anzuhäufen.

4.

Um frei und ungebunden auf Jagd nach Profit gehen zu können, sprengt der Kapitalist die Fesseln der Freundschaft und der Liebe. Er kennt weder Freund noch Bruder, weder Mutter, Ehefrau noch Kinder, wenn es darum geht, Profit einzustreichen.

5.

Er erhebt sich über die schnöden Grenzen, die den gewöhnlichen Sterblichen in eine Partei oder ein Vaterland einpferchen. Noch bevor er Russe oder Pole ist, Franzose oder Preuße, Engländer oder Ire, schwarz oder weiß, ist der Auserwählte vor allem eins: ein Ausbeuter. Monarchist, Republikaner, Konservativer oder Radikaler, Katholik oder Freidenker ist er immer nur gratis nebenbei. Das Gold hat nur die eine Farbe, vor der die Meinungen der Kapitalisten verblassen.

6.

Der Kapitalist streicht mit demselben Gleichmut das mit Tränen benetzte, wie das mit Blut befleckte oder das mit Kot beschmutzte Geld ein.

7.

Die allgemeinen Vorurteile sind ihm egal. Er unterhält seine Fabrik nicht, um Waren guter Qualität herzustellen, sondern um Waren zu produzieren, mit denen er fette Profite erzielt. Er gründet Kapitalgesellschaften nicht, um Dividenden zu verteilen, sondern um sich des Kapitals der Aktionäre zu bemächtigen. Denn die kleinen Vermögen gehören zu den großen und diese zu den noch größeren Vermögen, die über sie wachen, um sie bei Gelegenheit zu verschlingen. Solcherart ist das Gesetz des Kapitals.

8.

Wenn ich einem Menschen die Würde eines Kapitalisten verleihe, übertrage ich ihm ein Stück meiner Allmacht über die Menschen und Dinge.

9.

Der Kapitalist darf sagen: Die Gesellschaft, das bin ich. Er darf sagen: Die Moral, das sind mein Geschmack und meine Leidenschaft. Er darf sagen: Das Gesetz, das sind meine Interessen.

10.

Wenn die Interessen eines einzigen Kapitalisten verletzt werden, muss die gesamte Gesellschaft leiden, denn das Unvermögen das Kapital zu vermehren ist das schlimmste aller Übel; ein Übel, für das es kein Gegenmittel gibt.

11.

Der Kapitalist produziert nicht, er lässt produzieren, er arbeitet nicht, er lässt arbeiten, jede handwerkliche oder geistige Beschäftigung ist ihm untersagt, da sie ihn von seiner heiligen Aufgabe, der Vermehrung des Profits, ablenken würde.

12.

Der Kapitalist verwandelt sich nicht in ein ideologisches Eichhörnchen, das in seiner Tretmühle nur Wind in Bewegung bringt.

13.

Er kümmert sich herzlich wenig darum, ob die Himmelschöre vom Ruhm Gottes künden, auch interessiert es ihn nicht, ob die Grille mit dem Hintern oder mit den Flügeln zirpt, noch, ob die Ameise ein Kapitalist ist.

14.

Er macht sich keine Gedanken über den Anfang und das Ende der Dinge, er beschäftigt sich nur damit, wie man aus ihnen Geld macht.

15.

Er lässt die offiziellen Theologen der Wirtschaft sich über die Vorteile des Monometallismus und des Bimetallismus[10] den Kopf zerbrechen, während er, ohne Unterschiede zu machen, alle Gold- und Geldstücke in seine Tasche steckt, derer er habhaft werden kann.

16.

Das Erforschen der Naturgesetze überlässt er den Wissenschaftlern, die Nutzbarmachung der Naturkräfte den Erfindern. Von beiden hält er nicht viel, verliert aber keine Zeit, deren Entdeckungen an sich zu reißen, sobald aus ihnen Profit zu schlagen ist.

17.

Er zerbricht sich nicht den Kopf darüber, ob das Schöne und das Gute ein und dasselbe sind, er gönnt sich Trüffel, die zwar wohlschmeckend aber hässlicher sind als Schweinescheiße.

18.

Er zollt den Reden über die ewigen Wahrheiten Beifall, aber er verdient sein Geld mit all den gefälschten Nachrichten des Tages.

19.

Er spekuliert nicht über das Wesen der Tugend, des Bewusstseins und der Liebe, sondern darüber, wie man sie kaufen und verkaufen kann.

20.

Er versucht nicht herauszufinden, ob die Freiheit ein Gut an sich ist, sondern nimmt sich selbst alle Freiheiten, um den Arbeitern nichts als das bloße Wort zu lassen.

21.

Er streitet nicht darüber, ob Recht vor Gewalt gehe, denn er weiß, dass er das Recht besitzt, weil ihm das Kapital gehört.

22.

Er ist weder für noch gegen das allgemeine Wahlrecht und weder für noch gegen das eingeschränkte Wahlrecht, denn er bedient sich beider: Beim eingeschränkten Wahlrecht kauft er die Wähler und beim allgemeinen Wahlrecht betrügt er sie. Wenn er sich aber zwischen den beiden entscheiden müsste, würde er es für letzteres tun, denn es kostet weniger: beim eingeschränkten Wahlrecht muss er sowohl die Wähler als auch die Gewählten kaufen, beim allgemeinen Wahlrecht reicht es aus, die Gewählten zu schmieren.

23.

Er mischt sich nicht in das Geschwätz über Freihandel und Protektionismus ein. Je nachdem, was seinen Geschäften und Produktionen gerade am meisten einbringt, verteidigt er mal Freihandel, mal Schutzzoll.

24.

Er folgt keinem Prinzip, nicht einmal dem, keinem zu folgen.

§2

25.

Der Kapitalist ist die eherne Rute in meiner Hand, mit der ich die ungelehrigen Arbeiterherden lenke.

26.

Der Kapitalist erstickt in seinem Herzen jedes menschliche Gefühl, er tut nichts für das Gemeinwohl, er behandelt seinesgleichen härter als seine Nutztiere. Männer, Frauen und Kinder sind in seinen Augen nichts als Profitmaschinen. Er umgürtet sein Herz mit Eisen, damit es nicht höher schlägt, wenn seine Augen das Elend der Arbeiter sehen und seine Ohren ihre Wut- und Schmerzensschreie vernehmen.

27.

Einer hydraulischen Presse gleich, die sich langsam und unaufhaltsam senkt, und das Fruchtfleisch unter sich auf das kleinste Volumen und zur absoluten Austrocknung reduziert, wringt und presst der Kapitalist die Arbeiter aus, um noch die letzte Arbeitskraft aus ihren Muskeln und Nerven zu ziehen. Jeder Tropfen Schweiß, den er aus dem Arbeiter presst, verwandelt sich in Kapital. Sobald er zu verbraucht und ausgepresst ist, um unter dem anhaltenden Druck noch sein übergroßes Soll, das den Mehrwert produziert, erfüllen zu können, wirft ihn der Kapitalist wie Küchenabfall auf die Straße.

28.

Der Kapitalist, der den Arbeiter schont, verrät mich ebenso wie sich selbst.

29.

Der Kapitalist macht den Menschen zu Ware, Mann ebenso wie Frau und Kind, damit diejenigen, die nichts besitzen, weder Talg noch Wolle, noch sonst etwas, das man verkaufen könnte, wenigstens noch sich selbst zu Geld machen zu können, ihre Muskelkraft, ihre Intelligenz, ihr Gewissen. Um sich in Kapital zu verwandeln, muss der Mensch zuallererst Ware werden.

30.

Ich bin das Kapital, der Herr des Universums, der Kapitalist ist mein Stellvertreter: vor ihm sind alle Menschen gleich, alle sind gleichermaßen meiner Ausbeutung unterworfen. Die Hilfsarbeiter, die ihre Muskelkraft verbrauchen, der Ingenieur, der sein technisches Wissen feilbietet, der Kassierer, der seine Ehrlichkeit verkauft, der Abgeordnete, der mit seinem Gewissen Handel treibt, das Freudenmädchen, das seinen Körper gibt, alle sind für den Kapitalisten nichts als auszubeutende Arbeiter.

31.

Er perfektioniert den Arbeiter: er verpflichtet ihn, seine Arbeitskraft mit gepanschten und minderwertigen Nahrungsmitteln zu reproduzieren, damit er sie an den Meistbietenden verkaufen kann, und er zwingt ihn zu einsiedlerhafter Askese, zur eselhaften Genügsamkeit und zu ochsenhafter Ausdauer bei der Arbeit.

32.

Der Arbeiter gehört dem Kapitalisten: Er ist sein Arbeitstier, sein Hab und Gut. In den Werkstätten, wo man nicht einmal wahrnehmen darf, wann die Sonne aufgeht und wann die Nacht beginnt, überwacht er den Arbeiter ohne Unterlass, damit er seine Arbeit nicht unterbricht, weder durch eine Geste noch durch ein Wort.

33.

Die Zeit des Arbeiters ist Geld. Mit jeder Minute, die er vertrödelt, begeht er Diebstahl.

34.

Wie sein eigener Schatten folgt dem Arbeiter die Unterjochung durch den Kapitalisten bis hinein in sein Quartier in den Elendsvierteln, damit er seinen Geist nicht korrumpiere durch sozialistische Lektüre oder Reden, oder seinen Körper mit Vergnügungen ermüde. Er soll die Werkstatt nur verlassen, um nach Hause zu gehen, zu essen und zu schlafen, und am nächsten Tag seinem Meister mit einem frischen und rüstigen Körper sowie einem ergebenen Geist zur Verfügung zu stehen.

35.

Der Kapitalist erkennt dem Arbeiter kein einziges Recht zu, nicht einmal das Recht auf Versklavung, das Recht auf Arbeit.

36.

Er raubt dem Arbeiter den Wert seines Geistes und den der Geschicklichkeit seiner Hände, indem er sie auf Maschinen überträgt, die sich nicht auflehnen werden.